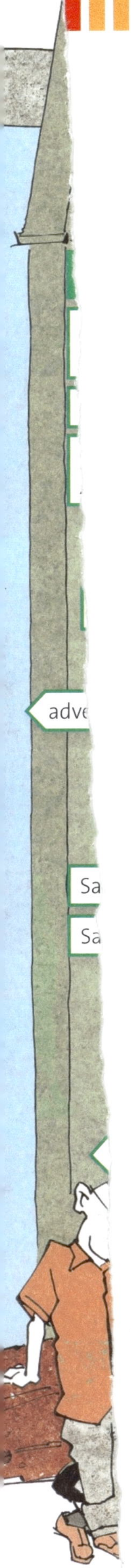

Nordrhein-Westfalen

Deutschbuch

Erweiterte Ausgabe

Sprach- und Lesebuch 7

Herausgegeben von
Andrea Wagener

Erarbeitet von
Christoph Berghaus, Friedrich Dick,
Heike Frädrich, Agnes Fulde,
Hans-Joachim Gauggel, Frauke Hoffmann,
Anna Löwen, Ruth Malaka,
Sabine Matthäus, Katja Reinhardt,
Volker Semmler, Mechthild Stüber,
Bettina Tolle, Carolin Wemhoff-Weinand

Cornelsen

Redaktion: Annika Kusumi

Illustrationen:
Uta Bettzieche, Leipzig: S. 14, 15, 19–22, 25, 26, 185, 186, 260, 263, 267, 269, 271, 272
Maja Bohn, Berlin: S. 6, 97–109, 114, 115
Eva Czerwenka, Straubing: S. 7, 117–125, 127–136
Christiane Grauert, Milwaukee (USA): S. 10, 189, 192, 194, 198–201, 210, 211, 213–218, 221, 224
Susanne Kuhlendahl, Tönisvorst: S. 6, 79, 80, 82, 84, 85, 87, 88, 90–92, 95
Josep Rodés Jordà, Murnau: S. 30, 31, 34, 35, 41, 142, 148, 149, 154, 177, 178, 232, 234, 236, 240, 246–248, 252, 253
Christa Unzner, Berlin: S. 66, 67, 72, 74

Karten: Carlos Borrell Eiköter, Berlin: S. 157, 161, 164
Coverfoto: Thomas Schulz, Teupitz
Gesamtgestaltung und technische Umsetzung: werkstatt für gebrauchsgrafik, Berlin

www.cornelsen.de

1. Auflage, 1. Druck 2016

Alle Drucke dieser Auflage sind inhaltlich unverändert
und können im Unterricht nebeneinander verwendet werden.

Druck: Mohn Media Mohndruck, Gütersloh

ISBN 978-3-06-062964-0

PEFC
PEFC/04-31-1033

PEFC zertifiziert
Dieses Produkt stammt aus nachhaltig bewirtschafteten Wäldern und kontrollierten Quellen.
www.pefc.de

Euer Deutschbuch auf einen Blick

Das Buch ist in **vier Kompetenzbereiche** aufgeteilt.
Ihr erkennt sie an den Farben:

Sprechen – Zuhören – Schreiben
Lesen – Umgang mit Texten und Medien
Nachdenken über Sprache
Arbeitstechniken

Jedes **Kapitel** besteht aus **drei Teilen:**

1 Hauptkompetenzbereich
Hier wird das Thema des Kapitels erarbeitet, z. B. in Kapitel 4 *Beschreiben:*

4.1 China – Genau hinsehen und beschreiben

2 Verknüpfung mit einem zweiten Kompetenzbereich
Das Kapitelthema wird mit einem anderen Kompetenzbereich verbunden und vertiefend geübt, z. B.:

4.2 Leben im Reich der Mitte – Literarische Texte aus China lesen

3 Klassenarbeitstraining oder Projekt
Hier überprüft ihr das Gelernte anhand einer Beispielklassenarbeit und einer Checkliste oder ihr erhaltet Anregungen für ein Projekt, z. B.:

4.3 Fit in ...! – Eine Person beschreiben

Das **Orientierungswissen** findet ihr in den blauen Kästen mit den Bezeichnungen **Information** und **Methode**.

Auf den blauen Seiten am Ende des Buches (► S. 273–300) könnt ihr das Orientierungswissen aller Kapitel noch einmal nachschlagen.

Folgende **Kennzeichnungen** werdet ihr im Buch entdecken:

Partnerarbeit
Gruppenarbeit
4 Zusatzaufgabe

Die **Punkte** sagen euch etwas über die Schwierigkeit der Aufgabe:

●○○ Diese Aufgaben geben euch Starthilfen oder schlagen euch verschiedene Lösungen vor.
●●○ Diese Aufgaben sind leichter zu lösen als die Aufgaben mit drei Punkten.
●●● Diese Aufgaben verlangen, dass ihr sie möglichst selbstständig bearbeitet.

Inhaltsverzeichnis

Sprechen – Zuhören – Schreiben

Kompetenzschwerpunkt

3 Draußen unterwegs – Berichten und Informieren 43

► **schriftl. Aufgabentyp 2:** in einem funktionalen Zusammenhang auf der Basis von Materialien sachlich berichten und beschreiben

► **schriftl. Aufgabentyp 4 b:** kontinuierlichen und diskontinuierlichen Texten Informationen entnehmen, vergleichen und bewerten

Schreibprozesse zunehmend selbstständig gestalten; über Sachverhalte informieren; zu diskontinuierlichen Texten Aussagen formulieren und in einem funktionalen Zusammenhang auswerten; Sachtexte, Bilder und diskontinuierliche Texte im Hinblick auf ihre Intention und Funktion hin untersuchen und bewerten; spezifische Textmerkmale unterscheiden; Informationen beschaffen, auswerten und adressatengerecht weitergeben

Sprechen – Zuhören – Schreiben

Kompetenzschwerpunkt

4 Ein Portfolio zu China erstellen – Beschreiben 61

► **schriftl. Aufgabentyp 2:** in einem funktionalen Zusammenhang auf der Basis von Materialien sachlich berichten und beschreiben

Portfolio anlegen und nutzen; in einem funktionalen Zusammenhang informieren und beschreiben (Personen, Bilder, Vorgänge); Schreibprozesse zunehmend selbstständig gestalten (stilistische Varianten erproben); literarische Texte im Hinblick auf die Zusammenhänge zwischen Inhalt, Sprache und Form untersuchen

5 „Löcher – Die Geheimnisse von Green Lake" – Einen Jugendroman lesen und verstehen 79

▶ **schriftl. Aufgabentyp 4 a:** einen literarischen Text mit Hilfe von Fragen auf Wirkung und Intention hin untersuchen und bewerten

▶ **schriftl. Aufgabentyp 6:** sich mit einem literarischen Text durch dessen Umgestaltung auseinandersetzen

über Strategien und Techniken des Textverstehens verfügen;
spezifische Merkmale epischer Texte unterscheiden und über Fachbegriffe verfügen;
altersgemäße literarische Texte im Hinblick auf Zusammenhänge zwischen Inhalt, Sprache und Form untersuchen (Handlungsabläufe und -motive, produktive Auseinandersetzung mit Figuren);
Figuren und deren Charakter untersuchen;
Texte verändern und umgestalten

6 Ungewöhnliche Geschehnisse – Kalendergeschichten erschließen 97

▶ **schriftl. Aufgabentyp 4 a:** einen literarischen Text mit Hilfe von Fragen auf Wirkung und Intention hin untersuchen und bewerten

über Strategien und Techniken des Textverstehens verfügen;
epische Texte (Kalendergeschichten) verstehen;
Fragen zu Texten und deren Gestaltung beantworten (Handlung, Figuren, Konflikte, Erzähler);

12 Rechtschreibstrategien wiederholen – Rechtschreibung erforschen 227

▶ **schriftl. Aufgabentyp 5:** einen vorgegebenen Text überarbeiten

lautbezogene Regelungen weitgehend sicher anwenden;
satzbezogene Regelungen beachten (Groß- und Kleinschreibung von Zeitangaben, Kennzeichen für die Nominalisierung von Verben und Adjektiven, Zeichensetzung);
über wortbezogene Regelungen verfügen (Grundlagen der Getrennt- und Zusammenschreibung);
Schreibungen mit Hilfe der Fehleranalyse kontrollieren und sie nach individuellen Fehlerschwerpunkten berichtigen;
Zeichensetzung in Satzgefügen und Satzreihen beherrschen;
Methoden der Textüberarbeitung anwenden

13 Teamwork! – Gemeinsam recherchieren und präsentieren 259

▶ **mündl. Aufgabentyp 1 c:** kurze Referate sachgerecht und folgerichtig vortragen

▶ **schriftl. Aufgabentyp 5:** einen vorgegebenen Text überarbeiten

selbstständig Medien zur Informationsentnahme und Recherche nutzen (Nachschlagewerke, Suchmaschinen des Internets); über Strategien und Techniken der Textrecherche und des Textverstehens verfügen; Informationen zu freien Redebeiträgen verarbeiten und mediengestützt präsentieren (Bildschirmpräsentation); appellative Texte gestalten; Methoden der Textüberarbeitung (Schreibkonferenz) anwenden

Orientierungswissen 273

1 Wer bin ich, wer will ich sein? – In Rollen sprechen

1 Betrachtet das Bild und besprecht, was das Mädchen vermutlich denkt und fühlt.

2 a Was sind eure Stärken? Notiert drei Fähigkeiten oder Eigenschaften:
Ich bin ... / Ich kann gut ... / Mir fällt es leicht, ...

b Welche Stärken besitzt eure Lernpartnerin oder euer Lernpartner? Notiert drei Aussagen:
Sie/Er kann gut ... / Ihr/Ihm fällt es leicht, ... / Mir gefällt an ihr/ihm, dass ...

c Setzt euch mit eurem Lernpartner zusammen und vergleicht eure Angaben zu den Stärken. Stimmen eure Aussagen überein?

3 Überlegt gemeinsam, warum andere euch manchmal anders sehen als ihr euch selbst.

In diesem Kapitel ...

- versetzt ihr euch in unterschiedliche Alltagsrollen,
- betrachtet ihr Situationen aus verschiedenen Blickwinkeln,
- unterscheidet ihr Jugendsprache und Standardsprache voneinander,
- erarbeitet ihr einen „Benimm-Knigge“.

1.1 Wie viele bin ich? – Über sich und seine Rollen nachdenken

Mirjam Mous

Boy 7

Ohne Fallschirm aus einem Flugzeug gestoßen werden. In einem Affenzahn mit einem Auto herumrasen, das sich um keinen Preis lenken lässt. Ins tiefe Wasser geworfen werden, obwohl man nie schwimmen gelernt hat. Sich in einer fremden Stadt verirren und niemanden nach dem Weg fragen können, weil alle japanisch sprechen.

So fühlte es sich an. Und zwar alles davon gleichzeitig. Ich wusste nicht, wer ich war, wo ich war und wie ich an diesen verlassenen Ort geraten war. Aber dass mir fast der Schädel platzte vor Schmerzen, das wusste ich. Es war, als hätte man mir mit einem Hammer alle Erinnerungen herausgeschlagen – und sosehr ich mich auch anstrengte, ich konnte sie nicht wiederfinden. Alles war auf einmal vollkommen unsicher, Geheimsprache und nicht zuverlässig. Ich war da und doch nicht wirklich, und das verursachte schon ein ziemlich gruseliges Gefühl. Mehr als gruselig. Ehrlich gesagt, machte ich mir vor Angst fast in die Hosen – eine ausgefranste Jeans, die mir auch nicht allzu bekannt vorkam. Ich sehnte mich nach einem sicheren Ort, einem Bett oder notfalls einer Höhle, in der ich mich verkriechen konnte, aber auf dieser endlosen gelben Grasebene gab es nichts, was Schutz bieten konnte. Kein Haus, kein Bauernhof, nicht mal ein Schuppen. Nur ein endloser Asphaltstreifen, der die kahle Landschaft spaltete. Die Luft darüber wirkte flüssig in der Hitze. Ich selbst übrigens auch. Mein Hemd – *complete stranger* Nummer soundso viel – klebte mir am klatschnassen Rücken. Der Ärmel war eingerissen und die Haut darunter aufgeschürft.

Hatte ich einen Unfall gehabt? War ich auf den Kopf gefallen und hatte durch den Schlag mein Gedächtnis verloren?

Ich spähte die Gegend ab. Doch nirgends sah ich einen beschädigten Motorroller oder ein Auto, das möglicherweise auf seinem Dach gelandet war – als wäre ich wie Ikarus mit geschmolzenen Flügeln vom Himmel gefallen. Ikarus, den kannte ich anscheinend. Ich hätte lieber gewusst, wie ich selbst hieß. Wenn ich erst meinen Namen wiederhatte, würde sich der Rest von selbst ergeben ...

Moment! Fieberhaft wühlte ich in den Taschen meiner Jeans. Ich tastete mein Hemd ab, fühlte in der Mini-Brusttasche. Leer. Kein Ausweis, kein Einkaufszettel, gar nichts.

1 Wie gefällt euch dieser Romananfang? Tauscht euch aus und begründet eure Aussagen.

2 a Beschreibt, wo und in welcher Situation sich der Ich-Erzähler befindet.
b Wie fühlt sich der Ich-Erzähler in dieser Situation? Lest Textstellen vor, die die Gefühle des Erzählers verdeutlichen.

3 Woran erinnert sich der Erzähler, und was hat er vergessen? Listet stichwortartig auf:

Daran erinnert sich der Erzähler:	Das hat der Erzähler vergessen:
– was Motorroller und Autos sind ...	– ...

Mirjam Mous

Boy 7 (Fortsetzung)

Der Ich-Erzähler wird von einer jungen Frau im Auto mitgenommen. Er kann im Haus ihrer Tante wohnen und sich duschen.

Ich stand vor dem Waschbecken und starrte auf meine Füße auf der dottergelben Matte. Ich wollte zwar in den Spiegel schauen, traute mich aber nicht. [...]

Ich weiß nicht mehr, wie lange ich da so auf der Matte gestanden habe, aber irgendwann hatte ich endlich genügend Mut gesammelt, um den Kopf zu heben. Er kam mir so schwer vor wie eine Kanonenkugel. Und dann dauerte es noch Minuten, bevor ich es wagte, die Augen aufzumachen.

Es war weniger beklemmend, als ich erwartet hatte. Ich meine: Ich war kein Monster oder so. Und auch wenn ich mich nicht wirklich erkannte, hatte mein Spiegelbild durchaus etwas Vertrautes. Wie ein Freund, den man erst nach vielen Jahren wiedersieht. Ein Freund, der sich so sehr verändert hat, dass man auf der Straße an ihm vorbeigehen würde – aber wenn man dann eine Weile mit ihm gesprochen hat, glaubt man doch, einige bekannte Züge auszumachen.

Ich hatte ein schmales Gesicht mit einer hohen Stirn und tief liegende blaue Augen. Meine Unterlippe war breiter als meine Oberlippe, und wenn ich lächelte, strahlte mich eine kerzengerade Reihe weißer Zähne an. Meine Nase war weder groß noch klein, aber auf ihr thronten ein paar kleine, rote Pickel. Übrigens auch auf Stirn und Kinn. Meine fransigen Haare reichten bis zu den Ohrläppchen. Mit meinem Körper war ich jedoch hochzufrieden, der war durchtrainiert. Vielleicht gehörte ich ja einer Kampfsportschule an?

4 Was denkt der Ich-Erzähler über sein Spiegelbild? Gebt seine Gedanken wieder.

5 Wie kann man das Aussehen einer Person positiv oder negativ beschreiben?

a Notiert zu folgenden drei Merkmalen mögliche Eigenschaften:

- **Figur**: *schlank*, *dünn*, *muskulös*, *stattlich*
- **Größe**: *schlaksig*
- **Haare**: *gepflegt*, *glänzend*, *fettig*

b Markiert Eigenschaften, die ihr positiv einschätzt, grün und negativ wirkende Eigenschaften rot.

6 **a** Notiert folgende Charaktereigenschaften untereinander und ergänzt zu jeder Eigenschaft einen Gegensatz, z. B.: *nachdenklich – gedankenlos*.

nachdenklich • sensibel • selbstbewusst • fröhlich • egoistisch • zuverlässig • fleißig

b Markiert Eigenschaften, die ihr positiv einschätzt, grün und negative Eigenschaften rot.

c Vergleicht eure Ergebnisse mit einem Partner und begründet eure Einschätzungen.

Rollen untersuchen

A

B

C

1 Auf den Fotos seht ihr eine Schülerin in drei verschiedenen Situationen.

a Beschreibt die Situationen: Wie unterschiedlich verhält sich die Schülerin vermutlich?

b Bestimmt, welche Rolle die Schülerin in den drei Situationen einnimmt:
Bild A – enge Freundin, Bild B – ...

2 Welche Rollen gehören zu euch, und wie verhaltet ihr euch in diesen Rollen?
Formuliert Aussagen. Ihr könnt folgende Angaben zu Rollen und Verhaltensweisen verwenden:

Freundin/Freund • Tochter/Sohn • Schwester/Bruder • Enkelin/Enkel • Schülerin/Schüler • Teammitglied • Nachbarin/Nachbar • Schülersprecherin/Schülersprecher

aufmerksam • fürsorglich • höflich • ehrgeizig • träge • hilfsbereit • zärtlich • frech • gelassen • zuverlässig • mutig • offen • mitfühlend • still • verantwortungsbewusst • entspannt • zurückhaltend • selbstbewusst • unsicher

- *Als Freund/in bin ich zuverlässig. Wenn Freunde mir etwas anvertrauen, behalte ich es für mich.*
- *Als Schüler/in bin ich ...*

3 Rollen beeinflussen auch die Art und Weise, wie man spricht.

a Stell dir vor, die Schülerin oben bittet die drei Personen um Hilfe. Was sagt sie zu wem?

A Hilfst du mir mal bitte? **B** Ey, kannste mal kurz? **C** Entschuldigen Sie bitte, könnten Sie mir vielleicht behilflich sein?

b Untersucht die drei Äußerungen und erklärt, wie sie sich sprachlich unterscheiden.

Information **Eine Person – verschiedene Rollen**

- **Rollen** sind nicht angeboren, sondern man übernimmt sie unter dem **Einfluss der Umwelt** (z. B. unter dem Einfluss von Eltern, Lehrern, Mitschülern, der Clique).
- Jeder spielt **unterschiedliche Rollen** je nach Situation, z. B. ist man in der Schule Schülerin oder Schüler, im Elternhaus Tochter oder Sohn, im Sportverein Teamchefin oder Teamchef.
- Ändert sich die **Situation,** kann sich die Rolle von einem Moment auf den anderen ändern: So spielt man mit Freunden in der Pause eine ganz andere Rolle als im Unterricht danach.
- Wie man sich in der Rolle verhält, hängt meistens davon ab, was die anderen erwarten (Verhaltensweise, Sprechweise, Kleidungsstil). Man spricht von **Rollenerwartungen.**

4 a Wie fragt ihr einen Freund, wie einen Fremden …
A nach dem Weg zur nächsten Bushaltestelle,
B nach dem verlorenen Schlüssel,
C nach der Funktion des Fahrkartenautomaten? Notiert die Äußerungen in zwei Spalten:

Sprache mit Freunden und Bekannten:	Sprache mit Fremden:
A Sag mal, …	A Entschuldigung, könnten Sie mir bitte sagen, …

b Untersucht die Äußerungen und ordnet folgende sprachliche Merkmale den Spalten zu:

Anrede in der du-Form • Anrede in der Sie-Form • Verwendung von Konjunktiv II • Verwendung von Imperativ (▶ S. 288) • Höflichkeitsfloskeln • verkürzte Wörter oder Sätze

5 Max hat erfahren, dass sein Freund Jasper krank ist. Er erkundigt sich telefonisch nach Jasper und besucht ihn im Krankenhaus:

A **Max am Telefon zu Jaspers Mutter:**
Hallo? Die Mami von Jasper? Was hat denn das Söhnchen für ein Wehwehchen?

B **Max am Telefon zu Jaspers vierjährigem Bruder:**
Entschuldige bitte die Störung, aber könntest du den Hörer freundlicherweise deinem Bruder weiterreichen?

C **Max am Telefon zum Krankenhauspersonal:**
Bin ich da im Krankenhaus? Zum Glück nicht wirklich, haha. Aber meinen Kumpel Jasper haben sie eingeliefert!

D **Max zum Stationsarzt:**
Hi, Weißkittel, wo liegt mein Kumpel Jasper? Ihr habt ihm gestern den Blinddarm rausgeschnippelt.

E **Max zu Jasper im Krankenhaus:**
Ich grüße dich, werter Freund, wünsche dir eine rasche Genesung und baldige Entlassung.

a Sind die Aussagen A bis E von Max angemessen? Begründet eure Einschätzung.
b Formuliert die Sätze so um, dass sie zur jeweiligen Rolle von Max und zur Situation passen.

Information **Privat und öffentlich sprechen**

Je nach **Rolle, Situation und Gesprächspartner** verändert sich der Sprachgebrauch:
- **Mit Freunden oder Familienmitgliedern** spricht man meistens offen und direkt. Dabei **verkürzt** man manchmal Wörter oder Sätze, z. B.: *Haste mal 'nen Kaugummi?* Bei Bitten und Aufforderungen verwendet man den **Imperativ,** z. B.: *Gib mal her! Komm mal!*
- Bei **Gesprächen in der Öffentlichkeit,** besonders mit Fremden, verwendet man eine **korrekte, höfliche Sprache** mit **höflicher Anrede** (Sie-Form) und **Floskeln** wie *Entschuldigung.* Bitten und Aufforderungen formuliert man oft im **Konjunktiv II,** z. B.: *Entschuldigung, könnten Sie mir bitte die Kaugummis geben?*

Rollen in Konfliktsituationen erproben

Handystress

Mora prahlt in der Schule mit ihrem neuen Handy. Als sie in der Pause den Raum verlässt, schleicht sich Thalia zu Moras Platz, nimmt scheinbar unbemerkt das Handy aus der Tasche und geht damit zur Tür. Francisco beobachtet das Ganze.
Als Thalia gerade den Raum verlassen will, stößt sie mit dem Mathematiklehrer, Herrn Finn, zusammen. Dieser entdeckt das Handy in Thalias Hand und nimmt es ihr ab. Laut Schulordnung muss das Handy nun eine Woche lang bei der Schulleiterin in Verwahrung bleiben.
Als Mora in den Klassenraum zurückkehrt, erfährt sie von Francisco, was passiert ist. Sie gerät in Wut, beschimpft Thalia und fordert von Herrn Finn das Handy zurück. Doch Herr Finn bleibt streng: Mora soll den Vorfall mit der Schulleiterin, Frau Meister, klären.

Mora:
12 Jahre, normal gekleidet, impulsiv, ist genervt von Thalia, die immer teure Klamotten trägt und die neuesten Geräte besitzt

Thalia:
12 Jahre, trägt Markenkleidung, ist leicht aus der Ruhe zu bringen, wird wütend, als ihr das Handy abgenommen wird

Francisco:
13 Jahre, ruhig und gelassen, sportlich gekleidet, redet normalerweise nicht viel

Herr Finn:
42 Jahre, strenger und pflichtbewusster Mathematiklehrer, versteht keinen Spaß, altmodisch gekleidet

Frau Meister:
58 Jahre, einfühlsame Schulleiterin, elegant gekleidet, hat normalerweise für jeden ein offenes Ohr

1 a Bildet Fünfer-Gruppen. Lest die Situation und bestimmt, wer welche Figur spielt.
b Überlegt, welche Rollen die fünf Figuren in der Situation einnehmen und wie sie in diesen Rollen sprechen, z. B.: Wie spricht der Lehrer mit der Schulleiterin? Wie mit den Schülern?
c Spielt die Situation vor der Klasse nach, setzt sie fort und findet eine Lösung für den Konflikt. Achtet darauf, dass eure Sprache zu eurer Rolle passt.

2 a Bewertet das Spiel der einzelnen Gruppen: Sprechen sie angemessen in ihrer Rolle als Schüler/-in, Lehrer, Vorgesetzte? Woran wurde das deutlich?
b Welche Gruppe hat die beste Idee für die Lösung des Konflikts präsentiert? Begründet.

3 Spielt die Situation noch einmal. Verwendet dabei bewusst eine unpassende Sprechweise. Wie wirkt das auf die Zuschauer?

4 Seid ihr schon einmal „aus der Rolle gefallen", z. B. mit eurem Verhalten, eurer Sprechweise oder eurer Kleidung? Berichtet davon. Wie haben andere darauf reagiert?

Teste dich!

Von der Rolle!?

Jeder von uns erlebt in der Familie, in der Schule oder in der Freizeit ganz unterschiedliche ? .

Je nachdem, wie diese aussehen, verhalten wir uns so oder auch ganz anders. Wir spielen beispielsweise in der Familie als Sohn oder als ? eine ganz andere ? als im Sportteam oder in der Clique. Unser Umfeld, also die Eltern, Verwandten, Lehrer, Freunde und Freundinnen, aber auch Nachbarn oder Sporttrainer haben einen großen ? auf unser Verhalten.

Wenn wir eine andere Person in einer Situation ? , dann haben wir meist eine recht genaue Vorstellung davon, wie diese Person ihre „Rolle" spielen soll. Das betrifft vor allem ihre Kleidung, ihr Verhalten und ihre Sprechweise. Wir haben also an die Rolle der Person bestimmte ? . Erfüllt die Person diese, dann verhält sie sich in unseren Augen ? und normal.

Tut sie dies nicht, empfinden wir ihr Verhalten als falsch oder als nicht normal.

1 a Ergänze den Lückentext sinnvoll mit Wörtern aus dem Kasten:

beobachten • Situationen • richtig • Tochter • Rolle • Erwartungen • Einfluss

b Notiere die Wörter in der eingesetzten Reihenfolge untereinander ins Heft:
Die Anfangsbuchstaben ergeben als Lösungswort eine Schülerrolle, die unterschiedlich bewertet wird.

Schüler	Hausmeister	Lehrerin	Schülerin
Trainerin	während der Schuldisco	Mutter	im Supermarkt
im überfüllten Bus	Busfahrer	vor der Schule	Schulleiter

2 Wer spricht wo mit wem?

a Wähle zwei Rollen und eine Situation und verfasse einen kurzen Dialog:
Wie sprechen zwei Personen mit diesen Rollen in der gewählten Situation?

b Setze dich mit einer Lernpartnerin oder einem Lernpartner zusammen:
Einer liest seinen Dialog vor, der andere bestimmt die zwei Rollen sowie die Situation und begründet seine Zuordnung.

1.2 „Echt cool!“ – Sprachebenen unterscheiden

1 Findet ihr den Cartoon witzig? Begründet eure Aussage.

2 Man unterscheidet, wie Jugendliche miteinander sprechen (Jugendsprache) und wie man mit oder unter Erwachsenen spricht (Standardsprache).
Welche Wörter in den Sprechblasen sind typisch für Jugendsprache, welche für Standardsprache? Notiert Beispiele für jede Sprachebene.

3 Welche anderen Wörter gibt es für *Dad* und *chillen?*

a Übertragt die Begriffssterne ins Heft und ergänzt weitere Wörter mit dieser Bedeutung (Synonyme).

b Welche Wörter in den Begriffssternen würdet ihr der Jugendsprache zuordnen, welche der Standardsprache? Markiert sie in unterschiedlichen Farben.

c Legt vier weitere Begriffssterne für *Entschuldigung, Feier, Freund* und *total okay* an und ergänzt Synonyme in der Jugend- und Standardsprache.

4 Formuliert die Sprechblasen im Cartoon so um, dass der Sohn Jugendsprache und die Mutter Standardsprache verwendet. Wie verändert das die Wirkung des Cartoons?

5 Auf die Frage *Wie findet ihr den Film?* könnt ihr *gut* oder *schlecht* antworten.
Ihr könnt eure Antworten aber auch noch steigern:

a Übertragt die folgende Skala von – 5 bis + 5 ins Heft und tragt an passender Stelle ein:
- auf der Plusseite weitere Synonyme für *gut,*
- auf der Minusseite Begriffe, die eine gegensätzliche Bedeutung haben (Antonyme).

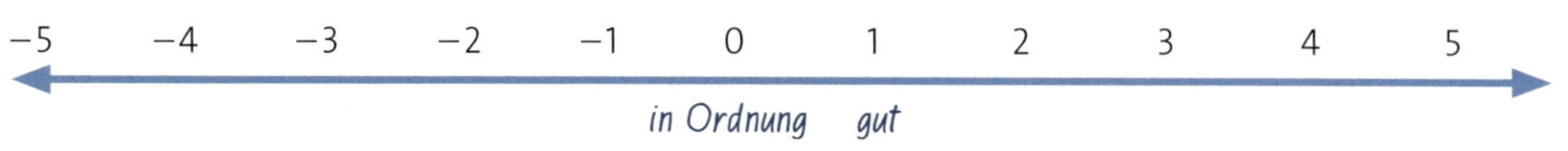

b Notiert die Antonyme zu folgenden Wörtern: *langweilig, uninteressant, altmodisch, misslungen.*

Information | **Synonyme und Antonyme**

- **Synonyme** nennt man Wörter mit (fast) **gleicher Bedeutung,** z. B.: *sagen, reden, quatschen.*
- **Antonyme** sind Wörter mit **gegensätzlicher Bedeutung,** z. B.: *groß – klein, lang – kurz.*

6 In E-Mails und Handynachrichten werden oft Abkürzungen und Sonderzeichen verwendet.
- a Welche Abkürzungen und Sonderzeichen seht ihr auf dem Handy? Erklärt, was sie bedeuten.
- b Welche Abkürzungen und Sonderzeichen verwendet ihr? Stellt sie vor.
- c Begründet, warum man besonders für E-Mails, Handynachrichten oder beim Chat auf Abkürzungen zurückgreift.

7 Was ist das Besondere an Jugendsprache?
- a Überlegt zu zweit, was die Sprache von Jugendlichen von der Erwachsenensprache unterscheidet. Macht euch Notizen.
- b Die folgende Tabelle führt drei Merkmale von Jugendsprache an. Übertragt sie und ergänzt in jeder Spalte Beispiele aus der Handynachricht:

Wörter aus dem Englischen (Anglizismen)	Wortverstärker, Übertreibungen	Wortneubildungen (Neologismen)
on	*super*	...

- c Sucht weitere Beispiele aus der Jugendsprache und ergänzt sie in der Tabelle.
- d Was wollen Chen05 und KiM mitteilen? Formuliert ihren Chat in Standardsprache um.

8 Wie hört sich eure Jugendsprache an? Wählt eine Situation und improvisiert einen Dialog.

Pausengespräch • Verabredung am Wochenende • Telefonat am Abend vor der Klassenarbeit

9 Setzt den Chat von Chen05 und KiM in Jugendsprache fort. Schreibt ins Heft.

Information **Sprachebenen: Standardsprache und Jugendsprache**

In einer Sprache kann man in der Regel verschiedene **Sprachebenen** unterscheiden:
- Die **Standardsprache** (Hochsprache, Schriftsprache) wird beispielsweise im Schulunterricht, in Gesprächen mit Fremden und in den Fernsehnachrichten gesprochen.
- Die **Jugendsprache** setzt sich bewusst von der Sprache der Erwachsenen ab: Es werden andere Wörter und Wendungen als in der Standardsprache verwendet.
- Nicht alle Jugendlichen nutzen stets dieselben jugendsprachlichen Ausdrücke. Man kann aber bestimmte **Merkmale der Jugendsprache** feststellen:
  - Viele Wörter stammen **aus dem Englischen** (Anglizismen), z. B.: *cool, chillen.*
  - Oft wird mit Hilfe von **Wortverstärkern** übertrieben, z. B.: *Das ist voll gemein.*
  - Es kommt zu **Wortneubildungen** (Neologismen), z. B.: *Achselmoped = Deoroller.*
- In **E-Mails, Handynachrichten oder Chats** werden neben der Jugendsprache für die schnelle Kommunikation auch **Abkürzungen und Zeichen** verwendet, z. B.: *cu* für engl. *see you.*

Eine höfliche Anfrage formulieren

1 a Was ist das Problem? Lest die Sprechblasen und erklärt es mit eigenen Worten.
b Erscheint euch die Sprache der Schüler und der Lehrerin angemessen? Begründet.
c Formuliert die drei Aussagen in Standardsprache um.

A

Von: Sandy@coolmail.com
An: juheneustadt@djhonline.com

Hi!
Ihr müsst die Mädchenzimmer wieder wie am Anfang in ein Dreier- und ein Fünferzimmer tauschen. Wir haben uns nämlich gezofft!

LG
Sandy & Emma

B

Von: Sandy@coolmail.com
An: juheneustadt@djhonline.com

Sehr geehrte Damen und Herren,
in der Zeit vom 15.6. bis 19.6. werden wir, die Klasse 7c der Gesamtschule Essen, in Ihrer Jugendherberge sein. Auf Grund von Streitereien würden wir die Belegung der Mädchenzimmer gern ändern. Wäre es Ihnen möglich, die ursprüngliche Aufteilung in ein Dreier- und ein Fünferzimmer wiederherzustellen? Sie würden uns damit einen großen Gefallen tun.
Vielen Dank für Ihre Mühe im Voraus.
Mit freundlichen Grüßen
Sandy & Emma (Schülerinnen der 7c der IGS Essen)

2 a Vergleicht die beiden E-Mails. Was ist in der linken E-Mail nicht gelungen?
b Formuliert Tipps zum Schreiben einer höflichen Anfrage: *Verwendet … / Achtet auf …*

3 Stellt euch vor, ihr plant einen Ausflug in einen Freizeitpark. Formuliert eine E-Mail, in der ihr nach den Öffnungszeiten, Preisen und Angeboten für Schulklassen fragt.

Methode **Eine höfliche Anfrage formulieren**

- Verwendet in Anfragen oder Anträgen **höfliche Standardsprache.**
- Nutzt Formulierungen im **Konjunktiv II** wie *Könnten Sie bitte …?, Wäre es möglich, dass …?.*
- Achtet auf **höfliche Anrede- und Grußformeln,** z. B.: *Sehr geehrte Damen und Herren, …*

Fordern und fördern – Jugendsprache untersuchen

Pausengespräch im Jahr 1985

Bernd: Mathe war ja eben total leicht!
Antje: Echt, findest du? Ich raff bei dem neuen Mathepauker null, die nächste Arbeit werde ich voll verpeilen. Aber ich muss dir was erzählen: Also gestern wollte Erwin diese zugetackerte Dunja in der Disse aufreißen und quatschte sie mit dem Spruch „Oberaffengeile Mucke, wa?“ an. Aber Dunja meinte nur zu ihm: „Schwirr ab, ich hab echt null Bock darauf, mich von dir zutexten zu lassen!“
Bernd: Und wie hat Erwin reagiert? Bestimmt ist der hammermäßig ausgeflippt?
Antje: Nein, er hat die Fliege gemacht, als ob ihm das Wurst wäre.
Bernd: Also hat er's gut verkraftet, dass sich Dunja nicht für ihn interessiert?
Antje: Oh nein, heute schiebt er eine tierische Depri.
Bernd: Na ja, ich finde, der hat sowieso nicht mehr alle Tassen im Schrank.

1 Dieser Dialog stammt von zwei Jugendlichen vor etwa 30 Jahren.
a Sucht in den Aussagen sieben jugendsprachliche Wörter und Wendungen. Notiert sie untereinander ins Heft.
●●● b Übertragt die jugendsprachlichen Wörter und Wendungen in die Standardsprache.
▷ Hilfe zu Aufgabe 1 b auf Seite 24

2 ●●● Untersucht die Merkmale der Jugendsprache im Dialog.
Notiert jeweils zwei Beispiele für:
A bildhafte Ausdrücke, **B** Wortneubildungen, **C** Wortverstärker.
▷ Hilfe zu Aufgabe 2 auf Seite 24

3 Bernd findet den Matheunterricht *total leicht*. Antje ist gegenteiliger Meinung.
a Sucht Synonyme und Antonyme für *total leicht* aus der heutigen Jugendsprache und aus der Standardsprache. Übertragt folgende Tabelle ins Heft und füllt die Lücken:

	Synonym in Jugendsprache	Antonym in Jugendsprache	Synonym in Standardsprache	Antonym in Standardsprache
total leicht	…	…	*einfach*	…

●●● b Ergänzt in der Tabelle Synonyme und Antonyme verschiedener Sprachebenen zu folgenden Wörtern: *modern, faul, teuer, klug.*
▷ Hilfe zu Aufgabe 3 b auf Seite 24

4 ●●● Stellt euch vor, weder euer jüngerer Bruder noch eure Oma verstehen die markierten Wörter im Dialog oben. Übertragt sie für den Bruder in zeitgemäße Jugendsprache und für die Oma in Standardsprache.
▷ Hilfe zu Aufgabe 4 auf Seite 24

5 Schreibt den Dialog von 1985 in eure eigene Jugendsprache um.

●○○ Aufgabe 1 b mit Hilfen

Übertragt die jugendsprachlichen Wörter und Wendungen in die Standardsprache.
Der folgende Kasten enthält standardsprachliche Ausdrücke für sieben Wörter oder Wendungen von Antje und Bernd:

ansprechen • sehr gut • weggehen • keine Lust haben • mit jemandem reden • egal sein • wütend werden

●○○ Aufgabe 2 mit Hilfen

Untersucht die Merkmale der Jugendsprache im Dialog. Notiert jeweils zwei Beispiele aus dem Kasten für:
A bildhafte Ausdrücke, **B** Wortneubildungen, **C** Wortverstärker.
Tipp: Einige Beispiele passen zu mehreren Merkmalen.

null Bock haben • total • Disse • hammermäßig • die Fliege machen • oberaffengeil

●○○ Aufgabe 3 b mit Hilfen

Ergänzt in der Tabelle Synonyme und Antonyme verschiedener Sprachebenen zu folgenden Wörtern: *modern, faul, teuer, klug*. Ordnet dafür folgende standardsprachliche Wörter richtig zu:

zeitgemäß • intelligent • altmodisch • kostspielig • arbeitsscheu • fleißig • billig • unwissend

	Synonym in Jugendsprache	Antonym in Jugendsprache	Synonym in Standardsprache	Antonym in Standardsprache
total leicht	*easy*	…	*einfach*	…
modern	…	*out*	*zeitgemäß*	…
…	…	…	…	…

●○○ Aufgabe 4 mit Hilfen

Stellt euch vor, weder euer jüngerer Bruder noch eure Oma verstehen die markierten Wörter im Dialog (► S. 23). Übertragt sie für den Bruder in zeitgemäße Jugendsprache und für die Oma in Standardsprache:

– Wählt für die vier markierten Wörter/Wendungen passende Wörter aus der Jugendsprache:

ich checke nix • ich kapier nichts • ablosen • verhauen • versemmeln • dekoriert • gepierct • Sound • Tonkunst

– Wählt für die vier markierten Wörter/Wendungen die richtigen Wörter aus der Standardsprache:

mitarbeiten • nichts verstehen • versagen • verlieren • überprüfen • sich verrechnen • betrunken • Körperschmuck tragend • Kaugummi kauend • Musik • Stimmung • Frisur

1.3 Projekt „Voll korrektes Verhalten" – Einen Benimm-Knigge erstellen

Teste dein Benehmen!

A In der Schule

Frage 1: Dir kippt dein Apfelsaft aus Versehen auf das Buch deiner Nachbarin. Wie reagierst du?

A Du gibst ein „Sorry, kann jedem mal passieren!" von dir und gehst weg.
B Du sagst: „Entschuldigung. Das tut mir leid. Ich besorge dir natürlich ein neues Buch!"
C Du murmelst „Mist, mein Apfelsaft!" vor dich hin.

Frage 2: Du stehst mit anderen aus der Klasse im Kreis und erzählst ihnen gerade etwas Spannendes. Plötzlich überfällt dich ein Hustenreiz. Was machst du?

A Du hustest und erzählst weiter.
B Du rennst hustend auf die Toilette.
C Du drehst dich mit einem kurzen „Entschuldigung" zur Seite und hustest in die Armbeuge oder in ein Taschentuch.

B Begrüßungen

Frage 1: Nach der Schule begegnest du deinem Deutschlehrer auf der Straße. Wie reagierst du?

A Du grüßt ihn freundlich.
B Du wartest ab, wie er reagiert.
C Du blickst zur Seite und ignorierst ihn.

Frage 2: Du sitzt mittags zu Hause auf dem Sofa und spielst mit deinem Gameboy. Plötzlich kommt deine Mutter mit einer fremden Frau herein. Wie reagierst du?

A Du ignorierst beide.
B Du bleibst sitzen, sagst kurz „Hallo" und spielst weiter.
C Du legst das Gerät zur Seite, stehst auf, sagst „Guten Tag" und gibst der Frau die Hand.

1 Eine Klasse hat Testfragen für einen „Benimm-Knigge" erstellt. In diesem Ratgeber sollen Tipps zum richtigen Verhalten in verschiedenen Situationen gegeben werden.

a Lest die Fragen und schreibt die für euch zutreffenden Antworten auf.
Tipp: Wenn keine Aussage auf euch zutrifft, könnt ihr auch eine eigene Antwort notieren.

b Vergleicht eure Antworten mit einem Lernpartner und begründet eure Entscheidungen.

2 Überlegt euch einen weiteren Bereich, in dem gutes Benehmen wichtig ist, und erstellt dazu Testfragen und Antworten zur Auswahl.

Information **Der „Knigge"**

Freiherr Adolph Knigge (1752–1796) schrieb vor über 200 Jahren ein berühmtes Buch, den „Knigge". In diesem formulierte er seine Gedanken über das Zusammenleben der Menschen. Er wollte, dass die Menschen sich gut benehmen, sich gegenseitig achten und rücksichtsvoll und freundlich miteinander umgehen. Später wurde sein Buch irrtümlicherweise als „Benimm-Buch" verstanden. Heute ist mit „Knigge" eine Sammlung von Verhaltensregeln gemeint.

3 Betrachtet die Zeichnung: Welche Gratulation findet ihr für eine Uroma am besten geeignet? Begründet eure Wahl.

4 Formuliert zu zweit die „richtigen Worte“ für die folgenden Situationen:

A Du besuchst deine Mutter im Büro, musst dich aber erst am Empfang anmelden.
B Du hast dich in der Stadt verlaufen und fragst jemanden nach dem Weg.
C Bei einer Familienfeier stellt dir ein erwachsener Verwandter eine Frage, die du nicht verstanden hast. Du fragst nach.
D Du bist mit Freunden im Kino verabredet, verspätest dich aber um 15 Minuten, weil der Bus im Stau stand.

5 Betrachtet die Inhaltsübersicht eines Benimm-Knigges einer 7. Klasse:
Hat die Klasse Bereiche ausgewählt, die euch interessieren?
Ergänzt die Auswahl um weitere Bereiche, in denen ihr richtiges Verhalten wichtig findet.

> **Unser „Benimm-Knigge“**
> **Ratgeber für richtiges Verhalten**
>
> *Jnhalt:*
> A *Jm Bus und in der Bahn*
> B *Kennenlernen von anderen Jugendlichen*
> C *Zu Gast bei Verwandten*
> D *Jm Theater*
> E *Essen im Restaurant*

6 Erarbeitet in Gruppen Seiten für einen „Benimm-Knigge für Jugendliche“. Geht so vor:

a Entscheidet euch in der Gruppe für eine Situation, zu der ihr Verhaltenstipps sammeln und formulieren wollt.
b Überlegt gemeinsam und macht Notizen:
- Wie verhält man sich in dieser Situation?
- Welche Mimik und Gestik setzt man ein?
- Was sagt man in der Situation?
- Wie kleidet man sich für diese Situation?

c Gestaltet euer Material:
- Formuliert aus euren Notizen einen Text für den Ratgeber und ordnet den Text einem Bereich zu.
- Schreibt euren Text am Computer oder in Schönschrift ab und gestaltet ihn.

d Fügt alle Beiträge der Klasse zusammen und veröffentlicht oder verteilt euren Benimm-Knigge.

> *Bei einer Hochzeit*
>
> 1. *Verhalten: Sei zurückhaltend und …*
> 2. *Mimik/Gestik: Versuche offen und freundlich zu wirken. Lächele andere Gäste an und …*
> 3. *Sprache: Gratuliere dem Brautpaar nach der Trauung. Gib die Hand und sage: „…“*
> 4. *Kleidung: Wähle schicke Kleidung, möglichst keine Jeans. Mädchen sollten …*

Schreibwörter ▸ S. 300

die Fähigkeit	die Situation	die Erwartung	gratulieren	höflich
das Gedächtnis	das Verhalten	der Einfluss	grüßen	auffällig

2 Das ist unfair! – Strittige Themen diskutieren

1 Beschreibt das Foto: Welche Situation wird dort gezeigt?

2 Was bedeutet *sich fair verhalten?*

a Ergänzt die folgenden Sätze:
- *Man verhält sich fair, wenn man ...*
- *Fairness ist wichtig bei ... / , weil ... /, obwohl ...*

b Nennt Beispiele für faires Verhalten im Sport oder im Schulalltag.

In diesem Kapitel ...

- übt ihr, eure Meinungen durch Argumente und Beispiele sachlich zu begründen,
- trainiert ihr, in einer Pro-und-Kontra-Diskussion eure Position zu vertreten,
- lernt ihr, in einem Forumsbeitrag euren Standpunkt überzeugend zu formulieren.

2.1 Geht Fair Play immer vor? – Überzeugend argumentieren

Ein Gespräch untersuchen

Jana: Ich finde, Manuel und Lisa sollten wieder die Mannschaften wählen.

Sven: Das ist echt nicht fair, dass immer die beiden besten Sportler wählen dürfen.

Jana: Du spinnst ja, was ist denn daran unfair?

Sven: Die beiden wählen doch nur die guten Spieler und zum Schluss bleiben immer dieselben übrig.

Jana: Ist doch super! Wenn es zwei starke Teams gibt, dann wird es ein echt spannendes Spiel.

Sven: Was soll daran super sein? Dann spielen sich immer nur die guten Spieler den Ball zu. In der letzten Sportstunde hatten am Ende nur noch du und Lisa den Ball, und alle anderen mussten zuschauen ...

Jana: Das ist doch klar, ich will doch beim Spielen gewinnen!

Sven: Du denkst nur an dich selbst, das ist typisch ...

Jana: So ist es eben im Sport. Einige haben Talent, die anderen haben keins.

Sven: Ich finde es wichtig, dass man bei der Mannschaftsbildung gleichberechtigt vorgeht.

Was meinst du, wie die sich fühlen, die immer als Letzte gewählt werden?

Jana: Hast du etwa einen besseren Vorschlag?

Sven: Ich würde abzählen lassen ...

Jana *(fällt Sven ins Wort)*: Blöde Idee ...

Sven: ... weil so keiner zum Schluss übrig bleibt. Das ist eine faire Einteilung. Außerdem fördert es den Teamgeist, wenn abwechselnd jeder mit jedem in einer Mannschaft spielt.

Jana: Aber beim Abzählen entstehen ungleich starke Mannschaften! Das gibt doch nur Frust, wenn kein richtiges Spiel zu Stande kommt ... Beim Wählen kann viel besser auf eine ausgeglichene Mannschaft geachtet werden.

1 a Lest den Dialog mit verteilten Rollen.
b Worum geht es in dem Gespräch? Formuliert die Frage, über die gestritten wird.

2 a Tauscht euch darüber aus, wie das Gespräch auf euch wirkt.
b Untersucht das Gespräch: Welche Äußerungen blockieren es? Welche bringen es voran?

Information **Gesprächsverhalten**

- Ein **Streitgespräch** kann man durch sein Verhalten **voranbringen** oder **blockieren.**
- Zu einem guten Streitgespräch gehören das **Einhalten von Gesprächsregeln,** das **Nachfragen,** wenn man etwas nicht verstanden hat, und das **Vermeiden von „Killerphrasen“,** die den Gesprächspartner verletzen oder unter Druck setzen, z. B.: *Du kapierst ja gar nichts! Jedes Kind weiß doch, dass ...*

3 Welche Meinung vertreten Jana und Sven jeweils im Gespräch (▶ S. 28)? Ergänzt die beiden Aussagen:
- *Jana möchte, dass ...*
- *Sven ist der Auffassung, dass ...*

4 Wie begründen die beiden jeweils ihre Meinung?

a Lest das Streitgespräch noch einmal. Notiert die Argumente der beiden Schüler stichwortartig.

b Ergänzt mit Hilfe eurer Stichworte die folgenden Aussagen:
- *Jana möchte, dass ..., weil ...*
- *Sven ist der Auffassung, dass ..., denn ...*

5 Sven nennt zu einem Argument ein Beispiel. Sucht es im Text und erklärt seine Funktion.

6 Stellt euch vor, ihr würdet zum Streitgespräch zwischen Jana und Sven hinzukommen. Was würdet ihr den beiden Schülern vorschlagen? Wählt Satzanfänge aus dem Kasten und formuliert einen Kompromiss: *Hey, ihr zwei, ...*

Es wäre doch denkbar, dass ... • Ein Kompromiss könnte sein, dass ... • Wie wäre es, wenn ... • Ihr könntet euch doch so einigen: ... • Ich schlage euch folgenden Kompromiss vor: ...

7 **a** Lest die folgenden Vorschläge zur Mannschaftsbildung:

A Einmal wählen die zwei leistungsschwächsten Schüler die Mannschaften, beim nächsten Mal die zwei leistungsstärksten Schüler.

C Der Lehrer bestimmt ein Mädchen und einen Jungen, die dann immer abwechselnd jemanden in ihre Mannschaft wählen.

B Der Sportlehrer legt die Mannschaften fest.

D Zwei Freunde wählen jeweils ein weiteres Freundschaftspaar in ihre Mannschaft.

b Welchen Vorschlag zur Mannschaftsbildung findet ihr am besten?
Formuliert eure Meinung und begründet sie mit zwei Argumenten.

Information **Argumentieren: Meinung, Argument, Beispiel und Kompromiss**

- Beim **Argumentieren** versucht man, seine Meinung überzeugend zu begründen:
  Man formuliert seine Meinung, stützt sie durch Argumente und veranschaulicht oder verstärkt die Argumente mit Beispielen:
  - **Meinung:** *Bei einem Foulspiel sollte man sich beim Gegenspieler entschuldigen, ...*
  - **Argument:** *weil der Gegenspieler als Partner respektiert werden muss.*
  - **Beispiel:** *Beim letzten Spiel hat mir der Stürmer nach dem Foul kurz die Hand gereicht.*
- In einem Streitgespräch kann man versuchen, einen **Kompromiss** zu finden.
  Beim Kompromiss verzichten beide Seiten auf einen Teil ihrer Forderungen und finden eine gemeinsame Lösung.

Eine Diskussion vorbereiten

A Das Fairnessprinzip sollte im Mittelpunkt der sportlichen Wettkampfidee stehen und immer eingehalten werden. Erfolg ist schön, aber Fair Play geht vor!

B Fair Play ist ein guter Gedanke, aber die Wirklichkeit des Sports sieht ganz anders aus. Für Siege im Sport muss man auch mal unerlaubte Mittel einsetzen. Die anderen machen es auch!

1 Welcher Aussage würdet ihr zustimmen? Begründet eure Meinung.

fair [engl.] ehrlich, gerecht, anständig, den Regeln entsprechend;
geht als Begriff auf das englische Adjektiv *fair* (anständig, ordentlich) zurück.
Große Bedeutung hat Fairness (Fair Play) im Sport: Fairness zeigt sich bei sportlichen Wettkämpfen in dem Bemühen der Sportler, die Regeln konsequent und bewusst (auch unter erschwerten Bedingungen) einzuhalten sowie den Gegner als Partner zu achten (Fair-Play-Gedanke).

2 Was genau bedeutet *fair?*

a Lest den Wörterbucheintrag zum Adjektiv *fair.*

b Deckt den Text ab und erklärt euch gegenseitig mit eigenen Worten Herkunft und Bedeutung des Wortes.

c Besprecht zu zweit, was mit dem Wort *Fairnessprinzip* in Aussage A gemeint ist.

3 Geht Fair Play immer vor?

a Zeigt eure Einstellung auf einer Positionslinie:
- Denkt euch eine Linie im Klassenraum, die von einer Ecke zur anderen Ecke führt:
  Eine Ecke steht für die Position:
  „Ja, Fair Play geht immer vor."
  Die andere Ecke steht für:
  „Nein, Fair Play geht nicht immer vor."
- Nehmt euren Standpunkt auf der Linie ein. Wenn ihr unsicher seid, dürft ihr euch in die Mitte der Linie oder näher an die eine oder die andere Ecke stellen.

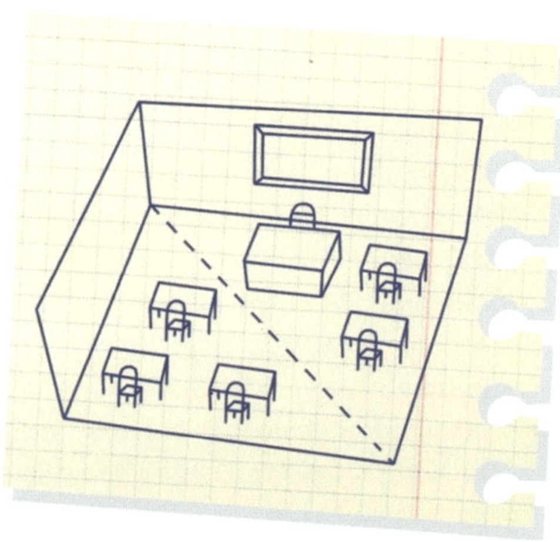

b Wertet die Positionslinie aus:
Wie sind die Meinungen in eurer Klasse verteilt?

14-jährige Fair-Play-Siegerin: Meiner Meinung nach ist Fair Play ein schöner Gedanke, aber im Spiel nicht umzusetzen. O.k., ich habe gerade den Fair-Play-Preis unseres Kreisverbandes gewonnen. So war es dazu gekommen: Nach einer Fehlentscheidung des Schiris habe ich ihn darauf aufmerksam gemacht, dass er der gegnerischen Mannschaft eigentlich einen Eckstoß geben muss. Schön blöd war das! Danach ist der Ball nämlich in unser Tor gesegelt und meine Mannschaft hat das Spiel verloren.
In unserer Jugendmannschaft zählt nun mal der Sieg, deshalb muss man auch an seinen Vorteil denken. Ich habe nach dem Spiel in meiner Mannschaft richtig viel Ärger bekommen.

Politikerin: Für mich ist der Fair-Play-Gedanke eine großartige Idee! Gestern war ich zu der Preisverleihung einer jungen Fußballerin eingeladen. Ich finde, das Mädchen kann richtig stolz auf sich sein! Ich bin sicher, dass diese Ehrung auch eine Signalwirkung an den Rest der Mannschaft hat. Die Mädchen sehen jetzt, dass es sich lohnt, sich fair zu verhalten – auch wenn man dadurch mal ein Spiel verliert.
Es ist wichtig, nicht nur den Sieg im Auge zu haben. Wer auf dem Spielfeld einmal begriffen hat, den Gegner als Partner zu respektieren, der wird seine Mitmenschen auch in anderen Zusammenhängen respektvoll behandeln. Und das lohnt sich für uns alle!

Sportjournalist: Meiner Meinung nach ist der Gedanke von Fair Play im Sport total verlogen. Ich verstehe nicht, warum ausgerechnet ein Sportler Vorbild sein soll. Von einem Topmanager erwartet das auch niemand. Sportler stehen unter hohem Erfolgsdruck, sie leben nun einmal von ihren Siegen! Ohne Siege gibt es keine Fans, keine Werbeverträge. Deshalb ist es meiner Meinung nach normal, wenn Sportler alles, wirklich alles für den Sieg tun. Dabei kann auch mal ein Foul passieren.

Ex-Profisportler und Mitglied im Fair-Play-Komitee: Ich bin der Auffassung, dass ein Sportler sich dazu verpflichten sollte, in allen Spielsituationen den Fair-Play-Gedanken zu beachten. Foulen, Schummeln und Dopen sind mit dem Fair-Play-Gedanken absolut nicht vereinbar. Denn dabei wird der sportliche Gegner nicht respektiert.
Ich kann natürlich verstehen, dass ein Sportler, der hart trainiert hat, alles daransetzt zu gewinnen. Aber Fair Play ist wichtiger als ein gewonnenes Spiel. Nur wer andere respektiert, ist ein echter Held und ein gutes Vorbild!

4 a Welchen Kommentaren würdet ihr sofort zustimmen, welchen widersprechen? Begründet eure Entscheidung.
b Besprecht, wofür genau die 14-jährige Fußballerin einen Fair-Play-Preis gewonnen hat.

5 Untersucht die vier Kommentare (▶ S. 31): Welche Sprecherin oder welcher Sprecher ist der Meinung, Fair Play geht immer vor? Wer denkt anders?

a Legt im Heft eine Tabelle an. Notiert zunächst die Sprecher und ihre Meinung. Lasst zwischen den Sprechern jeweils einige Zeilen frei.

Sprecher	Meinung	Argumente
Fair-Play-Siegerin	*Fair Play geht nicht immer vor*	*– Sieg zählt im Wettkampf am meisten*
Politikerin	...	...

b Prüft, wie die Sprecher ihre Meinung jeweils begründen. Ergänzt ihre Argumente stichwortartig in der Tabelle.

6 Welcher Sprecher geht in seinem Kommentar (▶ S. 31) auf einen möglichen Einwand ein?

a Sucht die Stelle und schreibt den Einwand ab.

b Unterstreicht, mit welcher Formulierung der Sprecher den Einwand einleitet.

Bevor ich dem Gegner erlaube, ein Tor zu schießen, muss ich ihn mit allen Mitteln daran hindern – und wenn ich das nicht mit fairen Mitteln tun kann, dann muss ich es eben mit einem Foul tun.

7 Im Profifußball heißt es manchmal, dass Fouls notwendig sind. Widersprecht der Aussage oben:

a Überlegt zu zweit ein Gegenargument.

b Geht auf die Aussage ein und entkräftet sie. Verwendet folgende Formulierungen:

> Natürlich muss man versuchen, ... Aber ... • Sicherlich stimmt es, dass ... Jedoch ... • Selbstverständlich muss man Gegentore verhindern. Allerdings ...

8 Geht auf die folgende Aussage einer Fußballerin ein und entkräftet sie:
„Als Sportlerin erhalte ich keine Anerkennung dafür, dass ich nett zu meiner Gegnerin bin. Man respektiert mich nur, wenn ich auf dem Platz die nötige Härte beweise.“

Methode | **Einwände entkräften**

- Wenn ihr andere überzeugen wollt, müsst ihr genau hinhören, welche **Einwände** sie nennen.
- Auf Einwände, die eurer Meinung widersprechen, solltet ihr **eingehen** und sie **entkräften:**
  - Wiederholt den Einwand des Gesprächspartners: *Natürlich ist es verständlich, dass ...*
  - Entkräftet dann den Einwand: *Aber man muss auch bedenken, ... / Wichtiger ist jedoch ...*

9 Geht Fair Play immer vor? Bereitet in Gruppen eine Diskussion zu der Frage vor:
a Bildet eine Gruppe mit Schülerinnen oder Schülern der gleichen Meinung.
b Sammelt Argumente für eure Meinung und notiert sie stichwortartig.
Tipp: Ihr könnt auch Argumente aus den Kommentaren von Seite 31 übernehmen.

Ja, Fair Play geht immer vor!	*Nein, Fair Play geht nicht immer vor!*
– zum Sport gehört Respekt vor dem Gegener	*– Gegner foult oft auch*
– ...	*– ...*

c Überlegt gemeinsam:
Sollte man in einer Diskussion zuerst die stärksten oder die schwächsten Argumente nennen? Nummeriert eure Argumente in einer sinnvollen Reihenfolge.

10 Welche Einwände gegen eure Meinung könnten die anderen Gruppen nennen?
a Überlegt gemeinsam mögliche Einwände und notiert sie stichwortartig untereinander.
b Notiert neben jeden Einwand, wie man ihn entkräften könnte, z. B.:
– Sportler erhalten Anerkennung nur für Siege. ↔ ABER: Es gibt auch Preise für Fair Play.

11 Bereitet für die Diskussion einen kurzen Eingangsvortrag zu eurer Meinung vor:
a Notiert eure Meinung, zwei Argumente und einen Schluss stichwortartig auf eine Karteikarte:

Eingangsvortrag zu unserer Meinung:

Unsere Meinung:
Fair Play ...

Argumente und Beispiele:
1. Argument: – ...
...
2. Argument: – ...

Zusammenfassender Schlusssatz:
...

Formulierungshilfen:

– Wir sind der Meinung, dass ... •
– Für unsere Position gibt es verschiedene Argumente: ... •
– Das erste Argument ist, dass ... / Beispielsweise ... •
– Ein weiterer Punkt ist ... / Aus eigener Erfahrung können wir sagen, dass ... •
– Schließlich muss man auch bedenken, dass ... •
– Die genannten Argumente zeigen, dass ...

b Überlegt gemeinsam, mit welchen Formulierungen ihr Meinung, Argumente, Beispiele und Schlusssatz verbinden könnt. Verwendet auch Satzanfänge aus dem Kasten.
c Bestimmt in eurer Gruppe eine Sprecherin oder einen Sprecher und übt den Vortrag ein.

12 Mit welchen Formulierungen kann man in einer Diskussion auf andere eingehen, ihnen zustimmen oder widersprechen? Notiert sie und stellt sie der Klasse vor.

Eine Pro-und-Kontra-Diskussion führen

1 Geht Fair Play immer vor? Führt in der Klasse eine Pro-und-Kontra-Diskussion durch:
a Bestimmt einen Diskussionsleiter, zwei Diskussionsgruppen und Beobachter.
b Führt die Diskussion nach dem folgenden Ablaufplan und wertet sie anschließend aus:

	**1** Der Diskussionsleiter nennt die Diskussionsfrage und bittet beide Gruppen um ihren Eingangsvortrag.	– *In unserer Diskussion geht es um die Frage, ...* – *Zuerst bitte ich die erste Gruppe um ihre Meinungsäußerung.* – *Vielen Dank für eure Meinung. Nun darf sich die zweite Gruppe äußern.*
	**2** Sprecher der Pro- und der Kontra-Gruppe tragen nacheinander ihren Eingangsvortrag vor.	– *Wir sind der Meinung, dass ...* – *Für unsere Position gibt es mehrere Argumente: ...* – *Das wichtigste Argument ist für uns ...* – *Außerdem sollte man bedenken, dass ...*
	**3** Alle Sprecher diskutieren. Sie versuchen dabei auch auf das einzugehen, was die Teilnehmer der anderen Gruppe gesagt haben.	– *Ich bin der gleichen Meinung wie ..., weil ...* – *Ich sehe das wie ..., denn ...* – *Ich möchte gern ... unterstützen. Auch ich finde ...* – *Ich stimme ... zu, aber ...* – *Ich verstehe, dass ... Dennoch ...* – *Mir ist noch nicht klar, was ... mit ... meint.*
	**4** Der Diskussionsleiter nimmt abwechselnd Pro- und Kontra-Teilnehmer dran und achtet auf die Meldungen.	– *Jetzt ist ... dran, danach ... und ...* – *Ich erteile jetzt ... das Wort.* – *Entschuldige, aber ... hatte sich vor dir gemeldet.*
	**5** Der Diskussionsleiter fasst wichtige Ergebnisse zusammen.	– *In der Diskussion ist deutlich geworden, dass ...* – *Ich danke euch für eure Beiträge und die faire Diskussion.*
	**6** Die Beobachter hören zu, notieren Auffälligkeiten und geben eine Rückmeldung.	– *Ihr habt eure Meinung sehr überzeugend begründet.* – *Geht beim nächsten Mal mehr auf die Aussagen der anderen ein.* – *Ihr seid leider nicht bei der Sache geblieben: ...*

2 Stellt euch noch einmal auf eine Positionslinie (► S. 30). Hat sich das Meinungsbild in eurer Klasse verändert?

Teste dich!

Gesprächsbeiträge untersuchen

1 **Ruben:** Ich finde, wir sollten bei unserem Sportfest einen Sponsorenlauf durchführen.
2 **Mia:** Das finde ich prima, denn das gemeinsame Laufen stärkt das Zusammengehörigkeitsgefühl in der Klasse und wir können gleichzeitig auch noch Geld sammeln.
3 **Lena:** So eine blöde Idee kann ja wieder nur von euch kommen!
4 **Max:** Die Einnahmen könnten wir gut für die Ausstattung der Turnhalle gebrauchen.
5 **Sarah:** Sicherlich wäre es möglich, die Einnahmen für unsere Schule zu verwenden. Wir haben aber schon beim letzten Schulfest den Erlös für die Gestaltung des Pausenhofs verwendet. Deshalb sollten wir uns überlegen, ob wir das Geld dieses Mal nicht für einen guten Zweck spenden.
6 **Ruben:** Wir könnten doch einen Teil der Einnahmen für die Ausstattung der Turnhalle und den anderen Teil für das Projekt „Schulen in Afrika“ verwenden.

1 Wie sprechen die fünf Schüler miteinander?
Ordne den Satzanfängen die richtige Fortsetzung zu und notiere die Lösungsbuchstaben.
Tipp: Falls du kein sinnvolles Lösungswort findest, wende dich an eine Mitschülerin oder einen Mitschüler. Lass dir die richtige Lösung erklären.

In Satz 1 äußert Ruben …	E eine Begründung.	T seine Meinung.	F ein Beispiel.
In Satz 2 …	L nennt Mia ein Gegenargument.	M führt Mia ein Beispiel an.	U stimmt Mia der Äußerung von Ruben zu und begründet ihre Meinung.
Lenas Antwort in Satz 3 ist unsachlich, weil sie …	O vom Thema abweicht.	A etwas Falsches sagt.	R die anderen beleidigt.
In Satz 4 …	E äußert Max einen neuen Vorschlag.	N nennt Max ein Beispiel.	P entkräftet Max ein Argument.
In Satz 5 …	C formuliert Sarah einen Kompromiss.	E äußert Sarah einen anderen Vorschlag.	U begründet Sarah ihre Meinung.
Rubens Äußerung in Satz 6 ist …	D ein Gegenargument.	U eine Beleidigung.	N ein Kompromiss.

2.2 Auf den Ton kommt es an! – Stellung nehmen

Forumsbeiträge untersuchen

Zaza 16.9. 22:11

„Wir sind Talentsucher und keine Müllsortierer"

Jury und Kandidat in der 3. Staffel der Castingshow „DSDS" (2005)

Mit dem Respekt voreinander geht es anscheinend bergab. Manchmal habe ich das Gefühl, dass jeder nur darauf aus ist, den anderen als Idioten dastehen zu lassen. Auch bei uns an der Schule passiert es immer wieder, dass Mitschüler peinliche Situationen auf dem Schulhof oder sogar im Unterricht heimlich fotografieren oder filmen. Dann stellen sie die Aufnahmen mit verletzenden Kommentaren ins Netz. Selbst die Lehrer sind manchmal Zielscheibe solcher Aktionen.

Wundern muss man sich meiner Ansicht nach nicht darüber. Die Medien liefern genügend schlechte Vorbilder. Dieter Bohlen steht mit seinen fiesen Sprüchen zum Beispiel als Held da. Er hat in der Sendung „Deutschland sucht den Superstar" schon Hunderte Nachwuchskünstler vor aller Welt lächerlich gemacht. Bei einem Kandidaten ging er sogar so weit, dass er ihn beim Singen nach ein paar Sekunden unterbrach und sagte, sein Gesang sei „sehr, sehr, sehr, sehr, sehr schlecht" gewesen. Als sich der Junge anschließend verzweifelt auf den Boden warf, meinte Bohlen nur, er solle jetzt nicht so ein Theater machen. Schließlich ließ er ihn abführen: Mitarbeiter griffen ihm unter die Arme, und die Kamera filmte den Weg zum Ausgang.

Das Fernsehen ist voll von Sendungen, in denen Beleidigungen normal sind und als tolle Show verkauft werden. Wenn Journalisten die Fernsehmacher deswegen kritisieren, tun diese ganz unschuldig. Die Teilnahme sei ja freiwillig und die Zuschauer wollten solche Unterhaltungsshows sehen. Außerdem helfe den wirklich Guten eine originelle Kritik. Bohlen behauptet sogar, dass eine solche Show junge Menschen auf die harte Realität des Showbusiness vorbereiten würde.

Das ist aber nicht der Fall. In einer Studie wurden junge Zuschauer sowie Kandidaten von „DSDS" befragt. Obwohl die Jugendlichen denken, dass Disziplin, Üben oder Kritik annehmen eine wichtige Rolle im Leben spielen, finden sie die blöden Sprüche der Jurymitglieder nervig. Einige der Kandidaten fühlten sich vom schnellen Wechsel zwischen Rampenlicht und anschließendem Desinteresse sowie den verletzenden Kommentaren der Jury körperlich und seelisch stark belastet.

Ich verstehe nicht, warum fast alle in unserer Schule sich solche Shows ansehen. Vielleicht liegt es daran, dass wir Jugendlichen von der Welt noch nicht richtig ernst genommen werden? Und deshalb fühlen wir uns besser, wenn wir dabei zusehen können, wie sich jemand zum Affen macht. Wir sollten lieber denjenigen Respekt erweisen, die sich etwas trauen. Jeder Versuch kann schließlich schiefgehen. Aber es ist mutiger, etwas auszuprobieren, als zuzusehen und zu grinsen, wenn dann etwas nicht klappt.

Kommentare:

1 **Ist doch nur Show!** susi2002 17.9. 16:53

Ist doch absolut in Ordnung, dass die Jury schlechte Kandidaten kritisiert. Es ist zwar nachvollziehbar, dass die Art und Weise der Kritik verletzend ist, dennoch wird ja keiner gezwungen, dort aufzutreten. Warum müssen die Kandidaten unbedingt öffentlich ihrer Umwelt mit ihren grausigen Auftritten auf die Nerven gehen? Das Ganze ist doch nur eine Show, da lohnt es nicht, sich aufzuregen. [weiterlesen …]

2 **Verantwortungslose Jury** YumiXX 17.9. 17:15

Leider haben wir uns schon an diese Art von Beleidigungen gewöhnt. Von mir aus müsste es solche Sendungen nicht geben. Sicherlich kann man einwenden, dass die Zuschauer wissen, dass die Kommentare der Jury überzogen sind. Aber viele schauen sich diese Respektlosigkeit und das schlechte Benehmen ab. Sie glauben, es sei cool, sich wie Bohlen zu verhalten. Das ist meiner Meinung nach ein echtes Problem! [weiterlesen …]

1 Welche grundsätzliche Meinung äußert der Verfasser in dem Forumsbeitrag „Wir sind Talentsucher und keine Müllsortierer“? Bestimmt die richtige Aussage:
A Castingshows sind schuld daran, dass viele Jugendliche sehr stark belastet sind.
B Schülerinnen und Schüler schauen zu viel Fernsehen, zum Beispiel Castingshows.
C Der Respekt voreinander lässt nach durch die schlechten Vorbilder im Fernsehen.

2 Wie denkt der Verfasser des Beitrags über Castingshows? Und welche Argumente nennt er? Ergänzt folgende Aussage: *Der Verfasser findet Castingshows (nicht) problematisch, denn …*

3 Im dritten Absatz (▶ Zeile 18–23) nennt der Verfasser auch vier Einwände gegen seine Meinung über Castingshows. Notiert diese stichwortartig: *1. Teilnahme ist freiwillig …*

4 Wie äußern sich die Verfasser der beiden Kommentare 1 und 2 zum Thema Castingshows?
a Fasst jeden Kommentar in einem Satz zusammen:
Kommentar 1: Castingshows sind ein/kein Problem, weil …
b Beide Kommentare gehen jeweils auf einen Einwand ein. Sucht und nennt die Einwände.

5 Wie ist die Sprache im Forumsbeitrag und in den Kommentaren? Wählt passende Angaben:

sachlich • unsachlich • höflich • umgangssprachlich • beleidigend • persönlich • formell • informell

Information **Forumsbeitrag im Internet**

- Ein **Internetforum** ist eine Plattform im Internet, auf der Meinungen, Gedanken und Erfahrungen schriftlich ausgetauscht werden.
- In einem **Forumsbeitrag** nimmt man persönlich Stellung zu einem Thema oder einer Frage.
- Forumsbeiträge werden **sachlich** formuliert. **Umgangssprache** ist erlaubt, aber man bleibt **höflich.**
- Die eigene **Meinung** wird in der **Ich-Form** geäußert.

Fordern und fördern: Schriftlich Stellung nehmen

In den Kommentaren auf Seite 37 äußern Schüler ihre Meinung zu Castinghows.
Findet ihr es problematisch, wenn in Castingshows die Jury respektlos mit Kandidaten umgeht?
Schreibt einen eigenen Kommentar:

1 ●●○ Notiert eure Meinung zum respektlosen Umgang mit Kandidaten in Castingshows.
▷ Hilfe zu Aufgabe 1 auf Seite 39

2 ●●○ **a** Sammelt Argumente und Beispiele für eure Meinung und notiert sie stichwortartig.
Tipp: Ihr könnt auch Argumente aus dem Forumsbeitrag und den Kommentaren von Seite 36–37 übernehmen.
▷ Hilfe zu Aufgabe 2 a auf Seite 39

Meinung:
Respektloser Umgang ist ein Problem!
Argumente:
– schlechtes Vorbild
– ...

Meinung:
Respektloser Umgang ist kein Problem!
Argumente:
– Jury macht nur Show zur Unterhaltung
– ...

●●○ **b** Nummeriert eure Argumente nach ihrer Überzeugungskraft:
Das stärkste Argument sollte ganz am Anfang oder am Ende eures Kommentars stehen.

3 ●●○ Welcher Einwand spricht gegen eure Meinung? Schreibt den Einwand auf und überlegt, wie ihr ihn entkräften könnt.
▷ Hilfe zu Aufgabe 3 auf Seite 39

4 ●●● Schreibt den Kommentar: Äußert eure Meinung und nennt Gründe dafür.
Entkräftet auch einen möglichen Einwand und formuliert einen Schluss.
▷ Hilfe zu Aufgabe 4 auf Seite 39

5 ●●● Überarbeitet euren Kommentar: Überprüft, ob ihr höflich formuliert habt und ob eure Meinung, die Argumente und die Beispiele sprachlich gut verknüpft sind.
▷ Hilfe zu Aufgabe 5 auf Seite 39

6 Tauscht eure Kommentare. Verfasst zum Beitrag eures Lernpartners einen weiteren kurzen Kommentar.

Methode **Einen Kommentar für ein Internetforum schreiben**

- **Einleitung:** Formuliert eure Meinung.
- **Hauptteil:** Erklärt und begründet eure Meinung mit Argumenten und Beispielen.
  Bezieht euch auch auf andere Meinungsäußerungen oder Kommentare und entkräftet Einwände gegen eure Meinung.
- **Schluss:** Fasst zum Schluss noch einmal euren Standpunkt zusammen, formuliert einen Vorschlag oder Wunsch für die Zukunft oder ladet Leser ein, eure Meinung zu kommentieren und Fragen zu stellen.

●○○ **Aufgabe 1 mit Hilfen**

Notiert eure Meinung zum respektlosen Umgang mit Kandidaten in Castingshows:
Meiner Ansicht nach ist es ein/kein Problem, wenn ...

●○○ **Aufgabe 2 a mit Hilfen**

Sammelt Argumente und Beispiele für eure Meinung und notiert sie stichwortartig.
Wählt passende Argumente aus:

- *Kandidaten wissen vorher, was sie erwartet*
- *Castingshow langweilig ohne freche Sprüche*
- *Kandidaten werden entmutigt*
- *Jury ist schlechtes Vorbild*
- *Kandidaten nehmen freiwillig teil*
- *Kandidaten werden auf hartes Künstlerleben vorbereitet*

●○○ **Aufgabe 3 mit Hilfen**

Welcher Einwand spricht gegen eure Meinung?
Schreibt den Einwand auf und überlegt, wie ihr ihn entkräften könnt:
Viele meinen zwar, dass ... Aber ... / Es stimmt natürlich, dass ... Jedoch ...

●●○ **Aufgabe 4 mit Hilfen**

Schreibt den Kommentar: Äußert eure Meinung und nennt Gründe dafür.
Entkräftet auch einen möglichen Einwand und formuliert einen Schluss.
Verwendet dabei den folgenden Schreibplan und die Formulierungshilfen:

Einleitung: Meinung formulieren	– *Meiner Ansicht nach ist es ein/kein Problem, wenn ...* – *Ich finde den respektlosen Umgang mit ...*
Hauptteil: – Argumente und Beispiele nennen – sich auf andere Beiträge beziehen – auf Einwände eingehen und sie entkräften	– *Ein Argument für meine Meinung ist, dass ...* – *Außerdem sollte man bedenken, dass ...* – *Man sollte auch berücksichtigen, dass ...* – *Ich selbst habe die Erfahrung gemacht, dass ...* – *Beispielsweise ...* – *... meint/schreibt zwar, dass ... Aber ...* – *Sicherlich kann man einwenden, dass ... Dennoch ...* – *Es ist richtig, dass ... Allerdings darf nicht übersehen werden, ...*
Schluss: – Standpunkt zusammenfassen – Vorschlag formulieren – Leser um Kommentar bitten	– *Mit den Castingshows wird meiner Meinung nach ...* – *Ich würde mir wünschen, dass ...* – *Ich könnte mir vorstellen, dass ...* – *Was meint ihr, ...?*

●○○ **Aufgabe 5 mit Hilfen**

Überarbeitet euren Kommentar. Prüft, ob ihr Verknüpfungswörter ergänzen könnt:

außerdem • weiterhin • deshalb • deswegen • trotzdem • dennoch • allerdings

2.3 Fit in ...! – In einem Kommentar Stellung nehmen

Stellt euch vor, ihr bekommt in der nächsten Klassenarbeit die folgende Aufgabe gestellt:

In der Sporthalle deiner Schule soll ein Kickboxturnier stattfinden.
Bei dieser Veranstaltung sollen Spenden gesammelt werden für die Jugendarbeit in deiner Stadt.
Auf der Schulwebseite ist der unten stehende Forumsbeitrag erschienen.
Verfasse dazu einen ausführlichen Kommentar:

- Formuliere deine Meinung.
- Begründe sie mit zwei Argumenten und stützenden Beispielen.
- Gehe auf den Forumsbeitrag oder den ersten Kommentar ein.
- Entkräfte einen möglichen Einwand.

Coolboy 18.2. 17:15

Kickboxturnier in unserer Schule?

Endlich mal Action: Der Kickboxverein TSV hat angeboten, bei unserem Schulfest in der Sporthalle ein Kickboxturnier zu veranstalten. Dabei sollen Spenden gesammelt werden zur Unterstützung der Jugendarbeit in unserer Stadt.
Eigentlich hört sich das echt gut an: Wir haben eine tolle Sporthalle mit einer Zuschauertribüne, die bestimmt gefüllt wäre. Die Spenden werden dringend benötigt, und die Veranstaltung wäre eine gute Gelegenheit, unsere Schule in der Öffentlichkeit und in der Presse vorzustellen.
Aber ich habe Bedenken, weil Kickboxen ein ziemlich brutaler Sport ist. Dabei wird ja geschlagen und getreten. Vor allem die jüngeren Schüler könnten das in den Pausen vielleicht nachahmen. Ist so ein Kickboxturnier an unserer Schule wirklich eine gute Idee? Wie denkt ihr darüber?

Kommentare:

1 LillyFee 19.2. 10:27

Ich finde die Idee toll. Kickboxen ist kein „brutaler Sport“, sondern eine anspruchsvolle Kampfsportart, bei der Boxtechniken und Beintechniken aus Karate und Kung-Fu eingesetzt werden. Gekämpft wird nach festgelegten Regeln. Beim Kickboxen geht es um Beweglichkeit, Ausdauer, Stärke und Schnelligkeit. Die Techniken (Schläge und Tritte) werden vom Schiedsrichter streng kontrolliert, und Treffer darf man nur nach erlaubten Techniken erzielen. Meiner Meinung nach spricht nichts dagegen, diese Sportart beim Schulfest zu zeigen.

Die Aufgabe richtig verstehen

1 a Zu welcher Frage sollt ihr euch eine Meinung bilden? Schreibt sie ins Heft:
Soll das Kickboxturnier ...

b Wie soll euer Text aussehen? Wählt die richtigen Aussagen aus.
Die Buchstabenpaare ergeben rückwärts gelesen ein Lösungswort.

RE Ich soll im Text meine Meinung begründen und durch Beispiele stützen.
IE Ich soll die Regeln zum Kickboxen erklären.
LT Meine Argumente und Beispiele sollen sprachlich gut miteinander verknüpft sein.
AL Ich soll so viele Argumente wie möglich für meine Meinung anführen.
RO Ich darf in meinem Kommentar Informationen aus dem Forumsbeitrag verwenden.
PS Ich soll auch einen Einwand entkräften.

Planen

2 Legt im Heft zwei Spalten an und notiert Argumente für und gegen das Kickboxturnier:
– Überlegt, welche Argumente euch selbst einfallen.
– Lest, welche Argumente im Forumsbeitrag und im Kommentar (► S. 40) genannt werden.
– Prüft, welche weiteren Argumente die folgenden Aussagen enthalten:

Luis: Ich finde so ein Kickboxturnier absolut super! Dann könnten wir eine neue Sportart kennen lernen und vielleicht sogar mal im Sportunterricht ausprobieren. Sonst spielen wir ja immer nur Völkerball und Brennball ...

Ali: Ich bin gegen dieses Turnier! Kickboxen ist doch nur eine sinnlose Schlägerei. Wo bleibt beim Schlagen und Treten der Respekt für den Gegner? Dabei wird Gewalt verharmlost!

Ranya: Man muss doch nicht glauben, nur weil zwei Gegner sich nach festgelegten Regeln fetzen, machen das alle Schüler gleich nach! Für das Turnier spricht auf alle Fälle, dass wir durch den Karten- und Getränkeverkauf eine ordentliche Geldsumme einnehmen. Davon könnte man beispielsweise einen neuen Computer für das Jugendcafé kaufen.

3 Bildet euch mit Hilfe der Argumente-Sammlung eine Meinung zum Thema und notiert sie:
Jch bin für/gegen ...

4 a Nummeriert die Argumente für eure Meinung nach ihrer Überzeugungskraft.
b Markiert die zwei stärksten Argumente, die ihr in eurem Kommentar anführen wollt.

5 Wählt aus der Argumente-Sammlung einen Einwand aus und entkräftet ihn:
Natürlich besteht die Gefahr, dass ... Aber .../Es ist richtig, dass ... Aber wichtiger ist doch ...

Schreiben und überarbeiten

6 Schreibt den vollständigen Kommentar. Der Schreibplan und die Formulierungen helfen euch:

Meinung:	– *Ich bin für/gegen ...* – *Meiner Meinung nach sollte das Kickbox-Turnier ...*
Argument 1:	– *Mein wichtigstes Argument ist, dass ...* – *Man sollte bedenken, dass ...*
Beispiel 1:	– *Ich selbst habe die Erfahrung gemacht, dass ...* – *Zum Beispiel ...*
Argument 2:	– *Dafür/Dagegen spricht außerdem, dass ...* – *Zudem .../Darüber hinaus .../Außerdem .../Weiterhin ...*
Beispiel 2:	– *Beispielsweise ...* – *So ...*
Eingehen auf anderen Kommentar:	– *Ich stimme mit ... überein: ...* – *... hat (nicht) Recht, wenn er/sie schreibt, dass ... Aber ...*
Entkräfteter Einwand:	– *Sicherlich kann man einwenden, dass ... Dennoch ...* – *Es ist richtig, dass ... Es darf aber nicht übersehen werden, dass ...*
Schluss:	– *Ich hoffe, dass ...*

7 Überarbeitet eure Kommentare in Partnerarbeit. Verwendet folgende Checkliste:

Checkliste

In einem Kommentar Stellung nehmen

- **Einleitung:** – Habt ihr eure Meinung deutlich formuliert?
- **Hauptteil:** – Habt ihr zwei überzeugende Argumente für eure Meinung genannt?
  – Habt ihr zu mindestens einem Argument ein anschauliches Beispiel angeführt?
  – Seid ihr auf einen anderen Beitrag eingegangen?
  – Habt ihr einen Einwand entkräftet?
- **Schluss:** – Habt ihr für den Schluss eine der folgenden Möglichkeiten genutzt:
  – euren Standpunkt zusammengefasst,
  – einen Vorschlag oder Wunsch für die Zukunft formuliert,
  – die Leser eingeladen, eure Meinung zu kommentieren?
- **Ausdruck/Sprache:** – Habt ihr die Argumente und Beispiele gut verknüpft?
  – Habt ihr sachlich und höflich formuliert?
  – Sind Rechtschreibung und Zeichensetzung korrekt?

Schreibwörter ▸ S. 300

die Fairness	der Respekt	widersprechen	fair	allerdings
die Position	der Beitrag	kommentieren	strittig	dennoch

3 Draußen unterwegs – Berichten und Informieren

1 Auf dem Foto seht ihr die Folgen eines schweren Unwetters.
Habt ihr selbst schon einmal ein Unwetter erlebt? Notiert Stichworte:
- Was geschah?
- Wann geschah es?
- Wo geschah es?
- Wer war dabei?
- Wie geschah es?
- Welche Folgen hatte das Ereignis für euch oder andere?

2 Berichtet mit Hilfe der Stichworte von eurem Erlebnis.

In diesem Kapitel ...
- schreibt ihr Berichte über besondere Ereignisse,
- entnehmt ihr Informationen aus Sachtexten und Diagrammen,
- verfasst ihr eigene Informationstexte zum Thema „Im Weltraum unterwegs“.

3.1 Schwere Unwetter – Über Ereignisse berichten

Erzählen und Berichten unterscheiden

A

Mein spannendstes Ferienerlebnis

In den letzten Sommerferien hatten meine Eltern keine Zeit, mit mir in die Ferien zu fahren. Ich fand das nicht weiter schlimm, denn nicht nur im Süden, sondern auch bei uns in Heinsberg war das Wetter fast immer gut. Die Sonne schien heiß und beinahe jeden Tag traf ich mich mit meinen Freunden im Schwimmbad. Das Wasser war schön kühl und es gab ausreichend Bäume, in deren Schatten man sich gut aufhalten konnte. Ein Badetag blieb uns allen jedoch in ganz besonderer Erinnerung.

Es war an einem Sonntag. Als wir um die Mittagszeit mit blauen Lippen aus dem Wasser stiegen, sagte Kenan plötzlich: „Seht euch die dicke Wolke an.“ Er zeigte zum Himmel. „Wenn das gleich kein Gewitter gibt ...“ „Ach, das kann noch dauern“, meinte Marc, „vor heute Abend ist damit bestimmt nicht zu rechnen. Lasst mal sehen, was ihr alles zum Essen mitgebracht habt. Ich habe riesigen Hunger.“

Während wir Würstchen, Käsebrote, Kuchen und Kekse aßen, hörten wir in der Ferne ein leises Grummeln. Bald wurden die Wolken dichter und türmten sich zu dicken Gewitterwolken auf. Der Himmel verdunkelte sich und in der Ferne sah man ein Wetterleuchten. „Vielleicht sollten wir jetzt doch besser nach Hause fahren“, meinte Kenan. „Lange kann das nicht mehr dauern.“

Plötzlich kam ein starker Wind auf und wehte unsere Badetücher weg. Schnell packten wir unsere Taschen, schwangen uns auf die Räder und fuhren los. Die Bäume und Büsche am Straßenrand bogen sich, Äste schlugen uns ins Gesicht. Plötzlich donnerte es richtig laut. Im selben Moment begann es wie verrückt zu prasseln. Wir traten in die Pedale. „Macht schnell“, rief ich, „gleich sind wir bei mir. Dort könnt ihr warten, bis das Gewitter vorbei ist.“ Es goss in Strömen und blitzte immer häufiger. Mein T-Shirt klebte an meinem Körper, Regentropfen liefen mir über das Gesicht und auch die beiden anderen sahen aus wie begossene Pudel.

Endlich kamen wir in unserer Straße an. Meine Mutter öffnete die Tür. „Wie gut, dass ihr da seid. Ich habe mir schon Sorgen gemacht.“ Schnell stellten wir unsere Räder neben der Garage ab und rannten ins Haus. Im selben Augenblick hörten wir ein schrecklich lautes Krachen. Der große Baum im Garten unseres Nachbarn stürzte in unsere Garageneinfahrt, genau dorthin, wo wir einige Minuten zuvor noch mit unseren Rädern gestanden hatten. Meine Mutter wurde kreidebleich und auch uns zitterten die Knie. Zugleich waren wir alle erleichtert, dass unser Ausflug so glimpflich ausgegangen war.

1 a Beschreibt, wie der Text auf euch wirkt, z. B. *spannend, informativ, unterhaltsam, eintönig.*
b Formuliert und beantwortet W-Fragen zum Text: Was? Wann? Wo? Wer? Wie? Warum?

B

Hitze, Gewitter, Tote: Extrem-Wetter wütet in Deutschland

Montag, 21.07.2014

Erst sengende Hitze, dann schwere Unwetter: Hoch „Aymen" hat Nordrhein-Westfalen ein Schwitz-Wochenende mit mehr als 35 Grad, Badeunfällen, aufgeplatzten Straßen und am Ende Hagel, Starkregen und Gewitterböen beschert. Die Gewitterfront zog am Sonntagabend über den Westen des Landes bis ins Ruhrgebiet.

In den Kreisen Heinsberg, Viersen und Recklinghausen rissen die Sturmböen Bäume um und blockierten Straßen. Ein Motorradfahrer fuhr nahe Recklinghausen gegen einen Baum und wurde schwer verletzt. Bäume krachten in Häuser, Dachziegel fielen auf die Straße, Gerüste und Zäune kippten um, und Straßen und Keller wurden überflutet. Hagelkörner zerschlugen Autolack. In Bochum-Wattenscheid liefen binnen weniger Minuten Keller voll, Wohnungen standen unter Wasser, Straßen waren überflutet. Die Feuerwehr musste sowohl in Bochum als auch im Kreis Heinsberg 40-mal ausrücken.

2 Welche Informationen gibt der Zeitungstext über das Unwetter? Gebt den Inhalt mit eigenen Worten wieder.

3 Die Texte A und B stellen ein Ereignis auf unterschiedliche Weise dar. Bei welchem Text handelt es sich um einen Bericht, bei welchem um eine Erzählung?

a Vergleicht die beiden Texte und berücksichtigt dabei:
- Genauigkeit der Angaben
- Ausführlichkeit
- Sachlichkeit
- Spannung
- Äußerung von Meinungen, Gedanken oder Gefühlen
- Sprache
- wörtliche Rede
- Zeitform

b Beschreibt im Heft, wie sich die Texte unterscheiden:
Bei Text A handelt es sich um eine/n ...
Jm Unterschied zu Text B ...
Nur in diesem Text erfährt man ...
Text B ist ein/e ...
Anders als in Text A ...
Während Text A ..., ...

c Welche unterschiedlichen Absichten verfolgen beide Texte? Ordnet die Aussagen richtig zu:
- *Der Text will die Leser knapp und sachlich über das Ereignis informieren.*
- *Der Text will den Lesern das Ereignis spannend und unterhaltsam nahebringen.*

4 a Schreibt über das Ereignis in Text A einen kurzen Bericht für die Stadtteilzeitung.
b Vergleicht eure Berichte: Habt ihr alle W-Fragen beantwortet und das Präteritum verwendet?

Information **Der Bericht**

In einem Bericht wird **sachlich, knapp und genau** über ein Ereignis informiert.
- In der Regel beantwortet ein Bericht folgende **W-Fragen:**
  - **Einleitung: Was** geschah? **Wann** geschah es? **Wo** geschah es? **Wer** war beteiligt?
  - **Hauptteil: Wie** passierte etwas oder wie lief das Geschehen ab? **Warum?**
  - **Schluss: Welche Folgen** hatte das Ereignis?
- Der Ablauf des Geschehens wird **vollständig** in der **richtigen zeitlichen Abfolge** dargestellt.
- Es werden nur die **wichtigen Fakten** berichtet. Auf die Wiedergabe von Meinungen, Gedanken und Gefühlen wird verzichtet.
- Schriftliche Berichte werden meistens im **Präteritum** (▸ S. 287) formuliert.

Einen Bericht über einen Ausflug verfassen

Unsere Nachtwanderung *Montag, 17.11.2014*

- *Nachtwanderung der Klasse 7a zum Rhein*
- *um 20.00 Uhr Treffen vor der Schule*
- *von dort aus gemeinsame Wanderung zum Rhein und am Rhein entlang*
- *gegen 22.00 Uhr unvergessliches Naturereignis: Leonidenstrom am Himmel gesehen!*
- *Leonidenstrom: Sternschnuppen, die vom Himmel regnen*
- *Sternschnuppen: kleine Gesteinsbrocken aus dem All, die sich stark erhitzen und auf dem Weg zur Erdoberfläche verglühen*
- *kühler Novemberabend, kein Regen*
- *warme Kleidung, heißer Tee in der Thermoskanne*
- *Ronnie hatte vier belegte Brötchen mit!*
- *Beim Anblick der Sternschnuppen haben sich alle heimlich etwas gewünscht ... TOPSECRET!*

1 Auf der Schulwebseite soll ein kurzer Bericht über die Nachtwanderung der Klasse 7a veröffentlicht werden. Eine Schülerin hat sich Notizen gemacht.

a Lest die Notizen und erklärt euch gegenseitig, was die Klasse erlebt hat.

b Überlegt zu zweit, welche Informationen ihr für den Bericht verwenden würdet und welche nicht.

2 Plant den Bericht für die Schulwebseite:

a Welche W-Fragen müsst ihr in einem Bericht beantworten? Notiert sie in sinnvoller Reihenfolge untereinander ins Heft:
Was geschah?
Wann geschah es?
...

b Ergänzt zu allen Fragen die passenden Notizen vom Stichwortzettel oben.

3 Einen Bericht schreibt man im Präteritum (▸ S. 287).
Aber manchmal braucht man auch Verbformen im Plusquamperfekt (▸ S. 287).

a Erklärt an folgendem Beispiel, wann man das Plusquamperfekt verwendet:
Nachdem wir eine Stunde gewandert waren, beobachteten wir gegen 22.00 Uhr den Sternenhimmel.

b Notiert für den Bericht die Verben unten im Präteritum und im Plusquamperfekt, z. B.:
treffen – wir trafen – wir hatten getroffen.

treffen • laufen • wandern • gehen • sehen • beobachten • erkennen • erleben • wünschen

4 Formuliert einen Einleitungssatz für den Bericht. Beantwortet darin die vier W-Fragen Was?, Wann?, Wo?, Wer?, z. B.: *Am Montagabend, den 17.11.2014, unternahm die Klasse …*

5 Schreibt sachlich und genau, wie, warum und mit welchen Folgen etwas geschah. Verwendet dabei die Verben von Aufgabe 3 in der passenden Zeitform und verknüpft eure Sätze mit Konjunktionen aus dem Kasten:

als • während • bevor • nachdem • da • weil • indem • damit • obwohl • sodass

6 a Wie sollte eine Überschrift für einen Bericht aussehen? Prüft folgende Aussagen:

A Die Überschrift muss neugierig auf das Ereignis machen. Sie darf es aber noch nicht verraten.

B Die Überschrift sollte knapp und sachlich angeben, über welches Ereignis informiert wird.

C In der Überschrift sollte stehen, wann und wo das Ereignis stattgefunden hat.

b Formuliert eine passende Überschrift für den Bericht.

Das war schon ein irrer Abend, den wir vergangenen Montag erlebt haben. Unsere Klassenlehrer Herr Matthias und Frau Schröder hatten uns für 20.00 Uhr vor den Haupteingang der Schule bestellt. Weil unsere Nachtwanderung während der Klassenfahrt buchstäblich ins Wasser gefallen war, sollte diese jetzt nachgeholt werden. Eigentlich hatte ich gar keine Lust, da hinzugehen. Es war nämlich superkalt draußen. Aber dann fand ich es doch ganz schön cool, mit der Klasse im Dunkeln am Rhein entlangzuwandern.

Dann rief Sami plötzlich: „Seht mal, eine Sternschnuppe!“

7 a Lest den Textanfang einer Schülerin und besprecht, was daran überarbeitet werden muss.

b Formuliert drei Tipps für die Schülerin: *Achte darauf, … / Verzichte auf … / Verwende …*

8 Überarbeitet eure eigenen Berichte in Schreibkonferenzen (► S. 300). Berücksichtigt die Checkliste.

9 Schreibt mit Hilfe der Notizen auf Seite 46 eine Erzählung über die Nachtwanderung.

Checkliste

Einen Bericht verfassen

Aufbau

- Habt ihr in der **Überschrift** angegeben, über welches Ereignis ihr informiert?
- Habt ihr zu Beginn des Berichts die **W-Fragen Was?, Wann?, Wo?, Wer?** beantwortet?
- Habt ihr in der **richtigen zeitlichen Reihenfolge** berichtet, **wie und warum** etwas geschah?
- Seid ihr zum Schluss auf die **Folgen** eingegangen?
- Habt ihr auf persönliche Aussagen zu Meinungen, Gedanken und Gefühlen verzichtet?

Sprache

- Habt ihr den Bericht **sachlich** formuliert und umgangssprachliche Ausdrücke vermieden?
- Sind eure **Sätze gut verknüpft?**
- Habt ihr das **Präteritum** (oder das **Plusquamperfekt**) verwendet?

Teste dich!

1 Welche Aussagen treffen auf einen Bericht zu? Schreibe sie ins Heft.
Die Buchstabenpaare der richtigen Aussagen ergeben rückwärts gelesen ein Lösungswort.

– Ein Bericht informiert über ...
MR ein vergangenes Ereignis. **LN** einen Vorgang. **RE** ein zukünftiges Ereignis.

– In einem Bericht werden ...
ET Handlungsschritte erzählt. **UT** W-Fragen genau beantwortet. **AK** Argumente angeführt.

– Man berichtet, wie etwas geschah, ...
SN in der richtigen zeitlichen Reihenfolge. **RT** indem man zuerst die Folgen anführt. **IS** indem man alle Einzelheiten ausführlich erzählt.

– Ein Bericht informiert über ...
LO die Gefühle der Beteiligten. **NI** die Meinung des Berichtenden. **ET** die wichtigen Ereignisse.

– Die Überschrift des Berichts ...
ER wirft eine Frage auf. **IR** ist knapp, sachlich und informativ. **SU** weckt die Neugier der Leser.

– Beim Verfassen eines Berichts sollte man achten auf ...
OE sachliche Formulierungen. **IE** anschauliche Adjektive. **UA** Spannungsmelder.

– Als Tempus verwendet man in der Regel ...
NEM das Präsens. **TEM** das Präteritum. **MAN** das Perfekt.

2 In deinem Ort hat es ein heftiges Unwetter gegeben, bei dem der Sturm auch einen Baum auf dem Pausenhof entwurzelt hat. Auf der Schulwebseite soll darüber berichtet werden.
a Verfasse anhand der Stichworte unten den Bericht.
b Vergleiche deinen Bericht mit dem Text einer Lernpartnerin oder eines Lernpartners.

- *Pfingstmontag, 09.06.: irres Unwetter bei uns!*
- *Windgeschwindigkeiten von bis zu 124 Stundenkilometern*
- *zahlreiche Einsätze der Feuerwehr!*
- *Dächer undicht, weil Dachziegel von Dächern flogen*
- *Gullis verstopft und Straßen voller Wasser, wie Flüsse!!!*
- *bei George und Daria Keller voller Wasser*
- *große Birke auf dem Pausenhof umgestürzt, liegt mitten auf dem Hof*
- *alle Schulen und Sporthallen der Stadt bleiben auch am Mittwoch geschlossen*
- *Aufräumarbeiten überall*
- *ein Tag länger Pfingstferien!* ☺
- *Schwimmbad leider auch geschlossen* ☹

3.2 Im Weltraum unterwegs – Mit Hilfe von Materialien andere informieren

Informationen sammeln und auswerten

Stellt euch vor, ihr sollt eure Mitschüler in einem Text über die Internationale Raumstation ISS informieren. Dazu stehen euch fünf verschiedene Materialien zur Verfügung.

Material 1

Die Geschichte der Raumfahrt

Schon vor Tausenden von Jahren übten die Sonne, der Mond und die Sterne eine große Faszination auf die Menschen aus. Sie fragten sich, aus welchem Material die Gestirne bestehen und wie sie sich bewegen. Antworten auf diese Fragen konnten sie zunächst nur auf Grund ihrer eigenen Himmelsbeobachtungen finden.

1609 wurde zum ersten Mal ein Fernrohr zur Beobachtung der Sterne verwendet. Mit dessen Hilfe fand der italienische Astronom Galileo Galilei heraus, dass die Milchstraße aus vielen Tausenden, weit entfernten Sternen besteht. Außerdem erkannte er, dass die Erde um die Sonne kreist und nicht – wie zuvor viele Astronomen behauptet hatten – die Sonne um die Erde.

Um mehr über die Gestirne zu erfahren, stellten die Menschen Überlegungen darüber an, wie man zu ihnen ins Weltall gelangen könnte. Am 4. Oktober 1957 schickte die damalige Sowjetunion den ersten künstlichen Satelliten, Sputnik 1, in den Weltraum. Damit begann das so genannte Weltraumzeitalter. Heute kreisen unzählige Satelliten um die Erde. Sie werden beispielsweise zur Wettervorhersage, zur Nachrichtenübermittlung und zur Erdbeobachtung eingesetzt.

Doch es reichte den Menschen nicht, Informationen über das Weltall von technischen Geräten vermittelt zu bekommen, sie wollten den Weltraum mit eigenen Augen erkunden.

Am 12. April 1961 flog der sowjetische Pilot Juri Gagarin als erster Mensch ins All und umrundete mit dem Raumschiff Wostok 1 in 108 Minuten einmal die Erde. Am 21. Juli 1969 betraten dann der amerikanische Apollo-11-Kommandant Neil Armstrong und sein Kollege Buzz Aldrin als erste Menschen den Mond, während ihr Kollege Michael Collins im Raumschiff Columbia um den Mond kreiste und sie nach etwa 24 Stunden wieder an Bord nahm. Nach Apollo 11 gab es noch fünf weitere Mondlandungen, die letzte im Dezember 1972.

In den 1970er Jahren planten die USA und die Sowjetunion erstmals eine gemeinsame Aktion im Weltraum. Am 15. Juli 1975 startete ein sowjetisches Sojus-Raumschiff mit zwei Kosmonauten und ging in eine Erdumlaufbahn. Einige Stunden später folgte ein Apollo-Raumschiff der USA mit drei Astronauten, und am 17. Juli 1975 wurden die beiden Raumflugkörper aneinandergekoppelt und blieben zwei Tage zusammen.

Mehr als zwanzig Jahre später begann dann der gemeinsame Bau der Raumstation ISS *(International Space Station)*. Seitdem fliegen regelmäßig Raumfahrer aus verschiedenen Ländern dorthin und bleiben mehrere Monate an Bord.

1 Erstellt zu dem Text eine Zeitleiste und tragt die Schritte bei der Erkundung des Weltalls ein.

1609: Sternbeobachtung mit Fernrohr

Material 2

Der Weg ins All

Der Weltraum – unendliche Weiten … In Filmen klingt das immer so schön und einfach. Doch bevor man die Weiten des Weltraums erreicht, muss man erst einmal über die Erdatmosphäre hinaus ins All vordringen. Und das ist gar nicht so einfach: Immerhin gilt es, die Schwerkraft zu überwinden.

Erst wenn eine Rakete genügend Schub entwickelt hat, kann sie einen Satelliten oder ein Raumschiff mit Astronauten an Bord in die Umlaufbahn befördern – oder gar eine Raumsonde auf den Kurs zu anderen Planeten bringen. Ach ja: Und wenn Astronauten später wieder zur Erde zurückkehren sollen, muss man sich natürlich auch noch darüber Gedanken machen, wie der Wiedereintritt in die Atmosphäre und die Landung klappen sollen.

Auch heute noch stellt die Raumfahrt eine ziemliche Herausforderung dar. Raketen sind mit vielen Tonnen hochexplosiver Treibstoffe gefüllt. Ihre Triebwerke sind die stärksten Motoren der Welt! Es gibt große Raketen und kleine – je nach der Last, die sie zu befördern haben. Und es gibt ganz kleine Raketen: Forschungsraketen, die nur in hohem Bogen ins All und wieder zurückfliegen. Außerdem gibt es natürlich Raketen für bemannte Flüge – mit einem Raumschiff an der Spitze, in dem Astronauten sitzen. Und eben auch Raketen für unbemannte Missionen – für Satelliten und Sonden.

Wie schon gesagt: Wer ins All fliegt, muss auch an die Rückkehr denken. Die Temperaturen, die beim Wiedereintritt von Rückkehrkapseln durch die Reibung an den dichten Luftmassen unserer Atmosphäre entstehen, sind recht hoch: mehrere Tausend Grad Celsius heiß! Dagegen schützt ein hitzebeständiger Schutzschild. Nach diesem Flug durch die brennende Luft – sie brennt wirklich, durchs Fenster kann man es sehen – öffnen sich Fallschirme, die den Flug weiter verlangsamen.

Start des unbemannten russischen Raumtransporters „Progress“

Am Ende sorgt ein kleines Raketentriebwerk, das kurz vor dem Aufsetzen in Richtung Boden zündet, für eine sanfte Landung.

Und wo wir schon von Landungen sprechen: Auch auf anderen Planeten will man ja gelegentlich landen. Nicht mit Astronauten an Bord, jedenfalls noch nicht. Sondern mit kleinen Landesonden und automatischen Fahrzeugen, die mit ihren Kameras dann die Oberfläche erkunden. Wenn dabei ein Planet wie der Mars deutlich weniger Schwerkraft als die Erde ausübt, nutzt man auch andere Verfahren: zum Beispiel Airbags, die die ganze Sonde einhüllen und mit ihr zusammen wie ein großer Gummiball auf und ab hüpfen, bis schließlich alles zum Stehen kommt und man die Luft rauslassen kann.

2 a Arbeitet zu zweit: Lest den Text abschnittsweise, deckt ihn ab und gebt abwechselnd wieder, was ihr in dem jeweiligen Abschnitt über Raumfahrt erfahren habt.

b Was habt ihr noch nicht richtig verstanden? Tauscht euch mit eurer Lernpartnerin oder eurem Lernpartner aus und notiert eure Fragen.

3 Schlüsselwörter sind die wichtigsten Wörter in einem Text. Sie geben an, worum es geht.

a Lest den Text noch einmal und schreibt die markierten Schlüsselwörter ins Heft.

b Entscheidet für alle weiteren Abschnitte, welche Wörter die Schlüsselwörter sind. Ergänzt sie im Heft.

c Vergleicht, welche Schlüsselwörter ihr notiert habt. Begründet eure Auswahl.

4 Ordnet die Informationen aus dem Text in einer Mindmap:

a Legt euer Heft quer und notiert das Thema des Textes in der Mitte.

b Lest Abschnitt für Abschnitt und überlegt, worum es darin jeweils geht. Notiert die Unterthemen rund um das Thema in der Mitte.

c Notiert zu den Unterthemen stichwortartig die wichtigen Informationen. Eure Schlüsselwörter von Aufgabe 3 helfen euch dabei.

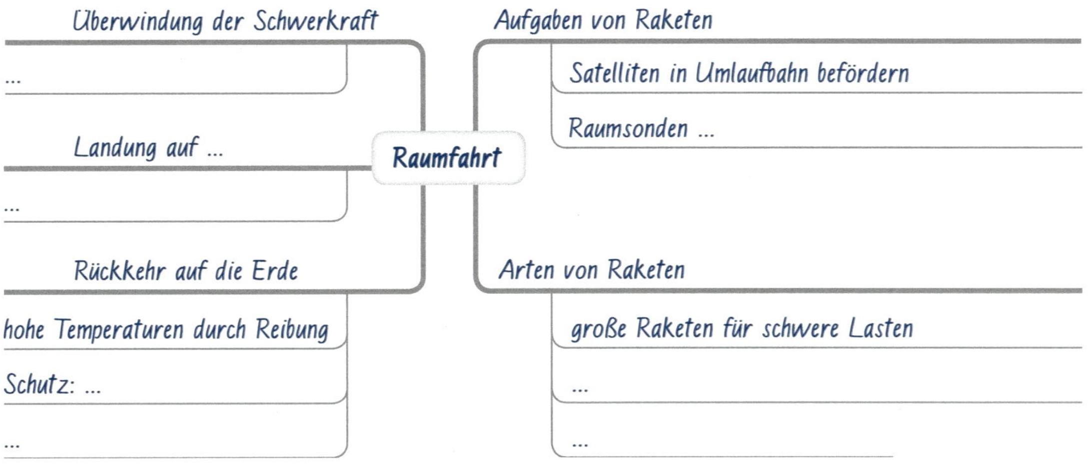

d Vergleicht eure Mindmaps in Partnerarbeit. Prüft, ob die Schlüsselwörter enthalten sind.

5 Gebt mit Hilfe eurer Mindmap die wichtigen Informationen des Textes mit eigenen Worten wieder. Ergänzt dazu den folgenden Textanfang und setzt ihn fort:
Es ist nicht einfach, in den Weltraum zu gelangen, denn man muss ... überwinden.
Dies gelingt nur mit Hilfe von ... Sie befördern Satelliten in die Umlaufbahn und ...

6 Recherchiert, warum Menschen und Gegenstände im Weltraum schwerelos sind und welche Folgen dies hat. Stellt anschließend eure Ergebnisse der Klasse vor.

Methode **Informationen in einer Mindmap ordnen**

Mit einer **Mindmap** können Informationen aus einem Text übersichtlich geordnet werden.
- Schreibt das **Thema des Textes** in die Mitte eines großen Blattes Papier. Ihr könnt auch euer Heft quer legen. Umrahmt das Thema.
- Notiert die **Unterthemen** der einzelnen Textabschnitte rund um das Thema in der Mitte. Verbindet Thema und Unterthemen durch dicke Äste.
- Notiert zu den einzelnen Unterthemen stichwortartig die **wichtigen Informationen.** Verbindet Unterthemen und einzelne Informationen durch dünnere Äste.

Material 3

Die ISS – eine internationale Forschungsstation im Weltraum

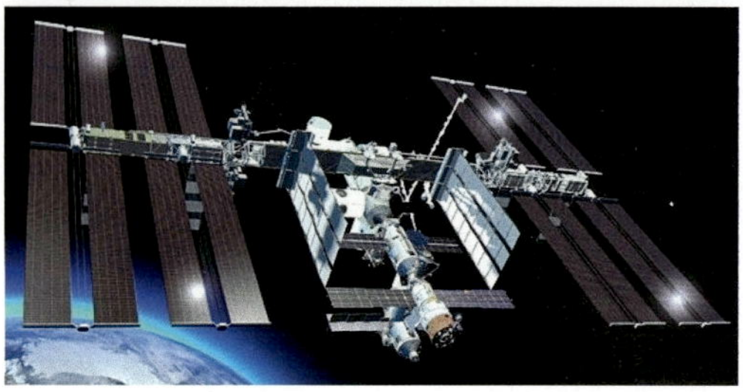

ISS lautet die Abkürzung für die internationale Raumstation *(International Space Station)* im Weltall, an deren Entstehung und Nutzung neben den USA, Russland, Kanada und Japan auch Deutschland und viele andere europäische Staaten beteiligt sind. Regelmäßig fliegen Astronauten aus verschiedenen Ländern zur ISS, bleiben mehrere Monate dort und führen in einem Hightech-Labor wissenschaftliche Experimente vor allem aus den Bereichen Physik, Medizin und Biologie durch, während die ISS die Erde umkreist.
Mit ihren Solarpaneelen hat die ISS ungefähr die Dimensionen eines Fußballfelds und ist die größte Raumstation, die jemals gebaut wurde. Deshalb konnte sie nicht als Ganzes in die Umlaufbahn um die Erde gebracht werden, sondern nur in einzelnen Modulen, die nach und nach im Weltraum zusammengesetzt wurden. Das erste ISS-Modul, genannt „Sarja“, startete im November 1998 mit einer russischen Rakete. Bis zur Fertigstellung der Raumstation vergingen dann 13 Jahre: Erst im Jahr 2011 war sie im Wesentlichen komplett. Insgesamt waren weit über 100 Flüge zum Aufbau der ISS nötig: rund zwei Drittel mit russischen Raketen, etwa ein Drittel mit amerikanischen Spaceshuttles, die bis zu 16 Tonnen Fracht transportieren konnten.
Menschen betraten die ISS erstmals im Jahre 2000. Die ersten drei Raumfahrer blieben dort von November 2000 bis März 2001. In dieser frühen Phase musste die Crew vor allem die Raumstation weiter ausbauen – wie beim Bau eines Hauses auf der Erde. Das galt auch für die Außenbordarbeiten: Mehr als 1000 Stunden verbrachten Astronauten und Kosmonauten insgesamt während dieser „Spacewalks“ im All. Sie schlossen Kabel und Leitungen an und montierten zusätzliche Komponenten wie etwa Antennen. Inzwischen sind in der Regel sechs Crew-Mitglieder an Bord der ISS, von denen dann immer drei gemeinsam zur Erde zurückkehren, damit drei neue folgen können. Auf diese Weise gibt es immer drei Raumfahrer, die bereits mit der aktuellen Arbeit auf der ISS vertraut sind.

7 Lest den Text und besprecht zu zweit, worum es darin geht.

8 Welche Fachwörter im Text habt ihr nicht verstanden? Legt eine Wörterliste an:
- Schreibt die Fachwörter zum Thema Raumfahrt untereinander ins Heft.
- Schlagt ihre Bedeutung in einem Wörterbuch, einem Lexikon oder im Internet nach (► S. 298).
- Notiert die Bedeutung oder eine Erklärung neben das Fachwort.

Tipp: Diese Fachwörterliste könnt ihr mit Wörtern aus anderen Texten immer wieder ergänzen.

9 Klärt zu zweit den genauen Inhalt des Textes: Formuliert abwechselnd Fragen zum Text und beantwortet sie euch gegenseitig.

Was? • Wann? • Wo? • Wer? • Wie? • Warum? • Welche Folgen?

10 a Notiert die wichtigen Informationen zur ISS stichwortartig untereinander.
b Vergleicht eure Stichworte mit einer Lernpartnerin oder einem Lernpartner: Habt ihr dieselben Informationen ausgewählt?

Material 4 Ein Tag im Leben eines Astronauten

Von Mai bis November 2014 lebte der deutsche Astronaut Alexander Gerst mit fünf weiteren internationalen Kollegen an Bord der Internationalen Raumstation. Was machte er dort die ganze Zeit? Das Protokoll eines ganz normalen Tages in der Schwerelosigkeit:

Astronaut Alexander Gerst bereitet sich an Bord der ISS auf einen Außeneinsatz vor

Zwischen 7:00 Uhr und 7:30 Uhr beginnt für alle Astronauten der Tag. Die Morgentoilette birgt einige Schwierigkeiten. Selbst so simple Dinge wie Zähneputzen erfordern in der Schwerelosigkeit spezielle Techniken. Fließendes Wasser gibt es auf der ISS nicht. Es würde in Gestalt vieler Tröpfchen unkontrollierbar durch den ganzen Raum fliegen und möglicherweise irgendwo in empfindlichen elektronischen Geräten hängen bleiben. Außerdem ist Wasser ohnehin sehr knapp auf der Raumstation, denn man kann es nicht tonnenweise ins Weltall transportieren.

Zum Frühstück gibt es einen maximal 40 Grad heißen Kaffee oder Tee und krümelfreie Bisquits, und um 8:45 Uhr findet die allmorgendliche Planungskonferenz statt, an der alle Astronauten teilnehmen müssen. Sie dauert 15 bis 30 Minuten. Während der Konferenz werden alle Astronauten nacheinander mit den vier betreuenden Bodenstationen verbunden. Dabei ist die Reihenfolge stets die gleiche: Zunächst erfolgt die Schalte in die USA, dann nach Russland, anschließend nach Europa und schließlich noch nach Japan. Besprochen werden die Projekte und Experimente, die im Auftrag der jeweiligen Raumfahrtagentur absolviert werden sollen.

Um 9:15 Uhr beginnt der Arbeitstag. Im Vordergrund stehen die zahlreichen wissenschaftlichen Experimente, die jeder Astronaut im Laufe seines Aufenthalts an Bord der Raumstation zu absolvieren hat.

Da wegen der Schwerelosigkeit die Muskulatur des Körpers nachlässt, muss jedes Teammitglied außerdem täglich 2,5 Stunden körperliches Training absolvieren, normalerweise einen Block am Vormittag und einen zweiten am Nachmittag.

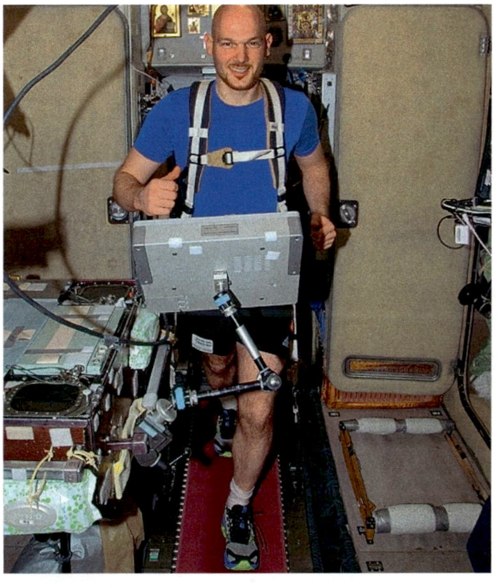

Astronaut Alexander Gerst auf dem Laufband

Die einstündige Mittagspause macht jeder Astronaut individuell irgendwann zwischen 12:00 und 14:00 Uhr. Nach dem Mittagessen geht es weiter im eng getakteten Stundenplan: Experimente und Sport an der Kraftmaschine oder auf dem Laufband.

Alle ISS-Astronauten treffen sich um 18:00 Uhr zum Abendessen, der einzigen warmen Mahlzeit des Tages. Zu essen gibt es dann Speisen, die von renommierten Chefköchen konzipiert wurden. Wegen der Schwerelosigkeit kann man die Gerichte jedoch nicht vom Teller essen. Die

Astronauten müssen sie mit einem Löffel direkt aus Dosen und Tüten essen, die irgendwo an einer Wand fixiert werden.
Nach dem Abendessen ist der Arbeitstag noch nicht vorüber. Zwischen 19:00 und 19:30 Uhr beginnt die Abendkonferenz mit den vier Bodenstationen – in der gleichen Reihenfolge wie am Vormittag. Ab 20:00 Uhr ist dann Feierabend. Bis zum Schlafgehen gegen 22:00 Uhr hat nun jeder Astronaut Zeit für private Dinge. Geschlafen wird dann in einem Schlafsack. Dieser ist an einer Wand befestigt, damit er nicht einfach samt Inhalt hinwegschweben kann. In der Nacht gibt es niemanden, der Wache an Bord der ISS hält. Die gesamte Crew schläft zugleich. Dafür wachen Menschen in den irdischen Kontrollzentren über das Wohl der schlafenden Weltraumfahrer. Sie werden geweckt, wenn ihnen eine ernste Gefahr drohen sollte, zum Beispiel anfliegender Weltraumschrott.

11 Lest den Text und äußert euch dazu:
Mich hat überrascht, … / Ich wusste nicht, dass … / Ich finde interessant, …

12 Legt einen Zeitplan zum Alltag der Astronauten auf der ISS an:

7:00 Uhr	*Aufstehen, Waschen, Zähneputzen*
gegen 8:00 Uhr	*Frühstück*
8:45 Uhr	…

13 a Was würdet ihr den Astronauten Alexander Gerst gern einmal fragen? Formuliert eure Fragen und überlegt euch mögliche Antworten für ein Interview.
b Gebt die Informationen aus dem Text und eure Fragen in einem mündlichen Interview wieder: Einer ist Zeitungsjournalist, der andere der Astronaut. Spielt das Interview der Klasse vor.

14 a Betrachtet das Kreisdiagramm genau. Lest die Überschrift und alle Angaben: Wofür stehen die Zahlen und die einzelnen Abschnitte auf dem Diagramm?
b Formuliert in einem Satz, worüber das Diagramm informiert:
Das Kreisdiagramm zeigt, …

Material 5 **Bemannte Missionen zur ISS seit 2000**

Anzahl der Raumfahrer:

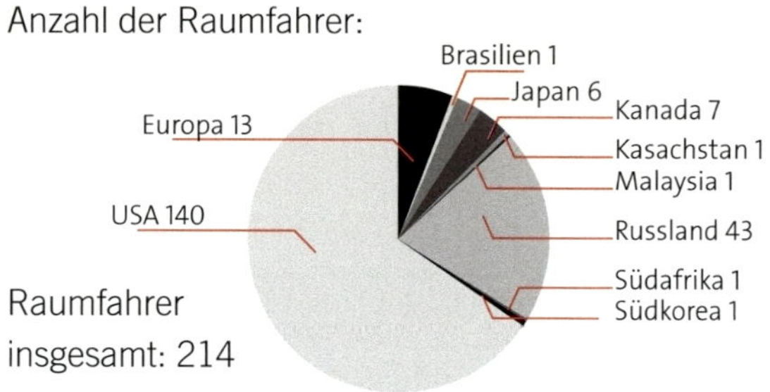

15 a Vergleicht die Angaben und wertet sie schriftlich aus. Ergänzt dazu folgende Sätze und setzt die Auswertung fort:
Die meisten ISS-Astronauten kommen aus … An zweiter Stelle folgt … mit …
b Formuliert zum Schluss ein Fazit: *Aus dem Diagramm geht hervor, dass …*

Methode **Ein Diagramm auswerten**

- Bestimmt die **Art des Diagramms** (Kreisdiagramm, Balkendiagramm, Säulendiagramm).
- Betrachtet das Diagramm genau. Lest die **Überschrift** und **alle Angaben.**
- Vergleicht die Angaben und formuliert ein **Fazit.**

Einen Informationstext vorbereiten

Für den Wissen-Teil der Schülerzeitung sollt ihr einen Informationstext über die Internationale Raumstation ISS schreiben.

1 Wenn ihr einen Informationstext schreibt, solltet ihr zuerst überlegen:
– An welche Leser richtet sich der Text?
– Was wissen die Leser schon über das Thema?
– Was möchten die Leser über das Thema erfahren?
Besprecht die drei Fragen mit einem Partner und ergänzt folgende Zettel stichwortartig im Heft:

A Wer liest den Text?
...

B Was wissen die Leser schon über das Thema?
- JSS hat etwas mit Raumfahrt zu tun
- die JSS befindet sich im Weltall
- ...

C Was möchten die Leser über das Thema erfahren?
- ...
- ...

2 Fragt euch dann: Was für eine Art Text erwarten die Leser? Begründet eure Auswahl:

Die Leser der Schülerzeitung erwarten im Wissen-Teil ...
A ... eine Liste mit Fakten zum Thema.
B ... einen Text mit so vielen Informationen zum Thema wie möglich.
C ... einen Bericht über den Besuch einer Ausstellung zur Geschichte der Raumfahrt.
D ... eine gut verständliche Darstellung der wichtigsten Informationen zum Thema.
E ... eine spannende Geschichte zum Thema.
F ... einen Fachtext für Ingenieure der Raumfahrttechnik.

3 Vergleicht die folgenden Angaben mit euren Ergebnissen der Aufgaben 1 und 2:

Information **Der Informationstext**

Ein Informationstext informiert **sachlich und gut verständlich** über **Gegenstände, Personen oder Sachverhalte.**

Aufbau
- Zu Beginn eines Informationstextes wird **das Thema** genannt.
- Danach werden in einer sinnvollen Reihenfolge **Informationen zu wichtigen W-Fragen** gegeben: Wer? Was? Wann? Wo? Wie? Warum?
- Zum Abschluss werden die Informationen zusammengefasst, ein Fazit gezogen oder ein Ausblick formuliert.

Sprache
- Die Sprache eines Informationstextes ist **sachlich** und **an die Leser angepasst.** Die Leser können direkt angesprochen werden.
- Ein Informationstext steht im Unterschied zu einem Bericht in der Regel im **Präsens** (▸ S. 287).

Fordern und fördern: Einen Informationstext schreiben

1 Plant den Inhalt eures Informationstextes zum Thema „Was ist die ISS?".

a Notiert auf Zettel oder Karteikarten die Fragen, die ihr in eurem Text über die ISS beantworten wollt (► S. 55, Aufgabe 1), z. B.:

Wann und wie wurde die JSS gebaut?

Wie sieht die JSS aus?

Wer arbeitet auf der JSS?

Was machen die Astronauten auf der JSS?

b Überfliegt noch einmal die Materialien 1 bis 5 (► S. 49–54) und sichtet eure Notizen dazu: Welches Material enthält Informationen zu welchen Fragen?

c Notiert Informationen aus den einzelnen Materialien stichwortartig unter die jeweiligen Fragen.

Wie sieht die JSS aus?

– hat mehrere Solarpaneele (M3)
– so groß wie ein Fußballfeld (M3)
– ...

2 Plant den Aufbau eures Informationstextes:

a In welcher Reihenfolge wollt ihr im Text auf die Fragen eingehen? Nummeriert die Zettel.

b Legt zwei weitere Zettel an mit Ideen für die Einleitung und den Schluss eures Textes.

3 a Formuliert die Einleitung für den Informationstext, z. B.:
Jn den Nachrichten hört man immer wieder von der JSS. Habt ihr euch auch schon einmal gefragt, was genau eigentlich die JSS ist? Hier sollt ihr ...

b Informiert in einzelnen Abschnitten zu den verschiedenen Fragen von Aufgabe 1. Beachtet dabei folgende Schreibtipps:
▷ Hilfe zu Aufgabe 3 b auf Seite 57

TIPP 1 Stellt durch Verknüpfungswörter sinnvolle Zusammenhänge zwischen den Informationen her.

TIPP 2 Formuliert sachlich und ohne persönliche Wertung.

TIPP 3 Erklärt Fachwörter, die euren Lesern vermutlich unbekannt sind.

TIPP 4 Sprecht eure Leser direkt an mit *du* oder *ihr*.

c Ergänzt einen passenden Schluss.
▷ Hilfe zu Aufgabe 3 c auf Seite 57

4 Gebt eurem Informationstext eine Überschrift, die zum Thema passt.
▷ Hilfe zu Aufgabe 4 auf Seite 57

5 Tauscht eure Texte: Markiert Textstellen grün, die ihr besonders gelungen findet, und markiert Stellen gelb, die schwer verständlich sind. Begründet eure Markierungen.

●○○ **Aufgabe 3 b mit Hilfen**

Informiert in einzelnen Abschnitten zu den verschiedenen Fragen von Aufgabe 1.
Beachtet dabei folgende Schreibtipps:

TIPP 1 Stellt durch Verknüpfungswörter sinnvolle Zusammenhänge zwischen den Informationen her. Wie kann man die Satzpaare jeweils verbinden? Verwendet Wörter aus dem Kasten.

A Der Bau der JSS dauerte insgesamt 13 Jahre.
Viele einzelne Module mussten im Weltraum zusammengesetzt werden.
B Die Astronauten führen auf der JSS täglich Experimente durch.
Sie müssen auch viel Sport treiben.
C Von sechs Astronauten auf der JSS kehren immer drei zusammen zur Erde zurück. Drei bleiben vor Ort.

weil • da • denn • deshalb • dadurch • außerdem • zusätzlich • weiterhin • während

TIPP 2 Formuliert sachlich und ohne persönliche Wertung.
Überarbeitet folgende Sätze mit Hilfe der Angaben in Klammern.

A Der Alltag ist echt voll durchgeplant. (sehr genau) → Der Alltag ist sehr genau durchgeplant.
B Die Astronauten müssen total viele Experimente machen. (zahlreiche)
C Wegen der Schwerelosigkeit verlieren die wohl schnell ihre Muckis. (Muskulatur wird abgebaut)

TIPP 3 Erklärt Fachbegriffe, die euren Lesern vermutlich unbekannt sind.
Verwendet eure Fachwörterliste (▸ S. 52, Aufgabe 8) und folgende Formulierungen:

Hightech-Labore sind Arbeitsplätze, die mit modernsten Untersuchungsgeräten ausgestattet sind.
Mit Modulen sind Bauteile gemeint, die ...
Bei Spaceshuttles handelt es sich um ...

TIPP 4 Sprecht eure Leser direkt an mit *du* oder *ihr*.
Verwendet folgende Formulierungen:

Bestimmt kannst du dir vorstellen, .../Bestimmt könnt ihr euch vorstellen, ...
Sicherlich fragst du dich, .../Sicherlich fragt ihr euch, ...
Hast du gewusst, ...?/Habt ihr gewusst, ...?

●○○ **Aufgabe 3 c mit Hilfen**

Ergänzt einen passenden Schluss. Wählt eine der folgenden Formulierungen:
Zusammenfassend kann man sagen, dass .../Bestimmt werden wir auch in Zukunft .../
Die Frage bleibt offen, ob/wie ...

●○○ **Aufgabe 4 mit Hilfen**

Gebt eurem Informationstext eine zum Thema passende Überschrift. Welche passt am besten?
Die JSS – Leben und Forschen im Weltraum/Mit der JSS um die Erde/JSS – Was ist das denn?

3.3 Fit in ...! – Einen Informationstext schreiben

Stellt euch vor, ihr bekommt in der nächsten Klassenarbeit die folgende Aufgabe gestellt:

Aufgabe

Für den Wissen-Teil der Schülerzeitung sollst du einen Informationstext über die „Neumayer-Forschungsstation“ in der Antarktis schreiben.

1. Betrachte die Fotos und lies die Materialien zur Forschungsstation.
2. a Notiere Fragen, die du in dem Informationstext beantworten willst.
   b Suche die Informationen zu den Fragen in den Materialien und notiere sie stichwortartig.
3. Verfasse mit Hilfe deiner Vorarbeiten den Informationstext.

Material 1 **Interview mit einer Forscherin der Neumayer-Station**

Die finnische Geophysikerin Heidi Turpeinen hat ein halbes Jahr in der Polarstation Neumayer III verbracht und wurde von Lesern der Zeitschrift „Geolino“ interviewt.

Wie lange dauert der Winter in der Antarktis?

Im Zeitraum von März bis September haben wir hier Polarnacht: Das heißt, dass wir tagsüber keine Sonne sehen. Die etwas hellere Zeit dauert täglich nur ein paar Stunden, sonst ist es ziemlich dunkel. In dieser Zeit haben wir durchschnittlich eine Temperatur von minus 55 Grad. Aber ohne Wind ist die Kälte überraschend angenehm!

Was machen Sie den ganzen Tag?

Nach dem Frühstück um acht Uhr beginnt die Arbeit. Zu den täglichen Aufgaben der Geophysiker gehört es, dass wir in den Seismogrammen des Vortages nach Anzeichen für Erdbeben suchen. Jeden zweiten Tag müssen wir außerdem 1,5 Kilometer weit bis zu dem Magnetik-Observatorium laufen. Dort messen wir Veränderungen des Erdmagnetfeldes. Hinzu kommen die alltäglichen Arbeiten: zum Beispiel dem Koch in der Küche helfen, die Gemeinschaftsräume sauber machen oder Schnee für die Wasserversorgung reinholen.

Haben Sie schon etwas Lustiges erlebt?

Na ja, zu Hause kommt es nicht so oft vor, dass mir auf dem Weg zur Arbeit ein neugieriger Pinguin entgegenwatschelt ...

Essen Sie solches Essen wie die Astronauten – aus der Tube?

Das Essen wird hier tiefgekühlt gelagert, aber ansonsten ist es ganz normal. Im Sommer, also zwischen Dezember und März, bekommen wir auch frisches Obst und Gemüse.

Mit wem arbeiten Sie auf der Forschungsstation zusammen?

Die Station wird von einem Arzt geleitet. Zum Überwinterungsteam gehört eine Luftchemikerin, die zum Beispiel Luft- und Schneeproben analysiert. Ein Meteorologe ist unter anderem für Wettervorhersagen und Ballonstarts (Ozonsonden) zuständig. Andere Mitglieder des Teams sind ein Stationsingenieur und ein Elektriker, die für die Technik und Schneeraupen der Station zuständig sind. Wir haben auch einen Funker, der die Kommunikations- und Rechnersysteme betreut. Ganz wichtig ist auch unser Koch, der das leckere Essen auf den Tisch bringt und unsere Proviantlager betreut.

Material 2 Forschen in der Antarktis – Neumayer-Station III

Als erste Forschungsstation in der Antarktis ist die Neumayer-Station III ein kombiniertes Gebäude für Forschung, Betrieb und Wohnen auf einer Plattform oberhalb der Schneeoberfläche, verbunden mit einer in den Schnee gebauten Garage. Der zweigeschossige, beheizte Gebäudeteil befindet sich auf der 68 Meter langen und 24 Meter breiten Plattform innerhalb einer Schutzhülle. Die Plattformhöhe beträgt 6 Meter über der Schneeoberfläche. Der Graben unterhalb der Station ist 8,20 Meter tief.

Die Gesamthöhe der patentierten Konstruktion vom Boden der Garage bis zum Dach der Ballonhalle beläuft sich auf 29,20 Meter.
Im Februar 2009 wurde die Neumayer-Polarstation III in Betrieb genommen. Der Bau ist ein ingenieurstechnisches Meisterstück: Hydraulische Stützen verhindern, dass die Neumayer-Station des Alfred-Wegener-Instituts im Schnee der Antarktis versinkt.

Die Aufgabe richtig verstehen und planen

1 Wie geht ihr vor, um die Aufgabe zu lösen? Beschreibt einer Lernpartnerin oder einem Lernpartner die notwendigen Arbeitsschritte.

2 a Beschreibt, was ihr auf dem Foto zu Material 2 seht:
Das Foto zeigt die Forschungsstation Neumayer III in der Antarktis.
Sie sieht aus wie ...
Anders als ein normales Haus ...
Um die Station herum ...

b Zeichnet eine Skizze der Forschungsstation. Beschriftet sie mit folgenden Begriffen aus Material 2:

kombiniertes Gebäude • Plattform • Garage • zweigeschossiger Gebäudeteil • hydraulische Stützen • Schneeoberfläche

3 Sucht aus den Materialien 1 und 2 die wichtigen Informationen über die Forschungsstation heraus und notiert sie stichwortartig in einer Mindmap:

Aussehen und Architektur | *Leben in der Polarstation*

Forschungsstation Neumayer III

Forschungsbereiche | *Forscherteam*

4 Macht euch Notizen zu den folgenden drei Fragen:
- An welche Leser soll sich euer Text richten?
- Was wissen die Leser schon über das Thema?
- Was möchten die Leser vermutlich über das Thema erfahren?

5 a Auf welche Fragen wollt ihr in eurem Informationstext eingehen? Notiert sie auf Zettel, z. B.:

Was ist die Neumayer-III-Station? | *Wie sieht die Station aus?* | *Wer arbeitet in der Station?*

b Ordnet den Fragen die Informationen aus eurer Mindmap zu.
c In welcher Reihenfolge solltet ihr im Text auf die Fragen eingehen? Nummeriert die Zettel.

Schreiben und überarbeiten

6 Schreibt mit Hilfe eurer Planung einen zusammenhängenden Informationstext:
- Stellt in der Einleitung das Thema vor, z. B.: *Habt ihr schon einmal von der Neumayer-Station gehört? Bei ihr handelt es sich um eine deutsche Forschungsstation in ...*
- Informiert dann in einzelnen Abschnitten zu den Fragen von Aufgabe 5.
- Formuliert einen Schluss, der den Text abrundet.

7 Gebt eurem Text eine Überschrift, die das Thema benennt.

8 a Prüft euren Informationstext mit Hilfe der Checkliste unten.
b Tauscht eure Texte. Prüft den Text eures Partners und notiert drei Tipps für die Überarbeitung.
c Lest die Tipps eures Lernpartners und überarbeitet gegebenenfalls euren Informationstext.

Checkliste

Einen Informationstext verfassen
- Habt ihr zu **Beginn** das **Thema** genannt und dann **Fragen** zum Thema beantwortet?
- Habt ihr zum **Schluss** Informationen zusammengefasst, ein Fazit gezogen oder einen Ausblick formuliert?
- Passt die **Überschrift** zum gesamten Inhalt des Textes?
- Habt ihr alle **Informationen sachlich** und für andere Schüler **verständlich** dargestellt?
- Habt ihr **Verknüpfungswörter** verwendet, um Zusammenhänge zu verdeutlichen?
- Habt ihr **Fachwörter,** die eure Leser vermutlich nicht kennen, erklärt?
- Habt ihr eure **Leser direkt angesprochen?**
- Habt ihr hauptsächlich die Zeitform **Präsens** (► S. 287) verwendet?

Schreibwörter ► S. 300

das Thema	der Astronaut	der Satellit	informieren	experimentieren
die Antarktis	die Forschungsstation	der Informationstext	beobachten	funktionieren

4 Ein Portfolio zu China erstellen – Beschreiben

1 Woran denkt ihr, wenn ihr China hört? Tauscht euch mit einem Lernpartner darüber aus.

2 a Beschreibt, was ihr auf dem Bild oben seht. Welchen Eindruck von China vermittelt es?
b Überlegt euch einen Titel zu dem Bild.

3 In diesem Kapitel legt ihr ein Portfolio an. Das ist eine Sammelmappe mit verschiedenen Inhalten zu einem Thema. Was interessiert euch am Thema *China?*
Notiert eure Fragen für das Portfolio.

4 Schlagt im Atlas nach, wo sich China befindet. Notiert wichtige Informationen über das Land (Hauptstadt, Großstädte, Gebirge, Flüsse, Nachbarländer).

In diesem Kapitel ...

- legt ihr ein Portfolio über China an,
- verfasst ihr Personen-, Bild- und Vorgangsbeschreibungen,
- lest und untersucht ihr Geschichten aus China.

4.1 China – Genau hinsehen und beschreiben

Personen beschreiben

A

B

1 Auf den Fotos seht ihr eine junge Chinesin und einen älteren Chinesen.
Was würdet ihr die beiden gern einmal fragen?

2 In einem Portfoliokapitel sollt ihr Menschen in China beschreiben.
Auf welche Merkmale müsst ihr eingehen, damit man sich eine Person gut vorstellen kann?

a Legt euer Heft quer und übertragt die Mindmap mit Oberbegriffen zur Personenbeschreibung. Ordnet anschließend folgende Unterbegriffe zu:

Geschlecht • Alter • Herkunft • Haarlänge • Haarfarbe • Gesichtsform • Augen • Lippen • Augenbrauen • Nase • Mund • Zähne • Bart • Kinn • Größe • Figur • Kleidungsstil • Narbe

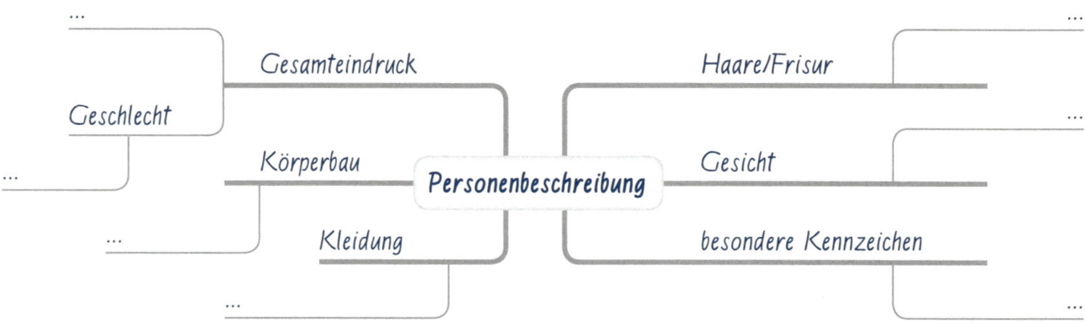

b Ergänzt zu den Unterbegriffen in der Mindmap passende Adjektive aus dem Kasten:

rund • länglich • oval • flach • markant • breit • eckig • spitz • schmal • dunkel • hell • mandelförmig • strahlend • vorstehend • tief liegend • voll • dick • blass • gerötet • grau • lang • kurz • struppig • gelockt • strähnig • blond • brünett • schwarz • buschig • schlank • muskulös • klein • groß • dünn • zierlich • füllig • stark • kräftig • zart • sportlich • glatt • gepflegt • auffällig • modisch • altmodisch • lässig • bequem • elegant • schlicht

3 a Lest die folgende Beschreibung des Mädchens auf Foto A (► S. 62) und ergänzt die Lücken mit passenden Adjektiven: *Bei der Recherche für mein China-Portfolio bin ich auf das Foto einer jungen Chinesin gestoßen. Sie ist etwa ? Jahre alt und hat eine ? Figur. Ihr Gesicht ist ? mit ? Augen und einer ? Nase. Sie blickt freundlich und zeigt beim Lächeln ihre ? Zähne. Vermutlich hat sie ? Haare und sie trägt eine ? Wollmütze auf dem Kopf. Das Mädchen ist ? gekleidet. Sie wirkt sehr ? .*

b Untersucht, in welcher Reihenfolge auf die Ober- und Unterbegriffe von Aufgabe 2a eingegangen wird.

4 Bereitet eine Beschreibung des Mannes auf Foto B vor:

a Notiert stichwortartig Angaben zu Gesamteindruck, Haaren, Gesicht, Körperbau und Kleidung.

b Achtet auf Details: Beschreibt mit Hilfe der Vorgaben Augen, Haut und Mund des Mannes:

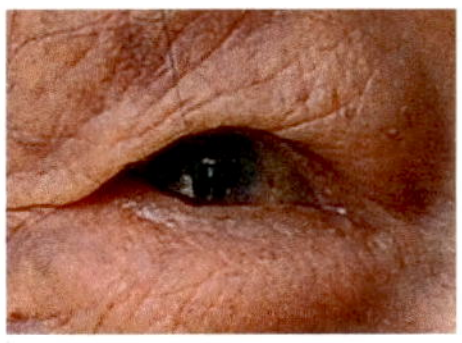

dunkel • trübe • zugekniffen • traurig • wach • müde • buschig • geschwungen • grau

A Er hat ? Augen. Seine Augenbrauen sind ? .

papierdünn • matt • runzlig • faltig • altersbefleckt

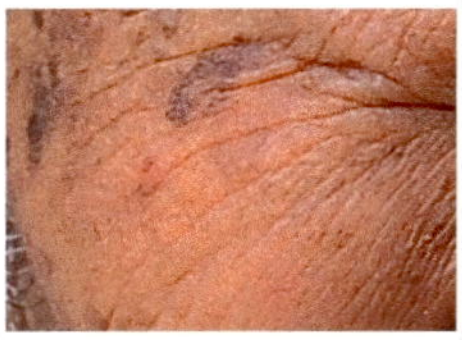

B Er hat eine ? Haut. Sein Gesicht ist ? .

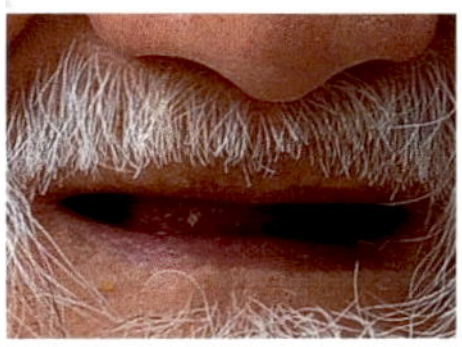

schmal • zahnlos • blass • gerade • geschwungen

C Er hat einen ? Mund und ? Lippen.

c Wie könnt ihr die Wiederholung von *haben* und *sein* vermeiden? Formuliert die Sätze A–C um:

A *Er schaut den Betrachter mit ... unter den ... an.*
B *Die ... und das ... lassen den Mann alt und gebrechlich wirken.*
C *Sein ... mit den ... lächelt freundlich.*

5 a Verfasst eine vollständige Beschreibung des Mannes (Foto B).

b Ergänzt zum Schluss eine Aussage dazu, wie der Mann auf euch wirkt:

kränklich • zufrieden • weise • müde • neugierig • symphatisch • freundlich • erschöpft

Methode **Eine Person beschreiben**

- **Einleitung:** Macht zu Beginn **allgemeine Angaben** zur Person (z. B. Geschlecht, Alter).
- **Hauptteil:** Beschreibt das **Aussehen** der Person **im Detail** in einer **geordneten Reihenfolge,** beispielsweise von oben nach unten.
- **Schluss:** Beschreibt die **Wirkung** der Person auf euch.
- Formuliert im **Präsens** (► S. 287) und benutzt **aussagekräftige Adjektive,** z. B.: *tiefschwarz.*
- Verwendet nicht nur die Verben *haben* und *sein.* Achtet auf eine **abwechslungsreiche Wortwahl,** z. B.: *tragen, aussehen, besitzen, aufweisen, auffallen, wirken.*
- Vermeidet persönliche Wertungen wie *schön, süß, lieb* oder *hässlich.*

Bilder beschreiben

Bauern sieben Reis
Aquarellfarben auf Papier, 19. Jahrhundert

1 In einem Portfoliokapitel sollt ihr Beispiele für chinesische Malerei vorstellen. Betrachtet das Bild. Woran denkt ihr, wenn ihr es seht? Formuliert einen Satz:
Wenn ich das Bild sehe, denke ich an … / frage ich mich, … / erinnere ich mich an …

2 Untersucht den Aufbau des Bildes:
Beschreibt, was ihr im Vordergrund, im Mittelgrund und im Hintergrund seht.

3 Bereitet eine schriftliche Bildbeschreibung vor:
- a Notiert stichwortartig den Bildinhalt und alle Einzelheiten auf dem Bild.
- b Ergänzt Angaben zur Farbwahl.
- c Nummeriert die Stichworte in der Reihenfolge, in der das Bild beschrieben werden soll (von vorn über die Mitte nach hinten).

Bildbeschreibung: „Bauern sieben Reis“
Bildinhalt:
Bauernhof mit …
Einzelheiten:
- zwei Bauern sieben Reis im Freien auf einer Matte
- drei Hühner picken …
- …

Farbwahl:
- überwiegend … Töne

4 Formuliert eine Einleitung für die Bildbeschreibung.
Ergänzt dazu folgende Sätze im Heft:
Das Bild eines unbekannten ? mit dem Titel ? stammt aus dem ? Jahrhundert. Es ist mit ? auf ? gemalt. Das Bild zeigt eine landwirtschaftliche Szene, in der ? .

5 Beschreibt im Hauptteil das Bild in geordneter Reihenfolge. Nutzt folgende Formulierungen:

Im Vordergrund sieht man ... • Davor/Daneben/Dahinter ... • Im Mittelgrund sind ... zu sehen. • Im Hintergrund erkennt man ... • Am rechten/linken Bildrand befinden sich ... • Auffällig ist/sind ... • Körbe mit Reiskörnern • Hühner picken Körner • Junge vertreibt Hühner • gebückte Körperhaltung • lockere Gewänder • Bauer stampft Reismehl

6 In der Bildbeschreibung solltet ihr abwechslungsreiche Verben verwenden.

a Lest den folgenden Ausschnitt: Welche Wiederholungen stellt ihr fest?
Im Vordergrund des Bildes steht ein Reiskorb auf dem Boden. Ein Huhn steht vor dem Korb, zwei weitere Hühner stehen daneben. Sie picken Reiskörner. Links vom Korb steht ein kleiner Junge und versucht die Hühner zu verscheuchen. Im Mittelgrund des Bildes stehen zwei Bauern auf einer Matte und sieben Reis. Dahinter stehen mehrere Bauernhäuser.

b Formuliert den Abschnitt um. Ersetzt dabei die Wiederholungen durch folgende Verben:

erkennen • sehen • sein • sich befinden • abgebildet sein • gezeigt werden

7 Achtet bei der Bildbeschreibung auf die richtige Verwendung von Präpositionen (▶ S. 286).
Übertragt folgenden Ausschnitt ins Heft und ergänzt die Präpositionen:
Der Mann ? rechten Bildrand trägt einen Korb ? seiner Schulter. Er geht vermutlich ? den beiden Bauern, die die Siebe ? dem Reis schwenken. ? ihnen bückt sich gerade ein weiterer Bauer, der ebenfalls ein Sieb ? den Händen hält. ? den siebenden Bauern schauen eine Mutter und ein Kleinkind ? dem Fenster und beobachten die Bauern ? der Arbeit.

8 Beendet die Bildbeschreibung mit Angaben zur Stimmung des Bildes:

betriebsam • idyllisch • friedlich • freundlich • ländlich • ruhig • harmonisch

Methode **Ein Bild beschreiben**

- **Einleitung:** Nennt **Titel, Künstler, Maltechnik** und den **Bildinhalt.**
- **Hauptteil:** Beschreibt zunächst das **Hauptmotiv** und geht dann auf die **Einzelheiten** ein. Beschreibt in einer **sinnvollen Reihenfolge** von der linken zur rechten Bildhälfte, von oben nach unten oder von vorn (Vordergrund) über die Mitte nach hinten (Hintergrund). Macht auch Angaben zur **Farbgestaltung.**
- **Schluss:** Beschreibt, welche **Stimmung** das Bild vermittelt und wie es auf euch wirkt.
- Formuliert **sachlich** im **Präsens** (▶ S. 287).

Vorgänge beschreiben

Von der Seidenraupe zum seidenen Flugdrachen – Seidenherstellung in China

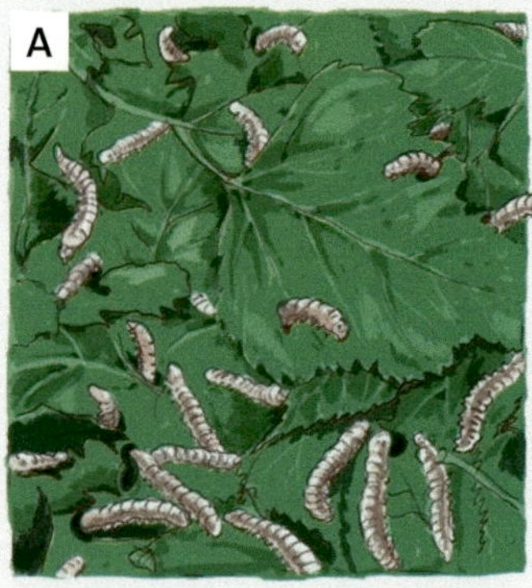

Seidenspinnerraupen fressen Blätter des Maulbeerbaumes, Raupen bei 26° Celsius ohne Zugluft und Lärm halten

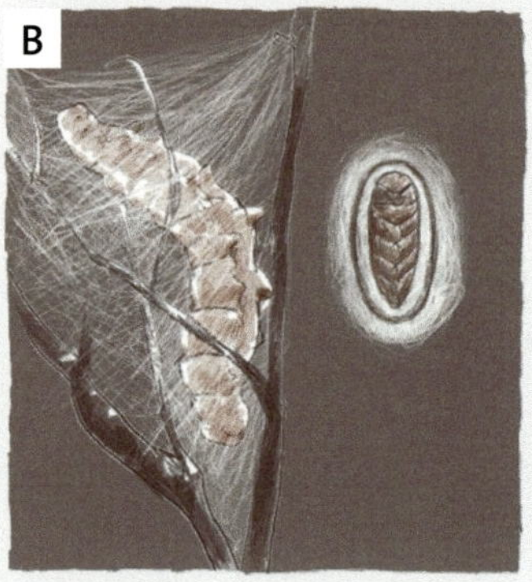

Raupen spinnen Kokon und verpuppen sich: Spinndrüse am Kopf scheidet feinen, klebrigen Seidenfaden ab

Kokons in heißes Wasserbad geben: Klebstoff löst sich

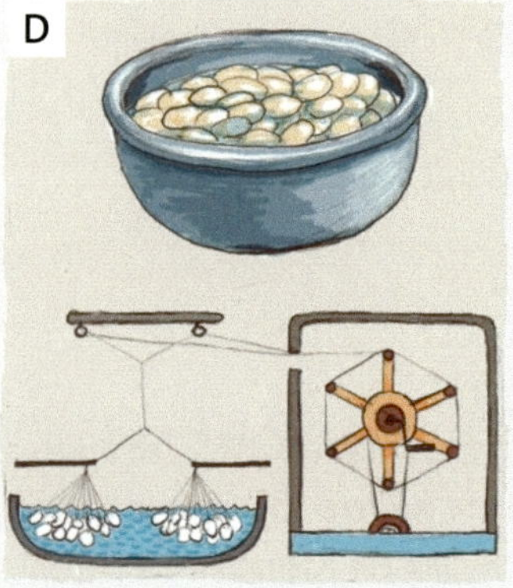

hauchdünne Seidenfäden vorsichtig von schwimmenden Kokons abhaspeln und aufwickeln

Seidenfäden färben

Seidenfäden auf Spulen wickeln

1 In China wird bereits seit Jahrtausenden Seide hergestellt.

a Was wisst ihr über Seide? Wozu werden Seidenstoffe verwendet? Tauscht euch aus.

b Betrachtet die Abbildungen A bis F zur traditionellen Seidenherstellung und lest die Bildunterschriften dazu. Versucht euch gegenseitig zu erklären, wie Seide gewonnen wird.

2 Formuliert zu jedem Schritt A bis F ein bis zwei Sätze und schreibt sie ins Heft. Benutzt die Fachwörter aus den Bildunterschriften und verwendet auch das Passiv (► S. 288):

A Seidenspinnerraupen fressen ausschließlich Blätter des Maulbeerbaumes.
Sie werden bei 26° Celsius an einem ruhigen Ort ohne Zugluft gehalten.
B Die Raupen spinnen einen Kokon und verpuppen sich. Dabei …

3 Verfasst eine Vorgangsbeschreibung zur Seidenherstellung für euer China-Portfolio:

a Formuliert eine passende Überschrift.

b Schreibt einen Einleitungssatz. Nennt darin notwendige Dinge für den Vorgang:
Für die Herstellung von Seide benötigt man ...

c Beschreibt im Hauptteil genau, wie man bei der Herstellung der Seide vorgeht.
– Wechselt zwischen Aktiv- und Passivformulierungen, z. B.:
Die Kokons werden in ein heißes Wasserbad gegeben. Dabei löst sich der Klebstoff.
– Macht die Abfolge der Schritte deutlich. Verwendet dazu folgende Wörter:

bevor • während • dann • danach • anschließend • nachdem • schließlich • zum Schluss

d Gebt zum Schluss ergänzende oder weiterführende Hinweise. Wählt passende Informationen:
- *Rohseide hat vor dem Färben eine gelbliche Farbe.*
- *Seide ist besonders reißfest. Sie knittert wenig und verfügt über einen schönen Glanz.*
- *Seide wärmt bei Kälte und kühlt bei Wärme.*
- *Die Seidenherstellung war in China jahrtausendelang ein streng gehütetes Geheimnis.*
- *Auch heute noch wird die meiste Seide in China hergestellt.*
- *Die Herstellung von Naturseide ist sehr aufwendig und teuer. Deshalb hat man inzwischen auch Kunstseide entwickelt.*

4 Aus Seide werden in China auch traditionelle Flugdrachen hergestellt.

a Habt ihr schon einmal einen Drachen steigen lassen? Erklärt, worauf man dabei achten muss.

b Verfasst mit Hilfe folgender Bilder und Angaben eine Vorgangsbeschreibung zum Drachensteigen:

Drachen auf Boden legen (am Meer, auf Wiese) | rückwärts in Windrichtung gehen, an der Leine ziehen | Drachen fliegt über freies Gelände

Methode — **Einen Vorgang beschreiben**

- **Einleitung:** Nennt die notwendigen **Materialien oder Bestandteile,** z. B.:
Für die Herstellung von Seide benötigt man Maulbeerblätter und Seidenspinnerraupen.
- **Hauptteil:** Beschreibt Schritt für Schritt den **Ablauf** des Vorgangs.
- **Schluss:** Hier könnt ihr **weitere Hinweise** geben.
- Verdeutlicht die **Reihenfolge** der Schritte mit Wörtern wie *zuerst, anschließend, nun.*
- Formuliert **sachlich und genau** im **Präsens.** Wechselt zwischen **Aktiv- und Passivformen.**

Ein Portfolio anlegen

Eure Texte und Bilder zu China könnt ihr in einem Portfolio sammeln:

Mein Portfolio

CHINA BESCHREIBEN

Inhaltsverzeichnis

Die Chinesische Mauer

Man nennt sie auch „Große Mauer“. Sie ist eine historische Grenzbefestigung zum Schutz vor den nomadischen Reitervölkern aus dem Norden.

9

1 Untersucht die drei Seiten aus einem Portfolio zu China. Beschreibt, was sie enthalten und wie sie aufgebaut sind.

2 Legt selbst ein Portfolio zum Thema *China beschreiben* an. Beachtet die Hinweise im Methodenkasten unten.

3 Bewertet eure Lernergebnisse im Portfolio. Schaut euch dazu den folgenden Bewertungsbogen an und erklärt, wie hier das eigene Lernen und Arbeiten beurteilt wird:

Das habe ich gelernt	Das beherrsche ich ☺	😐	☹	Was mir geholfen hat (Regeln, Tipps)	Das sollte ich noch üben
Eine Person beschreiben		*X*		…	*– treffende Adjektive verwenden*
Ein Bild beschreiben	*X*			…	…
…				…	…

Methode **Ein Portfolio zusammenstellen**

Ein Portfolio ist eine **Sammelmappe** mit Materialien zu einem Thema. So legt ihr es an:
- Gestaltet ein zum Thema passendes **Deckblatt.**
- Führt in einem **Inhaltsverzeichnis** alle Materialien auf.
- Sammelt in der Mappe selbst geschriebene **Texte** rund um das Thema sowie recherchierte **Materialien,** die ausgedruckt, kopiert oder ausgeschnitten wurden (z. B. Texte, Bilder, Landkarten aus Zeitungen, Zeitschriften oder aus dem Internet).

Teste dich!

1 Wie sollte eine Personenbeschreibung aussehen? Notiere die Buchstaben der richtigen Aussagen. Sie ergeben ein Lösungswort.

In einer Personenbeschreibung ...

GL soll man die Person in einer geordneten Reihenfolge (von oben nach unten) beschreiben.

PE muss man das Aussehen der Person zum Schluss persönlich bewerten.

UE soll man möglichst viele Adjektive verwenden, weil sie die Beschreibung anschaulich machen.

CK soll man genaue, sachliche Angaben machen.

SK soll man das Präsens verwenden.

KI soll man im Präteritum schreiben.

NG verwendet man nur die Verben *haben* und *sein*.

EK macht man auch allgemeine Angaben zur Person (z. B. Alter, Geschlecht, Herkunft).

SE geht man auch auf besondere Merkmale der Person ein, z. B. Tätowierungen oder Narben.

2 Welche Sätze sind für eine Personenbeschreibung des Jungen auf dem Foto oben geeignet? Die Buchstaben der passenden Sätze ergeben die Stadt, aus der der Junge kommt.

LI Der Junge war vermutlich 14 oder 15 Jahre alt.

SH Er hat ein rundes Gesicht mit dicken, dunklen Augenbrauen und braunen Augen.

AN Am linken Ohr trägt er einen Ohrring.

XU Seine Frisur finde ich ziemlich abartig.

GH Er ist ganz in Schwarz gekleidet.

AI Der Junge wirkt sportlich und unternehmungslustig.

3 Welcher Vorgang wird beschrieben?

a Bringe die Schritte in die richtige Reihenfolge und bestimme das Lösungswort:

ND ? nimmt man das zweite Stäbchen und legt es zwischen Daumenspitze, Zeige- und Mittelfinger. Man hält es wie einen Bleistift.

IN Wenn Zeige- und Mittelfinger gebeugt werden, kann man ? das Essen mit den Stäbchenspitzen wie mit einer Zange greifen.

MA Man benötigt zwei Stäbchen. ? muss man ein Stäbchen in die Beuge zwischen Daumen und Zeigefinger der rechten Hand legen und mit dem Daumen etwas nach innen drücken.

AR Man steuert das obere Stäbchen mit Zeige- und Mittelfinger, ? das untere Stäbchen zwischen Daumen und Ringfinger fest eingeklemmt bleibt.

b Schreibe die Schritte in der richtigen Reihenfolge ins Heft und setze Wörter ein, die die Reihenfolge verdeutlichen. Ergänze auch eine Überschrift.

c Vergleiche deinen Text mit einer Lernpartnerin oder einem Lernpartner.

4.2 Leben im Reich der Mitte – Literarische Texte aus China lesen

Pu Yi

Ich war Kaiser von China

Pu Yi war Chinas letzter Kaiser. 1908 folgte er als Zweijähriger seinem verstorbenen Onkel auf den Thron. Pu Yi wurde zum Kaiser gekrönt und so erzogen wie alle „Söhne des Himmels". Er lebte abgeschirmt von der Außenwelt im Kaiserpalast der Verbotenen Stadt. Erst mit sieben Jahren sah er zum ersten Mal Gleichaltrige.

Sooft ich an meine Kindheit zurückdenke, legt sich ein Schleier von Gelb über meine Erinnerungen: Die glasierten Dachziegel waren gelb; die Sänfte war gelb; die Sesselkissen waren gelb; das Futter meiner Kleider und Hüte, der Gürtel um meine Hüfte war gelb; die Schalen und Teller, aus denen ich aß und trank, waren gelb; die Einbände meiner Bücher, die Vorhänge in meinem Zimmer, die Zügel meines Pferdes – es gab nichts um mich, was nicht gelb war. Diese Farbe, das so genannte „Strahlende Gelb", war ausschließliches Privileg der Kaiserlichen Familie und flößte mir schon von klein auf das Bewusstsein ein, ich sei etwas Einzigartiges und besäße eine „himmlische" Natur, die mich von allen anderen Menschen unterscheide.

Als ich zehn Jahre alt war, entschieden die Kaisergemahlinnen, dass mich meine leibliche Mutter und meine Großmutter von nun an in regelmäßigen Abständen für einige Tage besuchen und dabei auch zur Gesellschaft meinen Bruder Pu Dschiä und die älteste meiner Schwestern in den Palast mitbringen sollten. Der erste Besuch verlief anfangs sehr langweilig: Meine Großmutter setzte sich zu mir auf den Kang und sah mir zu, wie ich auf einem Tischchen Domino spielte; Bruder und Schwester standen steif daneben und starrten mich unverwandt an, wie Yamendiener auf Wache. Schließlich kam ich auf den Gedanken, den Geschwistern meinen Palast des Geistigen Wachstums zu zeigen, und als wir dort waren, fragte ich Pu Dschiä: „Was spielt ihr bei euch zu Hause?"

„Pu Dschiä kann Verstecken spielen!", gab mein Bruder, der um ein Jahr jünger war als ich, ehrerbietig zur Antwort.

„Was? Ihr spielt Verstecken? Das spielen Wir selbst auch so gern!"

Ich war begeistert. Verstecken hatte ich zwar schon oft mit Eunuchen gespielt, aber noch nie mit Kindern, die jünger waren als ich. Wir fingen gleich an, und im Eifer des Spiels verloren meine Geschwister ihre Befangenheit. Später ließen wir noch die Fensterläden herunter, um überall dunkel zu machen. Meine Schwester, die zwei Jahre jünger war als ich, kämpfte nun ständig zwischen Spaß und Angst, und während mein Bruder und ich sie von einem

Schrecken in den andern jagten, wurden wir gar nicht gewahr, wie laut wir lachten und herumlärmten. Als wir zu guter Letzt ermattet auf einen Kang kletterten, um etwas zu verschnaufen, bat ich sie, sich ein neues Spiel auszudenken. Pu Dschiä dachte einen Augenblick nach und grinste mich dann wortlos an.
„An was denkst du?“ Er grinste weiter. „So sag doch schon!“, drängte ich ungeduldig, da ich glaubte, er hätte sich bereits ein neues Spiel ausgedacht. Aber zu meiner Überraschung platzte er heraus: „Ich dachte … ouh, Pu Dschiä dachte, dass Eure Majestät ganz anders wären. Die Kaiser auf der Bühne tragen immer so lange Bärte …“
Bei diesen Worten strich er sich einen imaginären Bart entlang. Das war sein Verhängnis. Denn als er seine Hand hob, war mein Blick auf das Innenfutter seines Ärmels gefallen, das von einer mir sehr vertrauten Farbe war.
„Pu Dschiä, was ist das für eine Farbe? Wer hat dir erlaubt, sie zu tragen?“, fragte ich finster.
„Ist … das nicht Aprikosengelb?“
„Lügner! Das ist Kaisergelb!“
„Jawohl, Majestät, zu Befehl, Majestät.“
Pu Dschiä wich sogleich einen Schritt zurück und nahm Haltung an, während meine kleine Schwester sich vor Schreck weinend hinter ihm aufstellte. Aber ich hatte noch nicht zu Ende gesprochen: „Das ist Strahlendes Gelb, du hast kein Recht, diese Farbe zu tragen!“
„Zu Befehl, Majestät.“
Damit war mein Bruder wieder zum Untertan des Kaisers geworden. Der Klang des „Zu Befehl, Majestät“ ist schon lange verhallt, und wenn ich heute daran denke, kommen mir diese Worte lächerlich vor. Aber damals war ich von klein auf daran gewöhnt und hätte nie zugelassen, dass mir anders geantwortet wurde. Das Gleiche galt auch für Verbeugungen und Kotau. Seit meiner Kindheit kannte ich es nicht anders, als dass Menschen vor mir niederknieten, um mir mit Kotau zu huldigen.

1 a Lest den Text zunächst still und anschließend mit verteilten Rollen.
b Welche Textstelle hat euch beeindruckt oder überrascht? Begründet eure Auswahl.

2 a Der Kindkaiser Pu Yi spricht von sich in der ersten Person Plural. Sucht die Textstelle und überlegt, warum er diese Form verwendet.
b Der Text enthält Fremdwörter aus China. Notiert sie im Heft und schlagt ihre Bedeutung in einem Wörterbuch, Lexikon oder im Internet nach.

3 Untersucht die Beschreibungen im Text:
a Macht euch ein genaues Bild vom Ort der Handlung. Fertigt eine Skizze zu Pu Yis Umgebung an und beschriftet sie.
b Was erfährt man im Text über den Kindkaiser? Notiert Textstellen zu seiner Person.
c Beschreibt mit eigenen Worten, wie der Kindkaiser und seine Familienangehörigen den Nachmittag zusammen verbringen.

4 „Das ist Strahlendes Gelb, du hast kein Recht, diese Farbe zu tragen!“ (▸ Z. 80 f.)
a Erklärt, was der Kindkaiser Pu Yi mit dieser Aussage meint.
b Welche weiteren Gelbtöne werden im Text genannt? Notiert sie und untersucht, wie die Farbbezeichnungen gebildet werden.
c Beschreibt die Beziehung zwischen Pu Yi und seinen Geschwistern.

5 Was schreiben Pu Dschiä oder seine jüngere Schwester nach dem Besuch bei ihrem Bruder in ihr Tagebuch? Verfasst für eine der Figuren einen Tagebucheintrag (▸ S. 278).

Eine literarische Figur beschreiben

Huang Beijia

Seidenraupen für Jin Ling: Das Schulmädchen Jin Ling

Die meisten Menschen mochten Jin Ling *[sprich: dschin ling]* auf den ersten Blick. Es kam nicht darauf an, ob sie Männer oder Frauen waren, alt oder jung, arm oder reich, sie kam mit allen leicht ins Gespräch und brachte sie zum Lachen. Wenn sie selbst lachte, wurde ihr kugelrundes Gesicht noch runder. Wer hätte da nicht Lust verspürt, ihr in die Wangen zu kneifen? [...]

Jin Ling war elf Jahre alt und ging in die sechste Klasse der Schule in der Xinhuastraße. Auf ihrem Schulweg kam sie an vielen Geschäften und Lokalen vorbei. Die Leute, die dort arbeiteten, kannten sie alle gut und freuten sich auf ein Schwätzchen mit ihr. Wenn sie mit der Schultasche auf dem Rücken nach Hause schlenderte, guckte sie sich erst die Auslagen in den Kramläden an, vielleicht gab es etwas Neues zum Knabbern oder zum Spielen, etwa eine neue Reiscrackerpackung mit einem Plastikdinosaurier als Geschenk oder Schnüre zum Flechten von Glücksknoten oder gar die neuesten Mangafiguren. [...]

In der Schule war Jin Ling vor allem in Chinesisch ganz gut. Besonders bei schwierigen Fragen war sie oft die Einzige, die die Antwort wusste. Anders war es beim Aufsatz. Wenn das Thema ihrem Geschmack entsprach und wenn sie in der richtigen Stimmung war, dann schrieb sie in flüssigem und schwungvollem Stil und begeisterte die Lehrer mit vielen guten Einfällen. Leider waren diese Gelegenheiten eher selten. Meistens waren die Themen langweilig und zu eingeschränkt, wie etwa „Meine Lehrerin", „Mein Tischnachbar", „Unser Ausflug in den Park", „Welche Gedanken kamen mir, als wir dieses oder jenes besichtigten?". Da durfte man auf keinen Fall etwas hinzuerfinden, sonst hätte die Lehrerin den Aufsatz als besonders gutes Beispiel der ganzen Klasse vorgelesen. Ja, und dann wäre herausgekommen, dass Jin Ling sich nicht an die Realität gehalten hatte! Für einen solchen Schwindel fehlte ihr der Mut und deshalb bekam sie für ihre Aufsätze meistens nur etwa 80 von 100 möglichen Punkten. Hinzu kam, dass Jin Ling sich unglaublich oft verschrieb. Aus „in" wird „hin", aus „sehen" wird „stehen" und so weiter. Sie wusste, wie die Worte richtig geschrieben wurden, aber sie passte nicht richtig auf. Dann konnte ihr Aufsatz noch so gut sein, mit zehn oder zwanzig Schreibfehlern kam sie nie auf eine hohe Punktezahl.

In Mathematik war es wirklich schlimm. Dieses Fach mochte Jin Ling am wenigsten, und wenn in einer Aufgabe die vier Grundrechenarten gemischt auftraten oder wenn sie gar Dezimalzahlen oder Bruchrechnung enthielt, dann bekam sie schon Kopfschmerzen, bevor sie zu rechnen begann. Wegen der schlechten

Note in Mathematik machte sich ihre Mutter schon seit Langem Sorgen, und wenn sie Jin Ling abends bei den Hausaufgaben half, verbrachten sie die meiste Zeit mit diesem Fach. Trotzdem bekam Jin Ling aber nie eine bessere Note. Der Mathematiklehrer war deswegen natürlich auch besorgt. „Dieses Fach", meinte er, „ist sehr wichtig. Bei der Aufnahmeprüfung für die Mittelschule kann man mit einer guten Mathematiknote die meisten Punkte erzielen." Und die Mutter fügte noch hinzu: „Mathematik ist nicht nur wichtig bei der Prüfung für die Mittelschule, sondern auch bei den Aufnahmeprüfungen für die Oberstufe und die Universität, und deshalb ist es eine Katastrophe, dass du in diesem Fach so schlecht bist." [...]
Insgesamt konnte man sagen, dass Jin Ling nicht zu den guten, aber auch nicht zu den schlechten Schülern gehörte und dass sie ein glückliches Kind ohne allzu große Belastung war.

1 Welche der folgenden Aussagen fasst den Romanauszug am besten zusammen? Begründet eure Wahl.

A Der Romanauszug stellt das chinesische Mädchen Jin Ling vor, das unbedingt die Mittelschule besuchen soll.
B Der Romanauszug erzählt von Jin Ling, der eine glänzende schulische Laufbahn bevorsteht.
C Der Romanauszug beschreibt Jin Lings Bemühungen, in der Schule bessere Leistungen zu erzielen. Sie will die Aufnahmeprüfung in die Mittelschule schaffen.

2 Sammelt Informationen zu der Figur Jin Ling: Legt eine Figurenkarte an und notiert stichwortartig die Informationen, die im Text gegeben werden.

Romanfigur Jin Ling
Geschlecht: weiblich
Alter: ...
Herkunft: ...
Aussehen: ...
Familie: ...
Schule: ...

3 Welche Stärken und welche Schwächen hat Jin Ling in den Schulfächern Chinesisch und Mathematik?
a Setzt euch zu zweit zusammen und bearbeitet jeweils ein Fach. Lest noch einmal genau nach und macht Notizen.
b Informiert euch gegenseitig über Jin Lings Stärken und Schwächen in dem jeweiligen Fach.

4 Was sagen folgende Textstellen über den Charakter von Jin Ling aus?
– „sie kam mit allen leicht ins Gespräch und brachte sie zum Lachen" (▸ Z. 4–6)
– „Wenn sie mit der Schultasche auf dem Rücken nach Hause schlenderte, guckte sie sich erst die Auslagen in den Kramläden an, vielleicht gab es etwas Neues" (▸ Z. 15–19)
Überlegt zu zweit und notiert Charaktereigenschaften von Jin Ling.

5 Verfasst eine Beschreibung der Romanfigur Jin Ling. Geht darin auch auf ihren Charakter ein.

6 Formuliert Tipps, wie Jin Ling die Aufnahmeprüfung in die Mittelschule schaffen kann.

7 Recherchiert über das Schulsystem in China und die Notengebung an chinesischen Schulen. Stellt die Informationen der Klasse in einem Mini-Vortrag vor.

Fordern und fördern – Literarische Figuren beschreiben

Huang Beijia

Seidenraupen für Jin Ling: Die Eltern

Wie die meisten Kinder auf der Welt hatte auch Jin Ling einen Vater und eine Mutter. Der Vater hieß Jin, wie auch Jin Ling, sein Vorname war Yiming *[sprich: i-ming]*. Er lehrte seit fünf Jahren an der bekanntesten Universität der Stadt als Assistenzprofessor und würde bald Professor werden. Deshalb war er immer sehr beschäftigt und hatte wenig Zeit, sich um die Dinge im Hause zu kümmern. Wenn Jin Ling ein Problem hatte, dann sprach sie vor allem mit ihrer Mutter darüber.

Jin Yiming sah mit seiner breiten, kräftigen Statur wie ein Fußballer aus und nicht wie ein Wissenschaftler. Doch seine Brille verriet, dass er mehr hinter Büchern saß. Jin Ling glich von der Statur her ihrem Vater. Als sie sich einmal im Spiegel betrachtete und sah, wie rund und groß sie war, beschwerte sie sich bei ihrer Mutter: „Warum hast du dir damals nicht einen schönen Mann ausgesucht, so wie Zorro?" Scherzend entgegnete diese: „Dann gäbe es dich doch gar nicht." „Doch", antwortete Jin Ling selbstbewusst, „nur in einer anderen Form." Ihre Mutter mochte dieses Thema nicht weiterverfolgen. Manchmal hatte sie das Gefühl, dass Jin Ling zu viel verstand, und hier lag vielleicht einer der Gründe, warum ihre Tochter sich so schlecht auf das Lernen konzentrieren konnte.

Jin Lings Mutter hieß Zhao und ihr Vorname war Huizi *[sprich: dschau huë-dse]*. Zhao Huizi arbeitete in einem erfolgreichen Zeitschriftenverlag, der sich vor allem an Frauen richtete. Sie war Redakteurin für den Kulturteil einer dieser Zeitschriften, und weil viele ihrer ehemaligen Studienkollegen inzwischen Schriftstellerinnen, Drehbuchautoren, Regisseure oder Journalistinnen geworden waren, hatte sie gute Beziehungen im Hintergrund, und es war für sie nicht schwer, die notwendigen Artikel für ihre Zeitschrift zu bekommen. Sie musste nur ein paar Telefongespräche führen, und schon hatte sie alle Texte, die sie brauchte, beisammen. Wenn sie diese in die richtige Reihenfolge gebracht und ans Layout weitergegeben hatte, war ihre Arbeit erledigt.

Als sie noch studierte, war Zhao Huizi sehr aktiv und ehrgeizig gewesen. Sie und ihre Kommilitoninnen[1] hatten heftig über die „Farbe im Hintergrund" diskutiert. Sie hatten sich an der Redensart „Die rote Blume braucht zu ihrer Entfaltung die unterstützenden grünen Blätter"

1 die Kommilitoninnen: die Mitstudentinnen

orientiert und waren der Meinung, dass sich in einer stabilen Familie nur einer der beiden Partner auf seine Karriere konzentrieren dürfe. Die Frage war nun, ob die Frau oder der Mann die Hintergrundfarbe sein und sich um Haushalt und Kind kümmern sollte. Zhao Huizi hatte damals alle aufgefordert: „Suchen wir uns einen Ehemann, der bereit ist, die Hintergrundfarbe zu sein!" Schließlich hatte sie Jin Yiming geheiratet und in mehr als zehn Jahren Ehe die Hintergrundfarbe für ihren Mann dargestellt.
Jin Yiming hatte sich als Vater Mühe gegeben, das musste Zhao Huizi zugeben. Aber er war jemand, der alles immer sehr genau und gründlich machte. Deshalb erreichte er oft das Gegenteil von dem, was er eigentlich wollte, und rief häufig ein Chaos hervor.
Als Jin Ling noch sehr klein war, wurde sie mit der Flasche ernährt. Eines Tages war die Milchpulverpackung leer, und weil Zhao Huizi nicht wegkonnte, bat sie Jin Yiming, eine neue kaufen zu gehen. Er ging bereitwillig los, kam aber erst nach drei Stunden zurück. Jin Ling war inzwischen hungrig geworden und schrie aus Leibeskräften. Mittlerweile war Jin Yiming in mindestens zehn verschiedene Geschäfte gegangen und hatte die Zusammensetzung des Milchpulvers von mehr als zwanzig Packungen sorgfältig miteinander verglichen. Die eine Marke hatte diese Vorteile, die andere jene. Er konnte sich nicht entscheiden und beschloss, erst seine Frau zu fragen. Mit leeren Händen kam er nach Hause und Zhao Huizi kochte vor Wut. [...]
Von da an bat Zhao Huizi Jin Yiming nicht mehr so oft um Hilfe im Haushalt. Etwas tun wollen war eines, aber man musste dazu auch die Fähigkeit besitzen.

1 ●●○ In dem Text werden die Eltern der Figur Jin Ling vorgestellt. Was erfahrt ihr über sie? Notiert die Informationen stichwortartig auf Figurenkarten:

Romanfigur: Vater von Jin Ling	*Romanfigur: Mutter von Jin Ling*
Name: ...	*Name: ...*
Beruf: ...	*Beruf: ...*
Aussehen: ...	*Aussehen: ...*
Eigenschaften: ...	*Eigenschaften: ...*

▷ Hilfe zu Aufgabe 1 auf Seite 76

2 ●●○ Was sagen folgende Textstellen über die jeweilige Figur und ihren Charakter aus? Ergänzt Angaben auf den Figurenkarten von Aufgabe 1.

A „Doch seine Brille verriet, dass er mehr hinter Büchern saß" (▸ Z. 14 f.) → *Der Vater liest vermutlich ...*
B „Er konnte sich nicht entscheiden und beschloss, erst seine Frau zu fragen" (▸ Z. 82 ff.) → *Er erscheint ...*
C „hatte sie gute Beziehungen im Hintergrund" (▸ Z. 38 f.) → *Die Mutter ...*
D „Manchmal hatte sie das Gefühl, dass Jin Ling zu viel verstand" (▸ Z. 25 f.) → *Sie ...*

▷ Hilfe zu Aufgabe 2 auf Seite 76

3 ●●● Wie hat sich die Mutter Zhao Huizi seit ihrem Studium verändert? Beschreibt ihre Entwicklung in einigen Sätzen.

▷ Hilfe zu Aufgabe 3 auf Seite 76

4 ●●● Wählt eine Figur, Vater oder Mutter. Beschreibt sie in einem zusammenhängenden Text.

▷ Hilfe zu Aufgabe 4 auf Seite 76

●○○ Aufgabe 1 mit Hilfen

In dem Text (▸ S. 74–75) werden die Eltern der Figur Jin Ling vorgestellt. Was erfahrt ihr über sie? Legt Figurenkarten an und ordnet die Angaben im Kasten den Figuren zu.

Zeitschriftenredakteurin • anerkannter Wissenschaftler • Brillenträger • breite, kräftige Statur • besorgt um die Tochter • gerät manchmal in Wut • beschäftigt • kommunikativ • ehrgeizig • gründlich • unentschieden • unbeholfen • ungeduldig • engagiert • aktiv

Romanfigur: Vater von Jin Ling
Name: Jin Yiming
Beruf: ...
Aussehen: ...
Eigenschaften: ...

Romanfigur: Mutter von Jin Ling
Name: Zhao Huizi
Beruf: ...
Aussehen: ...
Eigenschaften: ...

●○○ Aufgabe 2 mit Hilfen

Was sagen folgende Textstellen über die jeweilige Figur und ihren Charakter aus? Ordnet die Angaben aus dem Kasten den Textstellen zu:

ist besorgt und macht sich viele Gedanken • perfektionistisch und übergenau • kann gut mit anderen Menschen umgehen • liest vermutlich viel und sitzt oft am Schreibtisch

A „Doch seine Brille verriet, dass er mehr hinter Büchern saß" (▸ Z. 14 f.) → *Der Vater liest vermutlich ...*
B „Er konnte sich nicht entscheiden und beschloss, erst seine Frau zu fragen" (▸ Z. 82 ff.) → *Er erscheint ...*
C „hatte sie gute Beziehungen im Hintergrund" (▸ Z. 38 f.) → *Die Mutter ...*
D „Manchmal hatte sie das Gefühl, dass Jin Ling zu viel verstand" (▸ Z. 25 f.) → *Sie ...*

●○○ Aufgabe 3 mit Hilfen

Wie hat sich die Mutter Zhao Huizi seit ihrem Studium verändert? Ergänzt den Lückentext:

Während des Studiums war Jin Lings Mutter eine ? junge Frau, die für ? kämpfte. Sie wäre in ihrer Ehe mit Jin Yiming gern in den ? getreten. Aber weil Jin Yiming im Alltag ? ist, muss sie sich doch mehr als ihr Mann um ? kümmern.

●●○ Aufgabe 4 mit Hilfen

Wählt eine Figur, Vater oder Mutter. Beschreibt sie in einem zusammenhängenden Text. So könnt ihr beginnen:

Der Vater der Hauptfigur Jin Ling heißt Jin Yiming. Er arbeitet als ...

Die Mutter der Hauptfigur heißt Zhao Huizi. Sie ist in einem Zeitschriftenverlag tätig als ...

4.3 Fit in ...! – Eine Person beschreiben

Stellt euch vor, ihr bekommt in der nächsten Klassenarbeit folgende Aufgabe gestellt:

Aufgabe
In einem Bildband über Menschen in China beeindruckt dich das Foto eines älteren Mannes. Beschreibe den Mann für dein Portfolio.

Die Aufgabe richtig verstehen

1 Worauf müsst ihr bei dieser Aufgabe achten? Wählt die richtigen Aussagen aus und notiert sie ins Heft. Die Buchstaben ergeben ein Lösungswort.

AST Ich muss mich sehr kurz fassen.
PE Ich muss die Person ausführlich beschreiben.
KIN Ich muss meine Personenbeschreibung in einer sinnvollen Reihenfolge anlegen.
PAL Ich muss nicht auf die Kleidung eingehen.
SER Ich muss schreiben, ob ich die Person mag.
GO Ich muss im Präsens schreiben.
KAI Ich muss alle Sätze mit *haben* und *sein* formulieren.
PER Ich muss treffende Adjektive verwenden.

Planen

2 Betrachtet den Mann auf dem Foto genau und bereitet die Beschreibung vor:

a Notiert auf einen Notizzettel stichwortartig alle Informationen zum Aussehen des Mannes:

Notizen: Personenbeschreibung

Gesamteindruck:
- Geschlecht: ...
- Alter: ...
- Herkunft: ...

Haare/Frisur:
- Haarlänge: ...
- Haarfarbe: ...

Gesicht:
- ...

Körperbau:
- Größe: ...
- Figur: ...

Kleidung: ...
- ...

Besondere Kennzeichen: ...

Wirkung: ...

b Nummeriert eure Notizen in der Reihenfolge, in der ihr den Mann beschreiben wollt.

Schreiben und überarbeiten

3 Verfasst die Personenbeschreibung mit Hilfe der folgenden Hinweise und Formulierungen:

Schreibplan	Formulierungen
Einleitung: Macht allgemeine Angaben zur Person.	– *Gestern habe ich in dem Buch „Menschen in China" das Foto eines älteren Mannes entdeckt.* – *Er wirkt nicht sehr groß und ist vermutlich ... Jahre alt.*
Hauptteil: Beschreibt das Aussehen der Person in einer geordneten Reihenfolge (von oben nach unten oder vom Gesamteindruck zu den Einzelheiten).	– *Der Mann erscheint ...* – *Es ist nicht erkennbar, ob ...* – *Er hat ein ovales Gesicht mit ...* – *Die Haut wirkt ...* – *Seine Hände zeigen Spuren ...* – *Er trägt ...*
Schluss: Beschreibt die Wirkung der Person auf euch.	– *Der Mann wirkt auf mich ...* – *Er sieht ... aus.* – *Es überrascht, wie ...*

4 Unterstreicht die Verben in eurer Beschreibung. Überlegt, an welchen Stellen ihr *haben* oder *sein* durch Verben aus dem nebenstehenden Kasten ersetzen könnt.

tragen • aussehen • besitzen • wirken • erscheinen

5 Prüft die Satzanfänge: Vermeidet Wiederholungen, indem ihr Satzglieder umstellt oder Sätze verbindet, z. B.: *Er trägt dunkelblaue Kleidung. Er hat einen Turban auf seinem Kopf.*
→ *Er trägt dunkelblaue Kleidung. Auf seinem Kopf hat er einen Turban.*
→ *Er trägt dunkelblaue Kleidung und einen Turban auf seinem Kopf.*

6 Lest euch gegenseitig eure Beschreibungen vor. Gebt euch mit Hilfe der Checkliste Tipps, wie ihr eure Texte überarbeiten könnt.

Checkliste

Eine Personenbeschreibung verfassen

- Habt ihr **allgemeine Angaben** zur Person gemacht (Geschlecht, Alter, Herkunft)?
- Habt ihr das **Aussehen** der Person in einer **geordneten Reihenfolge** beschrieben?
- Habt ihr eine Aussage zur **Wirkung der Person** formuliert?
- Habt ihr **aussagekräftige Adjektive** und **abwechslungsreiche Verben** verwendet?
- Habt ihr im **Präsens** geschrieben?

Schreibwörter ▸ S. 300

das Portfolio	die Lippen	die Frisur	chinesisch	eckig	sympathisch
der Vorgang	die Haare	das Kinn	aprikosengelb	oval	strähnig

5 „Löcher – Die Geheimnisse von Green Lake“ – Einen Jugendroman lesen und verstehen

1 Das Bild zeigt eine Szene aus dem Roman „Löcher“ von Louis Sachar.
a Beschreibt das Bild.
b Vergleicht das Bild mit dem Titel des Romans und stellt Vermutungen an, worum es in dem Roman gehen könnte.

2 Tauscht euch darüber aus, was ihr von einem guten Jugendroman erwartet:
- Welche Figuren und Schauplätze interessieren euch?
- Wodurch wird ein Roman für euch spannend?

In diesem Kapitel ...

- lernt ihr einen Jugendroman kennen,
- beschreibt ihr dessen Schauplatz und Atmosphäre,
- charakterisiert ihr Romanfiguren,
- stellt ihr selbst Jugendbücher vor,
- gestaltet ihr Texte zu Romanauszügen.

5.1 Willkommen im Camp – Schauplatz, Erzähler, Figuren und Handlung untersuchen

Louis Sachar

Kapitel 1 und 2: Stanley Yelnats muss ins Camp Green Lake

Der amerikanische Jugendliche Stanley Yelnats wird unschuldig verurteilt. Er soll die Turnschuhe des berühmten Sportlers Clyde Livingston gestohlen haben. Zur Strafe kommt Stanley in eine Besserungsanstalt, das „Camp Green Lake". Vor ihm liegt eine harte Zeit, an deren Ende er aber neue Freunde gewinnt und den Familienfluch bannen kann. Zunächst muss er sich jedoch durch die Geheimnisse von Green Lake graben.

Das hier nennt sich zwar Camp Green Lake, aber einen See gibt es gar nicht. Früher gab es mal einen ganz großen, den größten See in Texas, aber das ist schon über hundert Jahre her. Jetzt ist hier alles flach und trocken, eine einzige Wüste.

Es gab auch mal eine Stadt, die Green Lake hieß, aber die ist gleichzeitig mit dem See immer mehr zusammengeschrumpft und ausgetrocknet, genauso wie die Leute, die da wohnten.

Im Sommer liegt die Temperatur tagsüber bei 35 Grad im Schatten – vorausgesetzt, man findet irgendwo Schatten. Viel gibt es davon nicht an einem großen, ausgetrockneten See.

Die einzigen Bäume sind zwei alte Eichen am Ostufer des „Sees". Dazwischen ist eine Hängematte gespannt und dahinter steht eine Blockhütte. Den Bewohnern des Camps ist es verboten, sich in die Hängematte zu legen. Sie gehört nämlich dem Boss. Der Schatten ist ganz allein für den Boss. Draußen am See suchen Klapperschlangen und Skorpione Schatten unter Felsen und in den Löchern, die die Bewohner des Camps gegraben haben. Was die Klapperschlangen und Skorpione angeht, sollte man sich eine wichtige Regel merken: Lass sie in Ruhe, dann lassen sie dich auch in Ruhe. Normalerweise.

Von einem Skorpion oder sogar von einer Klapperschlange gebissen zu werden ist nicht das Schlimmste, was dir passieren kann. Daran stirbst du nicht. Normalerweise.

Manchmal kommt es vor, dass einer der Jungs hier es darauf anlegt, von einem Skorpion gebissen zu werden, vielleicht sogar von einer kleinen Klapperschlange. Dann darf er sich ein oder zwei Tage in seinem Zelt ausruhen und muss kein Loch graben draußen auf dem See.

Aber keiner würde sich freiwillig von einer gelb gefleckten Eidechse beißen lassen. Das ist das Schlimmste, was einem passieren kann. Dann stirbt man einen langsamen, qualvollen Tod. Immer. […]

Jetzt fragt sich der Leser vermutlich: Aus welchem Grund sollte irgendjemand auf die Idee verfallen, nach Camp Green Lake zu kommen?

Die Antwort ist: Die meisten Bewohner hatten gar keine andere Wahl. Camp Green Lake ist eine Anstalt für schwere Jungs. Nimm einen von ihnen und lass ihn Tag für Tag in brütender Hitze ein Loch graben, und du kannst sicher sein, dass ein guter Junge aus ihm wird.

Jedenfalls glaubten das einige Leute. Stanley Yelnats hatte sogar die freie Wahl. Der Richter sagte: „Du kannst es dir aussuchen – entweder du gehst ins Gefängnis oder du kommst nach Camp Green Lake."

Stanley kam aus einer armen Familie. Er war noch nie im Leben in einem Feriencamp gewesen.

1 a Wie wirkt der Anfang des Romans auf euch? Tauscht euch über euren ersten Leseeindruck aus:
Der Anfang des Romans wirkt spannend / langweilig / interessant / düster / bedrückend / …
b Reizt dieser Anfang zum Weiterlesen? Begründet eure Meinung.

2 Was erfährt man über den Schauplatz des Romans, Camp Green Lake?
a Fertigt eine Skizze des Camps an. Beschriftet sie mit Informationen aus dem Text.
b Sucht im Text Ausdrücke, die die bedrückende Stimmung hervorrufen. Notiert sie unter der Skizze.

Information **Schauplatz und Atmosphäre**

Die **Handlung** in einem Roman spielt an bestimmten **Schauplätzen (Orten).**
Diese verraten häufig etwas über die **Atmosphäre,** also die **Stimmung** in dem Roman.
Eine heiße, trockene Wüste kann beispielsweise eine bedrückende Atmosphäre hervorrufen.
Das Vorkommen gefährlicher Tiere wie Schlangen und Skorpione kann Ängste wecken.

3 Welche Informationen erhält man am Romananfang über die Hauptfigur Stanley Yelnats?
a Listet die Informationen über die Hauptfigur stichwortartig auf.
b Vermutet, warum Stanley das Camp Green Lake gewählt hat.

4 Untersucht den Erzähler des Romans:
a Überlegt, ob der Erzähler am Geschehen beteiligt ist oder einen Überblick über alle Geschehnisse hat. Begründet eure Aussage mit Beispielen aus dem Text.
b Lest die Information unten und gebt an, wie man einen solchen Erzähler nennt.

5 Wie wird es Stanley in dem Camp gehen? Was könnte ihm dort passieren?
Formuliert Vermutungen zum weiteren Verlauf des Romans:
Ich vermute, dass … / Sicherlich wird Stanley … / Es ist absehbar, dass … / Wahrscheinlich …

6 Was denkt Stanley bei seiner Ankunft im Camp?
Zeichnet eine Denkblase und schreibt seine Gedanken in der Ich-Form auf.

7 Gefängnis oder Camp Green Lake? Schreibt eine kurze Werbeanzeige für das Camp.

Information **Die Erzählperspektive**

Romane können aus unterschiedlichen Perspektiven (Sichtweisen) erzählt werden:

- Der **Ich-Erzähler** ist selbst als handelnde Figur in das Geschehen eingebunden.
Er schildert die Ereignisse aus einer persönlichen Sicht, z. B.:
Aus der Ferne sah ich Camp Green Lake vor mir auftauchen.
- Der **allwissende (auktoriale) Erzähler** ist Vermittler der Geschichte. Er hat einen Überblick über das gesamte Geschehen und kann Handlungen kommentieren, in die Figurenwelt eingreifen oder beobachtend berichten. Er kann sowohl über die Vergangenheit als auch über die Gegenwart und die Zukunft erzählen. Aber er ist nicht mit der Persönlichkeit des Autors identisch.
Beispiel: *Jetzt fragt sich der Leser vermutlich: Aus welchem Grund sollte irgendjemand auf die Idee verfallen, nach Camp Green Lake zu kommen?*

Informationen zur Hauptfigur sammeln

Louis Sachar

Kapitel 3 und 4: Stanley Yelnats – ein geborener Verlierer?

Als Stanley noch jünger war, hatte er oft mit seinen Plüschtieren Feriencamp gespielt. Jetzt versuchte Stanley sich vorzumachen, dass dieses Mal für ihn selbst „Spaß & Spiele im Feriencamp" angesagt war. Vielleicht würde er ja auch Freunde finden, dachte er. Zumindest könnte er im See schwimmen gehen. Zu Hause hatte er keine Freunde. Er war übergewichtig und die anderen Kinder in seiner Schule machten sich oft darüber lustig. Sogar seine Lehrer machten manchmal irgendwelche grausamen Bemerkungen, ohne es zu merken. [...]
Stanley war kein schlechter Junge. Er hatte die Tat, wegen der man ihn verurteilt hatte, nicht begangen. Er war einfach im falschen Moment am falschen Ort gewesen.
An der ganzen Sache war überhaupt nur sein Ururgroßvater schuld, dieser elende Tunichtgut und Schweinedieb! Dieser Ururgroßvater, so hieß es, habe einmal einer Alten, der ein Fuß fehlte, ein Schwein gestohlen, weswegen sie ihn und alle seine Nachkommen verfluchte. [...]
Stanleys Vater war ein Erfinder. Um ein erfolgreicher Erfinder zu sein, braucht man drei Dinge: Intelligenz, Ausdauer und ein ganz kleines bisschen Glück. Nur Glück hatte er nie.
Und jedes Mal, wenn wieder ein Experiment gescheitert war, konnte Stanley hören, wie der Vater seinen Urgroßvater verfluchte, diesen elenden Tunichtgut und Schweinedieb.
Stanleys Vater hieß ebenfalls Stanley Yelnats. Sein voller Name war Stanley Yelnats III. Unser Stanley heißt Stanley Yelnats IV. In der Familie hatte man es immer toll gefunden, dass man „Stanley Yelnats" sowohl von vorn als auch von hinten lesen konnte. Deswegen wurden die Söhne immer Stanley genannt. Stanley war ein Einzelkind, ebenso wie die anderen Stanley Yelnats vor ihm. Und noch etwas anderes hatten sie gemein: Obwohl sie so viel Pech hatten, gaben sie nie die Hoffnung auf. Wie sagte Stanleys Vater gern: „Aus Fehlern wird man klug." [...]

„Nicht jeder Stanley Yelnats ist gescheitert", betonte Stanleys Mutter gern, wenn Stanley und sein Vater so mutlos waren, dass sie tatsächlich anfingen zu glauben, dass an dem Fluch etwas dran sein musste. Bei solchen Gelegenheiten vergaß sie gern zu erwähnen, welches Unglück den ersten Stanley Yelnats getroffen hatte: Er hatte nämlich sein ganzes Vermögen verloren, als er von New York nach Kalifornien zog. Die Kutsche, mit der er reiste, wurde von der berühmten Banditin Kissin' Kate Barlow überfallen und ausgeraubt. Wenn das nicht passiert wäre, dann lebte Stanleys Familie jetzt in Kalifornien in einer Villa am Strand. Stattdessen hockten sie in einer winzigen Wohnung aufeinander, in der es nach verbranntem Gummi und Fußschweiß stank. Die Wohnung stank deswegen so, weil Stanleys Vater dabei war, ein Recyclingverfahren für gebrauchte Turnschuhe zu entwickeln.
„Der Erste, der eine Methode erfindet, wie man alte Turnschuhe wiederverwenden kann", sagte er immer, „der wird ein reicher Mann."
Dieses letzte Projekt seines Vaters war es, das zu Stanleys Festnahme geführt hatte. [...]

Bei seiner Ankunft in Camp Green Lake wird Stanley von einem Aufseher, Mr. Sir, empfangen.

Stanley musste sich vor Mr. Sir ausziehen, der kontrollieren wollte, ob er auch nichts versteckte. Dann bekam er ein Handtuch und zwei Garnituren Kleidung. Jede bestand aus einem orangeroten Overall mit langen Ärmeln, einem orangeroten T-Shirt und gelben Socken. Stanley war sich nicht sicher, ob die Socken von Anfang an gelb gewesen waren. Außerdem bekam er noch weiße Turnschuhe, eine orangerote Kappe und eine Trinkflasche aus schwerem Plastik, die leider leer war. An die Kappe war hinten ein Stoffstreifen angenäht, der den Nacken schützen sollte. [...]

„Du hast jeden Tag ein Loch zu graben, auch samstags und sonntags. Jedes Loch muss fünf Fuß tief sein und auch einen Durchmesser von fünf Fuß haben. Deine Schaufel ist gleichzeitig dein Maßstab. Frühstück gibt es um halb fünf."

Stanley sah wohl überrascht aus, denn Mr. Sir schickte noch die Erklärung hinterher, dass sie deswegen so früh anfingen, damit sie nicht in der heißesten Zeit des Tages arbeiten müssten. „Einen Babysitter hast du hier nicht", fügte er hinzu. „Je länger du brauchst zum Graben, desto länger bist du halt draußen in der Sonne. Wenn du beim Graben irgendwas Interessantes findest, dann bist du gehalten, es mir oder einem der anderen Betreuer zu zeigen. Wenn du mit der Arbeit fertig bist, hast du den Rest des Tages zur freien Verfügung."

Stanley nickte, um zu zeigen, dass er verstanden hatte. „Das hier ist kein Lager für Pfadfinderinnen", betonte Mr. Sir noch einmal. Er durchsuchte Stanleys Rucksack und erlaubte ihm, ihn zu behalten. Dann ging er mit Stanley hinaus in die glühende Sonne.

1 Was erfahrt ihr Neues über die Hauptfigur? Lest die Textauszüge und tauscht euch aus.

2 Lest den Methodenkasten unten und fertigt ein Figuren-Leporello zu Stanley Yelnats an. Notiert darin stichwortartig alle Informationen zu Stanley, die im Text gegeben werden:

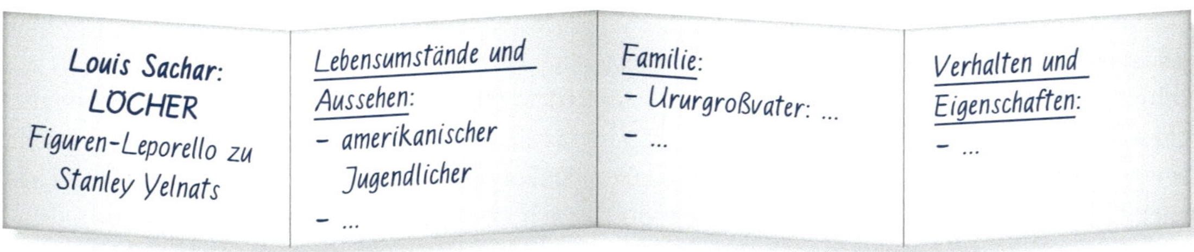

Methode **Ein Figuren-Leporello anfertigen**

- Ein Leporello ist ein Blatt Papier, das wie eine Ziehharmonika gefaltet ist. Auf einem Figuren-Leporello kann man Informationen zu einer Figur sammeln und ordnen.
- So fertigt man ein Figuren-Leporello an:
  - Legt ein Blatt (DIN A3) quer und faltet es wie eine Ziehharmonika, sodass auf jeder Seite des Blattes vier Spalten erkennbar sind.
  - Klappt das Leporello wie ein Buch zusammen. Schreibt auf die Vorderseite euren Namen, Autor und Titel des Romans sowie den Namen der Figur.
  - Beschriftet die folgenden Seiten mit diesen Überschriften: *Lebensumstände und Aussehen, Familie, Verhalten und Eigenschaften, Beziehung zu anderen Figuren, Entwicklung, So wirkt die Figur auf mich, Fragen an die Figur.*
  - Notiert nach jedem Lesen stichwortartig, was ihr im Text über die Figur erfahren habt.

Die Handlung zusammenfassen

Louis Sachar

Kapitel 5: Die anderen Jungen im Camp

Stanley lernt im Camp seinen Betreuer, Mr. Pendanski, und die anderen Jungen aus seiner Gruppe kennen. Einige tragen Spitznamen wie X-Ray für Röntgenstrahlen oder Zero für Null.

„Ich will dir helfen, dein Leben umzukrempeln", sagte sein Betreuer. „Aber du musst dabei mitmachen. Kann ich auf dich zählen?"
„Ja, Sir", sagte Stanley.
„Gut", sagte Mr. Pendanski und klopfte Stanley auf die Schulter.
Zwei Jungen, jeder mit einer Schaufel, kamen über das Gelände. Mr. Pendanski rief sie. „Rex! Alan! Kommt bitte her und sagt Stanley Guten Tag. Er ist neu in eurer Mannschaft."
Die Jungen warfen einen müden Blick auf Stanley. Der Schweiß lief ihnen hinunter, und ihre Gesichter waren so dreckig, dass Stanley erst auf den zweiten Blick merkte, dass der eine weiß und der andere schwarz war.
„Was ist denn mit der Kotztüte?", fragte der schwarze Junge.
„Lewis liegt noch auf der Krankenstation", sagte Mr. Pendanski. „Er kommt nicht mehr zurück." Er forderte die Jungen auf, Stanley die Hand zu geben und sich vorzustellen – „wie Gentlemen". „Hi", brummte der weiße Junge.
„Das ist Alan", sagte Mr. Pendanski.
„Ich heiß nicht Alan", sagte der Junge. „Ich bin Torpedo. Und der da ist X-Ray."
„Hey", sagte X-Ray. Er grinste und schüttelte Stanley die Hand. Er trug eine Brille, die so dreckig war, dass Stanley sich fragte, wie er damit überhaupt etwas sehen konnte. Mr. Pendanski schickte Alan zum Aufenthaltsraum, die anderen Jungen holen, damit er sie Stanley vorstellen konnte. Dann ging er mit Stanley ins Zelt.
„Welches Bett war das von Lewis?", fragte Mr. Pendanski.
„Kotztüte hat hier gepennt", sagte X-Ray und trat gegen eines der Betten. „Gut", sagte Mr. Pendanski, „dann ist das von nun an deins, Stanley." Stanley sah das Bett an und nickte. Er war nicht wahnsinnig scharf darauf, in einem Bett zu schlafen, das vorher von einem Jungen benutzt worden war, den sie Kotztüte nannten.
[...] Torpedo kam mit vier anderen Jungen zurück. Die ersten drei wurden von Mr. Pendanski als José, Theodore und Ricky vorgestellt. Selbst nannten sie sich Magnet, Deo und Zickzack. Der letzte Junge hatte entweder keinen richtigen Namen oder er hatte keinen Spitznamen. Sowohl Mr. Pendanski als auch X-Ray nannten ihn Zero. „Willst du wissen, warum er Zero heißt?", fragte Mr. Pendanski lächelnd und rüttelte Zero spielerisch an der Schulter. „Weil in seinem Kopf absolut nichts drin ist – zero!" Zero schwieg.

1 Welche Figuren lernt die Hauptfigur Stanley in diesem Romanausschnitt kennen?
a Schreibt die Namen und Spitznamen in euer Figuren-Leporello (▶ S. 83).
b Bildet Gruppen mit jeweils acht Schülern und spielt die im Text geschilderten Situationen nach.

2 Was denkt Stanley, als ihm die Jungen aus seiner Gruppe vorgestellt werden?
Fühlt euch in Stanley ein und schreibt seine Gedanken auf. Formuliert auch Ausrufe und Fragen.

Louis Sachar

Kapitel 13: Stanley macht einen Fund

Stanley wird im Camp stärker und selbstbewusster. Die anderen Jungen haben ihm den Spitznamen Höhlenmensch gegeben. X-Ray ist der Anführer der Gruppe, vor ihm hat Stanley viel Respekt. X-Ray verlangt, dass jeder Fund erst einmal an ihn weitergegeben wird, denn wer einen Fund dem Boss, der strengen Leiterin des Camps, meldet, bekommt zur Belohnung den Rest des Tages frei. Als Stanley plötzlich etwas findet, überlegt er, wie er damit umgehen soll.

Er stieg aus seinem Loch und fuhr mit den Fingern durch den Sand. Er fühlte etwas Hartes, Metallenes. Er zog es heraus. Es war ein goldenes Röhrchen, etwa so lang und so breit wie der Zeigefinger seiner rechten Hand. Das Röhrchen war an einer Seite offen, an der anderen geschlossen. Er nahm ein paar Tropfen seines kostbaren Wassers, um es sauber zu wischen. Es kam ihm so vor, als ob am flachen, geschlossenen Ende des Röhrchens etwas eingeritzt wäre. Er goss noch ein paar Tropfen Wasser darauf und rieb es an der Innenseite seiner Hosentasche trocken. Er besah sich noch einmal das Muster, das in den flachen Boden des Röhrchens eingraviert war. Er konnte die Umrisse eines Herzens erkennen, in dem die Buchstaben *KB* zu lesen waren.

Er überlegte, was er machen könnte, damit er es nicht X-Ray geben müsste. Er konnte es natürlich einfach behalten, aber das nützte ihm ja nichts. Er wollte einen freien Tag. Er warf einen Blick hinüber zu den großen Erdhaufen in der Nähe von X-Rays Loch. X-Ray war wahrscheinlich schon fast fertig für heute. Den Rest des Tages frei zu bekommen würde ihm kaum noch etwas bringen. Zuerst würde X-Ray das Röhrchen Mr. Sir oder Mr. Pendanski zeigen müssen und die wiederum müssten es dem Boss zeigen. Bis dahin wäre X-Ray vermutlich sowieso fertig. Stanley überlegte, ob er mit dem Röhrchen heimlich direkt zum Boss gehen sollte. Er könnte ihm die Situation erklären, und der Boss konnte dann irgendeine Ausrede finden, um ihm den Tag frei zu geben, sodass X-Ray keinen Verdacht schöpfen würde.

Er blickte über den See hinüber zu der Hütte unter den Eichen. Der Ort machte ihm Angst. Er war jetzt seit fast zwei Wochen in Camp Green Lake, aber den Boss hatte er noch nicht ein einziges Mal zu Gesicht bekommen. Es war ihm auch egal. Wenn es nach ihm ging, konnte er gut und gern auch die ganzen anderthalb Jahre hier verbringen, ohne ihn zu sehen. Außerdem wusste er ja gar nicht, ob der Boss das Röhrchen „interessant" finden würde. Er schaute es wieder an. Irgendwie kam es ihm bekannt vor. Er dachte, dass er so etwas Ähnliches schon einmal irgendwo gesehen hatte, aber er kam nicht darauf, wo.

„Was hast du da, Höhlenmensch?", fragte Zickzack. Stanley schloss seine große Hand um das Röhrchen. „Nichts, nur – ähm ..." Es war

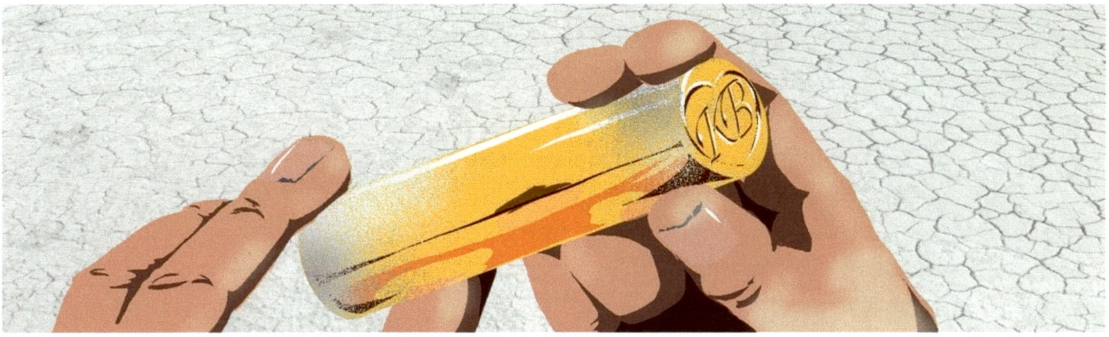

zwecklos. „Kann sein, dass ich was gefunden habe."

„Schon wieder so ein Fossil?"

„Nein, keine Ahnung, was es ist."

„Zeig mal her!", sagte Zickzack.

Statt es Zickzack zu zeigen, brachte Stanley das Röhrchen zu X-Ray. Zickzack kam hinterher.

X-Ray sah sich das Röhrchen an, wischte mit seinem dreckigen Hemd über seine dreckigen Brillengläser und schaute noch mal. Einer nach dem anderen ließen die anderen Jungs ihre Schaufeln fallen und kamen herüber, um zu sehen, was es da gab.

„Sieht aus wie eine alte Munitionshülse", meinte Torpedo.

„Ja, so was wird es wohl sein", sagte Stanley. Er beschloss, die Gravierung am Boden nicht zu erwähnen. Vielleicht würde sie ja keiner bemerken. X-Ray konnte sie vermutlich gar nicht erkennen.

„Nein, für eine Patronenhülse ist es zu lang und zu dünn", sagte Magnet.

„Wahrscheinlich ist es eh nur Schrott", sagte Stanley.

„Na, auf jeden Fall werde ich es mal Mom zeigen", sagte X-Ray. „Mal sehen, was er davon hält. Wer weiß – vielleicht krieg ich ja den Tag frei."

„Dein Loch ist doch fast fertig", sagte Stanley.

„Na und?"

Stanley zuckte mit den Achseln. „Wieso wartest du nicht bis morgen und zeigst es Mom dann?", schlug er vor. „Du kannst doch so tun, als ob du es früh am Morgen gleich als Erstes gefunden hättest. Dann kannst du den ganzen Tag frei kriegen statt heute Nachmittag ein oder zwei Stunden."

X-Ray grinste. „Ganz schön clever, Höhlenmensch." Er ließ das Röhrchen in der großen Tasche an seinem dreckigen, orangeroten rechten Hosenbein verschwinden.

Stanley kehrte zu seinem Loch zurück. Als der Wasserwagen kam, wollte Stanley wie immer seinen Platz am Ende der Reihe einnehmen, aber X-Ray sagte, er solle sich hinter Magnet stellen, vor Zero.

Stanley war einen Platz aufgestiegen.

1 Lest den Text mit verteilten Rollen: Wählt zwei Erzähler, die sich abwechseln können, außerdem je einen Sprecher für Zickzack, Stanley, Torpedo, Magnet und X-Ray.

2 Was passiert in dem Romanauszug? Erschließt den Inhalt:

a Teilt den Text in Abschnitte ein und formuliert zu jedem Abschnitt eine Überschrift, z. B.:
1. Abschnitt (Zeile 1–17): Stanleys Fund

b Fasst die Handlung des Romanauszugs zusammen. Formuliert dafür zu jedem Abschnitt ein bis drei Sätze, z. B.: *Stanley findet im Sand seines Lochs ein goldenes Röhrchen. Er säubert es mit seinem Trinkwasser und findet dabei eine Gravur: ein Herz mit den Buchstaben KB.*

3 Stellt die Beziehung der Figuren zueinander dar: Entwerft eine Figurenskizze (▶ S. 143) oder baut ein Standbild zu einer Situation in der Szene.

Methode **Die Handlung zusammenfassen**

- Nennt in der Zusammenfassung die **Schauplätze (Orte)** und die **Figuren.** Geht außerdem kurz auf die **Atmosphäre** ein.
- Gebt die einzelnen **Handlungsschritte** kurz mit eigenen Worten wieder. Achtet dabei auch auf die **Reihenfolge** des Geschehens.
- Formuliert **sachlich** und im **Präsens** (▶ S. 287).

Die Hauptfigur charakterisieren

Louis Sachar

Kapitel 22: Stanley und Zero freunden sich an

Stanley hat sich im Camp eingelebt. Als der Analphabet Zero ihn bittet, ihm Lesen und Schreiben beizubringen, lehnt er zunächst genervt ab. Als Zero ihm aber in einer brenzligen Situation hilft, ändert Stanley seine Haltung.

„Ich denke, wir fangen mal mit dem A an." Er schrieb ein großes A in Druckschrift und Zero malte es auf seinem Bogen nach. Das Papier war nicht liniert, was das Schreiben schwieriger machte, aber Zeros A war gar nicht schlecht, nur ein bisschen groß. Stanley sagte ihm, er müsse kleiner schreiben, sonst werde ihnen ganz schnell das Papier ausgehen. Also schrieb Zero kleinere Druckbuchstaben. [...]
„Ich werde jeden Tag ein Stück von deinem Loch graben. Ich grabe eine Stunde und du übst eine Stunde mit mir. Und weil ich schneller graben kann als du, sind wir etwa gleichzeitig mit unseren Löchern fertig. Dann muss ich nicht auf dich warten." [...]
„Du scheinst ziemlich fit zu sein in Mathe", meinte Stanley. „Ich bin ja nicht dumm", sagte Zero. „Ich weiß, dass mich alle für dumm halten. Aber ich mag nun mal keine Fragen beantworten."
Als Stanley später am Abend auf seinem Bett lag, dachte er noch einmal über das Abkommen nach, das er mit Zero geschlossen hatte. Es wäre schon eine Erleichterung, jeden Tag eine Pause machen zu können, aber er wusste auch, dass es X-Ray nicht gefallen würde. Er überlegte, ob er Zero irgendwie dazu kriegen könnte, auch eine Zeit lang für X-Ray zu graben. Aber andererseits, warum sollte er? Ich bin schließlich derjenige, der Zero was beibringt. Ich brauche die Pause, damit ich abends noch genug Energie habe, um ihm was beizubringen.

1 a Besprecht, wie Stanley sich während seiner Zeit im Camp verändert hat.
b Ergänzt Informationen zu Stanleys Beziehung zu anderen Figuren und zu seiner Entwicklung im Figuren-Leporello (▶ S. 83).

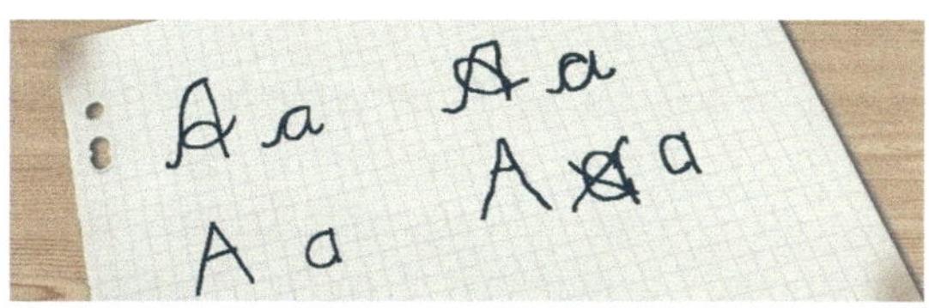

2 Schreibt mit Hilfe eures Figuren-Leporellos eine Figurencharakteristik zu Stanley:
Stanley Yelnats ist ein amerikanischer Jugendlicher, der zu Unrecht in eine Besserungsanstalt für Jugendliche, das Camp Green Lake, geschickt wird. Er ist übergewichtig und …

Methode | **Eine literarische Figur charakterisieren**

- Sammelt **Informationen** über die Figur, z. B. über ihre Lebensumstände, ihr Aussehen, ihre Familie, ihr Verhalten, Eigenschaften und ihre Beziehung zu den anderen Figuren.
- Nennt in der **Einleitung** allgemeine Informationen zu der Figur, z. B. Name, Alter, Herkunft.
- Beschreibt im **Hauptteil** die Figur, z. B. ihr Aussehen, ihre Verhaltensweisen, ihre Eigenschaften, ihre Beziehung zu den anderen Figuren und ihre Entwicklung im Roman.
- Gebt zum **Schluss** an, wie die Person auf euch wirkt (persönliche Einschätzung).
- Verwendet das **Präsens** (▶ S. 287). Schreibt **sachlich und anschaulich.**

Teste dich!

Louis Sachar

Kapitel 30: Zeros Flucht

Es stellt sich heraus, dass die Chefin (der Boss) einen Schatz sucht und deshalb die Jungen gnadenlos in der Wüste graben lässt. Als die anderen Jungen vom Abkommen zwischen Stanley und Zero erfahren, werden sie eifersüchtig und versuchen, Stanley gegen seinen neuen Freund aufzuhetzen. Als das nicht gelingt, verpetzen sie die beiden an die Chefin.

„Erzähl mir, was du gestern gelernt hast", sagte die Chefin. „Daran wirst du dich doch erinnern!"
Zero schwieg.
Mr. Pendanski lachte. Er hob eine Schaufel auf und sagte: „Geradeso gut könnte man versuchen, dieser Schaufel Lesen und Schreiben beizubringen! Die hat noch mehr Grips als Zero."
„Wörter, die auf -at enden", sagte Zero.
„Nun gut, dann sag mir mal, welches Wort ich jetzt buchstabiere: c – a – t?"
Zero blickte unsicher umher. Stanley wusste, dass Zero die Frage beantworten konnte. Er mochte nur grundsätzlich keine Fragen beantworten.
„Cat", sagte Zero.
„Und was ist mit h – a – t?"
Dass der Buchstabe H allein „eitsch" ausgesprochen wird, hatte Stanley ihm noch nicht beigebracht. Zero überlegte angestrengt, flüsterte leise „eitsch" vor sich hin und sagte dann „Chat". [...]
„Okay, ich möchte nicht, dass in Zukunft noch irgendwer für einen anderen gräbt", sagte die Chefin. „Und Leseunterricht gibt es auch nicht mehr!"
„Ich grabe kein Loch mehr", sagte Zero.
Mr. Pendanski reichte ihm die Schaufel. „Hier, nimm, Zero. Das ist das Einzige, wofür du je taugen wirst."
Zero nahm die Schaufel. Er schwang sie wie einen Baseballschläger. Das Metallblatt landete in Mr. Pendanskis Gesicht. Die Knie sackten ihm weg. Bevor er noch am Boden lag, war er schon ohnmächtig. Alle Betreuer zogen ihre Pistolen.
Zero hielt die Schaufel vor sich, als könnte er damit die Kugeln abwehren. „Ich hasse es, Löcher zu graben", sagte er. [...] Zero ging immer weiter rückwärts, vorbei an den vielen Löchern, die die Jungen gegraben hatten, und dann immer weiter auf den See hinaus. Stanley suchte mit den Augen nach Zero, aber der war bereits im Dunst verschwunden.

1 a Schreibe eine kurze Charakteristik zu Zero. Nutze für sein Aussehen das Bild oben und verwende auch Informationen aus den Texten auf Seite 84, 85–86 und 87.

b Tausche deine Charakteristik mit einem Lernpartner. Notiere für deinen Lernpartner Tipps, wie er die nächste Figurencharakteristik noch besser schreiben kann.

Einen Jugendroman vorstellen

Auf den vorangegangenen Seiten habt ihr Ausschnitte aus dem Roman „Löcher" gelesen. Welche weiteren Jugendromane kennt ihr? Stellt sie der Klasse vor.

1 Ordnet die folgenden Begriffe zum Thema Buchvorstellung den vier Karteikarten zu:

Hauptfigur • Autor • Preis • Lieblingsstelle • Seitenzahl • Titel • Verlag • Handlung • Kritik • Textsorte (z. B. Abenteuerroman, Liebesgeschichte, Comicroman) • Lob • Fazit • Erzähler • Ort und Zeit der Handlung • Erscheinungsjahr • Umschlagbild • Thema • Auszeichnungen

A Allgemeine Informationen zum Buch

B Informationen zum Inhalt

C Leseprobe

D Meinung zum Buch

2 Legt vier Karteikarten zu dem Buch an, das ihr vorstellen möchtet. Notiert auf den Karten alle oben angegebenen Informationen zu eurem Buch.

3 Übt mit den Karteikarten die Buchvorstellung ein. Beachtet die Hinweise im Methodenkasten.

4 Verfasst mit Hilfe der Informationen auf euren Karteikarten eine schriftliche Buchempfehlung. Formuliert am Ende eine Aussage, in der ihr euren Mitschülern das Buch empfehlt oder vom Lesen des Buches abratet: *Ihr solltet das Buch unbedingt einmal lesen, weil ... / Das Buch erscheint mir nicht besonders lesenswert, denn ...*
Tipp: Fasst eure schriftlichen Empfehlungen in einem Leseratgeber für die Klasse zusammen.

5 Lest einen der folgenden Romane, stellt ihn vor und gebt eine Leseempfehlung: „Krabat" von Otfried Preußler, „Steppenwind und Adlerflügel" von Xavier-Laurent Petit.

Methode **Einen Jugendroman vorstellen**

- Gebt **Informationen** zu Autor/-in, Titel und Buch (Textsorte, Verlag, Erscheinungsjahr, Seitenzahl, Preis, Auszeichnungen).
- Nennt das **Thema** und fasst die **Handlung** mit den **wichtigsten Figuren** zusammen.
  Tipp: Verratet nicht, wie der Roman ausgeht. Macht eure Zuhörer neugierig auf das Buch.
- Lest eure **Lieblingsstelle** aus dem Buch vor.
  Tipp: Die Stelle sollte nicht länger als eine Seite sein. Übt den Lesevortrag vorher ein.
- Begründet eure **Meinung** zu dem Roman: Was gefällt euch an dem Buch, was weniger?
- Zeigt **Bilder oder Gegenstände,** die zu dem Buch passen.
- Achtet beim Vortrag auf die **Zeit.** Er sollte nicht länger als 15 Minuten dauern.

5.2 Stanley und Zero – Zu literarischen Figuren gestaltend schreiben

Einen inneren Monolog verfassen

Louis Sachar

Kapitel 39: Wahrheit oder Fieberwahn?

Zero gelingt die Flucht aus dem Camp. Vor lauter Sorge um ihn flieht wenige Tage später auch Stanley. Nach einer anstrengenden Suche durch die Wüste findet er Zero endlich. Obwohl dieser bereits völlig geschwächt ist, machen sie sich gemeinsam auf den Weg in Richtung des Berges „Großer Daumen". Dort finden sie endlich Wasser, und Zero gesteht Stanley mit letzter Kraft, dass er damals die wertvollen Turnschuhe von Clyde Livingston aus einem Heim für Straßenkinder gestohlen hatte, wofür Stanley später angeklagt wurde.

Stanley wachte auf einer Wiese auf und schaute hoch zu dem gewaltigen Felsen. […] Der Fels musste über hundert Fuß hoch sein.
Eine Weile lag Stanley nur da und schaute ihn an. Er hatte nicht die Kraft aufzustehen.
Zero stöhnte.
Stanley wollte etwas zu ihm sagen, aber die Wörter kamen ihm nicht aus dem Mund und er musste es noch einmal versuchen. „Wie geht es dir?" Das Sprechen tat ihm weh.
„Nicht gut", sagte Zero leise. Unter großer Anstrengung rollte er sich auf den Bauch, kam auf alle viere und kroch zum Wasserloch. Er steckte den Kopf hinein und schleckte etwas Wasser auf. […]
Stanley überlegte, ob er wieder hinuntersteigen sollte, um nach der Schaufel zu suchen und damit das Loch zu vergrößern. Andererseits wollte er Zero nicht gern allein lassen. Er hatte Angst, Zero könnte sterben, während er selbst weg war.
Zero lag immer noch zusammengekrümmt auf der Seite. „Ich muss dir was erzählen", sagte er stöhnend.
„Sprich jetzt nicht", sagte Stanley. „Spar dir deine Kräfte auf für später."
„Nein, du musst mir zuhören", beharrte Zero. Dann schloss er die Augen und sein Gesicht verzerrte sich vor Schmerz.
„Ich hör dir zu", flüsterte Stanley.
„Ich hab deine Schuhe genommen", sagte Zero.
Stanley begriff nicht, was Zero meinte. Er hatte seine Schuhe doch an. „Schon gut", sagte er. „Ruh dich jetzt aus."
„Es ist alles meine Schuld", sagte Zero.

„Keiner hat Schuld“, sagte Stanley.

„Ich hab’s nicht gewusst“, sagte Zero.

„Schon gut“, sagte Stanley. „Ruh dich aus!“

Zero schloss die Augen. Aber dann fing er wieder an: „Das mit den Schuhen, das wusste ich nicht.“

„Was für Schuhen?“

„Denen vom Heim.“

Stanley brauchte noch einen Moment, bis er begriff. „Die von Clyde Livingston?“

„Es tut mir leid“, sagte Zero.

Stanley starrte ihn an. Das war nicht möglich. Zero hatte Fieber, er fantasierte.

Sein Geständnis schien Zero etwas Erleichterung zu verschaffen. Seine Gesichtsmuskeln entspannten sich.

1 a Setzt euch zu dritt zusammen und lest den Textausschnitt mit verteilten Rollen.
b Besprecht gemeinsam den Inhalt: In welcher Situation befinden sich Stanley und Zero?

2 Stanley ist besorgt um Zeros Gesundheit. Nennt Textstellen, an denen das deutlich wird.

3 In dem Textausschnitt macht Zero ein wichtiges Geständnis.
a Erklärt, was Zero in seinem Geständnis zugibt und was das für Stanley bedeutet.
b Stanley kann kaum glauben, was Zero ihm gesteht. Gebt an, wie er sich nach dem Geständnis fühlt, und begründet eure Aussage:

aufgeregt • enttäuscht • ängstlich • erleichtert • traurig • erschüttert • ärgerlich • nervös • genervt • wütend

4 Was geht Stanley nach Zeros Geständnis durch den Kopf? Versetzt euch in die Figur und verfasst einen inneren Monolog, in dem deutlich wird, was sie denkt und fühlt. Beachtet dabei die Hinweise im Methodenkasten unten.

5 Stellt den Textausschnitt als Comic dar.

Methode **Einen inneren Monolog verfassen**

- Ein innerer Monolog ist ein **stummes Selbstgespräch** einer Figur in einer bestimmten Situation.
- Versetzt euch in die Figur hinein: Fühlt mit ihr und denkt ihre möglichen Gedanken. Wenn ihr diese Gedanken als inneren Monolog aufschreibt, könnt ihr die Figur und ihre Situation besser verstehen.
- Verwendet für innere Monologe ...
  – die **Ich-Form** und das **Präsens,** z. B.: *Ich muss mir dringend etwas überlegen.*
  – **Ausrufe und Fragen,** z. B.: *Das darf doch nicht wahr sein! Warum hilft uns niemand?*
  – **Wiederholungen** als Verstärkung, z. B.: *Es schmeckt köstlich, köstlich, köstlich!*
  – **Gedankensprünge,** z. B.: *Ob sie mich wohl ... nein, das kann ich mir nicht vorstellen.*
  – **Umgangssprache,** die zur Textvorlage passt, z. B.: *Er ist ein echt gemeiner Hund!*

Fordern und fördern – Einen Tagebucheintrag verfassen

Louis Sachar

Kapitel 44: Die Schatzkiste

Stanley wird klar, dass die Chefin auf der Suche nach einer wertvollen Schatzkiste ist. Vor vielen Jahren ist sie auf dem Gelände des Camp Green Lake vergraben worden. Stanley hat eine Idee, wo diese Schatzkiste vergraben sein könnte. Daher macht er sich mit Zero auf den Weg zurück nach Camp Green Lake. Nachts schleichen sie in das Lager zu der Stelle, an der sie den Schatz vermuten, und beginnen heimlich ein Loch zu graben.

Stanley kletterte wieder in das Loch und überlegte, wie viel Zeit sie wohl noch hätten, bevor das Lager aufwachte.

„Wie sieht's aus?“, erkundigte sich Zero, als er mit dem Wasser zurückkam.

Stanley zuckte mit den Schultern. Er richtete die Schaufel gegen die Seitenwand und löste eine Erdschicht ab. Dabei fühlte er auf einmal, wie die Schaufel an etwas Hartem abprallte. […]

Er fuhr mit der Schaufel an der Seitenwand des Lochs auf und ab. Erdbrocken lösten sich und zerfielen und der harte Gegenstand trat deutlicher hervor.

Er ragte aus der Seitenwand des Lochs, etwa anderthalb Fuß über dem Boden. Stanley konnte ihn mit den Händen fühlen.

„Was ist los?“, fragte Zero.

Stanley konnte nur eine Ecke fühlen. Alles andere war noch vergraben. Es fühlte sich kühl und glatt an, wie Metall. „Kann sein, dass ich die Schatzkiste gefunden habe“, sagte er. Seine Stimme klang eher verwundert als aufgeregt. […]

Er wusste, er musste jetzt sehr vorsichtig graben. Schließlich wollte er nicht, dass die Seitenwand einstürzte und der ganze große Erdhaufen von oben zurück ins Loch fiel. […]

Stanley stieß die Schaufel in den unteren Rand seines Lochs und begann vorsichtig damit, unterhalb des metallenen Gegenstands einen Tunnel zu graben. Er hoffte nur, dass das Loch nicht einstürzte. Von Zeit zu Zeit hörte er auf, bückte sich und fühlte mit der Hand nach dem Ende der Kiste. Doch selbst als der Tunnel so lang war wie sein Arm, konnte er nicht fühlen, wo sie aufhörte.

Wieder versuchte er die Kiste herauszuziehen, aber sie steckte ganz fest. Wenn er zu sehr zog, so fürchtete er, würde sein Loch einstürzen. Wenn es so weit war, dass er die Kiste herausziehen konnte, würde er es verteufelt schnell machen müssen, bevor die Erde darüber nachgab.

Als der Tunnel tiefer und breiter wurde – und die Gefahr, dass er einstürzte, immer größer –, konnte Stanley ein Schnappschloss an einem Ende der Kiste ertasten und dann einen Ledergriff. Es war anscheinend gar keine Kiste. „Ich glaube, es könnte so was wie ein Koffer aus Metall sein“, sagte er zu Zero.

„Und wenn du ihn mit der Schaufel losmachst?“, schlug Zero vor.

„Ich hab Angst, dass dann die Seitenwand einstürzt.“

„Probier's einfach“, sagte Zero.

Stanley trank einen Schluck Wasser. „Na ja, warum nicht.“
Er zwängte die Spitze der Schaufel zwischen Erdschicht und Deckel und versuchte den Koffer frei zu hebeln. Er wünschte bloß, er könnte sehen, was er machte.
Er bewegte das Ende der Schaufel hin und her, hoch und runter, bis er fühlte, wie sich der Koffer löste. Im nächsten Moment fiel Erde hinunter.
Es war aber kein größerer Einsturz. Als er sich ins Loch kniete, war ihm klar, dass nur eine kleine Erdschicht eingebrochen war.
Er grub mit den Händen, bis er den ledernen Griff fühlen konnte, dann zog er den Koffer aus der Erde heraus. „Ich hab ihn!“, rief er.
Er war schwer. Stanley reichte ihn Zero nach oben.
„Du hast es wirklich geschafft!“, sagte Zero, als er ihm den Koffer abnahm.
„*Wir* haben es geschafft“, sagte Stanley.

1 ●●○ Was erlebt die Hauptfigur Stanley in diesem Textausschnitt?
Faltet ein Blatt Papier in der Mitte. Notiert die einzelnen Handlungsschritte in die linke Spalte:

> *Stanley steht in einem Loch und macht sich Gedanken, wie viel Zeit sie zum Graben haben. (Z. 1–5)*
> ↓
> *Er gräbt und stößt auf einen harten Gegenstand. (Z. 6–13)*
> ↓
> …

▷ Hilfe zu Aufgabe 1 auf Seite 94

2 ●●○ Versetzt euch in Stanley: Was denkt und fühlt er in den einzelnen Situationen?
Ergänzt in der rechten Spalte zu jedem Handlungsschritt Stanleys Gedanken, Gefühle, Fragen oder Ideen. ▷ Hilfe zu Aufgabe 2 auf Seite 94

3 ●●● Schreibt mit Hilfe eurer Notizen zu den Aufgaben 1 und 2 einen Tagebucheintrag von Stanley, den er nach dem Ausgraben der Kiste in einem sicheren Versteck verfassen könnte.
Schreibt lebendig und macht deutlich, wie er die Situation erlebt hat. ▷ Hilfe zu Aufgabe 3 auf Seite 94

4 ●●○ Überarbeitet den Tagebucheintrag mit Hilfe der Checkliste. ▷ Hilfe zu Aufgabe 4 auf Seite 94

5 Der Koffer lässt sich nicht gleich öffnen. Was könnte darin sein, und was wird Stanley damit machen?
Setzt den Tagebucheintrag mit Stanleys Überlegungen dazu fort.

Checkliste

Einen Tagebucheintrag verfassen

- Habt ihr in der **Ich-Form** geschrieben?
- Sind die **Handlungsschritte** der Figur erkennbar?
- Habt ihr dargestellt, was die Figur im Nachhinein darüber **denkt und fühlt?**
- Habt ihr **lebendig** geschrieben und **Ausrufe, Fragen, Wiederholungen** verwendet?
- Passt die **Sprachform** zu der Figur?

●○○ Aufgabe 1 mit Hilfen

Was erlebt die Hauptfigur Stanley in diesem Textausschnitt?
Faltet ein Blatt Papier in der Mitte. Notiert die folgenden Handlungsschritte in der richtigen Reihenfolge in die linke Spalte. Ergänzt jeweils die Zeilenangaben.

- *Stanley steht in einem Loch und überlegt, wie viel Zeit sie zum Graben haben. (Z. 1–5)*
- *Er befühlt den Gegenstand und vermutet, dass es die Schatzkiste ist. (Z. ...–...)*
- *Stanley versucht den Koffer frei zu hebeln und löst dabei einen kleinen Erdrutsch aus. (Z. ...–...)*
- *Stanley antwortet, sie beide hätten es zusammen geschafft. (Z. ...–...)*
- *Er gräbt und stößt auf einen harten Gegenstand. (Z. ...–...)*
- *Zero sagt, dass er es geschafft habe. (Z. ...–...)*
- *Das Loch stürzt fast ein. Stanley kann fühlen, dass es sich um einen Koffer handelt. (Z. ...–...)*
- *Er kann den schweren Koffer greifen und Zero nach oben reichen. (Z. ...–...)*
- *Er gräbt unterhalb des Gegenstands vorsichtig einen Tunnel und fühlt mehrmals nach dem Ende der Kiste. (Z. ...–...)*

●○○ Aufgabe 2 mit Hilfen

Versetzt euch in Stanley: Was denkt und fühlt er in den einzelnen Situationen?
– Ordnet folgende Gedanken einzelnen Handlungsschritten zu. Notiert sie in die rechte Spalte:

Meine Güte, ich kann es kaum glauben: Das ist tatsächlich ein Koffer!

Wie kann ich nur verhindern, dass das Loch einstürzt?

Hoffentlich ist das hier wirklich die richtige Stelle!

Wenn uns jetzt bloß keiner hört!

– Ergänzt auch zu den anderen Handlungsschritten Gedanken, Gefühle, Fragen oder Ideen.

●○○ Aufgabe 3 mit Hilfen

Schreibt mit Hilfe eurer Notizen zu den Aufgaben 1 und 2 einen Tagebucheintrag von Stanley, den er nach dem Ausgraben der Kiste in einem sicheren Versteck verfassen könnte.
Schreibt lebendig und macht deutlich, wie er die Situation erlebt hat. So könnt ihr beginnen:

Liebes Tagebuch,
ich bin noch so aufgeregt, ich weiß gar nicht, wo ich beginnen soll ... Obwohl wir die ganze Nacht auf den Beinen waren, kann ich jetzt hier in diesem Versteck nicht schlafen. Als gestern Abend im Lager alle Lichter ausgegangen waren, schlichen wir hinein. Ich kletterte in das Loch ...

●○○ Aufgabe 4 mit Hilfen

Überarbeitet den Tagebucheintrag:
– Markiert alle Verben in der Ich-Form.
– Unterstreicht alle Ausrufe, Fragen und Wiederholungen in eurem Text.

5.3 Fit in ...! – Einen Romanauszug ausgestalten

Stellt euch vor, ihr bekommt in der nächsten Klassenarbeit die folgende Aufgabe gestellt:

Aufgabe
Verfasse einen inneren Monolog, den Stanley führen könnte, während er in dem Erdloch steht und von den Eidechsen umgeben ist. Beziehe dich darin auch auf das, was zuvor passiert ist.

Louis Sachar

Kapitel 45: Im Eidechsennest

In dem Moment, als Stanley Zero den Koffer aus dem Erdloch hochreicht, werden sie von der Chefin und Mr. Pendanski erwischt. Doch statt den beiden Jungen den Koffer abzunehmen, traut sich die Chefin nicht an die Jungen heran. Überall wimmelt es von den giftigen gelb gefleckten Eidechsen. Schon ein einziger Biss kann tödlich sein.

Eine Eidechse war auf den Kofferdeckel gehuscht. Ihre großen, roten Augen leuchteten im Schein der Taschenlampe. Ihr Maul stand offen, und Stanley sah, wie die weiße Zunge immer wieder zwischen den schwarzen Zähnen hervorkam.
Zero saß so still wie eine Statue.
Eine zweite Eidechse kroch seitlich am Koffer hoch und verharrte weniger als einen Zoll von Zeros kleinem Finger entfernt.
Stanley hatte Angst hinzusehen und Angst nicht hinzusehen. Er überlegte, ob er versuchen sollte, aus seinem Loch zu klettern, bevor die Eidechsen sich an ihn heranmachten, aber er wollte auch keine Unruhe verursachen.
Die zweite Eidechse kroch Zero über den Finger und den halben Arm hoch.
Stanley fuhr es auf einmal durch den Kopf, dass die Eidechsen vermutlich schon auf dem Koffer waren, als er ihn Zero hochgereicht hatte. [...]
Er warf einen Blick nach unten und konnte nur mit größter Mühe einen Schrei unterdrücken. Er stand in einem Eidechsennest. Er fühlte, wie der Schrei in seinem Inneren explodierte.
Sechs Eidechsen konnte er erkennen. Drei lagen am Boden, zwei waren auf seinem linken Bein und eine auf dem rechten Turnschuh.
Er versuchte, so still wie möglich zu stehen. Irgendetwas kroch an seinem Nacken hoch. Inzwischen waren drei weitere Betreuer hinzugekommen. Stanley hörte, wie einer von ihnen sagte: „Was ist denn –“, und dann flüsterte: „O mein Gott!“
„Was sollen wir machen?“, fragte Mr. Pendanski.
„Wir warten“, sagte die Chefin. „Es wird nicht lange dauern.“ [...]
Stanley fühlte, wie winzige Klauen sich in sein Gesicht gruben, als die Eidechse sich von seinem Nacken zu seinem Kinn vorschob.
„Gleich ist es so weit“, sagte die Chefin.
Stanley konnte sein Herz schlagen hören.

Die Aufgabe richtig verstehen und planen

1 Was sollt ihr tun? Erklärt die Aufgabe einem Lernpartner und besprecht zu zweit, wie ihr vorgeht.

2 a Schreibt den Namen Stanley in die Mitte eines Blattes und notiert darum herum alle weiteren Figuren, die in dem Textausschnitt auftreten.

b Notiert zu jeder Figur stichwortartig:
- Wer ist die Figur und was ist ihr Ziel?
- Was hat Stanley mit dieser Figur erlebt?
- Wie ist Stanleys Beziehung zu dieser Figur? Wie denkt Stanley über sie?

3 Sammelt Ideen für Stanleys inneren Monolog in einer Tabelle, z. B.:

Was passiert?	Was fühlt er?	Was denkt er?	Formulierung im Monolog
1. Stanley sieht die erste Eidechse über den Koffer huschen. (Z. 1–7)	*Stanley ist vor Schreck wie gelähmt.*	*Wie kann ich den Eidechsen entkommen?*	*Auch das noch! Wir haben den ganzen Weg durch die Wüste geschafft, und nun …*
2. Eine Eidechse kriecht auf Zeros Arm. (Z. 8–16)	*Stanley hat Angst.*	*Ich habe Angst um Zero. Ich darf mich nicht bewegen.*	*Oh nein! …*

Schreiben und überarbeiten

4 Verfasst mit Hilfe eurer Notizen zu den Aufgaben 2 und 3 den Monolog. So könnt ihr beginnen:
Auch das noch! Jetzt haben wir den ganzen Weg durch die Wüste geschafft und sollen hier sterben? Ruhig bleiben, ich muss ganz ruhig bleiben …

5 a Tauscht eure Texte mit einem Lernpartner. Prüft den Text eures Partners mit Hilfe der Checkliste und notiert Verbesserungsvorschläge.

b Lest die Vorschläge eures Partners und überarbeitet euren Text.

Checkliste

Einen inneren Monolog verfassen
- Habt ihr in dem inneren Monolog die **Gedanken und Gefühle der Figur** in der Situation verdeutlicht?
- Seid ihr in eurem Text darauf eingegangen, was in der **Vergangenheit** geschehen ist?
- Habt ihr die **Ich-Form** verwendet?
- Habt ihr **Ausrufe, Fragen, Wiederholungen und Gedankensprünge** formuliert?
- Passt die **Sprache,** die ihr gewählt habt, zur Figur und zur Textvorlage?

Schreibwörter ▸ S. 300

der Roman | die Perspektive | der Monolog | charakterisieren | fühlen

6 Ungewöhnliche Geschehnisse – Kalendergeschichten erschließen

1 Was ist passiert und wie geht es weiter?
- a Beschreibt das Bild und vermutet, warum der Junge vor dem Hund flieht.
- b Äußert Ideen, wie die Situation ausgehen könnte.

2 Erzählt eine Geschichte zu dem Bild.

In diesem Kapitel ...

- lest und untersucht ihr Geschichten, die unterhalten und belehren,
- lernt ihr Merkmale von Kalendergeschichten kennen,
- übt ihr, wie man den Inhalt einer Geschichte zusammenfasst.

6.1 Unterhaltsam und lehrreich – Kalendergeschichten untersuchen

Eine Kalendergeschichte kennen lernen

Unbekannter Verfasser

Giufa lässt die Kleider speisen (19. Jh.)

Giufa, dem man von Weitem den Liederjan[1] ansah, waren alle Leute immer aus dem Weg gegangen; und wenn er gelegentlich in einem Bauernhof anklopfte und um ein Stück Brot bat, jagte man die Hunde auf ihn. Meist bellten die Hunde nur hinter ihm drein, aber eines Tages geschah es, dass sie wirklich auf ihn losfuhren und ihm die Hosen in Stücke zerrissen. Zerfetzt, wie er war, wagte er sich tagsüber nicht ins Dorf und kam erst zur Nachtstunde heim.

„Wer hat dich so zugerichtet?“, fragte die Mutter.

„Die Stacheln“, sagte Giufa.

„Nein, die Stacheln reißen nicht so.“

„Dann eben die Hunde …“

Und damit erzählte er sein böses Erlebnis im Bauernhof. Da ärgerte sich die Mutter, verschaffte Giufa am nächsten Morgen eine feine Hose und eine Samtweste und schickte ihn in denselben Bauernhof. Giufa klopfte an, man machte auf und lud ihn an den Mittagstisch ein. Die Tochter lächelte ihm zu und alle sagten ihm hundert Höflichkeiten. Als aber die Mahlzeit aufgetragen wurde, da steckte Giufa die guten Sachen mit der Linken in den Mund und mit der Rechten füllte er die Taschen und den Hut. Dazu sagte er: „Speist nur, teure Kleider, speist, denn nicht ich bin's, sondern ihr seid's, die sie eingeladen haben!“ Die Bauersleute blickten betreten auf die Teller und schwiegen. Nach dem Essen stand Giufa auf und sagte: „Meine Kleider danken euch für den köstlichen Braten.“ Die Bauersleute schauten beschämt zu Boden; aber die Mutter, mit der er am Abend die heimgebrachten Sachen verspeiste, sagte: „Kleider machen wirklich Leute und es ist nur schade, dass du und deinesgleichen es nicht verstehen wollt.“

1 der Liederjan: unordentlicher Mensch

1 a Lest den ersten Teil der Geschichte (▸ Zeile 1–19) und vermutet: Wie könnten die Bauersleute auf den zweiten Besuch von Giufa reagieren?

b Lest die Fortsetzung der Geschichte und äußert euch dazu: Was habt ihr erwartet? Was hat euch überrascht?

2 Erklärt das Verhalten der Figuren im zweiten Teil der Geschichte:
- Warum steckt Giufa das Essen in seine Taschen?
- Warum schweigen die Bauersleute, als sie das sehen?

3 Welche Lehre erteilt Giufa den Bauersleuten? Formuliert sie mit eigenen Worten.

4 Wählt eine Figur: Giufa oder die Tochter der Bauersleute. Wie würde Giufa oder die Bauerstochter am nächsten Tag Freunden von dem Vorfall erzählen? Schreibt in der Ich-Form: *Stellt euch vor, gestern war ich …*

Handlungen, Figuren und Konflikte untersuchen

Johann Peter Hebel

Das Mittagessen im Hof (1805)

Man klagt häufig darüber, wie schwer und unmöglich es sei, mit manchen Menschen auszukommen. Das mag wahr sein. Dennoch sind viele solcher Menschen nicht schlimm, sondern nur merkwürdig. Und wenn man sie nur immer recht kennen würde, so wäre mancher wohl und leicht zur Besinnung zu bringen.

Das ist doch einem Diener mit seinem Herrn gelungen. Dem konnte er manchmal gar nichts recht machen und musste vieles büßen, obwohl er unschuldig war, wie es oft geht.

So kam einmal der Herr sehr missvergnügt nach Hause und setzte sich zum Mittagessen. Da war die Suppe zu heiß oder zu kalt oder keines von beiden; aber genug, der Herr war mürrisch. Er fasste daher die Schüssel mit dem, was darinnen war, und warf sie durch das offene Fenster in den Hof hinab. Was tat hierauf der Diener?

Kurz besonnen warf er das Fleisch, welches er eben auf den Tisch stellen wollte, mir nichts, dir nichts der Suppe nach auch in den Hof hinab. Danach warf er das Brot, dann den Wein und endlich das Tischtuch mit allem hinterher, was noch darauf war. „Was soll das?“, fragte der Herr und fuhr mit drohendem Zorn von dem Sessel auf. Aber der Bediente erwiderte ganz kalt und ruhig: „Verzeihen Sie mir, wenn ich Ihre Meinung nicht erraten habe. Ich glaubte, Sie wollten heute in dem Hofe speisen. Die Luft ist so heiter, der Himmel so blau, und sehen Sie nur, wie lieblich der Apfelbaum blüht und wie fröhlich die Bienen ihren Mittag halten!“ –

Die Suppe hinabwerfen? Nie mehr! Der Herr erkannte seinen Fehler. Beim Anblick des schönen Frühlingshimmels heiterte sich seine Laune auf. Er lächelte heimlich über den schnellen Einfall seines Dieners und dankte ihm still im Herzen für die gute Lehre.

1 Besprecht den Inhalt der Geschichte zu zweit. Beantwortet folgende Fragen:
- Warum ist der Herr ärgerlich?
- Wie zeigt er dem Diener seinen Ärger?
- Wie reagiert der Diener auf den Ärger seines Herrn?

2 Am Ende der Geschichte dankt der Herr seinem Diener für „die gute Lehre“. Wie lautet diese Lehre? Formuliert sie zu zweit.

3 Mit welcher Absicht hat Johann Peter Hebel diese Geschichte vermutlich erzählt? Prüft zu zweit die folgenden Aussagen:

A Der Autor will dem Leser vermutlich den Ratschlag geben, dass man im Frühjahr lieber im Garten essen sollte.

B Der Autor möchte zeigen, dass es zwischen Herren und Dienern häufig zu Missverständnissen kommt.

C Der Autor möchte das launische Verhalten von Herren gegenüber ihren Dienern kritisieren und zeigen, dass diese sich das nicht gefallen lassen müssen.

Herbert Birken

Achmed, der Narr (1987)

Wohlgefällig ließ der Sultan[1] sein Auge auf dem neuen Leibdiener ruhen und befahl ihm: „Geh, Achmed, und bereite mir ein Frühstück!" Achmed gehorchte und tat, wie sein Herr ihm befohlen. Doch als der Sultan in sein Frühstückszimmer kam, begann er gewaltig zu schreien und zu schelten: „Achmed, du verflixter Schlingel, ich werde dich in den Kerker werfen lassen! Soll das etwa mein Frühstück sein?" Und was hatte Achmed auf dem kostbaren Frühstückstisch bereitgestellt: eine Tasse Kaffee, drei Reisbrotfladen und etwas Honig, genau das, was er selbst zu frühstücken gewohnt war. Und weiter nichts. „Wenn ich ein Frühstück bestelle", belehrte ihn der Sultan, „hat Folgendes da zu sein: Kaffee, Mokka, Tee und Schokolade, Reisbrot, Maisbrot, Weizenbrot und Haferschleim, Butter, Sahne, Milch und Käse, Schinken, Wurst, Eier und Gänseleber, Trüffeln[2], Oliven, Feigen und Datteln, Honig, Marmelade, Gelee und Apfelmus, Pfirsiche, Orangen, Zitronen und Nüsse, weißer Pfeffer, roter Pfeffer, gelber Pfeffer, Knoblauch und Zwiebeln, Rosinen, Mandeln und Kuchen. Verstanden?" „Verzeiht, o Herr, dem niedrigsten Eurer Knechte", rief Achmed und gelobte des Langen und Breiten Besserung.

Hussein der Siebente, der sich selber für einen gütigen und gerechten Herrscher hielt, ließ Gnade vor Recht ergehen und verzieh seinem Diener.

Am Nachmittag befahl er: „Achmed, geh und richte mir ein Bad!" Achmed gehorchte und tat, wie sein Herr ihm befohlen. Doch als der Sultan in sein Badezimmer kam, begann er gewaltig zu schreien und seinen neuen Diener zu schelten: „Achmed, du verflixter Schlingel, ich werde dich in den Kerker werfen lassen! Soll das etwa mein Bad sein!?" Und wie hatte Achmed dem Sultan das Bad bereitet? So, wie er selber zu baden gewohnt war: Lauwarmes Wasser war in dem kostbaren Marmorbecken, daneben lagen ein Stück Seife und ein Handtuch und weiter nichts.

„Wenn ich ein Bad bestelle", belehrte ihn der Sultan, „hat Folgendes da zu sein: heißes Wasser, laues Wasser und kaltes Wasser, Ambra[3], Moschus[4] und Lavendel, Seife, Creme und Eselsmilch, Tücher, Laken und Decken, Rasierzeug, Kämme und Scheren, der Bader, der Friseur, Kosmetiker, Masseure und Musikanten. Verstanden?!" „Verzeiht, o Herr, dem niedrigsten Eurer Knechte", rief Achmed und gelobte des Langen und Breiten Besserung.

Hussein der Siebente, der sich selber für einen gütigen und gerechten Herrscher hielt, ließ Gnade vor Recht ergehen und verzieh seinem neuen Diener.

Am anderen Morgen, gleich in der Frühe, rief der Sultan den Leibdiener an sein Lager. „Oh, Achmed", jammerte er, „ich bin krank, sehr krank und habe arge Schmerzen! Geh schnell und hole mir einen Arzt!"

Achmed sah voller Mitgefühl auf den großmächtigen Herrscher, der sich auf den kostbaren Kissen hin und her wälzte. Er überlegte, was er wohl tun würde, wenn er selbst krank

1 der Sultan: islamischer Herrscher

2 die Trüffeln: edle Speisepilze

3 die Ambra: Substanz zur Herstellung von Parfüm

4 der Moschus: Duftstoff

wäre, aber da fiel ihm ein, was für Lehren er gestern erhalten hatte. Er gelobte, alles Nötige zu besorgen, und lief eilig von dannen.

Vergeblich wartete der Sultan auf seine Rückkehr. Er wartete eine ganze Stunde und noch eine Viertelstunde. Kein Achmed erschien und auch kein Doktor. Sicher hatte der neue Diener wieder Unsinn angestellt, anstatt seine Befehle zu befolgen. Nun, diesmal wollte er ihn ganz bestimmt in den Kerker werfen lassen.

In gewaltigem Zorn rannte er im Zimmer auf und ab. Da kam Achmed, völlig außer Atem und in Schweiß gebadet, hereingestürzt. „Achmed, du verflixter Schlingel!“, schrie der Sultan. „Ich werfe dich ...“

Doch der Diener unterbrach seinen Herrn: „Mein Herr und Gebieter, es ist alles besorgt: Wundarzt, Feldscher[5], Bader, Zahnarzt, Nervenarzt und Wurzelhexe sind im Serail[6], der Imam[7] wartet mit dem heiligen Öl, die letzte Fußwaschung ist bestellt, Blumen und Kränze werden geflochten, Musikanten und Klageweiber sind angetreten, der Muezzin[8] ruft vom Minarett[9], das Grab ist geschaufelt, und der Leichenwagen steht vor der Tür.“

Als der Sultan das hörte, musste er so fürchterlich lachen, dass ihm sein dicker Bauch wackelte und die Tränen ihm aus den Augen schossen; er konnte sich gar nicht wieder beruhigen. Weil aber das Lachen eine gute Medizin ist, hatte er seine Krankheit ganz und gar vergessen und lachte sich über den Streich seines Dieners völlig gesund.

Hussein der Siebente, der sich selber für einen gütigen und gerechten Herrscher hielt, erkannte die weise Lehre, die ihm sein Sklave gegeben hatte, und ernannte Achmed zu seinem Hofnarren. Er sollte immer um seinen Herrn sein und ihn mit Späßen aller Art erfreuen, aber auch Rat und Auskunft erteilen, wenn der Sultan in schwierigen Angelegenheiten seinen Narren befragen wollte.

5 der Feldscher: Militärarzt
6 der Serail: Palast eines Sultans
7 der Imam: Vorbeter in der Moschee
8 der Muezzin: Gebetsrufer, der Muslime zum Gebet zusammenruft
9 das Minarett: Turm der Moschee

1 Wie gefällt euch die Geschichte? Äußert euren Leseeindruck:
Ich finde die Geschichte lustig / langweilig / interessant / überraschend / ungewöhnlich / spannend, weil ...

2 Beschreibt die beiden Hauptfiguren, Achmed und den Sultan. Welche Eigenschaften haben sie?

aufmüpfig • ergeben • treu • herrisch • gutmütig • schlau • dumm • gerecht • ungerecht

3 Was passiert in der Geschichte?
Gliedert den Text in Abschnitte. Formuliert zu jedem Abschnitt einen Satz, z. B.:
1. Abschnitt (Z. 1–27): Der Diener bereitet dem Sultan ein einfaches Frühstück vor, aber der verlangt ...

4 Kalendergeschichten enthalten meistens eine überraschende Wendung (Pointe).
Bestimmt die Stelle in der Geschichte, an der die Wendung eintritt.

5 Vergleicht die Geschichten von Hebel (▸ S. 99) und Birken (▸ S. 100–101):
Wie behandeln die Herren ihre Diener? Und wie bringen die Diener ihre Herren zur Vernunft?

Eine Kalendergeschichte in alter Sprache verstehen

Der schweizerische Dichter **Johann Peter Hebel** (1760–1826) ist berühmt für seine kurzen Geschichten, die er für Kalender wie den „Rheinländischen Hausfreund" schrieb. Diese Kalender mit Wetterregeln, Gesundheitstipps, Lebensweisheiten und Geschichten gehörten im 17. und 18. Jahrhundert zu den wenigen Schriften, die die einfache Bevölkerung zum Lesen besaß.

Johann Peter Hebel

Kannitverstan (1809)

Die Geschichte beginnt damit, dass ein deutscher Handwerksbursche von Tuttlingen aus in die niederländische Großstadt Amsterdam reist. Er hat so eine reiche Handels- und Hafenstadt noch nie gesehen und ist ganz überwältigt:

A Als er in diese große und reiche Handelsstadt voll prächtiger Häuser, wogender Schiffe und geschäftiger Menschen gekommen war, fiel ihm sogleich ein großes und schönes Haus in die Augen, wie er auf seiner ganzen Wanderschaft von Tuttlingen bis nach Amsterdam noch keines erlebt hatte. Lange betrachtete er mit Verwunderung dies kostbare Gebäude, die sechs Kamine auf dem Dach, die schönen Gesimse und die hohen Fenster, größer als an des Vaters Haus daheim die Tür. Endlich konnte er sich nicht entbrechen, einen Vorübergehenden anzureden. „Guter Freund", redete er ihn an, „könnt Ihr mir nicht sagen, wie der Herr heißt, dem dieses wunderschöne Haus gehört mit den Fenstern voll Tulipanen, Sternenblumen und Levkojen?"
Der Mann aber, der vermutlich etwas Wichtigeres zu tun hatte und zum Unglück gerade so viel von der deutschen Sprache verstand als der Fragende von der holländischen, nämlich nichts, sagte kurz und schnauzig: „Kannitverstan!", und schnurrte vorüber. Dies war nur ein holländisches Wort, oder drei, wenn man's recht betrachtet, und heißt auf Deutsch so viel als: Ich kann Euch nicht verstehen.
Aber der gute Fremdling glaubte, es sei der Name des Mannes, nach dem er gefragt hatte. Das muss ein grundreicher Mann sein, der Herr Kannitverstan, dachte er und ging weiter.

B Gass aus, Gass ein kam er endlich an den Meerbusen, der da heißt: Het Ei, oder auf Deutsch: das Ypsilon. Da stand nun Schiff an Schiff und Mastbaum an Mastbaum, und er wusste anfänglich nicht, wie er es mit seinen zwei einzigen Augen durchfechten werde, alle diese Merkwürdigkeiten genug zu sehen und zu betrachten. Endlich ein großes Schiff seine Aufmerksamkeit an sich zog, das vor Kurzem aus Ostindien angelangt war und jetzt eben ausgeladen wurde. Schon standen ganze Reihen von Kisten und Ballen auf- und nebeneinander am Lande. Noch immer wurden mehrere herausgewälzt, und Fässer voll Zucker und Kaffee, voll Reis und Pfeffer und salveni[1] Mausdreck darunter. Als er aber lange zugesehen hatte, fragte er endlich einen, der eben eine Kiste auf der Achsel heraustrug, wie der glückliche Mann heiße, dem das Meer alle diese Waren an das Land bringe. „Kannitverstan!", war die Antwort. Da dachte er: ‚Haha,

1 salveni (lat.): *hier:* „Verzeihen Sie bitte diesen Ausdruck"

schaut's da heraus? Kein Wunder! Wem das Meer solche Reichtümer an das Land schwemmt, der hat gut solche Häuser in die Welt stellen und solcherlei Tulipanen vor die Fenster in vergoldeten Scherben.'

C Jetzt ging er wieder zurück und stellte eine recht traurige Betrachtung bei sich selbst an, was er für ein armer Teufel sei unter so viel reichen Leuten in der Welt. Aber als er eben dachte: Wenn ich's doch nur auch einmal so gut bekäme, wie dieser Herr Kannitverstan es hat!, kam er um eine Ecke und erblickte einen großen Leichenzug. Vier schwarz vermummte Pferde zogen einen ebenfalls schwarz überzogenen Leichenwagen langsam und traurig, als ob sie wüssten, dass sie einen Toten in seine Ruhe führten. Ein langer Zug von Freunden und Bekannten des Verstorbenen folgte nach, Paar und Paar, verhüllt in schwarze Mäntel und stumm. In der Ferne läutete ein einsames Glöcklein.

Jetzt ergriff unsern Fremdling ein wehmütiges Gefühl, das an keinem guten Menschen vorübergeht, wenn er eine Leiche sieht, und er blieb mit dem Hut in den Händen andächtig stehen, bis alles vorüber war. Doch machte er sich an den Letzten vom Zug, der eben in der Stille ausrechnete, was er an seiner Baumwolle gewinnen könnte, wenn der Zentner um zehn Gulden aufschlüge, ergriff ihn sachte am Mantel und bat ihn treuherzig um Exküse. „Das muss wohl auch ein guter Freund von Euch gewesen sein", sagte er, „dem das Glöcklein läutet, dass Ihr so betrübt und nachdenklich mitgeht?" – „Kannitverstan!", war die Antwort.

D Da fielen unserm guten Tuttlinger ein paar große Tränen aus den Augen, und es ward ihm auf einmal schwer und wieder leicht ums Herz. „Armer Kannitverstan", rief er aus, „was hast du nun von allem deinem Reichtum? Was ich einst von meiner Armut auch bekomme: ein Totenkleid und ein Leintuch, und von allen deinen schönen Blumen vielleicht einen Rosmarin auf die kalte Brust oder eine Raute." Mit diesem Gedanken begleitete er die Leiche, als wenn er dazugehörte, bis ans Grab, sah den vermeintlichen Herrn Kannitverstan hinabsenken in seine Ruhestätte und ward von der holländischen Leichenpredigt, von der er kein Wort verstand, mehr gerührt als von mancher deutschen, auf die er nicht achtgab.

Endlich ging er leichten Herzens mit den anderen wieder fort, verzehrte in einer Herberge, wo man Deutsch verstand, mit gutem Appetit ein Stück Limburger Käse, und wenn es ihm wieder einmal schwerfallen wollte, dass so viele Leute in der Welt so reich seien und er so arm, so dachte er nur an den Herrn Kannitverstan in Amsterdam, an sein großes Haus, an sein reiches Schiff und an sein enges Grab.

1 Die Geschichte von Johann Peter Hebel ist über zweihundert Jahre alt. Besprecht, was euch beim Lesen dieser alten Fassung Schwierigkeiten bereitet.

2 Was bedeutet der alte niederländische Ausdruck „Kannitverstan"? Übersetzt den Ausdruck und erklärt, wie der Handwerksbursche ihn versteht.

3 In der Geschichte werden alte Anredeformen mit *Ihr* verwendet, z. B.: „Guter Freund, […] könnt Ihr mir nicht sagen, wie der Herr heißt, dem dieses wunderschöne Haus gehört […]?" (▸ Z. 13–16).

a Formuliert diese Frage um: Wie würdet ihr das heute sagen?

b Sucht in Abschnitt C eine weitere alte Anredeform und formuliert die Aussage in heutigem Deutsch.

4 Die alte Fassung der Geschichte enthält viele Wörter, die heute ungebräuchlich sind.

a Ordnet den fünf markierten Wörtern in Abschnitt A die folgenden Erklärungen zu:

> Tulpen • Astern (Blumen, sehen wie Sterne aus) • Zierpflanze • sich beherrschen, sich zurückhalten • Bauteil, ragt meist waagerecht aus einer Hausmauer hervor

b Klärt zu zweit weitere alte, ungebräuchliche Wörter aus dem Text. Geht dabei so vor:
- Notiert die Wörter untereinander ins Heft.
- Versucht gemeinsam, die Wörter aus dem Textzusammenhang zu klären.
- Notiert eure Vermutung.

Im Text steht, dass der Handwerksbursche am *Meerbusen* (▸ Z. 37) Schiff an Schiff liegen sieht. Bei Meerbusen handelt es sich also um eine Art Meeresbucht ...

Die Tulpen liegen ja nicht einfach so vor den Fenstern. Sicherlich handelt es sich bei *Scherben* (▸ Z. 61) um ...

c Setzt euch mit einem weiteren Lernpaar zusammen und vergleicht eure Worterklärungen.

5 Erarbeitet in Gruppen den Inhalt der Geschichte:

a Wählt für eure Gruppe einen Abschnitt: A, B, C oder D.
Lest diesen Abschnitt noch einmal genau und besprecht gemeinsam, was darin passiert.

b Bildet neue Gruppen, in denen ein Schüler Abschnitt A, einer Abschnitt B, einer Abschnitt C und einer Abschnitt D erarbeitet hat.
Tragt den anderen Gruppenmitgliedern den Inhalt eures Textabschnitts mit eigenen Worten vor.

c Überlegt gemeinsam, an welcher Stelle in der Geschichte eine überraschende Wendung eintritt.

6 Am Ende der Kalendergeschichte ändert der Handwerksbursche sein Denken.
Wie lautet die Lehre der Geschichte? Wählt gemeinsam die passende Aussage:

A Wer ins Ausland reist, sollte die andere Sprache verstehen.

B Erst nach dem Tod zeigt sich, wie sehr man geliebt und geachtet wurde.

C Da der Tod nicht zwischen Armen und Reichen unterscheidet, soll man im Leben glücklich sein mit dem, was man hat.

7 Zeichnet eine Situation aus der Geschichte. Schreibt über die Figuren, was sie in dem Moment denken.

Information **Die Kalendergeschichte**

Kalendergeschichten sind **kurze Geschichten,** die **unterhalten und belehren** sollen.
Ihr Name beruht darauf, dass sie früher (im 17. bis 19. Jh.) in Jahreskalendern veröffentlicht wurden.

- Inhalt der Geschichten sind **ungewöhnliche oder lustige Geschehnisse im Leben meist einfacher Menschen** (z. B. Erlebnisse von Dienern mit ihren Herren).
- Kalendergeschichten enthalten meist eine **überraschende Wendung (Pointe).**
- Die Geschichten sollen die Leser **zum Nachdenken anregen,** denn sie zeigen, welche Stärken und welche Schwächen Menschen haben können.
- Oft wird auch eine **Lehre** formuliert. Diese zeigt, wie man die Geschichte auf das eigene Leben beziehen kann.

Eine moderne Kalendergeschichte umgestalten

Bertolt Brecht

Der hilflose Knabe (um 1930)

Herr K. sprach über die Unart, erlittenes Unrecht stillschweigend in sich hineinzufressen, und erzählte folgende Geschichte:
„Einen vor sich hin weinenden Jungen fragte ein Vorübergehender nach dem Grund seines Kummers. ‚Ich hatte zwei Groschen für das Kino beisammen‘, sagte der Knabe, ‚da kam ein Junge und riß mir einen aus der Hand‘, und er zeigte auf einen Jungen, der in einiger Entfernung zu sehen war. ‚Hast du denn nicht um Hilfe geschrien?‘ fragte der Mann. ‚Doch‘, sagte der Junge und schluchzte ein wenig stärker. ‚Hat dich niemand gehört?‘ fragte ihn der Mann weiter, ihn liebevoll streichelnd. ‚Nein‘, schluchzte der Junge. ‚Kannst du denn nicht lauter schreien?‘ fragte der Mann. ‚Nein‘, sagte der Junge und blickte ihn mit neuer Hoffnung an. Denn der Mann lächelte. ‚Dann gib auch den her‘, sagte er, nahm ihm den letzten Groschen aus der Hand und ging unbekümmert weiter.“ R

Der deutsche Dichter **Bertolt Brecht** (1898–1956) hat Gedichte, Theaterstücke und Geschichten verfasst. Ihm war es wichtig, die Menschen mit seinen Texten dazu anzuregen, über ihre Situation nachzudenken. Seine Kalendergeschichten schrieb er zwischen 1930 und 1948. Sie wurden 1948 in einem Buch zusammengefasst und unter dem Titel „Kalendergeschichten“ veröffentlicht.

1 Lest die Geschichte und tauscht euch über eure Leseeindrücke aus:
Mich hat (nicht) überrascht, dass … / Ich frage mich, warum … / Ich verstehe (nicht), …

2 Gestaltet die Kalendergeschichte um:
a Setzt euch zu zweit und einigt euch, wer sich mit der Figur des Herrn K. und wer sich mit der Figur des Jungen beschäftigt.
b Versetzt euch jeweils in eure Figur und erzählt die Geschichte aus ihrer Sicht:

Erzählung des Jungen:	**Erzählung des Herrn K.:**
Gestern hatte ich endlich das Geld für einen Kinobesuch zusammen. Ich machte mich also auf den Weg in die Nachmittagsvorstellung …	*Als ich gestern nach Hause ging, fiel mir auf der Straße ein Junge auf, der weinte. Ich dachte, dass er vielleicht …*

c Lest euch eure Texte gegenseitig vor. Erklärt dem Partner anschließend das Verhalten eurer Figur:
- *Der Junge hat nicht lauter geschrien, weil …*
- *Herr K. hat dem Jungen das restliche Geld weggenommen, weil …*

3 Überlegt zu zweit, welche Lehre Bertolt Brecht mit dieser Geschichte vermitteln wollte.

4 Wie könnte die Kalendergeschichte von Brecht weitergehen? Schreibt eine Fortsetzung.

Alte und moderne Kalendergeschichten vergleichen

Johann Peter Hebel

Der kluge Richter (1805)

Ein reicher Mann hatte eine beträchtliche Geldsumme, welche in ein Tuch eingenäht war, aus Unvorsichtigkeit verloren. Er machte daher seinen Verlust bekannt und bot, wie man zu tun pflegt, dem ehrlichen Finder eine Belohnung, und zwar von hundert Talern, an. Da kam bald ein guter, ehrlicher Mann dahergegangen. „Dein Geld habe ich gefunden. Dies wird's wohl sein! So nimm dein Eigentum zurück!" So sprach er mit dem heitern Blick eines ehrlichen Mannes und eines guten Gewissens, und das war schön. Der andere machte auch ein fröhliches Gesicht, aber nur, weil er sein verloren geschätztes Geld wiederhatte. Denn wie es um seine Ehrlichkeit aussah, das wird sich bald zeigen. Er zählte das Geld und dachte unterdessen geschwinde nach, wie er den treuen Finder um seine versprochene Belohnung bringen könnte.
„Guter Freund", sprach er hierauf, „es waren eigentlich achthundert Taler in dem Tuch eingenäht. Ich finde aber nur noch siebenhundert Taler. Ihr werdet also wohl eine Naht aufgetrennt und Eure hundert Taler Belohnung schon herausgenommen haben. Da habt Ihr wohl daran getan. Ich danke Euch."
Das war nicht schön. Aber wir sind auch noch nicht am Ende. Ehrlich währt am längsten, und Unrecht schlägt seinen eigenen Herrn. Der ehrliche Finder, dem es weniger um die hundert Taler als um seine unbescholtene Rechtschaffenheit zu tun war, versicherte, dass er das Päcklein so gefunden habe, wie er es bringe, und es so bringe, wie er's gefunden habe. Am Ende kamen sie vor den Richter. [...]
Der kluge Richter, der die Ehrlichkeit des einen und die schlechte Gesinnung des andern im Voraus zu kennen schien, griff die Sache so an: Er ließ sich von beiden über das, was sie aussagten, eine feste und feierliche Versicherung geben und tat hierauf folgenden Ausspruch: „Demnach, und wenn der eine von euch achthundert Taler verloren, der andere aber nur ein Päcklein mit siebenhundert Talern gefunden hat, so kann auch das Geld des Letzteren nicht das nämliche sein, auf welches der Erstere ein Recht hat. Du, ehrlicher Freund, nimmst also das Geld, welches du gefunden hast, wieder zurück und behältst es in guter Verwahrung, bis der kommt, welcher nur siebenhundert Taler verloren hat. Und dir da weiß ich keinen andern Rat, als du geduldest dich, bis derjenige sich meldet, der deine achthundert Taler findet." So sprach der Richter, und dabei blieb es.

1 Lest euch die Geschichte abwechselnd laut vor und besprecht die Bedeutung der markierten Ausdrücke: Versucht sie aus dem Inhalt zu erschließen und formuliert sie in heutigem Deutsch.

2 Untersucht zu zweit den Inhalt der Kalendergeschichte:
- a Welche drei Figuren treten in der Geschichte auf? Beschreibt sie und benennt ihre Eigenschaften.
- b Welches Problem haben die Figuren? Erklärt den Konflikt.
- c Wie wird der Konflikt gelöst? Erklärt und bewertet das Urteil.

3 Formuliert gemeinsam die Lehre, die in der Kalendergeschichte steckt.

Martin Auer

Herr Balaban und seine Tochter Selda 123 (2002)

Einmal erzählte Herr Balaban die bekannte Geschichte von einer weisen Entscheidung seines berühmten Vorfahren, des Mullah Nasreddin Hodscha:
Der Hodscha hatte eine Stellung als Diener bei einem Richter. Zu diesem Richter kam eines Tages ein Pastetenbäcker, um einen Bettler zu verklagen: „Der Kerl hier kommt jeden Tag in meine Bäckerei, isst sein trockenes Brot und schnuppert dazu den Duft meiner Pasteten und Fleischklößchen!“, beklagte er sich.
„Ja, was soll denn das?“, fragte der Richter den Bettler, den der Bäcker am Ärmel hinterhergeschleift hatte.
„Ach“, sagte der Bettler, „jeden Tag nur altes, trockenes Brot essen, das nimmt einem doch jede Freude am Leben. Wem schadet es schon, wenn ich mein Brot ein wenig mit dem Duft seiner Pasteten und Fleischklößchen würze?“
„Nichts da“, sagte der Bäcker, „die Pasteten gehören mir, also gehört mir auch ihr Duft. Und wenn er den haben will, dann soll er ihn mir auch bezahlen!“
„So einen Fall habe ich noch nie gehabt“, sagte der Richter, „darüber muss ich nachdenken!“
Am Abend erzählte der Richter im Familienkreis von dem Fall und auch der Hodscha hörte davon. Als der Richter sagte, dass er noch immer nicht wusste, wie er den Fall entscheiden sollte, sagte der Hodscha: „Ach wenn Ihr mich den Fall entscheiden lassen wolltet, ich hätte schon eine Lösung.“
Der Richter war einverstanden, und am nächsten Tag, als der Bäcker und der Bettler wieder vor dem Gericht standen, fragte der Hodscha den Bettler streng: „Und, hast du denn überhaupt Geld?“
„Nur einen kleinen Notgroschen, Herr, für den Fall, dass ich einmal krank werde und nicht einmal um trockenes Brot bitten kann.“
„Her damit!“, sagte der Hodscha.
Zitternd kramte der Bettler ein kleines Leinenbeutelchen aus seinem Gewand. Der Hodscha öffnete es und da waren ein paar Kupfergroschen und zwei Silbermünzen drin. Der Hodscha nahm die zwei Silbermünzen heraus, warf sie auf den Tisch, dass sie fröhlich klingelten, und fragte den Bäcker: „Nun, was hältst du davon? Klingt das gut?“
„Oh ja“, sagte der Bäcker, „sehr gut!“, und wollte nach den Münzen greifen.
„Nichts da!“, sagte der Hodscha, nahm die Münzen und gab sie dem Bettler wieder. „Für den Geruch des Bratens genügt der Klang des Geldes als Bezahlung!“
Der Richter stimmte dieser Entscheidung zu, der Bäcker musste sich geschlagen geben.

1 Untersucht und besprecht zu zweit den Inhalt der Kalendergeschichte: Welche Figuren treten auf? Welcher Konflikt besteht zwischen den Figuren und wie wird er gelöst?

2 Vergleicht die beiden Kalendergeschichten von Hebel (▶ S. 106) und Auer (▶ S. 107). Legt im Heft eine Tabelle an und vergleicht die Figuren, den Konflikt und die Lehre:

	Hebel: Der kluge Richter	Auer: Herr Balaban
Figuren und ihre Eigenschaften	- *reicher Mann (geizig, betrügerisch)* - *armer Finder (ehrlich, ...)* - *Richter (...)*	- *Bäcker (geizig)* - *armer Bettler (bescheiden, ...)* - *Diener Hodscha (...)* - *Richter (...)*

Teste dich!

Martin Auer

Herr Balaban und seine Tochter Selda 183 (2002)

Einmal kamen ein paar Kinder in Herrn Balabans Laden und schauten sich die Süßigkeiten an. Aber keines von ihnen hatte Geld und sie konnten sich nichts kaufen. Da nahm Herr Balaban eine kleine Plastiktüte, füllte sie mit Bonbons und Kaugummis und Lutschern und sagte: „Da, teilt euch das!"
Die Kinder sagten Danke und rannten davon. Aber nach kurzer Zeit kamen sie zurück und sagten: „Herr Balaban, können Sie das für uns teilen, wir streiten uns nur!"
„Na gut", sagte Herr Balaban, „soll ich realistisch teilen oder phantastisch?"
„Realistisch", sagten die Kinder.
„Gut", sagte Herr Balaban. Er gab einem Kind fünf Schlecker, dem anderen einen einzelnen Kaugummi, dem dritten eine ganze Hand voll Bonbons und dem vierten gar nichts.
„He, was soll das, was ist das für eine Aufteilung?", regten sich die Kinder auf.
„Ihr wolltet, dass ich realistisch teile. Realistisch heißt: so wie in der Wirklichkeit. Und in der Wirklichkeit bekommt der eine viel, der andere wenig, der Dritte gar nichts. Dass alle gleich viel bekommen – das ist eine schöne Phantasie", seufzte Herr Balaban.

1 Worum geht es in der Kalendergeschichte? Notiere den Buchstaben der zutreffenden Aussage:
E In der Geschichte geht es um arme Kinder, die sich darüber freuen, dass sie von einem Mann, Herrn Balaban, Süßigkeiten geschenkt bekommen.
A In der Geschichte geht es um einen Mann, der vermittelt, was Gerechtigkeit bedeutet.
I In der Geschichte geht es um einen Konflikt zwischen einigen Kindern.

2 Welche Lehre wird in der Kalendergeschichte vermittelt? Notiere den Buchstaben:
L Erwachsene sind immer ungerecht.
K Wenn zwei sich streiten, freut sich der Dritte.
H Im Leben geht es leider nicht immer gerecht zu.

3 Welche Merkmale haben Kalendergeschichten? Notiere die Buchstaben der richtigen Aussagen:
C Kalendergeschichten wurden früher in Kalendern abgedruckt.
F In Kalendergeschichten kommen Tiere vor, die wie Menschen sprechen und handeln.
S Im Mittelpunkt von Kalendergeschichten stehen meistens einfache Menschen.
G Kalendergeschichten beginnen immer mit der Formel „Es war einmal ...".
D Kalendergeschichten erzählen meistens ungewöhnliche oder lustige Begebenheiten.
O In der Regel gibt es in Kalendergeschichten eine überraschende Wendung (Pointe).

4 Welche Absichten verfolgen Autoren mit Kalendergeschichten? Notiere den Buchstaben:
J genau über einen Vorfall berichten
H den Leser unterhalten und belehren

5 Lies die notierten Buchstaben von hinten nach vorn. Sie ergeben ein Lösungswort.

6.2 Pfiffige Typen? – Eine Inhaltsangabe schreiben

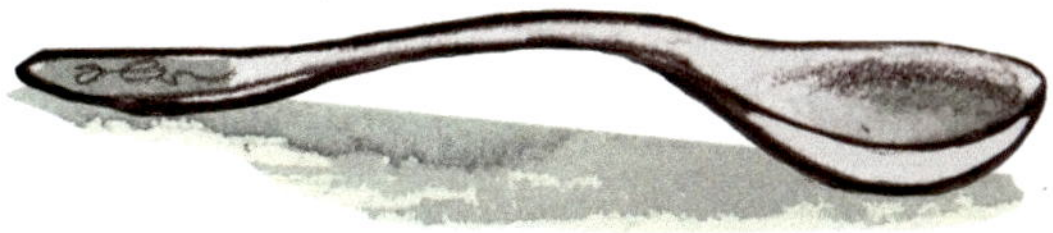

Johann Peter Hebel

Der silberne Löffel (1810)

In Wien dachte ein Offizier: „Ich will doch auch einmal im ‚Roten Ochsen' zu Mittag essen", und geht in den „Roten Ochsen". Da waren bekannte und unbekannte Menschen, Vornehme und Mittelmäßige, ehrliche Leute und Spitzbuben, wie überall. Man aß und man trank, der eine viel, der andere wenig. [...] Als nun das Essen fast vorbei war, der eine und der andere trank noch eine halbe Maß Ungarwein, ein anderer drehte Kügelein aus weichem Brot, als wenn er ein Apotheker wär und wollte Pillen machen, ein Dritter spielte mit dem Messer oder mit der Gabel oder mit dem silbernen Löffel. Da sah der Offizier von ungefähr zu, wie einer in einem grünen Rocke mit dem silbernen Löffel spielte und wie ihm der Löffel auf einmal in den Rockärmel hineinschlüpfte und nicht wieder herauskam.

Ein anderer hätte gedacht: „Was geht's mich an?", und wäre still dazu gewesen oder hätte großen Lärm angefangen. Der Offizier dachte: „Ich weiß nicht, wer der grüne Löffelschütz[1] ist und was es für einen Verdruss[2] geben kann", und war mausstill, bis der Wirt kam und das Geld einzog. Als der Wirt kam und das Geld einzog, nahm der Offizier auch einen silbernen Löffel und steckte ihn zwischen zwei Knopflöcher im Rocke, zu einem hinein, zum andern hinaus, wie es manchmal die Soldaten im Kriege machen, wenn sie den Löffel mitbringen, aber keine Suppe. Währenddem der Offizier seine Zeche bezahlte und der Wirt schaute ihm auf den Rock, dachte er: „Das ist ein kurioser Verdienstorden, den der Herr da anhängen hat. Der muss sich im Kampf mit einer Krebssuppe hervorgetan haben, dass er zum Ehrenzeichen einen silbernen Löffel bekommen hat; oder ist's gar einer von meinen eigenen?" Als aber der Offizier dem Wirt die Zeche bezahlt hatte, sagte er mit ernsthafter Miene: „Und der Löffel geht ja drein[3]. Nicht wahr? Die Zeche ist teuer genug dazu." Der Wirt sagte: „So etwas ist mir noch nicht vorgekommen. Wenn Ihr keinen Löffel daheim habt, so will ich Euch einen Patentlöffel[4] schenken, aber meinen silbernen lasst mir da."

Da stand der Offizier auf, klopfte dem Wirt auf die Achsel und lächelte. „Wir haben nur Spaß gemacht", sagte er, „ich und der Herr dort im grünen Rocke. Gebt Ihr Euern Löffel wieder aus dem Ärmel heraus, grüner Herr, so will ich meinen auch wieder hergeben."

Als der Löffelschütz merkte, dass er verraten sei und dass ein ehrliches Auge auf seine unehrliche Hand gesehen hatte, dachte er: „Lieber Spaß als Ernst", und gab seinen Löffel ebenfalls her. Also kam der Wirt wieder zu seinem Eigentum, und der Löffeldieb lachte auch – aber nicht lange. Denn als die anderen Gäste das sahen, jagten sie den verratenen Dieb mit Schimpf und Schande und ein paar Tritten unter der Türe zum Tempel hinaus, und der Wirt schickte ihm den Hausknecht mit einer Hand voll ungebrannter Asche nach. Den wackern[5] Offizier aber bewirtete er noch mit einer Bouteille[6] voll Ungarwein auf das Wohlsein aller ehrlichen Leute.

Merke: Man muss keine silbernen Löffel stehlen.

Merke: Das Recht findet seinen Knecht.

1 der Löffelschütz: der Löffeldieb
2 der Verdruss: der Ärger
3 dreingehen: enthalten sein
4 der Patentlöffel: einfacher Löffel
5 wacker: ehrlich, rechtschaffen
6 die Bouteille: die Weinflasche

1 Was geht euch durch den Kopf, nachdem ihr die Geschichte gelesen habt? Notiert eine Aussage oder eine Frage.

Den Inhalt erfassen und die Inhaltsangabe vorbereiten

2 Notiert die allgemeinen Angaben zu der Kalendergeschichte (▸ S. 109):

Autor: *Johann Peter Hebel*

Titel: …

Textsorte: …

Erscheinungsjahr: …

3 Die W-Fragen helfen, wichtige Informationen über den Inhalt einer Geschichte zu ordnen. Schreibt die drei Fragen in euer Heft und beantwortet sie mit Informationen aus dem Text (▸ S. 109).

Wann spielt die Geschichte?

Wo spielt die Geschichte?

Wer ist am Geschehen beteiligt?

4 Was passiert in der Geschichte?
Stellt die einzelnen Handlungsschritte der Geschichte in einem Flussdiagramm dar:

Was passiert in der Geschichte?

Handlung: Der silberne Löffel

↓

1. Offizier besucht Gasthof, in dem viele Gäste sind.

↓

2. Offizier beobachtet, wie ein Gast einen silbernen Löffel in seinem Rockärmel versteckt.

↓

3. Offizier entscheidet, Dieb nicht gleich zu verraten, sondern einen Trick anzuwenden.

↓

4. …

5 Am Ende der Geschichte steht die Lehre: „Das Recht findet seinen Knecht.“ (▸ Z. 67)
Überlegt, was genau die Lehre bedeutet. Welcher Satz gibt die Bedeutung richtig wieder?
A Es gibt immer jemanden, der es nicht ehrlich meint.
B Es gibt immer jemanden, der für Gerechtigkeit sorgt.
C Knechte sind ehrliche Menschen.

6 Bestimmt das Thema der Kalendergeschichte. Notiert die passende Aussage ins Heft:
A In der Geschichte geht es um einen Offizier, der in einem Gasthaus einen Diebstahl begeht.
B In der Geschichte geht es um einen Offizier, der einem Wirt einen Streich spielt.
C In der Geschichte geht es um einen Offizier, der sich einfallsreich und mutig für die Gerechtigkeit einsetzt.

Wörtliche Rede indirekt wiedergeben

7 In Geschichten wird häufig wörtliche Rede (direkte Rede) verwendet. Damit wird gezeigt, was die Figuren sagen und denken, und die Geschichte wirkt lebendiger. Sucht in der Kalendergeschichte auf Seite 109 die Aussagen in wörtlicher Rede und lest sie vor. Gebt an, welche Figur das jeweils sagt oder denkt.

8 In einer Inhaltsangabe wird die wörtliche (direkte) Rede indirekt wiedergegeben.
Ordnet folgende Sätze mit indirekter Rede Aussagen in direkter Rede aus dem Text (▶ S. 109) zu:

A Er entscheidet, dass er auch einmal im „Roten Ochsen" Mittag essen wolle.
B Er fragt den Wirt, ob der Löffel nicht enthalten sei. Die Rechnung sei teuer genug.
C Der Wirt fragt sich, wofür der Offizier den silbernen Löffel als Orden erhalten habe.
D Der Wirt wundert sich und meint, er wolle ihm lieber einen einfachen Löffel schenken.

9 Untersucht, wie die indirekte Rede (Konjunktiv I) gebildet wird:
a Übertragt die Tabelle ins Heft und markiert die Unterschiede in den Verbformen.
b Ergänzt die fehlenden Formen. Dabei helfen euch auch die Verben aus den Sätzen A bis D in Aufgabe 8.

Infinitiv (Grundform)	Direkte Rede (Indikativ Präsens)	Indirekte Rede (Konjunktiv I)
sollen	*er soll*	*er solle*
dürfen	*er darf*	*er dürfe*
können	*er* ?	*er könne*
wollen	*er will*	*er* ?
sein	*er ist*	*er* ?
haben	*er* ?	*er* ?

10 Bildet Verbformen in der indirekten Rede:
a Ergänzt im folgenden Auszug aus einer Inhaltsangabe *haben, können, sein* im Konjunktiv I:
Der Offizier fragt sich, wer der Löffeldieb ? *und ob es wohl Ärger geben* ?.
Er beschließt abzuwarten. Als der Wirt kommt, steckt er sich einen Löffel durch die Knopflöcher seiner Jacke. Beim Kassieren sieht der Wirt den silbernen Löffel und denkt, dass das ein merkwürdiger Orden ?, *den der Offizier an seiner Jacke hängen* ?. *Er fragt sich, ob der Löffel wohl sein eigener* ?.
b Wie kann man die folgende direkte Rede des Offiziers in indirekter Rede wiedergeben?
„Gebt Ihr Euern Löffel wieder aus dem Ärmel heraus, grüner Herr, so will ich meinen auch wieder hergeben." (▶ Z. 49–51)
Formuliert einen Vorschlag: *Der Offizier sagt zu dem Löffeldieb, er solle seinen Löffel ..., dann ...*

Information **Die direkte Rede von der indirekten Rede unterscheiden**

Es gibt zwei Möglichkeiten wiederzugeben, was andere gesagt haben:
- Die **direkte Rede** ist die **wörtliche Wiedergabe** von dem, was jemand gesagt oder gedacht hat. Sie steht in **Anführungszeichen,** z. B.: *Er fragte den Freund: „Was geht's dich an?"*
- Die **indirekte Rede** gibt eine **Äußerung nicht wörtlich** wieder. Sie steht **ohne Anführungszeichen,** z. B.: *Er fragte den Freund, was es ihn angehe.*
- Das **Verb** steht in der indirekten Rede meistens im **Konjunktiv I:** **Verbstamm + *e* + Personalendung,** z. B.: *ich solle, du sollest, er solle, wir sollen, ihr sollet, sie sollen.*

Eine Inhaltsangabe formulieren und überarbeiten

11 Beginnt die Inhaltsangabe mit einem Einleitungssatz, der allgemeine Angaben zum Text enthält:
In der ... (Textsorte) „...“ (Titel) von ... (Autor) aus dem Jahr ... (Erscheinungsjahr) geht es um ... (Thema).

12 Nennt im Hauptteil der Inhaltsangabe Zeit, Ort und Figuren und fasst die wichtigen Handlungsschritte zusammen. Beachtet dabei die Hinweise auf dem Zettel rechts.
Die Geschichte spielt ... (Zeit) in ... (Ort).
Unter den Gästen befindet sich ein ... (Figur).
Dieser beobachtet ... (Handlungsschritte)

Inhaltsangabe:
– Im Präsens schreiben!
– Mit eigenen Worten formulieren, nicht abschreiben!
– Sachlich schreiben!
– Sätze verknüpfen!

13 Formuliert im Schlussteil die Lehre der Geschichte oder die Absicht des Autors mit eigenen Worten:
Der Autor Johann Peter Hebel möchte mit dieser Kalendergeschichte zeigen, dass ...

14 Überarbeitet die folgenden Ausschnitte aus einer Inhaltsangabe:

a Prüft in Abschnitt A die Zeitform und schreibt ihn richtig ins Heft.

A *Ein Offizier beobachtete, wie ein Gast einen silbernen Löffel in seinem Rockärmel versteckte. Er entschied, den Dieb nicht gleich zu verraten, sondern einen Trick anzuwenden: Als der Wirt mit der Rechnung kam, steckte er sich selbst einen Löffel an den Rock. Der Wirt wunderte sich daraufhin, wofür der Offizier den silbernen Löffel als Orden erhalten habe. Schließlich bezahlte der Offizier dem Wirt die Rechnung für das Essen und fragte ihn, ob der Löffel nicht enthalten sei. Der Wirt erschrak und meinte, er wolle ihm lieber einen einfachen Löffel schenken.*

b Kürzt in Abschnitt B vier überflüssige Angaben und korrigiert eine unsachliche Formulierung.

B *Der Offizier gibt endlich nach einiger Zeit zu, dass er nur Spaß gemacht habe, und meint zu dem Dieb, er solle den garantiert sehr wertvollen silbernen Löffel aus dem Ärmel seines wirklich sehr altmodischen grünen Rockes holen, dann gebe auch er seinen Löffel her. Der Löffeldieb merkt, dass er echt keine Chance mehr hat, und holt den gestohlenen Löffel heraus. Daraufhin jagen die Gäste den Dieb mit großem Geschrei, vielen Schimpfwörtern und Beleidigungen und Fußtritten hinaus.*

c Verknüpft in Abschnitt C die Sätze miteinander. Verwendet Wörter wie *und, denn, deshalb, damit.*

C *Der Wirt freut sich über den ehrlichen Offizier. Er möchte ihn belohnen. Er schenkt ihm eine Flasche Wein. Die ehrlichen Leute sollen gefeiert werden.*

Methode **Eine Inhaltsangabe schreiben**

In einer Inhaltsangabe fasst man den Inhalt eines Textes **knapp und sachlich** zusammen:
- In der **Einleitung** werden die Textsorte (z. B. Kalendergeschichte, Fabel, Märchen), der Titel, das Erscheinungsjahr, der Name des Autors / der Autorin und das Thema genannt.
- Im **Hauptteil** werden die wichtigen Handlungsschritte in der richtigen Reihenfolge kurz dargestellt.
- Im **Schlussteil** wird die Textabsicht oder die Lehre der Geschichte formuliert.
- Inhaltsangaben formuliert man **sachlich** und möglichst **mit eigenen Worten.**
- Man vermeidet ausschmückende oder wertende Ausdrücke.
- Inhaltsangaben schreibt man im **Präsens** (▸ S. 287).
- Äußerungen von Figuren sollte man in der **indirekten Rede** wiedergeben.

Fordern und fördern – Inhalte zusammenfassen

Unbekannter Verfasser

Was drei Viehhändlern aus dem Hochland dadurch widerfuhr, dass sie Englisch lernten

In einem der abgelegenen Täler von Cantire[1] – aber in welchem, das haben die Leute inzwischen vergessen – wohnten drei Hochländer mit ihren Familien, alle untereinander gut Freund. Sie planten, mit einer Rinderherde zu einem Markt zu ziehen, der ein ganzes Ende von ihren Hütten entfernt abgehalten wurde. Die drei Viehtreiber konnten nur Gälisch[2], aber ihr Vieh wurden sie mit Gewinn los. Danach beschlossen sie, den Abend getrennt voneinander zu verbringen; sie wollten sich, jeder selbstständig, auf dem Jahrmarkt belustigen. Und jeder von ihnen wollte eine englische Wendung oder einen Satz lernen, den er mit heimnehmen könnte, damit sie und ihre Frauen einen Spaß hätten, wenn sie erst wieder in Cantire wären.

Sie hielten getreulich Wort und jeder gabelte für sich einen Brocken Englisch auf; als sie sich am späten Abend wiedertrafen, sagten sie das Gelernte her. Der Erste wusste: „Wir drei Hochlandmänner." Der Zweite konnte aussprechen: „Das Geld im Beutel." Und der Dritte hatte sich eingeprägt: „Ein guter Grund." Sie amüsierten sich mit ihrem Englisch bis zum Schlafengehen und versprachen sich mit ihren Kenntnissen daheim einen guten Jux.

Am Morgen waren sie zeitig aus den Betten und brachen nach Cantire auf. Aber sie waren noch nicht weit gelangt, als sie am Wegrand einen Toten fanden. Sie standen verblüfft da und starrten den Leichnam an, als ein Herr geritten kam; und als er die drei Hochländer und den Toten sah, fragte er: „Wer hat den Mann umgebracht?" Sie wussten, dass er Englisch sprach. So sagten sie untereinander auf Gälisch: „Das ist eine gute Gelegenheit, unser Englisch zu nutzen." Folglich, als der Herr abermals fragte: „Wer hat den Mann dort getötet?", antwortete der Erste: „Wir drei Hochländer." – „Warum habt ihr den Mann umgebracht?", fragte der Herr. „Das Geld im Beutel!", erwiderte der Zweite. „Und war das der Grund, weswegen ihr ihn beraubt und ermordet habt?", fragte der Herr. „Ein guter Grund!", sagte der Dritte. „Oh, ihr elenden Schurken!", rief der Herr, gab seinem Pferd die Sporen und galoppierte fort, um Hilfe zu holen; indessen setzten die Hochländer ihren Weg nach Cantire fort und waren dabei nicht wenig stolz, dass sie im Stande gewesen waren, sich mit einem englischen Herrn in seiner Landessprache zu unterhalten.

Aber sie waren noch nicht in der nächsten Stadt angelangt, da kamen ihnen schon die Gendarmen entgegen, um sie für den Mord zu verhaften; sie wurden abgeführt und ins Gefängnis gesteckt. Und als man sie durchsuchte, fand sich bei ihnen das Geld, das sie bei ihrem Viehhandel verdient hatten. Und da man meinte, die Summe sei für drei arme Hochländer zu groß, glaubten die Engländer, sie stamme aus der Börse des Ermordeten. So wären die drei Hochlandtreiber um ein Haar erhängt worden; und es wäre dazu gekommen, hätte sich nicht ein Mann gefunden, der sowohl Gälisch als auch Englisch sprach; und er legte dem Richter den Fall dar und verschaffte ihnen die Freiheit. [...]

Die drei Hochländer schworen, sie würden nie wieder ein Wort Englisch lernen, denn es müsse eine üble Sprache sein, die sie fast an den Galgen gebracht hätte.

1 Cantire (auch Kintyre): Felshalbinsel in Schottland

2 Gälisch: keltische Sprache, die in Schottland gesprochen wird

1 Verfasst eine Inhaltsangabe zu der Kalendergeschichte. ▷ Hilfe zu Aufgabe 1 auf Seite 114

●○○ Aufgabe 1 mit Hilfen: Die Inhaltsangabe vorbereiten

Bereitet die Inhaltsangabe vor:

– Prüft die folgenden Antworten auf W-Fragen zum Text.
  Schreibt richtige Angaben ab und korrigiert die falschen.
  A Wann spielt die Geschichte? *in vergangenen Zeiten*
  B Wo spielt die Geschichte? *in Jrland*
  C Wer ist am Geschehen beteiligt? *drei englische Viehhändler, ein Reiter, Gendarmen*

– Was passiert in der Geschichte? Erstellt ein Flussdiagramm mit den wichtigen Handlungsschritten. Ordnet dafür folgende Handlungsschritte in der richtigen Reihenfolge und ergänzt weitere:
  - *Der Reiter hält die Viehhändler für die Mörder.*
  - *Drei Viehhändler ziehen zum Markt in England und verkaufen dort ihre Rinderherde.*
  - *Die Viehhändler benutzen ihre englischen Wendungen.*
  - *Auf ihrem Rückweg finden die Viehhändler einen Toten.*
  - *Die Viehhändler besuchen einzeln den Jahrmarkt und lernen einige englische Wendungen.*
  - *Ein englischer Reiter fragt die Viehhändler nach dem Toten.*

Die Inhaltsangabe schreiben

Formuliert eine vollständige Inhaltsangabe:

– Ergänzt für die Einleitung den folgenden Satz:
  Die Kalendergeschichte „…" von … handelt von …

– Verfasst den Hauptteil. So könnt ihr beginnen:
  Die drei befreundeten Viehhändler ziehen zum Markt in England und verkaufen dort ihre Rinderherde. Nach dem erfolgreichen Verkauf verbringen sie den Abend getrennt auf dem Jahrmarkt. Dort lernt jeder von ihnen …

– Wandelt für den Hauptteil direkte Rede aus dem Text in indirekte Rede um.
  Ergänzt dafür folgende Sätze mit Verbformen im Konjunktiv I (▸ S. 111):
  Der englische Reiter fragt die Viehhändler, wer den Mann umgebracht … (haben). Sie antworten mit ihren gelernten englischen Wendungen, die sie selbst nicht verstehen, sie … (sein) es gewesen. Der Grund … (sein) das Geld im Beutel gewesen.

– Wählt zutreffende Sätze für den Schluss und schreibt sie ab:
  - *Die Viehhändler begreifen schließlich, dass es wichtig ist, Englisch zu lernen.*
  - *Die Viehhändler fühlen sich in ihrer Meinung bestätigt, dass Englisch eine üble Sprache ist.*
  - *Die Viehhändler verstehen, dass sie wegen mangelnder Sprachkenntnisse in eine schwierige Lage geraten sind, geben das jedoch nicht zu.*
  - *Der Verfasser möchte zeigen, dass unüberlegtes Verhalten zu schwierigen Situationen führen kann.*
  - *Der Verfasser möchte mit dieser Geschichte davor warnen, Englisch zu lernen.*
  - *Der Verfasser möchte mit der Geschichte vielleicht zeigen, dass hilfsbereite Menschen mit Sprachkenntnissen manchmal Leben retten können.*

Die Inhaltsangabe überarbeiten

Überarbeitet die Inhaltsangabe:

– Unterstreicht alle Verbformen in eurem Text und prüft, ob sie im Präsens stehen.
– Streicht Angaben, die nicht unbedingt notwendig sind, um den Inhalt zu verstehen.
– Markiert die Satzanfänge. Korrigiert Wiederholungen und prüft, ob ihr Sätze verbinden könnt.

6.3 Fit in ...! – Eine Inhaltsangabe schreiben

Stellt euch vor, ihr bekommt in der nächsten Klassenarbeit die folgende Aufgabe gestellt:

Aufgabe

Schreibe eine Inhaltsangabe zu der folgenden Kalendergeschichte.

Johann Peter Hebel

Der Barbierjunge von Segringen (1809)

Im vorigen Spätjahr kam in dem Wirtshause zu Segringen ein Fremder von der Armee an, der einen starken Bart hatte und fast wunderlich aussah, also dass ihm nicht recht zu trauen war. Der sagt zum Wirt, eh er etwas zu essen oder zu trinken fordert: „Habt Ihr keinen Barbier[1] im Ort, der mich rasieren kann?" Der Wirt sagt Ja und holt den Barbier. Zu dem sagt der Fremde: „Ihr sollt mir den Bart abnehmen, aber ich habe eine kitzlige Haut. Wenn Ihr mich nicht ins Gesicht schneidet, so bezahl ich Euch vier Kronentaler. Wenn Ihr mich aber schneidet, so stech ich Euch tot. Ihr wäret nicht der Erste."

Wie der erschrockene Mann das hörte, [...] das spitzige, kalte Eisen lag auf dem Tisch, so springt er fort und schickt den Gesellen[2]. Zu dem sagt der Herr das Gleiche. Wie der Gesell das Gleiche hört, springt er ebenfalls fort und schickt den Lehrjungen. Der Lehrjunge lässt sich blenden von dem Geld und denkt: ‚Ich wag's. Geratet es und ich schneide ihn nicht, so kann ich mir für vier Kronentaler einen neuen Rock[3] auf der Kirchweihe[4] kaufen und einen Schnepper[5]. Geratet es nicht, so weiß ich, was ich tue', und rasiert den Herrn.

Der Herr hält ruhig still, weiß nicht, in welcher entsetzlichen Todesgefahr er ist, und der verwegene Lehrjunge spaziert ihm auch ganz kaltblütig mit dem Messer im Gesicht und um die Nase herum, als wenn es [...] nicht um vier Kronentaler und um ein Leben [ginge]. [...]

Als aber der Herr aufgestanden war und sich im Spiegel beschaut und abgetrocknet hatte und gibt dem Jungen die vier Kronentaler, sagt er zu ihm: „Aber junger Mensch, wer hat dir den Mut gegeben, mich zu rasieren, so doch dein Herr und der Gesell sind fortgesprungen? Denn wenn du mich geschnitten hättest, so hätt ich dich erstochen." Der Lehrjunge aber bedankte sich lächelnd für das schöne Stück Geld und sagte: „Gnädiger Herr, Ihr hättet mich nicht erstochen, sondern wenn Ihr gezuckt hättet und ich hätt Euch ins Gesicht geschnitten, so wär ich Euch zuvorgekommen. [Ich] hätt Euch augenblicklich die Gurgel abgehauen und wäre auf und davon gesprungen." Als aber der fremde Herr das hörte und an die Gefahr dachte, in der er gesessen war, ward er erst blass vor Schrecken und Todesangst, schenkte dem Burschen noch einen Kronentaler extra und hat seitdem zu keinem Barbier mehr gesagt: „Ich steche dich tot, wenn du mich schneidest."

1 der Barbier: der Herrenfrisör
2 der Geselle: auszubildender Handwerker
3 der Rock: *veraltet für* Jacke
4 die Kirchweihe: katholisches Fest
5 der Schnepper: die Armbrust (Waffe)

Die Aufgabe richtig verstehen und planen

1 a Besprecht zu zweit, wie ihr bei der Aufgabe vorgehen könnt. Notiert die Schritte, z. B.:
1. Text genau lesen und W-Fragen aufschreiben

b Legt euch einen Zettel an mit den Punkten, auf die ihr beim Schreiben der Inhaltsangabe achten solltet, z. B.: *– kurz und sachlich schreiben*

2 a Lest die Geschichte genau. Notiert und beantwortet stichwortartig W-Fragen.

b Gliedert den Text in Abschnitte und notiert zu jedem Abschnitt die Handlungsschritte:

1. Abschnitt (Z. 1–15): Der Fremde fragt den Wirt nach einem Barbier.
Der Wirt holt den Barbier.
Der Fremde droht dem Barbier.

2. Abschnitt (Z. 16–28): Der Barbier bekommt Angst und holt den Gesellen. ...

Schreiben und überarbeiten

3 Formuliert den Einleitungssatz: *Die ... „...“ von ... aus dem Jahr ... handelt von ...*

4 Überlegt, wie man die direkte Rede in der Geschichte in indirekter Rede wiedergeben kann:

– Zu Z. 7–8: *Der Fremde fragt, ob er im Ort keinen Barbier ... (hatte/habe), der ihn rasieren kann.*

– Zu Z. 9–15: *Der Fremde sagt, er ... (solle/sollte) ihm den Bart abnehmen, aber er ... (hat/habe) eine kitzelige Haut. Wenn er ihn nicht ins Gesicht ... (schneide/schnitt), so ... (bezahlt/bezahle) er ihm vier Kronentaler. Wenn er ihn aber ... (schneidet/schneide), so ... (stach/steche) er ihn tot. Er ... (wäre/war) nicht der Erste.*

– Zu Z. 39–42: *Der Fremde wundert sich, wer ihm den Mut gegeben ... (hat/habe), ihn zu rasieren.*

5 a Verfasst mit Hilfe eurer Vorarbeiten in Aufgabe 2 und 4 den Hauptteil der Inhaltsangabe.

b Gebt in einem Schlusssatz die Lehre der Geschichte wieder: *Die Geschichte lehrt, dass ...*

6 Überarbeitet eure Inhaltsangabe mit Hilfe der Checkliste:

Checkliste

Eine Inhaltsangabe schreiben

- Werden in der **Einleitung** die **Textsorte,** der **Titel,** das **Erscheinungsjahr,** der **Name** des Autors / der Autorin und das **Thema** genannt?
- Enthält der **Hauptteil** die wichtigen **Handlungsschritte** in der richtigen Reihenfolge?
- Steht im **Schlussteil** die **Textabsicht** oder die **Lehre** der Geschichte?
- Ist die Inhaltsangabe **sachlich** und **mit eigenen Worten** formuliert?
- Ist die Inhaltsangabe im **Präsens** verfasst?
- Wurde die direkte Rede aus der Geschichte in die **indirekte Rede** umgewandelt?

Schreibwörter ▸ S. 300

die Kalendergeschichte	die Handlung	die Wendung	unterhalten	erwidern
die Lehre	der Konflikt	die Pointe	belehren	entgegnen

7 Von Mut und Übermut –
Balladen verstehen und gestalten

1 Beschreibt das Bild und äußert Vermutungen:
In welcher Beziehung stehen der Ritter und das Edelfräulein zueinander?

Vor seinem Löwengarten,
Das Kampfspiel zu erwarten,
Saß König Franz,
Und um ihn die Großen der Krone,
Und rings auf hohem Balkone
Die Damen in schönem Kranz.

2 Mit dieser Strophe beginnt eine berühmte Ballade. Erzählt, was in den weiteren Strophen der Ballade passieren könnte.

In diesem Kapitel ...

- lernt ihr Balladen kennen und tragt sie wirkungsvoll vor,
- untersucht ihr die Merkmale von Balladen,
- gestaltet ihr Balladen kreativ um,
- bereitet ihr einen Balladenabend für ein Publikum vor.

7.1 Zwischen Angst und Angeberei – Balladen erschließen und vortragen

Friedrich Schiller (1759–1805)

Der Handschuh

Vor seinem Löwengarten,
Das Kampfspiel zu erwarten,
Saß König Franz,
Und um ihn die Großen der Krone,
Und rings auf hohem Balkone
Die Damen in schönem Kranz[1].

Und wie er winkt mit dem Finger,
Auf tut sich der weite Zwinger[2],
Und hinein mit bedächtigem Schritt
Ein Löwe tritt
Und sieht sich stumm
Rings um,
Mit langem Gähnen,
Und schüttelt die Mähnen
Und streckt die Glieder
Und legt sich nieder.

Und der König winkt wieder,
Da öffnet sich behänd[3]
Ein zweites Tor,
Daraus rennt
Mit wildem Sprunge
Ein Tiger hervor.
Wie der den Löwen erschaut,
Brüllt er laut,
Schlägt mit dem Schweif
Einen furchtbaren Reif
Und recket die Zunge,
Und im Kreise scheu
Umgeht er den Leu[4],
Grimmig schnurrend,
Drauf streckt er sich murrend
Zur Seite nieder.

1 der Kranz: *hier:* der Kreis, die Runde

2 der Zwinger: Käfig für wilde Tiere

3 behänd: schnell

4 der Leu: altes Wort für *Löwe*

Und der König winkt wieder,
Da speit das doppelt geöffnete Haus
Zwei Leoparden auf einmal aus,
Die stürzen mit mutiger Kampfbegier
Auf das Tigertier;
Das packt sie mit seinen grimmigen Tatzen,
Und der Leu mit Gebrüll
Richtet sich auf – da wird's still,
Und herum im Kreis,
Von Mordsucht heiß,
Lagern sich die gräulichen Katzen.

Da fällt von des Altans[5] Rand
Ein Handschuh von schöner Hand
Zwischen den Tiger und den Leun
Mitten hinein.

Und zu Ritter Delorges spottender Weis'
Wendet sich Fräulein Kunigund:
„Herr Ritter, ist Eure Lieb' so heiß,
Wie Ihr mir's schwört zu jeder Stund,
Ei, so hebt mir den Handschuh auf."

Und der Ritter in schnellem Lauf
Steigt hinab in den furchtbaren Zwinger
Mit festem Schritte,
Und aus der Ungeheuer Mitte
Nimmt er den Handschuh mit keckem Finger.

Und mit Erstaunen und mit Grauen
Sehen's die Ritter und Edelfrauen,
Und gelassen bringt er den Handschuh zurück.
Da schallt ihm sein Lob aus jedem Munde,
Aber mit zärtlichem Liebesblick –
Er verheißt ihm sein nahes Glück –
Empfängt ihn Fräulein Kunigunde.
Und er wirft ihr den Handschuh ins Gesicht:
„Den Dank, Dame, begehr' ich nicht!"
Und verlässt sie zur selben Stunde.

5 der Altan: Balkon, auf Säulen gestützt

1 Lest die Ballade „Der Handschuh". Wie wirkt der Text auf euch?
Nennt Eigenschaften und begründet eure Aussage. Folgende Angaben könnt ihr verwenden:

unterhaltsam • eintönig • spannend • schwer verständlich • altmodisch • lehrreich • informativ

2 Klärt den Inhalt der Ballade:

a Beantwortet die folgenden W-Fragen:

Wo spielt die Handlung?

Wann spielt die Handlung?

Wer kommt in der Ballade vor?

Was geschieht in der Ballade?

b Was genau passiert in den einzelnen Strophen? Führt ein Klassenquiz durch:
Formuliert zu jeder Strophe eine richtige und eine falsche Aussage zum Inhalt und lasst sie von euren Mitschülern prüfen, z. B.:

Strophe 1: – Der König und sein Gefolge warten als Zuschauer auf den Beginn des Löwenkampfs.
– König Hans erwartet den Kampf seiner wilden Tiere. → falsch! (König Franz)
Strophe 2: – Der Löwe wird in die Arena gelassen und …

3 Wie entwickelt sich die Spannung in der Ballade?

a Legt euer Heft quer und zeichnet eine Spannungskurve:

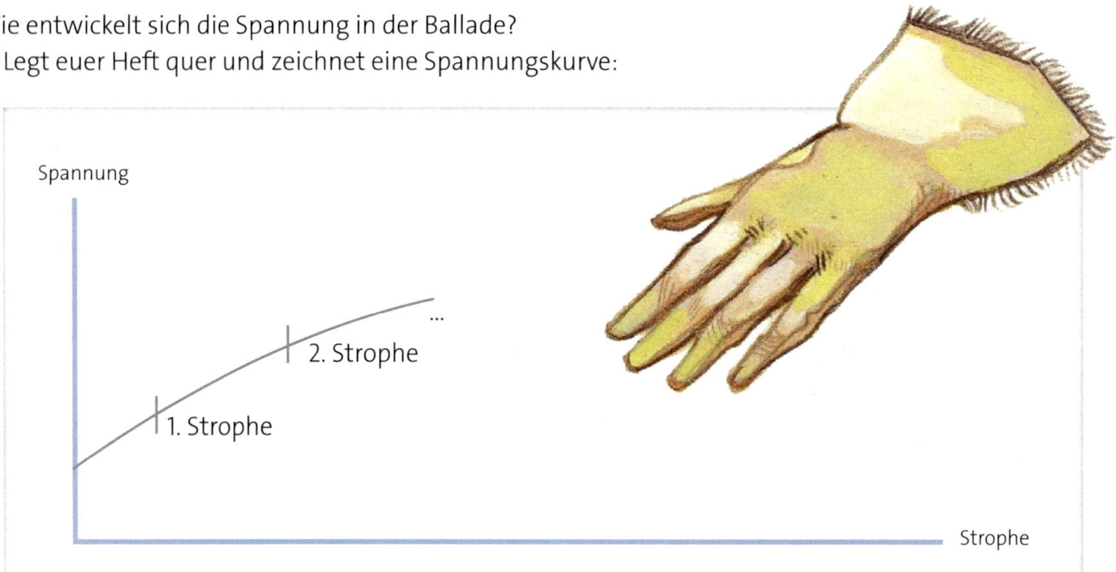

b Vergleicht eure Spannungskurven: Erklärt einem Lernpartner, warum eure Kurve in den einzelnen Strophen jeweils ansteigt oder abfällt.

4 Im zweiten Teil der Ballade treten das Edelfräulein und der Ritter auf.

a Welche Textstellen in den Strophen 5 bis 8 sagen etwas über die Figuren aus? Notiert sie:

Fräulein Kunigunde	Ritter Delorges
„schöner Hand“ (V. 45)	*„in schnellem Lauf“ (V. 53)*

b Ordnet jeder Figur passende Eigenschaften zu. Folgende Angaben helfen euch:

mutig • leichtsinnig • entschlossen • oberflächlich • verliebt • tapfer • ehrlich • treu • schön

5 Was sagen Edelfräulein und Ritter in der Ballade zueinander?

a Zeichnet Kunigunde und Delorges mit Sprechblasen und tragt jeweils die wörtliche Rede aus der Ballade ein.

b Was denken das Edelfräulein und der Ritter in dem Moment, in dem sie miteinander sprechen? Ergänzt zu jeder Figur eine Denkblase und schreibt ihre Gedanken hinein.

6 a Erklärt den Schluss der Ballade:

– Was meint der Ritter mit seiner Aussage: „Den Dank, Dame, begehr' ich nicht!" (▸ Vers 66)?

– Warum verlässt er das Fräulein Kunigunde?

b Wie beurteilt ihr das Verhalten des Ritters? Begründet eure Meinung.

7 „Balladen sind eine Mischform aus Gedicht, Erzählung und Theaterstück."

a Weist in einem Kurzvortrag die Richtigkeit dieser Aussage nach. Verwendet folgende Notizen:

Merkmale von Gedichten:
- *äußerer Aufbau: Strophe, Vers, Reim, Metrum*
- *bildhafte Sprache: Metaphern, Personifikationen, Vergleiche*

Merkmale von Erzählungen:
- *Erzähler*
- *handelnde Figuren*
- *spannende Handlung mit Höhepunkt*
- *wörtliche Rede*

Merkmale von Theaterstücken:
- *dramatische Handlung*
- *Konflikt*
- *Dialoge und Monologe*
- *Regieanweisungen*

b Plant den Vortrag: Notiert alle Merkmale der Ballade und belegt sie mit Textstellen.

8 Welche Gedanken sind dem Ritter Delorges auf seinem Weg in den Zwinger vermutlich durch den Kopf gegangen? Schreibt sie in der Ich-Form als Gedankenstrom ins Heft:

Bei meiner Ritterehre! Jch lasse mich nicht lächerlich machen! Jch werde diese Aufgabe erfüllen, aber …

Information **Die Ballade**

- Balladen sind meist **längere Gedichte** über ungewöhnliche oder spannende **Ereignisse.**
- Sie stellen eine **Mischform aus Gedicht, Erzählung und Theaterstück (Drama)** dar:
  – Wie Gedichte bestehen sie meistens aus **Strophen und Versen,** die sich **reimen.**
  – Wie in einer Erzählung erzählt ein **Erzähler** eine **spannende Handlung,** die sich bis zum Höhepunkt steigert und zum Schluss aufgelöst wird.
  – Wie in einem Theaterstück (Drama) steht im Mittelpunkt der Handlung ein **Konflikt.**
- Viele Balladen enthalten auch **Dialoge (wörtliche Rede).**

Bildhafte Sprache in Balladen untersuchen

Johann Wolfgang Goethe (1749–1832)

Johanna Sebus

Der Damm zerreißt, das Feld erbraust,
Die Fluten spülen, die Fläche saust.
„Ich trage dich, Mutter, durch die Flut,
Noch reicht sie nicht hoch, ich wate[1] gut." –
„Auch uns bedenke, bedrängt, wie wir sind,
Die Hausgenossin, drei arme Kind!
Die schwache Frau! ... Du gehst davon!" –
Sie trägt die Mutter durchs Wasser schon.
„Zum Bühle[2], da rettet euch! harret derweil[3];
Gleich kehr ich zurück, uns allen ist Heil.
Zum Bühl ist's noch trocken und wenige Schritt';
Doch nehmt auch mir meine Ziege mit!"

Der Damm zerschmilzt, das Feld erbraust,
Die Fluten wühlen, die Fläche saust.
Sie setzt die Mutter auf sichres Land,
Schön Suschen, gleich wieder zur Flut gewandt.
„Wohin? Wohin? Die Breite schwoll;
Des Wassers ist hüben und drüben voll.
Verwegen ins Tiefe willst du hinein!" –
„Sie sollen und müssen gerettet sein!"

Der Damm verschwindet, die Welle braust,
Eine Meereswoge, sie schwankt und saust.
Schön Suschen schreitet gewohnten Steg,
Umströmt auch gleitet sie nicht vom Weg,
Erreicht den Bühl und die Nachbarin;
Doch der und den Kindern kein Gewinn!

1 waten: durch Wasser gehen
2 Bühl: Hügel
3 harret derweil: Wartet solange

Der Damm verschwand, ein Meer erbraust's,
Den kleinen Hügel im Kreis umsaust's.
Da gähnet und wirbelt der schäumende Schlund
Und ziehet die Frau mit den Kindern zu Grund;
Das Horn der Ziege fasst das ein',
So sollten sie alle verloren sein!
Schön Suschen steht noch strack und gut:
Wer rettet das junge, das edelste Blut!
Schön Suschen steht noch wie ein Stern;
Doch alle Werber sind alle fern.
Rings um sie her ist Wasserbahn,
Kein Schifflein schwimmet zu ihr heran.
Noch einmal blickt sie zum Himmel hinauf,
Dann nehmen die schmeichelnden Fluten sie auf.

Kein Damm, kein Feld! Nur hier und dort
Bezeichnet ein Baum, ein Turn[4] den Ort.
Bedeckt ist alles mit Wasserschwall;
Doch Suschens Bild schwebt überall. –
Das Wasser sinkt, das Land erscheint,
Und überall wird schön Suschen beweint. –
Und dem sei, wer's nicht singt und sagt,
Im Leben und Tod nicht nachgefragt!

4 ein Turn: ein Turm

1 Lest die Überschrift und betrachtet die Bilder.
Worum geht es in der Ballade vermutlich? Äußert eure Ideen.
In der Ballade geht es wahrscheinlich um ...

2 Lest die Ballade und klärt den Inhalt. Ordnet die folgenden Handlungsschritte den einzelnen Strophen zu:

A Obwohl der Damm bricht, schafft es Johanna noch zu den Wartenden.

B Nachdem der Damm gebrochen ist, reißt die Wasserflut die Menschen in die Tiefe. Johanna ertrinkt in den Fluten, von aller Hilfe verlassen.

C Nachdem Johanna ihre Mutter in Sicherheit gebracht hat, kehrt sie trotz deren Warnung um, um die anderen zu retten.

D Die Überlebenden trauern um die Retterin.

E Während das Wasser bei der Überschwemmung steigt, bringt Johanna ihre Mutter in Sicherheit und schickt die Nachbarin mit drei Kindern zu einem Hügel, wo sie auf Hilfe warten sollen.

3 In der Ballade fallen die ähnlichen Strophenanfänge auf. Was genau bedeuten sie jeweils?

a Schreibt die ersten beiden Verse aller Strophen ins Heft ab und notiert daneben mit eigenen Worten die jeweilige Bedeutung, z. B.:

Strophe 1:	*„Der Damm zerreißt, das Feld erbraust, Die Fluten spülen, die Fläche saust."*	*Der Damm bricht und das Wasser überspült das Feld.*
Strophe 2:	*„Der Damm zerschmilzt, das Feld erbraust, Die Fluten wühlen, die Fläche saust."*	*Der Damm wird nach und nach weggespült. Das Wasser wühlt alles auf.*
...	...	...

b Welche sprachlichen Besonderheiten bemerkt ihr in den Strophenanfängen? Markiert sie im Heft und beschreibt, wie sie auf euch wirken.

4 Die Ballade enthält verschiedene sprachliche Bilder. Was ist mit diesen Bildern gemeint?

a Sucht die folgenden sprachlichen Bilder in der Ballade und erklärt ihre Bedeutung:

A „Da gähnet und wirbelt der schäumende Schlund"
B „das junge, das edelste Blut!"
C „Schön Suschen steht noch wie ein Stern"

b Metapher, Vergleich oder Personifikation? Lest den Merkkasten unten und ordnet den drei sprachlichen Bildern die richtigen Begriffe zu.

c Welche Stimmung erzeugen die drei sprachlichen Bilder jeweils? Notiert eure Überlegungen: *Bei dem Wort „Schlund" stellt man sich ... vor. Dadurch wirkt die Textstelle ...*

5 Erklärt, warum der Text „Johanna Sebus" von Johann Wolfgang Goethe eine Ballade ist. Schreibt eine Begründung in euer Heft: *Bei dem Text „..." handelt es sich um eine Ballade, denn ...*

6 Versetzt euch in die Rolle der geretteten Mutter, die das weitere Geschehen von einem sicheren Ort aus verfolgt hat. Was schreibt sie später darüber in ihr Tagebuch? Formuliert den Tagebucheintrag: *Es war plötzlich, als würde die Welt untergehen! Zuerst ...*

Information **Sprachliche Bilder**

Sprachliche Bilder gestalten den Inhalt einer Ballade besonders anschaulich. Man unterscheidet verschiedene Formen sprachlicher Bilder:

- Bei einer **Metapher** wird ein Wort nicht wörtlich, sondern in einer übertragenen (bildlichen) Bedeutung verwendet, z. B.: *Nussschale* für ein kleines Boot, *Suppe* für Nebel.
- Bei einer **Personifikation** tun Dinge etwas wie Menschen, z. B.: *die Sonne lacht.*
- Bei einem **Vergleich** werden zwei Vorstellungen durch *wie* verbunden, z. B.: *schwarz wie die Nacht, stark wie ein Löwe, weinen wie ein Kind.*

Eine Ballade vortragen

Wilhelm Brandes (1854–1928)

Paddy Fingal

Paddy Fingal war von Riesenart:
Sechs Ellen[1] flog sein schwarzer Bart,
seine Fäuste waren wie Tonnen groß,
einen Mastbaum führt' er als Wurfgeschoss –
So ein Kerl war Paddy Fingal!

Nun wuchs ein Hüne[2] im Schottenland,
der hörte von Fingals starker Hand;
da wollt er erproben alsogleich,
wer fester sei auf Stoß' und Streich,
er oder Paddy Fingal.

Und als er stapfte durch den Sund[3],
Paddy Fingal just am Ufer stund
und maß von ferne klipp und klar,
dass der Fremdling zehn Schuh größer war,
noch größer als Paddy Fingal.

Da lief er heim in jähem Schreck:
„O Schaya, birg mich im Versteck!
Von Schottland kommt ein Kerl daher,
wie ein Berg so groß – ich fürchte sehr,
der sucht den Paddy Fingal."

Ins Bette Paddy Fingal kroch,
Frau Schaya türmte die Kissen hoch;
wie aus dem Hedesack[4] die Maus,
so guckte die Nase nur heraus,
die Nase von Paddy Fingal.

Indem so schob der Schotte herein,
an den Balken rührte sein Scheitelbein,
und er schnob und wischte sich den Schweiß
und rollte die Augen wild im Kreis:
„Wo steckt der Paddy Fingal?"

„Tut leise, Fremder, und tretet sacht,
dass Paddys Kindlein nicht erwacht!
Denn wenn er schrie und Fingal käm,
für euch kein gutes End es nähm:
Nicht spaßen tut Paddy Fingal."

Doch wie sie warnte mit Wort und Wink,
der Schotte neugierig ans Lager ging:
O heiliger Patrick[5], wie ward ihm da,
als er die Nase ragen sah,
die Nase von Paddy Fingal!

„Beim Pfeifer, der vor Moses blies[6]:
welch heidenhafter Nasenspieß!
Ist das ein Baby, wie Ihr sagt,
ein Narr, wer's mit ihm selber wagt!
Nicht wart ich auf Paddy Fingal."

Und er trollte davon mit scheuem Blick
und stolperte durch den Sund zurück;
fast wär ertrunken der gute Held,
dieweil in der Eil er die Furt[7] verfehlt,
so lief er vor Paddy Fingal.

Der aber erhob ein Siegesgeschrei.
Da kamen die Nachbarn rings herbei;
die staunten den großen Fingal an,
der den langen Schotten gejagt von dann,
den tapfern Paddy Fingal.

1 die Elle: altes Längenmaß (Abstand zwischen Fingerspitze und Ellbogen)

2 der Hüne: der Riese

3 der Sund: die Meeresenge

4 der Hedesack: der Stoffbeutel

5 der heilige Patrick: Nationalheiliger Irlands

6 Beim Pfeifer, der ...: irische Redewendung, die Sprachlosigkeit ausdrückt

7 die Furt: flache Stelle, an der man ein Gewässer überqueren kann

1 Klärt zu zweit den Inhalt der Ballade:

a Notiert W-Fragen (Wer? Wann? Wo? Was? Wie? Warum?) zum Text, z. B.:
Wer kommt in der Ballade vor?

b Stellt euch abwechselnd eure W-Fragen und beantwortet sie.

c Besprecht zu zweit die folgenden Fragen:
- Mit welcher Absicht sucht der Hüne aus Schottland das Haus von Paddy Fingal auf?
- Mit welchem Trick rettet Paddy Fingals Frau Schaya ihren Mann?

2 Untersucht die zwei Hauptfiguren der Ballade:

a Lest die Strophen genau und notiert stichwortartig alle Informationen zu den Figuren. Achtet dabei auch auf Vergleiche (▸ S. 124).

Paddy Fingal	*Hüne*
– Riese	*– aus Schottland*
– langer, schwarzer Bart	*– …*
– …	

b Erklärt, welche Wirkung von den Vergleichen ausgeht.

3 a Beschreibt, wie ein Schüler den Vortrag der folgenden Strophe vorbereitet hat:

Da lief er heim in jähem Schreck:
„O Schaya, birg mich im Versteck! | *(verzweifelt)*
Von Schottland kommt ein Kerl daher,
wie ein Berg so groß || – ich fürchte sehr,
der sucht den Paddy Fingal.“ *(flüsternd)*

Vortragszeichen

||	lange Pause	|	kurze Pause
___	lauter	....	leiser
→	schneller	←	langsamer
[xxx]	Betonung	⤵	Zeilensprung
xxx	Rede Fingals	xxx	Rede des Hünen

b Versucht die Strophe genauso vorzutragen, wie sie ausgezeichnet wurde.

4 Bereitet den Vortrag der Ballade vor:

a Kopiert das Gedicht. Überlegt, wo ihr wie sprechen wollt, und tragt Vortragszeichen ein.

b Übt den Vortrag so lange, bis eure Sprechweise und Betonung zur Situation und Stimmung der einzelnen Strophen passen.

Methode **Eine Ballade vortragen**

- Sprecht **deutlich** und wählt ein angemessenes **Sprechtempo.**
- Wählt verschiedene **Lautstärken,** um euren Vortrag lebendig und spannend zu gestalten.
- Setzt **Pausen** ein, um Spannung zu erzeugen und Figurenrede abzugrenzen.
- Sprecht die **wörtliche Rede der Figuren** in unterschiedlichem Ton, z. B.: *ängstlich, frech, nachdenklich, überheblich, übermütig, verzweifelt.*
- Achtet auf den **Sprechrhythmus** (Wechsel von betonten und unbetonten Silben, ▸ S. 136).

Teste dich!

Johann Wolfgang Goethe (1749–1832)

Erlkönig

Wer reitet so spät durch Nacht und Wind?
Es ist der Vater mit seinem Kind;
Er hat den Knaben wohl in dem Arm,
Er fasst ihn sicher, er hält ihn warm. –

Mein Sohn, was birgst du so bang dein Gesicht? –
Siehst, Vater, du den Erlkönig nicht?
Den Erlenkönig mit Kron' und Schweif? –
Mein Sohn, es ist ein Nebelstreif. –

„Du liebes Kind, komm, geh mit mir!
Gar schöne Spiele spiel' ich mit dir;
Manch' bunte Blumen sind an dem Strand;
Meine Mutter hat manch' gülden Gewand."

Mein Vater, mein Vater, und hörest du nicht,
Was Erlenkönig mir leise verspricht? –
Sei ruhig, bleibe ruhig, mein Kind!
In dürren Blättern säuselt der Wind. –

„Willst, feiner Knabe, du mit mir gehn?
Meine Töchter sollen dich warten schön;
Meine Töchter führen den nächtlichen Reihn
Und wiegen und tanzen und singen dich ein."

Mein Vater, mein Vater, und siehst du nicht dort
Erlkönigs Töchter am düstern Ort? –
Mein Sohn, mein Sohn! Ich seh' es genau;
Es scheinen die alten Weiden so grau. –

„Ich liebe dich, mich reizt deine schöne Gestalt;
Und bist du nicht willig, so brauch' ich Gewalt." –
Mein Vater, mein Vater, jetzt fasst er mich an!
Erlkönig hat mir ein Leids getan! –

Dem Vater grauset's, er reitet geschwind,
Er hält in Armen das ächzende Kind,
Erreicht den Hof mit Mühe und Not;
In seinen Armen das Kind war tot.

1 Prüfe, welche der folgenden Aussagen zutreffen. Notiere die Buchstaben der richtigen Aussagen. Rückwärts gelesen ergeben sie ein Lösungswort.

Die Ballade handelt von ...
ANS einem Zauberwesen, das nur Kinder sehen können.
KLU einem Ritt durch einen verwunschenen Wald.
LAS dem Tod eines Kindes.

In dem Text gibt es ...
TSO zwei Sprecher.
KCI drei Sprecher.

Die Ballade wirkt ...
HCS dramatisch.
MEN lehrreich.
TUR eintönig.

2 Notiere drei Merkmale, die den Text „Erlkönig" zu einer Ballade machen.

3 Vergleiche deine Ergebnisse mit einer Lernpartnerin oder einem Lernpartner.

7.2 Dramatische Ereignisse – Eine Ballade umgestalten

Theodor Fontane (1819–1898)

John Maynard

John Maynard!
„Wer ist John Maynard?“

„John Maynard war unser Steuermann,
Aus hielt er, bis er das Ufer gewann,
Er hat uns gerettet, er trägt die Kron',
Er starb für uns, unsre Liebe sein Lohn.
John Maynard.“

*

Die „Schwalbe“ fliegt über den Eriesee,
Gischt schäumt um den Bug wie Flocken von Schnee;
Von Detroit fliegt sie nach Buffalo –
Die Herzen aber sind frei und froh,
Und die Passagiere mit Kindern und Fraun
Im Dämmerlicht schon das Ufer schaun,
Und plaudernd an John Maynard heran
Tritt alles: „Wie weit noch, Steuermann?“
Der schaut nach vorn und schaut in die Rund':
„Noch dreißig Minuten ... Halbe Stund'.“

Alle Herzen sind froh, alle Herzen sind frei –
Da klingt's aus dem Schiffsraum her wie Schrei,
„Feuer!“ war es, was da klang,
Ein Qualm aus Kajüt' und Luke drang,
Ein Qualm, dann Flammen lichterloh,
Und noch zwanzig Minuten bis Buffalo.

Und die Passagiere, bunt gemengt,
Am Bugspriet[1] stehn sie zusammengedrängt,
Am Bugspriet vorn ist noch Luft und Licht,
Am Steuer aber lagert sich's dicht,
Und ein Jammern wird laut: „Wo sind wir? wo?“
Und noch fünfzehn Minuten bis Buffalo. –

1 das Bugspriet: Mast, der über den vorderen Teil des Schiffes (den Bug) hinausragt

Der Zugwind wächst, doch die Qualmwolke steht,
Der Kapitän nach dem Steuer späht,
Er sieht nicht mehr seinen Steuermann,
Aber durchs Sprachrohr fragt er an:
„Noch da, John Maynard?“
„Ja, Herr. Ich bin.“
„Auf den Strand! In die Brandung!“
„Ich halte drauf hin.“
Und das Schiffsvolk jubelt: „Halt aus! Hallo!“
Und noch zehn Minuten bis Buffalo. – –

„Noch da, John Maynard?“ Und Antwort schallt's
Mit ersterbender Stimme: „Ja, Herr, ich halt's!“
Und in die Brandung, was Klippe, was Stein,
Jagt er die „Schwalbe“ mitten hinein.
Soll Rettung kommen, so kommt sie nur so.
Rettung: der Strand von Buffalo!

*

Das Schiff geborsten. Das Feuer verschwelt.
Gerettet alle. Nur *einer* fehlt!

*

Alle Glocken gehn; ihre Töne schwell'n
Himmelan aus Kirchen und Kapell'n,
Ein Klingen und Läuten, sonst schweigt die Stadt,
Ein Dienst nur, den sie heute hat:
Zehntausend folgen oder mehr,
Und kein Aug' im Zuge, das tränenleer.

Sie lassen den Sarg in Blumen hinab,
Mit Blumen schließen sie das Grab,
Und mit goldner Schrift in den Marmorstein
Schreibt die Stadt ihren Dankspruch ein:
„Hier ruht John Maynard! In Qualm und Brand
Hielt er das Steuer fest in der Hand,
Er hat uns gerettet, er trägt die Kron',
Er starb für uns, unsre Liebe sein Lohn.
John Maynard.“

1 a Sprecht über die letzten beiden Strophen: Was geschieht? Wie ist die Stimmung?
b Lest die erste Strophe und überlegt:
– Welche Ähnlichkeit gibt es mit der Schlussstrophe?
– Wer fragt und wer antwortet in der Strophe? Wo könnte der Dialog stattgefunden haben?

2 a Besprecht, von welchem dramatischen Ereignis im Mittelteil der Ballade erzählt wird.
b Erklärt, wodurch die Ballade spannend wirkt. In welcher Strophe liegt der Höhepunkt?

Station 1: Eine Reportage verfassen

A Junger Herr: Ich habe so furchtbare Angst! Ich sehe meine eigene Hand vor den Augen nicht mehr!

B Junge Frau: Ich freue mich so auf die Fahrt! Das ist das erste Mal, dass ich mit einem Dampfboot fahre. Und wir haben so ein Glück mit dem Wetter! Traumhaft!

C Älterer Herr: Was ist das für ein Qualm, der dort aus der Kajüte kommt? Um Gottes willen, was ist da los???

D Ältere Dame: Ich will in Buffalo meine Schwester besuchen. Sie ist krank, ich mache mir ein bisschen Sorgen um sie.

1 Betrachtet die Bilder und lest die Aussagen in den Sprechblasen.

a Besprecht, welchen Bezug die einzelnen Bilder zur Ballade „John Maynard“ (▸ S. 128 f.) haben.

b Wann könnten die Passagiere der „Schwalbe“ die oben stehenden Aussagen gemacht haben: zu Beginn der Fahrt, während der Fahrt oder kurz vor Ankunft in Buffalo? Ordnet sie einem Zeitpunkt zu.

2 Stellt euch vor, ihr wäret als Reporter bei der Fahrt der „Schwalbe“ dabei gewesen mit dem Auftrag, eine Reportage über diese Fahrt zu schreiben.
Was hättet ihr die Passagiere auf dem Schiff vor, während und nach der Fahrt gefragt?
Wählt drei Passagiere oben aus und denkt euch Interviews mit ihnen aus:

Vor der Fahrt: Interview mit ...	Während der Fahrt: Interview mit ...	Nach der Fahrt: Interview mit ...
Reporter: Sind Sie schon einmal mit einem Dampfboot gefahren?	Reporter: Was haben Sie in Buffalo vor?	Reporter: ...
Passagier: Nein, noch nie! ...	Passagier: ...	Passagier: ...

3 Schreibt zu der Ballade „John Maynard“ eine Reportage (▶ S. 280) über die dramatische Fahrt der „Schwalbe“ von Detroit nach Buffalo:

a Legt einen Schreibplan an und notiert darin stichwortartig:
- alle sachlichen Informationen zu der Fahrt,
- Aussagen von Passagieren (Zitate),
- Atmosphäre und Stimmung während und nach der Fahrt,
- eure Eindrücke, Gedanken und Gefühle während und nach der Fahrt.

b Verfasst die Reportage:
- Weckt in der Einleitung das Interesse der Leser.
- Formuliert einen Hauptteil, in dem die Leser sachliche Informationen über die Fahrt, Einblicke in Gedanken und Gefühle der Passagiere sowie einen Eindruck von der Stimmung erhalten.

c Überarbeitet eure Reportagen in einer Schreibkonferenz (▶ S. 300).

4 Plant die Gestaltung eurer Reportage als Zeitungsartikel:

a Beschreibt mit Hilfe der nebenstehenden Abbildung den Aufbau einer Zeitungsseite. Geht dabei auch auf folgende Dinge ein:

Schriftart • Schriftgröße • Zeilenabstand • Spalte • Blocksatz • Fettdruck

b Formuliert Tipps, worauf man bei der Gestaltung eines Zeitungsartikels achten sollte, z. B.:
Wähle für die Überschrift eine große Schriftgröße.

5 Setzt euch zu zweit an einen Computer: Öffnet ein Textverarbeitungsprogramm und erklärt euch gegenseitig, wie man folgende Einstellungen vornehmen und Bilder einfügen kann:

Schriftart und Schriftgröße festlegen

Fettdruck oder Kursivdruck einstellen

Seitenränder festlegen

Spaltensatz anlegen

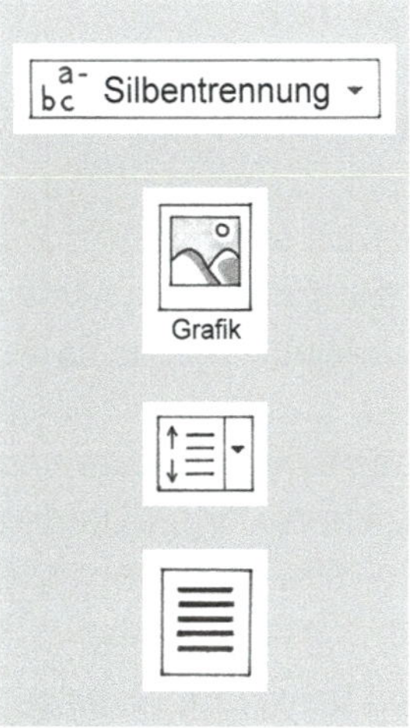

Silbentrennung einstellen

Bilder einfügen

Zeilenabstand festlegen

Blocksatz einrichten

6 a Schreibt eure Reportage am Computer und gestaltet sie als Zeitungsartikel. Speichert sie anschließend und druckt sie aus.

b Lest Ballade und Reportage nacheinander vor: Wie unterschiedlich wirken die beiden Texte?

Station 2: Eine Fotostory erstellen

Die „Schwalbe" geht auf Fahrt.

Im Dämmerlicht ist schon das Ufer zu erkennen.

1 Betrachtet den Ausschnitt aus einer Fotostory und beschreibt den Aufbau. Verwendet dabei folgende Begriffe:

Foto • Textkasten • Sprechblase • Denkblase • Soundword

2 Plant eine Fotostory zu der Ballade „John Maynard" (▶ S. 128 f.):

a Lest die Ballade noch einmal und notiert stichwortartig, welche Szenen man auf Fotos nachstellen kann.

b Legt ein Szenenbuch an:
- Skizziert alle Szenen, die ihr darstellen wollt.
- Schreibt unter jede Skizze Informationen zur Aufnahme:
  Wer stellt welche Figur dar?
  Wo wird das Foto aufgenommen?
  Welche Requisiten sind notwendig?

Wer?
John Maynard: Lukas
Passagiere: Sina, Max, Tim
Wo? vor der Tafel
Requisiten: Schornstein, Sonnenbrillen, Hüte

3 Nehmt die Fotos für eure Fotostory mit einer Digitalkamera oder einem Handy auf. Stellt das Verhalten und die Gefühle der Figuren deutlich durch Mimik und Gestik (▶ S. 281) dar.

4 Wählt für die Fertigstellung eurer Fotostory eine der folgenden beiden Möglichkeiten:

A Analoge Variante:
- Fotos ausdrucken und beschneiden
- Texte, Sprech- und Denkblasen, Soundwords schreiben und ausschneiden
- alle Bestandteile anordnen und aufkleben
- Fotostory im Klassenraum aushängen

B Digitale Variante:
- Fotos auf den Computer laden und bearbeiten
- Textfelder, Sprech- und Denkblasen, Soundwords als Legenden einfügen
- Fotostory über Beamer präsentieren

Station 3: Ein Hörspiel aufnehmen

1 Plant ein Hörspiel zu der Ballade „John Maynard“ (▶ S. 128 f.):
a Lest die Ballade noch einmal genau und legt fest, welche Sprecher ihr benötigt. Verteilt die Sprecherrollen.
b Notiert, welche Textstellen man mit Geräuschen unterlegen kann.

2 Geräusche liefern in einem Hörspiel wichtige Informationen zur Handlung und zur Stimmung.
a Welche Geräusche kann man wie nachmachen? Probiert die vier Geräuschrezepte aus und ordnet ihnen folgende Geräusche zu: *Wellenschlagen, Dampfertuten, Herzschlag, Feuer.*

A ein Geschirrtuch mit beiden Händen fassen und rhythmisch auseinanderziehen

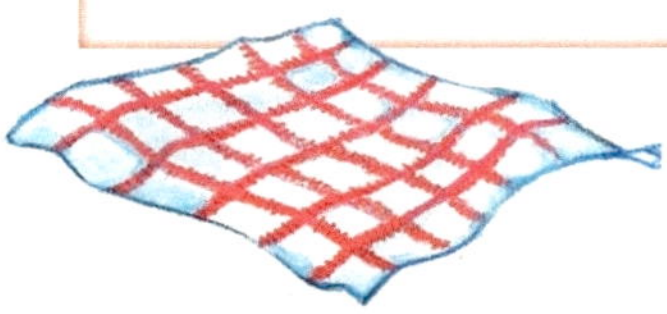

B mit der Hand in einer Wasserschüssel plätschern

C eine leere Glasflasche an die Lippen setzen und über den Flaschenrand pusten

D mit Alufolie rascheln

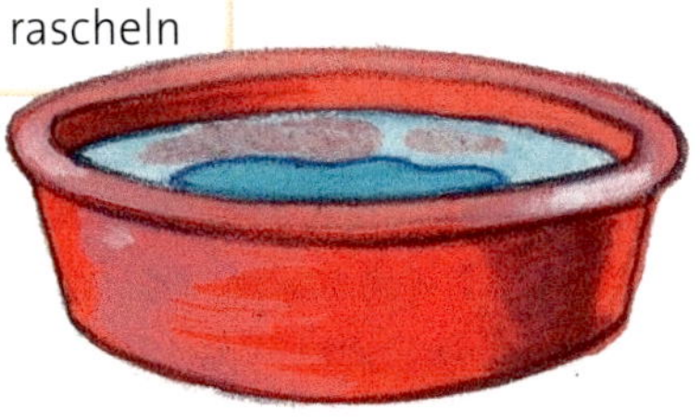

b Überlegt und probiert, wie ihr die notwendigen Geräusche für euer Hörspiel nachahmen könnt.
c Sucht auf den folgenden Internetseiten nach weiteren passenden Geräuschen:
www.auditorix.de [23. 03. 2015]
www.hoerspielbox.de [23. 02. 2015]

3 Besprecht, ob und wie ihr den Balladentext ergänzen wollt, z. B. durch:
– weitere Dialoge zwischen den Passagieren,
– Selbstgespräche des Kapitäns oder John Maynards,
– Gespräche Schaulustiger an Land.

4 Überlegt Strophe für Strophe, wie ihr die Figuren, den Ort und die Handlung hörbar machen könnt. Legt einen Hörspielplan an:

Strophe	Sprecher	Ort und Geräusche	Handlung und Geräusche
1	*- Erzähler* *- Fragender* *- Antwortender*	*Auf dem Friedhof:* *- Vögel zwitschern (Vogelpfeife)* *- Kirchenglocken (Aufnahme)*	*Gespräch vor dem Grabstein von John Maynard*
2	…	…	…

5 Regisseur, Sprecher, Geräuschemacher oder Aufnahmeleiter?
Bestimmt, wer welche Aufgabe übernimmt, und übt das Hörspiel ein.

6 Nehmt euer Hörspiel auf oder spielt es der Klasse hinter einem Vorhang vor.

7.3 Projekt – Einen Balladenabend gestalten

In den Kapiteln 7.1 und 7.2 habt ihr verschiedene Möglichkeiten kennen gelernt, Balladen vorzutragen oder darzustellen. Für die Planung eines Balladenabends findet ihr auf den folgenden Seiten am Beispiel von Goethes berühmter „Zauberlehrling“-Ballade weitere Anregungen, die ihr mit allen Balladen des Kapitels umsetzen könnt.

Johann Wolfgang Goethe (1749–1832)

Der Zauberlehrling

Hat der alte Hexenmeister
Sich doch einmal wegbegeben!
Und nun sollen seine Geister
Auch nach meinem Willen leben.
Seine Wort' und Werke
Merkt' ich und den Brauch,
Und mit Geistesstärke
Tu' ich Wunder auch.

Walle! walle
Manche Strecke,
Dass zum Zwecke
Wasser fließe
Und mit reichem, vollem Schwalle
Zu dem Bade sich ergieße!

Und nun komm, du alter Besen!
Nimm die schlechten Lumpenhüllen!
Bist schon lange Knecht gewesen;
Nun erfülle meinen Willen!
Auf zwei Beinen stehe,
Oben sei ein Kopf,
Eile nun und gehe
Mit dem Wassertopf!

Walle! walle
Manche Strecke,
Dass zum Zwecke
Wasser fließe
Und mit reichem, vollem Schwalle
Zu dem Bade sich ergieße!

Seht, er läuft zum Ufer nieder;
Wahrlich! ist schon an dem Flusse,
Und mit Blitzesschnelle wieder
Ist er hier mit raschem Gusse.
Schon zum zweiten Male!
Wie das Becken schwillt!
Wie sich jede Schale
Voll mit Wasser füllt!

Stehe! stehe!
Denn wir haben
Deiner Gaben
Voll gemessen! –
Ach, ich merk' es! Wehe! wehe!
Hab' ich doch das Wort vergessen!

Ach, das Wort, worauf am Ende
Er das wird, was er gewesen.
Ach, er läuft und bringt behände!
Wärst du doch der alte Besen!
Immer neue Güsse
Bringt er schnell herein,
Ach! und hundert Flüsse
Stürzen auf mich ein.

Nein, nicht länger
Kann ich's lassen;
Will ihn fassen.
Das ist Tücke!
Ach! nun wird mir immer bänger!
Welche Miene! welche Blicke!

O, du Ausgeburt der Hölle!
Soll das ganze Haus ersaufen?
Seh' ich über jede Schwelle
Doch schon Wasserströme laufen.
Ein verruchter Besen,
Der nicht hören will!
Stock, der du gewesen,
Steh doch wieder still!

Willst's am Ende
Gar nicht lassen?
Will dich fassen,
Will dich halten,
Und das alte Holz behände
Mit dem scharfen Beile spalten.

Seht, da kommt er schleppend wieder!
Wie ich mich nun auf dich werfe,
Gleich, o Kobold, liegst du nieder;
Krachend trifft die glatte Schärfe!
Wahrlich! brav getroffen!
Seht, er ist entzwei!
Und nun kann ich hoffen,
Und ich atme frei!

Wehe! wehe!
Beide Teile
Stehn in Eile
Schon als Knechte
Völlig fertig in die Höhe!
Helft mir, ach! ihr hohen Mächte!

Und sie laufen! Nass und nässer
Wird's im Saal und auf den Stufen.
Welch entsetzliches Gewässer!
Herr und Meister! hör' mich rufen! –
Ach, da kommt der Meister!
Herr, die Not ist groß!
Die ich rief, die Geister,
Werd' ich nun nicht los.

„In die Ecke,
Besen! Besen!
Seid's gewesen!
Denn als Geister
Ruft euch nur, zu seinem Zwecke,
Erst hervor der alte Meister."

1 Besprecht mit einem Lernpartner, worum es in der Ballade geht. Beantwortet die W-Fragen:
- Wo spielt die Handlung?
- Wer kommt in der Ballade vor?
- Was geschieht in der Ballade?

2 a Klärt zu zweit, was die folgenden Wörter und Textstellen in der Ballade bedeuten:

Brauch (Vers 6) • Tu' ich Wunder auch (Vers 8) • behände (Vers 45) • Tücke (Vers 54) • wird mir immer bänger (Vers 55) • verruchter (Vers 61) • die glatte Schärfe (Vers 74) • brav (Vers 75)

b Nennt eurem Lernpartner weitere Textstellen, die ihr nicht versteht. Überlegt gemeinsam, was sie bedeuten.

3 a Was genau passiert in den einzelnen Strophen? Notiert stichwortartig die Handlungsschritte:

Strophe 1: – Meister ist weg, Zauberlehrling allein im Haus
– möchte Zauberkünste probieren
Strophe 2: – übt Zauberspruch …

b Erzählt euch abwechselnd mit Hilfe eurer Notizen den Inhalt der einzelnen Strophen nach. Geht dabei auch auf den Zustand des Zauberlehrlings ein:

übermütig • hilflos • fröhlich • ahnungslos • ängstlich • ärgerlich • erleichtert • furchtlos • erschrocken • panisch • neugierig • überrascht • verzweifelt • wütend • selbstbewusst • stolz

4 Die Ballade „Der Zauberlehrling" hat einen ganz bestimmten Rhythmus.

a Versucht die Ballade rhythmisch zu lesen und den Rhythmus dabei leise zu klopfen. Achtet auf betonte (X́) und unbetonte (X) Silben.

b Ordnet der Ballade das richtige Versmaß zu:

A Jambus (XX́): unbetont – betont	**B** Trochäus (X́X): betont – unbetont	**C** Daktylus (X́XX): betont – unbetont – unbetont

5 Wie beurteilt ihr das Verhalten des Zauberlehrlings? Formuliert eure Meinung mit Begründung, z. B.:

Meiner Meinung nach ist der Zauberlehrling sehr mutig, weil …	*Ich finde, der Zauberlehrling verhält sich leichtsinnig, denn …*	*Meiner Meinung nach hat der Zauberlehrling ein Recht darauf, …*

6 Versetzt euch in den Zauberlehrling und wählt eine der folgenden Schreibaufgaben:

A Stellt euch vor, der Zauberlehrling erinnert sich am Abend an diesen Ausbildungstag. Schreibt einen inneren Monolog, in dem deutlich wird, was der Zauberlehrling erlebt und dabei gefühlt hat.

B Was könnte der Zauberlehrling nach dem Vorfall zu dem Meister sagen? Wie würde der Meister darauf reagieren? Schreibt einen Dialog zwischen den Figuren.

C Stellt euch vor, der Zauberlehrling möchte sich nach dem Vorfall bei seinem Meister entschuldigen. Schreibt einen Entschuldigungsbrief.

Information **Das Metrum (Versmaß)**

Wenn sich in einem Gedicht aus dem **Wechsel von unbetonten (X) und betonten (X́) Silben** ein regelmäßiges Muster ergibt, nennt man dies das Versmaß (Metrum). Man unterscheidet:

- **Jambus** (XX́): unbetont – betont *(Sie-schwíe-gen-láng-die-Són-ne-glómm)*
- **Trochäus** (X́X): betont – unbetont *(Hát-der-ál-te-Hé-xen-méis-ter)*
- **Daktylus** (X́XX): betont – unbetont – unbetont *(Pfíngs-ten-das-líeb-li-che-Fést-war-ge-kóm-men)*
- **Anapäst** (XXX́): unbetont – unbetont – betont *(Wie-mein-Glück-ist-mein-Líed)*

Einen Balladen-Rap aufführen

Ein Rap ist ein rhythmischer Sprechgesang, der Ende der 1960er Jahre in Städten wie beispielsweise New York entstand. Dort hatten sich die DJs angewöhnt, die Musikstücke, die sie auflegten, mit Sprüchen aus dem Jugendslang anzusagen. Sie taten dies immer häufiger in Reimen und im Rhythmus der jeweiligen Musik, die sie auflegten. Heute werden beim Rap meist umgangssprachliche Texte zügig in einem bestimmten Rhythmus vorgetragen.

1 Lest den Text und besprecht: Was ist das Besondere an einem Rap?

2 Bereitet in der Gruppe einen Rap zu der Ballade „Der Zauberlehrling" (▶ S. 134 f.) vor:
- Teilt die Strophen auf und lernt den Text auswendig.
- Probiert gemeinsam aus, wie ihr die einzelnen Strophen rhythmisch sprechen könnt.
- Übt passende Bewegungen zu dem Rap ein.
- Überlegt, ob ihr den Rap mit passender Musik unterlegen oder den Rhythmus mit Handtrommeln verstärken wollt.

3 Erweitert den Text: Fügt Aussagen oder Kommentare in passendem Rhythmus ein:

4 Tragt euren Rap vor: Der Sprecher tritt jeweils nach vorn, die anderen Vortragenden bewegen sich im Hintergrund zum Rhythmus.

Hat der alte Hexenmeister
Sich doch einmal wegbegeben!
Ach, herrjeh, was soll das geben!
Und nun sollen seine Geister
Auch nach meinem Willen leben.
Sind das nicht nur leere Reden?

Eine Ballade als Schattenspiel nachspielen

Das Schattenspiel oder auch Schattentheater stammt ursprünglich aus Asien. In Ländern wie China, Indonesien oder Thailand hat es eine jahrhundertealte Tradition. Beim Schattenspiel wird eine Handlung nur durch Pantomime dargestellt. Dabei wird ein dünner Vorhang mit einem Scheinwerfer von hinten angestrahlt. Die Schattenspieler stehen zwischen Scheinwerfer und Vorhang und erzeugen den Schatten. Zusätzlich kann ein Sprecher den Text vorlesen.

1 Lest den Text und besprecht, wie ein Schattenspiel funktioniert und was man dazu benötigt.

2 Bildet Gruppen und übt, den Inhalt der Ballade „Der Zauberlehrling" (▶ S. 134 f.) ohne Worte nur mit Bewegungen darzustellen.

Eine Ballade in den 20-Uhr-Nachrichten präsentieren

„Guten Abend, meine sehr verehrten Damen und Herren. Ich begrüße Sie zu den 20-Uhr-Nachrichten. Ein Auszubildender hat heute Abend seinen Meister in dessen Werkstatt in Wermelskirchen in Angst und Schrecken versetzt, als dieser auf bisher unerklärliche Weise …"

In einer Nachrichtensendung wird sachlich und genau über einen Vorfall berichtet. Dabei werden folgende Fragen beantwortet:

- **Was** geschah? **Wann** geschah es? **Wo** geschah es?
- **Wer** war beteiligt?
- **Wie** und **warum** geschah es?
- **Welche Folgen** hat der Vorfall?

Ein Nachrichtensprecher sitzt an einem Tisch und liest die Meldung ruhig und sachlich vor.

1 Bereitet eine Nachrichtensendung zu der Ballade „Der Zauberlehrling" (▸ S. 134 f.) vor:
- Notiert die Informationen aus der Ballade zu den oben genannten W-Fragen.
- Denkt euch Informationen aus zu den Fragen, die in der Ballade nicht beantwortet werden.
- Schreibt den Nachrichtentext und überarbeitet ihn: Habt ihr alle Aussagen sachlich formuliert?

2 Tragt euren Nachrichtentext ruhig und sachlich wie ein Nachrichtensprecher vor.

Einen Organisationsplan für den Balladenabend erstellen

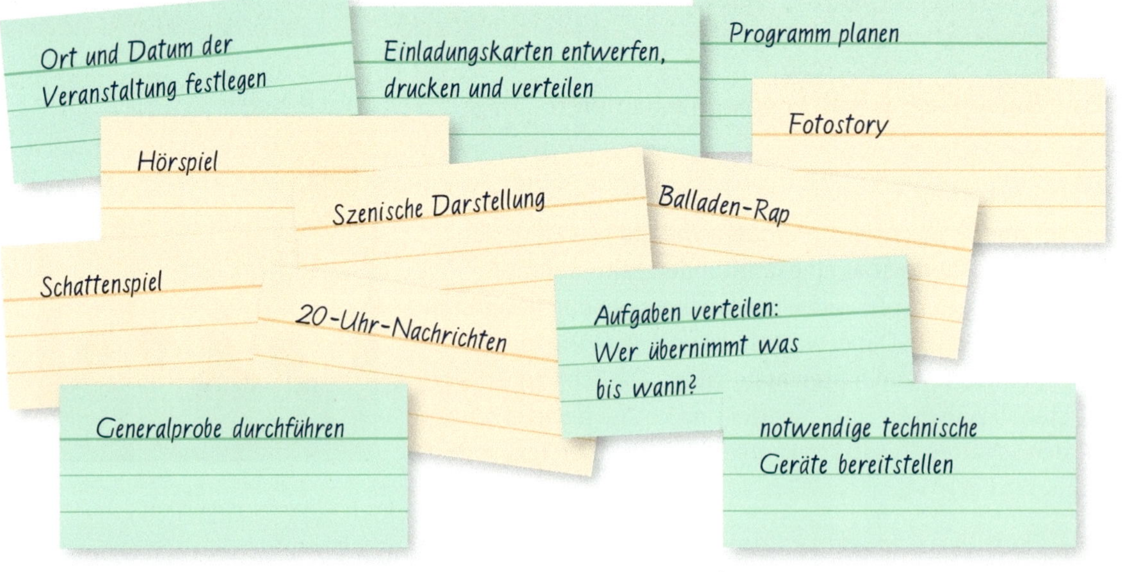

1 Entwerft einen Organisationsplan für den Balladenabend. Berücksichtigt dabei die auf den Karten genannten Punkte.

8 „Rosinen im Kopf" – Ein Jugendtheaterstück lesen, weiterschreiben und spielen

1 Das Bild zeigt eine Szene aus dem Jugendtheaterstück „Rosinen im Kopf".
a Was fällt euch spontan zu dem Titel des Stücks ein? Tauscht euch aus.
b Stellt Vermutungen darüber an, wovon das Stück handeln könnte.

2 Schaut euch die Schauspieler auf dem Foto genau an:
a Beschreibt den Gesichtsausdruck und die Körperhaltung.
b Was könnten sie zueinander sagen? Schreibt einen Dialog zum Bild oder improvisiert eine passende Szene.

3 Habt ihr schon einmal ein Theaterstück gesehen oder aufgeführt? Berichtet von euren Theatererfahrungen.

In diesem Kapitel ...

- lest und spielt ihr Theaterszenen,
- untersucht ihr Figuren, Handlung und Konflikte in den Szenen,
- schreibt ihr eigene Szenen,
- bereitet ihr eine Theateraufführung vor.

8.1 „Träum weiter!" – Ein Theaterstück untersuchen

Thomas Ahrens, Volker Ludwig

Rosinen im Kopf (Auszug Szene 1)

Das Theaterstück „Rosinen im Kopf" wurde im Jahr 2009 in Berlin zum ersten Mal aufgeführt. Die Hauptfigur ist der Jugendliche Nico. Er lebt mit seinem Vater allein in Berlin. Nico hat ganz andere Vorstellungen und Träume von seinem Leben als z. B. seine beste Freundin Sonja.

SONJA *(kommt mit Schultasche angerannt)*: Halt, warten! Mist! *(ruft zurück)*: Mensch, Nico, jetzt ist der Bus schon wieder weg!

NICO *(verbundene rechte Hand, kommt mit Schultasche angeschlendert und liest in einem Reiseprospekt)*: Bus – is' ja ekelhaft! Irgendwann bin ich sowieso nur noch mit meinem Privatjet unterwegs! Rom! New York! Paris! Rio! Da sitze ich hinten mit meinem Piloten an der Bar und trinke Schampus und mampfe Gummibärchen.

SONJA: Und wer fliegt das Flugzeug?

NICO: Das macht doch der Bordcomputer. Hey, Joey, wie wär's, wenn wir mal wieder 'ne Sause in die Sonne machen? – O. K., Chef, Kurs Richtung Südsee! – Achtung, Achtung, bitte anschnallen.

SONJA: Alles klar.

NICO: Na warte! *(nimmt Sonja auf den Rücken)*

SONJA: Lass mich runter!

NICO: Nein – wir befinden uns im Landeanflug auf den Airport. *(Sonja hält ihm die Augen zu.)* Oh, es ist neblig. Wo sind die Landefeuer?!

SONJA: Dort!

NICO *(ahmt Albatros nach – Sonja springt ab – Nico stolpert)*: Klasse Landung, Joey. Und dann geht's an den Strand. So weit das Auge blickt, flacher, weißer Sandstrand und Kokospalmen …

SONJA: Mensch, Nico, hör doch mal auf mit dem Quatsch!

Nico: Das is' kein Quatsch! So was gibt's wirklich! *(kramt in seiner Schultasche und zieht einen Reiseprospekt hervor)* Hier! Guck doch!

Sonja: Kenn ich doch schon.

Nico: Was is', willste mitkommen?

Sonja: Mann, hör auf, ich muss nach Hause.

Nico: Sonja will nach Hause in die Ottostraße 17. Wie spannend!

Sonja: Sag mal, du kannst doch Englisch, wenn de willst. Warum hast 'n die Arbeit nicht mitgeschrieben?

Nico: Hallo?! Is meine Hand vielleicht übelst verstaucht?!

Sonja: Kann ich vielleicht mal? *(fühlt seine Stirn, schreit)* Aua, is' das heiß! Zeigste mir mal deine kaputte Hand? *(schnappt nach seiner Hand, er schreit fürchterlich auf, Sonja erschrickt)* Entschuldigung!

Nico *(streift und schüttelt den Verband ab, zappelt mit seinen Fingern herum)*: Dabididu dabididu, das Wunder der Medizin!

Sonja: Ich hab's genau gewusst, du Schauspieler. Die war so leicht, die Englischarbeit, hättste ruhig mitschreiben können!

Nico: Ich brauch keine Schule. Bei der nächsten Staffel von DSDS bin ich sowieso dabei, und dann ... *(zieht eine Fernbedienung aus der Tasche, drückt einen Knopf, kündigt sich als Moderator selbst an)* Und jetzt, meine sehr verehrten Damen und Herren, sehen und hören Sie Nico Hannemann ... als Elvis Presley! *(mimt Elvis Presley und singt)*

Sonja *(zappt zu)*: Michael Jackson.

(Nico tanzt und singt wie Michael Jackson.)

Sonja: Und Germany's Next Topmodel.

Nico: Drama, Baby, Drama, Die Handtasche muss leben! Nico, ich habe heute ein Bild für dich!

Sonja: Und Dschungelcamp!

Nico: Hmm, lecker Ohrwürmer ... *(Sonja macht mit und beide essen.)*

Sonja: O. K., cool! Aber die Sendung is' trotzdem bescheuert! Was willst 'n da?

Nico: Das is' doch nur der Anfang! Danach geht's erst richtig los! Dann kommt die Weltkarriere!

Sonja: Mensch, Nico, so 'n bisschen Singen und Tanzen reicht doch nicht für 'ne Weltkarriere!

Nico: Na toll, Sonja die Spaßbremse, Ottostraße 17, erster Stock, Hinterhof.

Sonja: Na toll, Nico der Spinner, Ottostraße 17, dritter Stock rechts. *(winkt ins Off)* Huhu, Herr Hannemann!

Nico: Oh, Scheiße, mein Oller. *(will sich verdrücken)*

Hannemann *(kommt mit einem klapprigen Fahrrad angefahren, lange Haare, Stirnband, Messenger-Tasche auf dem Rücken, etwas außer Atem)*: Hey, Nico. Tach, Kleene. Na, wie war's in der Schule?

Sonja: Gut.

Nico: Wie immer.

Hannemann: Klingt ja toll. Und ihr habt heute 'nen Erste-Hilfe-Kurs gehabt?

Nico: Hä ... Wieso?

Hannemann *(lacht)*: Weil dir 'n Meter Verbandszeug aus der Hose hängt.
Wir hatten früher mal einen in der Klasse, der hat versucht, sich den Arm einzugipsen, weil er 'ne Klassenarbeit nicht mitschreiben wollte. Aber der Lehrer hat's gemerkt, weil er sich den Hemdsärmel mit eingegipst hatte.

Sonja *(amüsiert)*: Echt dumm gelaufen.

Nico: Warum erzählst du denn das?

Hannemann: Och, is' mir gerade so eingefallen. Warum bist 'n noch nicht zu Hause?

Nico: Bus war weg.

Sonja *(nickt)*: Ja, stimmt.

Hannemann: Ich will ja nicht drängeln, aber der Müll muss runter, und der Abwasch muss auch noch gemacht werden.

Nico: Immer ich! Wieso ich?

Hannemann: Nico – jetzt pass mal auf. Jetzt hab ich seit einer Woche endlich wieder einen Job, wo ich Geld verdienen kann, um uns beide durchzubringen. Da muss ich ordentlich ranklotzen. Und da musst du auch ein bisschen im Haushalt mithelfen. Und dann reicht's vielleicht auch mal für einen gemeinsamen Urlaub – 'nen bisschen weiter weg als nur bei Oma Herder auf 'n Bauernhof.

Nico: Echt?

HANNEMANN: Ja, mal ins Ausland.

NICO: Au ja ... Oasis of the Seas. *(zitiert aus seinen Reiseprospekten)* Das größte Kreuzfahrtschiff der Welt. Das hat 'nen eigenen Rummelplatz, 'ne übelst lange Seilbahn, ein Riesentheater und ...

HANNEMANN: Was is' los? Du hast ja Rosinen im Kopf!

NICO: Hä?

SONJA *(lacht)*: Rosinen im Kopf? Hab ich ja noch nie gehört.

HANNEMANN: Is doch wahr! Spinner. Außerdem hab ich gesagt: Vielleicht. *(Sein Handy klingelt, ins Telefon)* ... City-Flitzer Hannemann, wo soll ich hin? ... Ku'damm 217 ... Bin schon da, ich fliege.

1 Bestimmt die Anzahl der Figuren in der Szene und lest sie mit verteilten Rollen.

2 Worum geht es in der Szene? Formuliert eine passende Überschrift.

3 Wann und wo spielt die Handlung der Szene?
Sucht im Text Informationen zur Zeit und zum Ort der Handlung. Notiert die Textstellen.

4 Welche Figuren treten auf? Legt zu jeder Figur eine Rollenkarte an:
- Zeichnet oder skizziert die Figur. Ihr könnt die Skizze auch beschriften.
- Schreibt unter die Zeichnung stichwortartig alle Informationen, die im Text zu der Figur gegeben werden.
- Notiert, welche Charaktereigenschaften die Figur hat:

ernsthaft • sorglos • verspielt • vernünftig • ehrgeizig • großzügig • fürsorglich • ehrlich • intelligent • kreativ • optimistisch • pessimistisch • selbstbewusst • schüchtern • spießig • zuverlässig • weitsichtig • bodenständig • bescheiden • eingebildet • eitel • neugierig • eigensinnig • egoistisch • oberflächlich • überheblich • stur • pflichtbewusst • verträumt

5 Um eine Szene gut spielen zu können, muss man wissen, welche Beziehungen die Figuren in der Szene zueinander haben.

a Übertragt die folgende Figurenskizze in euer Heft:

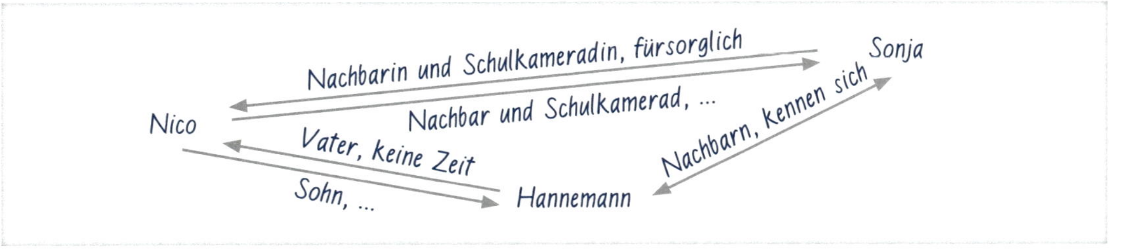

b Ergänzt Angaben zu den Beziehungen der Figuren und wie sie sich zueinander verhalten.

6 a „Du hast ja Rosinen im Kopf!" (▶ Z. 128 f.), sagt Herr Hannemann zu seinem Sohn Nico. Erklärt, was er damit meint.

b Welche unterschiedlichen Träume und Vorstellungen vom Leben haben Nico und Sonja? Nennt Textbeispiele.

7 Nico schlüpft gern in andere Rollen: Mal ist er Elvis Presley, mal Michael Jackson.

a Spielt Nico in diesen Rollen.

b Stellt andere berühmte Sänger oder Filmstars dar, die Nico nachspielen könnte. Lasst die anderen raten, wen ihr darstellt.

8 Bildet Vierergruppen und übt die Szene (▶ S. 140–142) ein:
- Verteilt die drei Rollen und bestimmt einen Regisseur, der die Probe anleitet.
- Besprecht, welche Requisiten ihr benötigt.
- Lest noch einmal eure Rollenkarte und fühlt euch in die Figur ein. Übt dann euren Rollentext.
- Probt die Szene. Beachtet dabei die Regieanweisungen im Text.

Tipp: Ihr könnt die Szene auch filmen und mit eurem Regisseur nachbesprechen.

9 Spielt euch die Szene in der Klasse gegenseitig vor und gebt euch dazu Rückmeldungen: Haben die Sprechweise und die Bewegungen zur Figur und zur Situation gepasst?

10 Wie könnte es weitergehen? Improvisiert eine Fortsetzung der Szene.

Information **Fachbegriffe im Theater**

- **Figuren** nennt man Menschen und Gestalten, die in einem Theaterstück vorkommen. Informationen zu ihrem Aussehen und zu ihren Charaktereigenschaften kann man auf **Rollenkarten** festhalten.
- Von **Rollen** spricht man, wenn Schauspieler eine Figur in einem Theaterstück darstellen.
- **Regieanweisungen** in Bühnentexten geben den Schauspielern Hinweise darauf, wie sie sprechen und wie sie sich auf der Bühne bewegen und verhalten sollen.
- **Requisiten** sind bewegliche Gegenstände, die der Ausstattung der Szene dienen.
- **Improvisieren** bedeutet, eine Szene spontan ohne Textvorgabe zu spielen.

Handlungsverlauf und Konflikt verstehen

Thomas Ahrens, Volker Ludwig

Rosinen im Kopf (Auszug Szene 2)

NICO *(hockt in einer Mülltonne für Altpapier, lupft vorsichtig den Deckel, schaut sich um):* Captain Kirk an Crew ... Captain Kirk an Crew, auf welchem Planeten sind wir hier? Wo sind wir hier? ... *(mit Roboterstimme):* Raumschiff Enterprise hat ein Problem. Unsere Navigation hat versagt. Wir mussten notlanden. [...] *(formt mit den Händen ein Fernrohr)* Ist das vielleicht der Planet der Affen? Nein, unmöglich. Viel zu viele Zwerge mit Pausenbroten in der Hand und ohne Fell. Oh nein! Was sehen meine entzündeten Augen? Da, ein Alien! Alle Mann in Deckung. *(Verschwindet in der Tonne. Oliver, ziemlich stylisch gekleidet, kommt mit einem Schulbrot, packt es aus und wirft das Papier in die Tonne, geht weiter, stutzt, dreht sich zurück und schleicht sich an. Nico kommt vorsichtig wieder hoch, ohne Oliver zu bemerken.)*

Captain Kirk an Crew, jetzt weiß ich, wo wir sind – wir befinden uns auf einem der gefährlichsten Planeten des Universums! Schulhofia! Wir müssen fliehen! [...]

OLIVER *(kippt die Tonne um und lacht sich schlapp, klatscht Beifall):* Wow, Alter, du bist ja 'ne richtig komische Nummer, ey! Was machst 'n da?

NICO *(erschrickt zu Tode):* Wo?!?!

OLIVER: Na, in der Tonne. [...]

NICO: Wer bist 'n du überhaupt? Hab dich noch nie auf 'm Schulhof gesehn.

OLIVER: Kannste ja auch nich', bin erst seit gestern hier.

NICO: Neu?

OLIVER: Hm. [...] *(streckt die Hand aus):* Oliver.

NICO *(nimmt sie):* Nico. *(Oliver zückt Kaugummischachtel.)* Und wo kommst du her? ...

OLIVER: Früher war'n wir in Hamburg. Jetzt hat mein Vater den Berliner Chefposten von TTP übernommen.

NICO: TTP?

OLIVER: Telly Top Productions.

NICO: Ach so.

OLIVER: Ist 'ne Filmfirma.

NICO *(brennend interessiert):* Dein Vater dreht Filme?!

OLIVER: Hm.

NICO: Ich steh total auf Abenteuerfilme, Afrika und so ...

OLIVER: War ich schon.

NICO: Ja?

OLIVER: Klar. Marokko. Alles flach, irre Hitze, nichts wie Sand, blödes Hotel ...

NICO: Und warste schon mal auf den Bahamas?

OLIVER: Ja –

NICO: Malediven auch?

OLIVER: Ja –

NICO: Und auch in Dubai?

OLIVER: Klar. Alles flach, irre Hitze, nichts wie Sand, blödes Hotel, 5 Sterne, blöde Junior-Suite, gähn ...

NICO: Cool. Kostet doch irre viel Geld, oder?

OLIVER: Klar. Hat mein Vater genug von.

NICO: Macht der auch Castingshows und Abenteuerfilme?

OLIVER: Nee, nur Werbung, bringt mehr Knete.

NICO: Is' ja irre.

OLIVER: Ach, is' doch langweilig. Ich steh mehr auf totalen Horror, weißt du. Stephen King und so. Muss echt Blut fließen. Ist sonst langweilig. Kannst ja mal gucken, ob du dich traust.

NICO: Was trauen?

OLIVER: Na, das angucken. Meine Schwester rennt immer aus dem Zimmer. Wir haben 'n eigenes Kino. Und jede Menge Filme.

NICO: 'n Kino inner Wohnung? Wo gibts 'n so was?

OLIVER: Is' in jeder Wohnung.

NICO: Wie?

OLIVER: Maaaann, in den Firmenwohnungen von TTP! Ist doch Grundausstattung.
NICO: Wirklich?
OLIVER: Kannst ja mal gucken kommen.
NICO *(steigt sofort ein):* Okay. Wir kaufen uns jetzt ein paar Pommes und 'ne Cola. Und dann schleichen wir hier ab und gehen zu dir Filme gucken.
OLIVER: Einfach schwänzen? Können wir doch nicht machen!
NICO: Klaro können wir. Los, weg hier! Oder traust du dich nicht?

1 Was passiert in dieser Szene? Fasst den Inhalt mit eigenen Worten zusammen.

2 In der Szene taucht eine neue Figur auf: Oliver.
a Was erfährt man im Text über Oliver? Erstellt eine Rollenkarte (▶ S. 142) zu der Figur.
b Vergleicht die Lebenssituationen der Figuren Oliver und Nico.

3 Die Szene ist in Jugendsprache (▶ S. 293) verfasst.
a Nennt Beispiele für Jugendsprache im Text. Wie wirkt dieser Sprachstil?
b Begründet, warum die Szene in diesem Sprachstil geschrieben wurde.

4 Die Szene endet mit einem Konflikt.
a Erklärt, welche unterschiedlichen Ziele die zwei Figuren an dieser Stelle haben.
b Schreibt für beide Figuren einen Monolog (▶ S. 148), in dem die Figuren äußern, was sie in diesem Moment denken, z. B.:
Oliver: Mann, der hat vielleicht Ideen! Soll ich da jetzt wirklich mit? ...
Nico: Das fass ich nicht! Heute ist voll mein Tag! Ich muss mir das angucken ...

5 Wie könnte das Theaterstück weitergehen?
a Notiert, welche weiteren Konflikte sich ergeben könnten, z. B.:
- *Nico will in einem Werbefilm von Olivers Vater mitspielen, sein Vater ist dagegen.*
- *Nico will sich mit Oliver anfreunden, Oliver befürchtet, Nico ist nur an seinem Geld interessiert.*

b Wählt einen Konflikt und besprecht, wie der weitere Handlungsverlauf aussehen könnte.

6 Kann Nico Oliver zum Schwänzen überreden? Improvisiert die Fortsetzung der Szene.

Information **Handlungsverlauf und Konflikt**

- Da Theaterstücke vor einem Publikum gespielt werden, muss der **Handlungsverlauf** interessant oder spannend sein.
- In Theaterstücken haben oft zwei oder mehr Figuren unterschiedliche Ziele und Interessen. Den Gegensatz dieser Ziele und Interessen, aus dem Streit entsteht, nennt man **Konflikt.** Durch den Konflikt entsteht die Spannung in einem Theaterstück.

Teste dich!

Nach der Aufführung …

Leoni und Philip treffen am Tag nach der Theateraufführung des Stückes „Rosinen im Kopf" Jonas, den Darsteller der Figur Nico.

Leoni: Hey, da ist ja Nico! Hallo, Nico!
Jonas: Ich bin nicht Nico.
Philip: Aber gestern in unserer Aula, das warst du doch!
Jonas: Ja klar. Dort stand ich auf der ? . Aber ich heiße nicht Nico, das ist doch nur eine ausgedachte ? . Ich spiele in dem Theaterstück die ? des Schülers Nico. In Wirklichkeit heiße ich Jonas.
Leoni: Ach so … Bist du denn nicht aufgeregt, wenn du vor so vielen Menschen spielen musst?
Jonas: Ein bisschen Aufregung gehört immer dazu. Aber ich bereite mich ja gut auf die Aufführung vor.
Leoni: Wie denn genau?
Jonas: Zuerst lesen und besprechen wir das Stück ausführlich. Wenn man eine Figur spielt, muss man sehr genau wissen, welche ? sie hat und wie ihre ? zu den anderen Figuren ist. Wir untersuchen auch den ? des Theaterstückes. Erst dann geht es los mit den ? auf der Bühne.
Philip: Und wann lernt ihr den Text?
Jonas: Stimmt, das hatte ich noch vergessen. Das gehört natürlich auch zu der Vorbereitung. Bei den Proben üben wir dann ein, wie wir sprechen und uns bewegen und wie wir mit den Gegenständen auf der Bühne, also den ? , umgehen.
Leoni: Aber das steht doch in den ? !
Jonas: Richtig. Die Proben werden von einem ? oder einer ? geleitet. Er oder sie achtet darauf, ob wir alle Anweisungen richtig umsetzen, und gibt uns Tipps, wie wir die Figur noch besser darstellen können.

1 Lies die Szene und setze folgende Begriffe richtig ein:

Regisseur • Regisseurin • Bühne • Proben • Figur • Rolle • Regieanweisungen • Beziehung • Requisiten • Charaktereigenschaften • Handlungsverlauf

2 Nico, Sonja, Oliver oder Herr Hannemann? Ordne den vier Figuren aus dem Theaterstück „Rosinen im Kopf" die Charakterbeschreibungen A bis D zu:

A Diese Figur ist verantwortungsvoll und pflichtbewusst. Sie arbeitet viel und bedauert, dass nicht viel Zeit bleibt, das Leben zu genießen.

B Diese Figur ist verspielt und sorglos. Sie genießt das Leben und träumt von einer Karriere. Sie will Spaß haben und macht sich wenig Gedanken um Konsequenzen.

C Diese Figur ist humorvoll und freundlich. Sie ist reich, macht sich aber nicht viel aus Geld. Sie scheint pflichtbewusst zu sein.

D Diese Figur ist humorvoll. Sie stellt sich ernste Fragen zum Leben und sorgt sich um andere.

3 Vergleiche deine Lösungen mit einer Lernpartnerin oder einem Lernpartner.

8.2 So geht es weiter – Szenen schreiben und spielen

Theaterszenen fortsetzen

Thomas Ahrens, Volker Ludwig

Rosinen im Kopf (Auszug Szene 2)

Nachdem Nico erfahren hat, dass Olivers Vater, Herr Steinberg, Filmproduzent ist, kommt ihm sein eigenes Leben langweilig vor. Deshalb erzählt er Oliver und dessen Schwester Pia, dass sein Vater, der als Fahrradkurier arbeitet, eigentlich Agent und in „geheimer Mission" unterwegs sei. Aber keiner dürfe etwas über den Beruf seines Vaters erfahren. Schließlich findet Herr Hannemann heraus, was Nico über ihn erzählt hat:

HANNEMANN: Dämliches Gequatsche! Ich reise in geheimer Mission. Heute Moskau, morgen New York, übermorgen Honolulu.

NICO *(erschrocken)*: Was hat Pia erzählt?

HANNEMANN: Die denkt immer noch, ich bin James Bond persönlich.

NICO *(erleichtert)*: Ja.

HANNEMANN: Sag mal, hast du 'ne Vollmeise? Bin ich dir nicht gut genug?

NICO: Nee! – Ich will 'nen anderen Vater!

HANNEMANN: Und wieso?

NICO: Was hab ich denn von dir? Nix. Wir ham kein Auto ...

HANNEMANN: Brauch ich nicht. Mit meinem Fahrrad häng ich in der Stadt jedes Auto ab ...

NICO: Wir ham nich mal 'ne Playstation, keine Wii und fahren nie in den Urlaub. Und wir ham nur so 'nen dämlichen alten Fernseher!

HANNEMANN: Na, hör mal, den haben wir gerade erst abbezahlt. Außerdem macht Fernsehen blöde im Kopf ...

NICO: Bier auch! Und meine Anziehsachen kaufst du im Billigladen. Guck doch mal, wie ich aussehe!

1 Setzt die Szene in Partnerarbeit fort:

a Besprecht zu zweit, was Nico seinem Vater erklärt und wie dieser darauf reagiert.
b Diskutiert, wie die Szene ausgehen soll.
c Schreibt die Fortsetzung des Dialogs. Lasst zwischen den Aussagen jeweils eine Zeile frei.
d Ergänzt in den leeren Zeilen passende Regieanweisungen.

2 Was denkt Nico nach dem Gespräch mit seinem Vater? Fügt dem Dialog von Aufgabe 1 noch einen Monolog (▸ S. 148) mit Nicos Gedanken hinzu.

Thomas Ahrens, Volker Ludwig

Rosinen im Kopf (Auszug Szene 4)

Oliver und Pia im Garten der Familie Steinberg. Oliver hängt über der Schaukel und lacht sich schlapp:

OLIVER: Ich glaub's nicht, ich glaub's nicht! Nicos Vater verkleidet! In geheimer Mission! Wie James Bond! Und die glaubt das! Mensch, Briefträger mit Drahtesel!
PIA: Ich hau dir gleich eine runter! Dein Nico ist 'n Lügenschwein! Und sein Vater genauso.
OLIVER: Wieso? Hat er denn gesagt, dass er verkleidet ist?
PIA: Das durfte er doch nicht.
OLIVER: Durfte er nicht! *(lacht sich fast tot)* Mann, wenn Blödheit weh tun würde, müsstest du den ganzen Tag schreien.
PIA: Der hat aber so getan. Also lügt er auch.
OLIVER: Also ich find das ja total stark von dem Alten. Der Nico, der macht 'nen Witz, und der Alte, der spielt da einfach voll mit. Meinst du, Papa würde so was mitmachen?
PIA: Klar.
OLIVER: Nee, der wäre nur sauer.
(Nico klingelt an der Tür.)
OLIVER *(leise)*: Geheimagent Hannemann, hähähä!

3 Setzt die Szene in Gruppenarbeit fort:
a Verteilt die drei Rollen Oliver, Pia und Nico.
b Lest den Anfang der Szene mit verteilten Rollen und improvisiert die Fortsetzung.
c Wie hat euch eure spontane Fortsetzung gefallen?
Besprecht, was ihr noch ändern wollt und wie die Szene enden soll.
d Schreibt die Fortsetzung der Szene auf und fügt Regieanweisungen ein.
Tipp: Schreibt eure Szene am Computer, dann könnt ihr sie später für jede Schauspielerin und jeden Schauspieler ausdrucken.

4 Was denken Oliver, Pia, Nico und Herr Hannemann schließlich über die „Geheimagenten-Geschichte“?
a Wählt eine Figur und schreibt für sie einen abschließenden Monolog.
b Lest eure Monologe der Klasse vor und lasst eure Mitschüler erraten, welche Figur spricht.

Information **Der Dialog und der Monolog**

Die Handlung in einem Theaterstück wird durch Dialoge und Monologe dargestellt:
- Bei einem **Dialog** (griechisch: *dio* = zwei; *logos* = die Rede) führen zwei oder mehr Figuren ein Gespräch.
- Bei einem **Monolog** (griechisch: *monos* = allein; *logos* = die Rede) spricht eine Figur allein mit sich selbst.

Fordern und fördern – Theaterszenen zu einem Thema schreiben

Schreibt eigene Theaterszenen zu einem Thema. Bildet Gruppen und wählt Aufgabe 1 oder 2:

1 ●●● Schreibt eine Szene zu dem folgenden Thema:

a Sammelt in einer Mindmap (▶ S. 298) Ideen für die Szene:

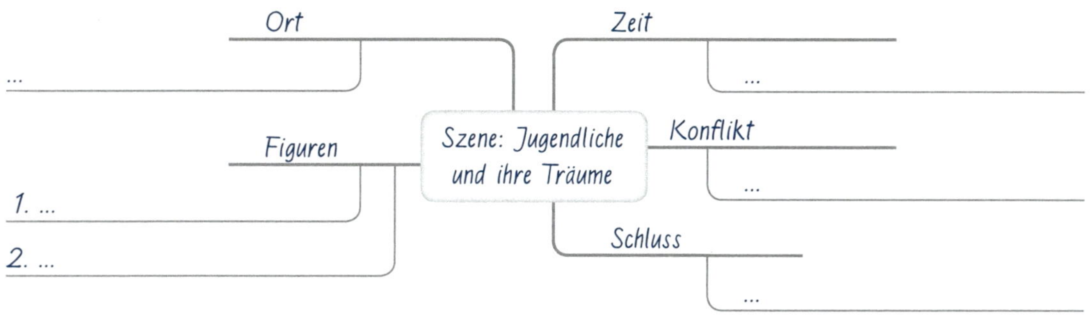

b Prüft eure Ideen und verfasst eine vollständige Szene mit einem passenden Schluss. Fügt auch Regieanweisungen ein.

2 ●●○ Schreibt eine Szene zu dem Thema „Jugendliche und ihre Träume“:

a Wählt in der Gruppe eine der folgenden Situationen aus:

A Hanna träumt von einer Modelkarriere. Ihre Freundinnen helfen ihr bei der Bewerbung um Teilnahme an einer Castingshow. Als tatsächlich die Einladung zur Show kommt, verbietet ihre Mutter die Teilnahme.

B Sarah möchte Sängerin werden. Sie spielt Gitarre und hat sogar schon selbst mehrere Lieder geschrieben. Ihre Eltern halten das für Spinnerei und fordern, sie solle sich mehr auf die Schule konzentrieren.

C Lennard probt täglich auf seiner E-Gitarre, um sich auf eine Castingshow vorzubereiten. Seine Klassenkameraden machen sich über ihn lustig, aber sein Freund Leon ermutigt ihn.

D Max träumt seit Jahren davon, als Schlagzeuger in einer Band mitzuspielen. Endlich bekommt er eine Chance dazu. Sein bester Freund Luke fürchtet, dass Max jetzt keine Zeit mehr für ihn hat.

b Übertragt die Mindmap von Aufgabe 1a ins Heft und tragt die Informationen zu eurer Szene ein.

c Ergänzt weitere Ideen zum Handlungsverlauf und zum Schluss eurer Szene.

d Verfasst eine vollständige Szene mit einem Schluss. Fügt auch Regieanweisungen ein.

Theaterszenen spielen und bewerten

Auf dem Weg zum Casting

Auf dem Schulhof, Alicia und Bengisu stehen mit einem Pausenbrot an einen Baum gelehnt und unterhalten sich. Direkt vor ihnen raufen sich Julian, Jason und Medin. Sie schubsen sich lachend hin und her. Im Hintergrund geht eine Lehrerin auf und ab.

Julian *(schlägt leicht mit der Faust gegen Medins Schulter)*: Eine Eins in Französisch. Alter Streber!

Medin *(mit breitem Grinsen)*: Zieh mich nur auf. Ich freu mich drüber!

Jason *(schadenfroh zu Julian)*: Dafür ist er in Sport eine Null. Ohne ihn im Tor hätten wir das Spiel gegen die Moorschule gewonnen.

(Medin schubst Jason ein wenig zur Seite, alle drei lachen. Die Mädchen werden aufmerksam und hören den drei Jungen zu.)

Medin: So ist das eben, Leute! Jeder hat etwas, das er gut kann, und etwas, das er besser sein lässt.

Alicia: Du kannst ja richtig schlau reden, wenn du willst.

(Tristan geht mit einer Gitarre über der Schulter an ihnen vorbei.)

Bengisu: Tristan! Wir haben jetzt Bio!

Tristan *(bleibt stehen)*: Wieso?

Bengisu: Was willst du denn mit der Gitarre?

(Die Lehrerin im Hintergrund kommt näher und hört zu.)

Tristan: Ich bin für den Rest des Schultags beurlaubt.

Jason: Warum? Wo gehst du hin?

Tristan *(nimmt die Gitarre von der Schulter und stellt sie vor sich, sieht alle fünf der Reihe nach an)*: Ich gehe nicht, ich fahre. Und zwar nach Berlin.

Jason: Berlin? Wozu das?

Tristan: Ich nehme an einer Castingshow teil.

Medin *(ungläubig)*: Was?

Jason *(entsetzt)*: Du?

Julian: Alter, dafür bist du doch viel zu schüchtern!

Tristan: Das ist meine Sache. *(hängt die Gitarre wieder über die Schulter)* Viel Spaß noch in der Schule! *(geht)*

Lehrerin *(geht zu den Schülern)*: Ihr solltet nicht gemein sein. Es stimmt, Tristan nimmt an einer Castingshow teil.

Jason *(immer noch lachend)*: Das kann ich nicht glauben! Im Unterricht sagt er keinen Piep.

Bengisu: Doch, ich glaube es schon. Ich war neulich bei Tristan zu Hause. Er hat mir etwas vorgesungen und dazu Gitarre gespielt. Das war klasse.

Julian *(verzieht skeptisch das Gesicht)*: Ich weiß nicht ... Ich kann mir das nicht vorstellen.

Alicia: Stille Wasser sind tief. So heißt es doch. Medin, du hast doch eben selbst gesagt, dass jeder etwas hat, das er besonders gut kann. Ich bin gespannt, was Tristan uns über Berlin erzählen wird.

Lehrerin *(nickt)*: Ich auch. Wir sollten ihm jetzt einfach die Daumen drücken, meint ihr nicht auch? *(Pausenklingel)*

Jason: Aber erst mal gehen wir zu Bio ... *(alle sechs gehen)*

1 Bildet Gruppen mit jeweils sieben Schülerinnen und Schülern.
Verteilt die Rollen und lest die Szene.

2 Bereitet euch mit Hilfe eines Rollenprofils auf das Spiel eurer Rolle vor:

a Beantwortet die folgenden Fragen zu eurer Figur. Notiert die Antworten auf eine Karte:

Rollenprofil zur Figur ...

1. Meine Rolle:
- *Wer bin ich? (Name, Alter, Beruf, Eigenschaften/Charakter)*
- *Was ist mein Wunsch oder mein Ziel?*
- *Wer hilft mir dabei, mein Ziel zu erreichen?*
- *Wer hindert mich daran?*

2. Mein Auftreten:
- *Welche Regieanweisungen muss ich beachten?*
- *Wie bewege ich mich (Gestik, Mimik)?*
- *Wie spreche ich?*

3. Mein Aussehen:
- *Welches Kostüm benötige ich?*
- *Welche Requisiten sind notwendig?*

b Stellt eure Rolle mit Hilfe der Rollenprofilkarte den anderen Gruppenmitgliedern vor, z. B.:
Hallo, ich bin Julian, ein 13 Jahre alter Schüler. Medin und Jason sind meine Freunde. Jch ärgere mich, dass ich so schlecht in Französisch bin, deshalb ...

3 a Wie lernt man den Text für eine Rolle auswendig?
Tauscht euch darüber in eurer Gruppe aus und gebt euch Tipps.

b Übt den Text für eure Rolle ein.
Lernt auch jeweils die letzten Worte der Figur vorher, damit ihr euren Einsatz nicht verpasst.

4 a Übt die Szene ein. Probiert dabei verschiedene Möglichkeiten aus, wie ihr euch hinstellt und bewegt.
Verwendet die notwendigen Requisiten.

b Spielt die Szene der Klasse vor. Bittet eure Mitschülerinnen und Mitschüler um eine Rückmeldung.

Methode **Einen Text auswendig lernen**

1. Teilt euren Text in **kleine Abschnitte** ein.
Stellt euch den Inhalt eines jeden Abschnitts **bildlich** vor wie in einem Film.
2. Lest den ersten Satz eines Abschnitts **laut.**
Versucht den Satz mehrmals zu **wiederholen,** bis ihr ihn mühelos aufsagen könnt.
3. Lernt die weiteren Sätze so wie den ersten.
Sagt dabei die vorhergehenden Sätze immer mit auf.

Vor der Jury

Tristan steht mit seiner Gitarre vor einer vierköpfigen Jury, die an einem langen Tisch sitzt. Alle vier klatschen. Tristan nimmt die Gitarre, stellt sie vor sich hin und stützt sich darauf ab. Er wirkt erleichtert, aber dann wird sein Gesichtsausdruck unsicher und er beißt sich auf die Unterlippe.

Jurymitglied 1 *(freundlich)*: Tristan! Warum wirkst du jetzt plötzlich so unsicher? Dein Gesang hat mich wirklich überzeugt. Ich habe deinen Vortrag wirklich genossen.
Tristan *(leise)*: Das freut mich.
Jurymitglied 2: Als du hereinkamst, dachte ich noch: Na, das wird nichts. Du wirktest ängstlich und schüchtern. Aber mit dem ersten Ton, den du gesungen hast, ging echt eine Veränderung in dir vor. Du bist über dich hinausgewachsen. Ich hätte nicht gedacht, dass du so eine kräftige und ausdrucksstarke Stimme hast!
Tristan: Danke.
Jurymitglied 3: Und auf der Gitarre bist du ja ein absoluter Profi. Einen Tipp würde ich dir allerdings geben: Vor und nach dem Auftritt solltest du selbstbewusster auftreten. Wenn du auf die Bühne kommst, zeigst du durch deine Mimik und Gestik, dass du unsicher bist, so wie jetzt. Darauf solltest du achten. Aber dein Auftritt ... *(hält den Daumen hoch)*, erste Sahne! Prima!
Tristan: Danke! Und danke für den Tipp!
Jurymitglied 4: Ich schließe mich dem an. Eines steht auf jeden Fall fest ... *(macht Pause)*
Tristan *(aufgeregt)*: Was steht fest?
Alle 4 Jurymitglieder: Du bist weiter!
Tristan: ...

1 a Lest die Szene mit verteilten Rollen.
b Wie reagiert Tristan am Ende? Spielt seine Reaktion ohne Worte, nur mit Mimik und Gestik.

2 Bildet Gruppen und bereitet das Spiel der Szene vor:
- Besprecht, welche Mimik und Gestik die einzelnen Jurymitglieder einsetzen sollten.
- Überlegt, wie Tristan auf jede Ansage der Jurymitglieder mit Mimik und Gestik reagieren sollte.
- Lernt euren Rollentext auswendig.

3 Probt die Szene. Achtet dabei besonders auf die passende Mimik und Gestik der einzelnen Figuren.

4 Spielt euch gegenseitig die Szene in der Klasse vor und bewertet die folgenden Kriterien:

Auftreten (selbstbewusst?)

Sprechweise (klar, deutlich, flüssig, passend zur Rolle?)

Mimik und Gestik (passend, bewusst eingesetzt?)

Information **Die Mimik und die Gestik**

- Mit **Mimik** ist der Gesichtsausdruck eines Schauspielers gemeint.
- Mit **Gestik** bezeichnet man die Körperhaltung und alle Bewegungen des Schauspielers.

8.3 Projekt – Theaterszenen aufführen

Bühnenbild, Requisiten und Technik vorbereiten

Wollt ihr das Theaterstück „Rosinen im Kopf“ oder eure selbst geschriebenen Szenen vor einem Publikum aufführen? Dann solltet ihr ein interessantes Bühnenbild gestalten und euch um Requisiten, Kostüme und die erforderliche Technik kümmern.

1 Verteilt folgende drei Aufgabenbereiche und bereitet in Gruppen Bühnenbild, Kostüme und Requisiten sowie die Technik für die Aufführung vor:

Bühnenbild entwickeln
- Überlegt, wie viel Platz euch auf der Bühne zur Verfügung steht.
- Prüft, wie die Bühne ausgestattet ist. Wo gibt es Lichtquellen?
- Entwerft zu jeder Szene Skizzen für die Bühnenbilder.
- Bereitet die Bühnenbilder vor. Entscheidet euch dabei für eine Gestaltungsmöglichkeit:
  A Zeichnet den Hintergrund (die Kulisse) auf große Plakate und stellt sie auf.
  B Macht Fotos für den Hintergrund oder malt Hintergrundbilder und scannt sie ein. Projiziert die Fotos oder Bilder dann mit einem Beamer auf eine Leinwand.

Kostüme und Requisiten planen
- Entwerft für jede Rolle ein passendes Kostüm: Zeichnet zu jedem Kostüm eine Skizze und beschriftet sie.
- Legt für jede Szene eine Liste mit den notwendigen Requisiten an.
- Plant, wo die Requisiten während der Aufführung aufbewahrt werden.

Technik vorbereiten
- Notiert zu jeder Szene, wie die Beleuchtung aussehen soll und welche Strahler wann eingesetzt werden sollen.
- Überlegt für jede Szene, wann welche Geräusche oder Musikeinspielungen notwendig sind.

2 Verteilt alle Rollen und wählt ein Regie-Team und ein Souffleur-Team, das während der Proben und bei der Aufführung den Schauspielern weiterhilft, wenn sie den Text vergessen haben.

3 Erstellt einen Projektplan bis zur Aufführung, in dem ihr festlegt, wer was bis wann erledigt.

Methode **Ein Bühnenbild entwickeln**

- Gestaltet die Bühne so, dass das Bühnenbild **schnell auf- und abgebaut** werden kann.
- Das **Bühnenbild** muss von den Zuschauern **gut einsehbar** sein.
- **Requisiten** müssen für die Zuschauer **gut sichtbar** sein und sich **leicht transportieren lassen.**

Zur Aufführung einladen

Ein Plakat zur Aufführung anfertigen

1 Betrachtet das nebenstehende Plakat. Welche Informationen zur Theateraufführung werden darauf gegeben? Listet sie auf:

- *Name der Schule*
- *Klasse*
- *…*

2 Worauf sollte man bei der Gestaltung eines Plakats zu einer Aufführung achten? Tauscht euch aus und notiert Tipps:

- *ausreichend große Schrift wählen*
- *Titel des Theaterstücks hervorheben*
- *…*

3 Notiert alle wichtigen Informationen zu eurer Aufführung und gestaltet das Plakat.

Eine Ankündigung für die Schulwebseite verfassen

4 Verfasst einen Text für die Schulwebseite, in dem ihr die Theateraufführung ankündigt und dazu einladet:
- Formuliert eine Überschrift:
  Theateraufführung der Klasse … / Wir machen Theater: „Rosinen im Kopf"
- Verfasst einen Einleitungssatz:
  Endlich ist es so weit: Die Klasse … lädt ein zur Theateraufführung …
- Nennt den Anlass, den Titel des Theaterstücks und wer das Stück aufführt:
  Seit einigen Wochen probt die Klasse das Stück „…" von … Die Hauptrollen spielen …
- Informiert kurz über den Inhalt des Theaterstücks, um die Leser neugierig zu machen:
  Jn dem Stück geht es um … / Jm Mittelpunkt des Stücks steht der Schüler Nico, der …
- Nennt zum Schluss Datum, Uhrzeit und Ort der Aufführung und macht Angaben zum Eintrittspreis:
  Die Premiere findet am … um … Uhr in … statt. Alle sind herzlich eingeladen!
  Der Eintritt beträgt … / ist frei.

Schreibwörter ▸ S. 300

das Theater	der Handlungsverlauf	die Aufführung	das Aussehen	kreativ
die Bühne	die Fortsetzung	die Requisiten	der Charakter	selbstbewusst

9 Begegnungen mit anderen Welten – Reisereportagen lesen und schreiben

1 Welche Gedanken habt ihr zu dem Foto?
Bildet eine Redekette: Formuliert eine Frage oder einen Satz zu dem Foto. Ruft dann eine Mitschülerin oder einen Mitschüler auf und bittet sie oder ihn um eine Äußerung.

2 Woran denkt ihr beim Thema *Reisen*?

a Berichtet von euren Erfahrungen: Welche Reisen habt ihr schon gemacht? Was habt ihr dabei erlebt?

b Tauscht euch über eure Reiseträume aus: Wohin würdet ihr gern reisen? Was würdet ihr dort unternehmen?

c Erstellt eine Mindmap (▶ S. 298) zum Thema *Reisen*.

In diesem Kapitel ...

- lernt ihr Reportagen und ihre typischen Merkmale kennen,
- untersucht ihr Grafiken,
- übt ihr schilderndes Schreiben,
- verfasst ihr eigene Reportagen.

9.1 Ungewöhnliche Erfahrungen – Reisereportagen untersuchen

Die Merkmale einer Reportage kennen lernen

Gianna Cadeggianini

Bayerischer Wald: Wo ist denn jetzt die Wildnis?

Wenn ich an Wildnis denke, dann kommt mir Tarzan in den Sinn, Bäume mit riesigen Blättern, tellergroße Spinnen, reißende Flüsse und giftige Schlangen. Mit meinen sechs Geschwistern (Elena, Camilla, Lorenzo, Gionatan, Jim und Ada), acht Fahrrädern und meinen Eltern sitze ich im Zug. Wir fahren in ein Wildniscamp im Bayerischen Wald. Jim will wissen, ob es schwer wird, einen Bären zu fangen, Lorenzo will sich von einer Liane schwingen, und Camilla fragt, wo wir schlafen werden, in einer Höhle, auf Laub, im Wald oder vielleicht auf einem Baum?

Zur Begrüßung in der Wildnis kriegen wir Kaffee und Kuchen. Wir stehen an Tischen und trinken aus Gläsern. Wir hatten uns ausgemalt, auf toten Bäumen zu sitzen und aus Tierhörnern Flusswasser zu trinken.

Abends wird es etwas wilder. Wir machen eine Nachtwanderung mit Verstecken: Jim und ich sitzen vor der Wurzel eines umgekippten Baums, beide schwarz gekleidet. Jim hat sich halb in die Erde gegraben. Ich frage ihn, ob er es unheimlich findet – keine Antwort. Das finde ich unheimlich. Es ist dunkel, feucht und still. Dann hören wir Stimmen, sie kommen näher, und plötzlich leuchtet eine Taschenlampe auf uns: gefunden!

Wir stapfen weiter an einem kleinen Bach entlang. Jim läuft vor mir. Er tappt durch die Dunkelheit, klammert sich an meiner Hand fest, watet durch große Matschpfützen, balanciert über Baumstämme und verheddert sich in einem Himbeerstrauch. Später, als wir im Bett liegen, flüstert Jim mir ins Ohr: „Schön war, dass man den Fluss nicht gesehen hat, nur gehört.“ Wildnis, das ist wie ein Hörgerät für uns Großstadtkinder.

Nachts schrecke ich von einem Schrei hoch. Was ist das? Eine Fledermaus? Und wo bin ich? Ach ja, im Baumhaus. Neun Meter über der Erde schlafen wir in einem kleinen Raum mitten zwischen Bäumen. Hinein kommt man nur über eine wackelige Hängebrücke. Wir liegen auf grünen Matratzen in Blattform in einer Art Netz. Ich schaukle ein bisschen, das Netz knarzt, Gioni schnarcht. Dann schlafe auch ich wieder ein.

Am Morgen werde ich von Jim geweckt, weil er auf meinem Matratzen-Blatt herumspringt. Kurz

danach stürmen wir alle raus, über die Hängebrücke zurück auf festen Boden. Heute steht eine Urwaldwanderung auf dem Programm.
Elena reißt unterwegs ein Stück Holz von einem morschen Baumstumpf ab und zerquetscht es. „Ich kann Wasser aus Holz drücken", ruft sie und trinkt es: „Schmeckt ganz normal." Ob das gut ist? Camilla zeigt auf einen toten Buchenstamm. Er liegt quer im Wald, ist ungefähr so schräg wie ein Dach. Wir vier Großen (Elena, Camilla, Lorenzo und ich) schaffen es hochzuklettern, aber Jim und Gioni rutschen ab. Elena versucht zu helfen und krallt sich an meinem Fuß fest, um nicht selbst runterzufallen. Das tut sicher nicht gut.
Camilla macht einen Handstand im Fluss und wird nass. Elena versteckt Haselnüsse in einem Baumstumpf, wie ein Eichhörnchen. Lorenzo malt Zeichen mit morschem Holz an die Bäume, und Jim fängt Grashüpfer. Und dann pflückt Camilla Brennnesseln. Die Wildnispädagogen, die das Camp leiten, haben uns erklärt, dass man Brennnesseln nur von unten und am Stängel anfassen soll. Dann brennen sie nicht. Beim ersten Versuch schreckt Camilla zurück: „Hat durchgebrannt, durch das Blatt", sagt sie. Also reiße ich eins für sie ab. Sie faltet es zu einem kleinen Paket, ich soll reinbeißen. Kein Problem: Die Spucke neutralisiert die Brennflüssigkeit. Haben wir gelernt. Am Ende der Wanderung kommen wir an die dickste Tanne Deutschlands. Zu neunt schaffen wir es, sie zu umarmen, Ada, die gerade ein Jahr alt geworden ist, schwebt dabei in der Luft. […]
Diese Nacht schlafen wir in der Erdhöhle. Ist es da feucht? Kommen da wilde Tiere? Haben wir da überhaupt alle Platz? Haben wir. Die Erdhöhle ist gar nicht unter der Erde. Es ist ein kugeliger Raum, der ganz mit Gras, Moos und Blumen bewachsen ist. Wir liegen im Kreis auf Matratzen und schauen durch ein rundes Fenster im Dach zu den Sternen.

Um drei Uhr nachts weckt Papa meine drei ältesten Geschwister und mich. Wir kriegen Taschenlampen, er einen Kaffee. Dann geht's los: Sonnenaufgang anschauen auf dem Großen Arber, dem höchsten Berg hier. Beim Aufstieg sehen wir im Tal die Lichter der Dörfer flimmern. Elena behauptet, dass eins die Form von einem Kamel hat. Ich finde, es sieht eher aus wie ein Elefant.
Der Gipfel ist eher ein Hügel mit ein paar Steinen. Wir raten in die Dunkelheit hinein, wo das Wildniscamp ist. Und irgendwann taucht sie dann doch auf, die Sonne: Wie ein rotes Ufo kommt sie über den Himmel angeschwommen.
Als wir später wieder im Zug zurück nach Hause sitzen, mit ein bisschen Harz an den Fingern, 15 dreckigen Fahrradtaschen und 16 verkratzten Beinen – Ada musste ja noch nicht laufen –, denke ich: Es war eine kleine Wildnis. Aber ich weiß jetzt, wie man Brennnesseln pflückt, wo ich den Stock übers Feuer halten muss, damit das beste Stockbrot gelingt, und wie einen ein Sonnenaufgang umhauen kann.

1 Würdet ihr eure Ferien auch gern einmal im „bayerischen Urwald" verbringen? Tauscht euch aus und begründet eure Aussagen.

2 Welche Erwartungen an „die Wildnis" hatten die Autorin und ihre Geschwister vor der Reise?
a Listet alle Erwartungen stichwortartig untereinander auf.
b Ergänzt daneben, wie sie den Wald tatsächlich erlebt haben.

3 Was erfährt man im Text und auf den Abbildungen über das Camp im Bayerischen Wald? Erarbeitet zu zweit eine Mindmap. Ordnet darin die wichtigen Informationen:

4 In der Reportage wird deutlich, wie die Autorin und ihre Geschwister die Reise erleben.

a Sucht Textstellen, die Aussagen und Gedanken der Reisenden wiedergeben.

b Zeichnet Sprech- und Denkblasen ins Heft und schreibt die Aussagen und Gedanken hinein.

5 Ein Schüler meint: „Wenn ich die Reportage lese, fühlt es sich so an, als wäre ich selbst dabei." Wodurch wird diese anschauliche und lebendige Wirkung des Textes erreicht?

a Ordnet den folgenden Stilmitteln A bis E die Textbeispiele zu:

- **A** Beschreibung von Sinneswahrnehmungen (was man sieht, hört, riecht, schmeckt, fühlt)
- **B** Wiedergabe von wörtlicher Rede
- **C** Formulierungen mit ausdrucksstarken Verben und anschaulichen Adjektiven
- **D** bildhafte Beschreibungen durch Vergleiche mit *wie*
- **E** Verwendung von Präsens

- Er tappt durch die Dunkelheit, klammert sich an meiner Hand fest, watet durch große Matschpfützen (▸ Z. 30–32) / Es ist dunkel, feucht und still. (▸ Z. 25)
- das Netz knarzt, Gioni schnarcht (▸ Z. 46–47)
- Später, als wir im Bett liegen, flüstert Jim mir ins Ohr: „Schön war, dass man den Fluss nicht gesehen hat, nur gehört." (▸ Z. 34–37)
- Jim und ich sitzen vor der Wurzel eines umgekippten Baums (▸ Z. 20–22)
- Er liegt quer im Wald, ist ungefähr so schräg wie ein Dach. (▸ Z. 59–60)

b Sucht zu jedem Stilmittel ein weiteres Beispiel aus der Reportage.

Information **Die Reportage**

- Anders als ein sachlicher Bericht soll eine Reportage nicht nur **informieren,** sondern auch **unterhalten.** Die Leser sollen sich das Ereignis möglichst **anschaulich und lebendig** vorstellen können.
- Oft sind die **Verfasser** der Reportagen **persönlich bei dem Ereignis dabeigewesen.**
- Reportagen werden in **Zeitungen und Zeitschriften** veröffentlicht. Auch im Fernsehen gibt es das Format *Reportage.*

Berichten und Schildern unterscheiden

Alexandra Frank

Tirol: Hinab, hei-jo

Geli stürmt davon. Ehe sich Lorenz recht versieht, ist die Kuh mit ein paar flinken Schritten den Abhang hinuntergestürmt, dorthin, wo hohes Gras wuchert und saftige Kräuterblätter locken. Schell läuft Lorenz ihr hinterher, den schulterhohen Hirtenstock in der Hand, und treibt sie zurück zur Herde, die gemächlich einen Fortweg entlangzuckelt.

Ausgebüxte Kühe? Daran ist Lorenz gewöhnt. In den letzten Wochen hat der 14-jährige Junge mehr Rinder gesehen als Menschen. Wie schon im vergangenen Jahr hat er diesen Sommer auf einer Alm in den Bergen Tirols verbracht. Seine ganzen Sommerferien und noch zwei weitere Wochen, die er von der Schule befreit wurde, weil er als Hirte arbeiten wollte. Gelebt hat er auf der Falkaunsalm, in einem Holzhaus, 1963 Meter hoch in den Bergen gelegen, umringt von Wiesen, auf denen die Kühe der Bauern aus seiner Gemeinde weiden konnten.

Nun geht es zurück. In die Schule und in seinen Heimatort Kaunerberg, der etwa acht Kilometer von der Falkaunsalm entfernt liegt. Ein großer Tag für Lorenz, denn den Almabtrieb, also den Tag, an dem das Vieh von der Alm ins Tal gebracht wird, feiern die Menschen in den Alpen wie ein Volksfest. Von jeher war es ein guter Grund, sich zu freuen, wenn die Hirten und Tiere nach dem Sommer heil und unversehrt ins Dorf zurückkehrten.

Für den Almabtrieb wird Lorenz sich herausputzen, so wie vergangenes Jahr. Statt Jeans, T-Shirt und Fleecejacke wie sonst trägt er an diesem Samstag ein rot-weiß kariertes Hemd, über das er die Hosenträger seiner Lederhose zieht. Auf seinem Kopf wird ein dunkelgrüner Lodenhut sitzen, der mit roten Nelken, duftendem Rosmarin und der Feder eines Eichelhähers geschmückt ist.

„Hei-jo", ruft Lorenz und treibt Geli und die anderen Kühe an. „Hei-jo", rufen auch Simon und Florian, seine 16-jährigen Zwillingsbrüder, die mit Lorenz den Sommer auf der Alm verbracht haben.

Drei Monate lang sind die Jungen jeden Tag um halb vier aufgestanden, also eigentlich mitten in der Nacht. Noch vor dem Morgengrauen mussten sie 60 Kühe melken. Dann, nach einem kurzen Frühstück, haben sie die Herde auf die Weide geführt. Manchmal war das ein Fußmarsch von zwei Stunden. Und während die Tiere gemütlich grasten, hieß es für die Hirten: zurückkehren, den Stall ausmisten und reinigen, nachdem sie noch mal zwei Stunden gelaufen waren. Und am Nachmittag haben sie die Kühe wieder eingesammelt, in den Stall getrieben, versorgt und gemolken. Erst um 21 Uhr, nachdem auch die Melkmaschine gespült und gereinigt war, hatte Lorenz Feierabend. „Nächste Woche, wenn die Schule anfängt, kann ich endlich wieder ausschlafen", sagt er und grinst.

Doch wirklich gestört hat ihn das frühe Aufstehen nicht. Lorenz ist in den Bergen aufgewachsen. Drei von den Kühen, auf die er im Sommer aufgepasst hat, gehören seiner Familie. […]

Außer Lorenz und seinen Brüdern hat noch ein Senner auf der Alm gewohnt. Der hat aus der Milch der Kühe frischen Käse gemacht, während seine Familie eine kleine Gastwirtschaft für Wanderer betrieben hat. Und ab und zu sind Lorenz' Eltern zu Besuch gekommen.

„Mir gefällt das Leben so hoch oben in den Bergen und ich mag Tiere", erklärt Lorenz, „deshalb wollte ich dort gerne arbeiten." Außer-

dem verdient er mit seinem Ferienjob natürlich auch Geld.
Zum Glück hatte er auf der Alm Handy- und Internetempfang: für Telefonate mit seinen Eltern, Facebook und eine Wetter-App. Denn in den Bergen, das weiß er, kann es überlebenswichtig sein zu wissen, wie sich das Wetter entwickelt.

1 Würdet ihr eure Sommerferien gern einmal als Hirtin oder Hirte auf einer Alm verbringen? Begründet eure Aussage.

2 Welche Informationen enthält die Reportage über die Arbeit auf der Alm?

a Notiert mit Hilfe der Fragewörter im Kasten W-Fragen zum Inhalt der Reportage, z. B.:
Wer hat die Ferien auf der Alm verbracht?

Wer? • Was? • Wann? • Wo? • Wie? • Warum? • Welche Folgen?

b Stellt einem Lernpartner eure Fragen zum Text und prüft seine Antworten.

3 Vergleicht die beiden farbig markierten Abschnitte im Text (▸ S. 159):
In welchem Abschnitt wird berichtet, in welchem geschildert?

a Ordnet die Aussagen A bis F den beiden Abschnitten zu und belegt sie mit Textbeispielen:
- **A** Der Abschnitt steht im Präsens.
- **B** Der Abschnitt steht hauptsächlich in einer Zeitform der Vergangenheit (Perfekt).
- **C** Es werden ausdrucksstarke Verben verwendet.
- **D** Der Textabschnitt enthält anschauliche Adjektive.
- **E** Er informiert sachlich über eine Situation.
- **F** Er vermittelt eine bestimmte Stimmung oder Atmosphäre.

b Sucht im Text drei weitere Textstellen, in denen geschildert wird.

4 Formuliert den oberen markierten Abschnitt so um, dass darin sachlich berichtet wird, z. B.:
Beim Almabtrieb entfernte sich ...

5 Formuliert die Reportage um in einen sachlichen Bericht über die Hirtenarbeit auf der Alm:
Auf der Falkaunsalm in Tirol arbeiteten diesen Sommer drei Jugendliche als Hirten. ...

Information **Berichten und Schildern in Reportagen**

Reportagen enthalten meistens berichtende und schildernde Textstellen:
- **Berichtende Stellen** geben **sachliche Informationen** (Antworten auf die W-Fragen).
- **In schildernden Stellen** werden **Sinneswahrnehmungen** (was man sieht, hört, riecht, schmeckt, fühlt) sowie **Gedanken und Gefühle** der Beteiligten genau beschrieben.
  Folgende Stilmittel werden dazu verwendet:
  – Formulierungen mit **ausdrucksstarken Verben** und **anschaulichen Adjektiven,**
  – sprachliche Bilder, beispielsweise **Vergleiche** mit *wie*,
  – Wiedergabe von **wörtlicher Rede.**
- Zum Schildern wird meistens das **Präsens** verwendet.

Grafiken und Schaubilder auswerten

Weltumseglung: Segeltörn der 16-jährigen Laura Dekker

„Manchmal habe ich mich gefragt, was ich da eigentlich mache“, sagt Laura Dekker während einer Pressekonferenz kurz nach ihrer Ankunft auf der Karibikinsel Sint Maarten.
Diese Frage stellten sich bestimmt auch andere Beobachter, die wie ich am 21. Januar im Hafen auf die Ankunft von Laura Dekker mit ihrem Zweimaster „Guppy“ warteten.
Fast eineinhalb Jahre hat die junge Holländerin auf diesem Schiff verbracht, das ca. 12 Meter lang und knapp 4 Meter breit ist. Am 21. August 2010 brach Laura voller Tatendrang und freudig gespannt von Gibraltar auf. Ihr Weg führte sie zunächst über den Atlantik durch die Karibik und den Panamakanal nach Australien. Von dort umsegelte sie südlich Afrika, um schließlich hier in der Karibik nach mehr als 27000 Seemeilen und mehr als 500 Tagen ihre Weltumseglung zu beenden.
Laura Dekker ist mit 16 Jahren die jüngste Weltumseglerin, die alleine die Welt umsegelte. Sie hat großen Mut bewiesen, da sie eine Reise hinter sich hat, die manchmal auch risikoreich und gefährlich war. Laura musste mit wenig Schlaf auskommen und jederzeit auf Gefahren wie große Handelsschiffe auf ihrer Route oder Begegnungen mit Meerestieren gefasst sein.
„Ich habe noch zitternde Knie und kann es noch gar nicht richtig begreifen, dass ich es geschafft habe!“, sagt sie zu den Segelfreunden, die sich hier im Hafenbecken eingefunden hatten, um mit Laura den Rekord zu feiern. „Es war mein Traum, ich tat, was ich wollte“, ergänzt sie strahlend.
Die gesamte Reise hat Laura in einem Internettagebuch festgehalten. Die Einsamkeit auf See konnte sie sich dadurch vertreiben und uns an ihren Erlebnissen teilhaben lassen. Dass ihr

Die Reise in Zahlen

Alter der Seglerin beim Start	14 Jahre
Dauer der Reise	17 Monate
Zurückgelegte Kilometer / Seemeilen	50000 km / 27000 Seemeilen
Reine Seetage (ohne Landkontakt)	48 Tage

nicht nur „große Fische“ auf der Fahrt begegneten, zeigt ihr Eintrag im Internet-Blog vom 26.12.2011:
Ich war gerade wieder in meine warme Koje gestiegen und eingeschlafen, als ein merkwürdiges Geräusch meine Aufmerksamkeit auf sich zog. [...] Ich knipste das Licht an und wäre fast auf ein Riesending von fliegendem Fisch getreten, der einige Sekunden vorher einen Luftangriff auf „Guppy“ geflogen war. Offenbar war er auf dem Mülleimer gelandet und neben meinem Bett zum Stehen gekommen, wo er nun mit aller Macht versuchte, wieder zu starten – was nicht wirklich gut klappte. [...] Ich habe den Fisch ordentlich verflucht, denn er war ziemlich glitschig und ließ darüber hinaus auch viele klebrige Schuppen zurück. Ich denke, dass er nun um eine unangenehme Erfahrung reicher ist, und ich hoffe, dass er auch seinen Artgenossen darüber berichtet, damit keiner von ihnen jemals wieder so dumm ist, in meine Kajüte zu fliegen. [...]

1 Was haltet ihr von der Weltumseglung der 16-jährigen Laura Dekker? Begründet eure Meinung:
Ich finde Lauras Aktion großartig / mutig / bewundernswert / riskant / unvernünftig / ...

2 Lest den Text und notiert stichwortartig Informationen zu den W-Fragen:
Wer? Wann? Wo? Was? Wie? Warum? Welche Folgen?

3 Betrachtet das Foto, die Karte und die Tabelle zum Text genauer:
a Beschreibt, was genau man auf dem Foto sieht und wie es auf euch wirkt:
Auf dem Foto erkennt man ... / Laura Dekker trägt ... / ... auf dem Foto wirkt ...
b Formuliert einige Sätze zu den Informationen, die auf der Karte gegeben werden:
Die Karte zeigt ... Man sieht, dass Laura Dekker am 21.08.2010 in ... startete.
Zuerst segelte sie über den Atlantik. Dann ...
c Wertet die Tabelle aus und notiert: Welche zusätzlichen Informationen werden dort gegeben?
Man erfährt aus der Tabelle, dass ... / Weiterhin wird angegeben, ...

4 Vergleicht die Informationen aus Bild, Karte und Tabelle mit den Informationen im Text:
a Welche Informationen aus den grafischen Elementen werden auch im Text genannt? Gebt die Textstellen an.
b Überlegt, wozu Bild, Karte und Tabelle dem Text hinzugefügt wurden. Erklärt ihre Funktion.

5 Welche Merkmale einer Reportage enthält der Text? Belegt sie mit Textstellen.

Methode **Schaubilder und Karten erschließen**

- **Reportagen** enthalten neben den geschriebenen Texten häufig **Fotos, Schaubilder, Karten oder Tabellen.** Diese geben **zusätzliche Informationen** zum Text oder **fassen** wichtige Informationen aus dem Text **zusammen.**
- So erschließt ihr Schaubilder und Karten:
  – Lest zuerst die **Überschrift.** Sie nennt in der Regel das Thema.
  – Untersucht bei Karten, welcher **geografische Ausschnitt** gezeigt wird.
  – Achtet auf **Legenden und Zeichenerklärungen.**

Teste dich!

A

Es regnet. Schon den zweiten Tag. Stetig tropft es von meiner Kapuze auf Brille und Nase. Seit Stunden sind wir unterwegs. Meine Schuhe sind innen noch einigermaßen trocken, aber Fabians Schritte werden von einem steten Schmatzen begleitet. Gestern Abend war die Haut seiner Füße aufgequollen wie nach einem Drei-Stunden-Bad, heute wird das nicht anders sein. Noch läuft Fabian ohne Murren. Läuft vorneweg. Hält den Strick in seiner Rechten und führt den Esel. Läuft einfach weiter, ohne zu klagen. Und ich hinter dem Esel.

B

Die einwöchige Wanderung von Vater, Sohn und Esel in den französischen Alpen wurde durch Niederschläge erschwert.

1 Welcher der beiden Textanfänge leitet vermutlich eine Reportage ein?
Notiere eine Begründung für deine Auswahl.

2 Welche der folgenden Aussagen treffen auf eine Reportage zu? Schreibe sie ins Heft.
Die Buchstabenpaare der richtigen Aussagen ergeben rückwärts gelesen Lösungswörter.
Tipp: In jeder Aussage gibt es mehrere richtige Antworten.

– Eine Reportage will …
EN informieren • **IE** unterhalten • **LE** zu etwas auffordern • **TS** ein Ereignis lebendig darstellen

– Reportagen enthalten …
NE Eindrücke von Beteiligten • **NN** Bilder • **AT** Sachinformationen • **UR** eine Spannungskurve

– Man findet Reportagen …
RE in Zeitungen • **FR** in Zeitschriften • **NA** im Lexikon • **ÖD** im Fernsehen

– Eine gut formulierte Reportage enthält …
PO viele Fremdwörter • **TU** anschauliche Schilderungen • **HN** sachliche Informationen • **ED** wechselnde Zeitformen • **AM** Pro- und Kontra-Argumente • **OL** wörtliche Rede

3 Wie gehst du vor, wenn du einer Karte Informationen entnehmen willst?
Notiere die Buchstaben der zutreffenden Aussagen. Sie ergeben rückwärts das Lösungswort.

SE Ich male die Karte farbig aus.
TU Ich zeichne die Karte ins Heft.
NE Ich beachte die Überschrift.
DR Ich untersuche, welcher geografische Ausschnitt auf der Karte gezeigt wird.
ON Ich nutze die Legende (Zeichenerklärungen).
AM Ich recherchiere nach ähnlichen Karten im Internet.

4 Vergleiche und besprich deine Ergebnisse mit einer Lernpartnerin oder einem Lernpartner.

9.2 Unterwegs mit einem Roboter – Eine Reportage verfassen

Ideen für eine Reportage sammeln

Als Roboter mag ich natürlich elektronische Musik. Bei mir läuft ständig der Song Mr. Roboto, aber auch Musik von Kraftwerk und der Blue Man Group. Ich wurde in Ontario, Kanada entwickelt. Dr. David Smith von der McMaster-Universität und Dr. Frauke Zeller von der Ryerson-Universität sind meine Vormünder, sie kümmern sich um mich. Ich bin bei fröhlichen, klugen und hilfsbereiten Menschen aufgewachsen und bin sehr stolz darauf, diese tollen Leute meine Familie nennen zu können.

Hitchbot: Technische Angaben

Technische Ausstattung:
- Android-Tablet
- Arduino
- LED-Display
- Solarzellen
- Anschluss für Zigarettenanzünder (zum Aufladen des Akkus)

Äußere Bestandteile:
- Kübel
- Kuchenhaube
- Gummistiefel
- Gummihandschuhe
- Mülleimerdeckel
- Schwimmnudeln
- Größe: 6-jähriges Kind
- weibliche Stimme

Er ist am Ziel: Nach einer guten Woche quer durch Deutschland ist der trampende Roboter „Hitchbot“ wohlbehalten in München angekommen. Doch das ist nicht das Ende der Geschichte. Das bunte, blinkende Kunstwerk soll der Welt erhalten bleiben.

Das Roboterkunstwerk Hitchbot hat seine gut einwöchige Reise per Anhalter durch Deutschland erfolgreich beendet. Am Sonntagabend kam das Konstrukt aus Eimer, Schwimmnudeln, Kinder-Gummistiefeln und einem Tablet-Computer als Hirn wie geplant und wohlbehalten in München in der ProSieben-Wissenssendung „Galileo“ an. Nachdem sein Vorgänger im vergangenen Sommer durch Kanada getrampt war, hatte der Sender das Projekt nach Deutschland geholt.

Die gelben Gummihandschuhe waren nach der Reise quer durch die Republik mit Botschaften von Fans bemalt. Das Projekt „Hitchbot“ sei damit nicht beendet, sagte Frauke Zeller von der Ryerson-Universität in Toronto, die Hitchbot zusammen mit David Harris Smith von der Mc-Master-Universität in Hamilton erfunden hat. Es gebe Anfragen aus anderen Ländern: „Es wird weitergehen.“

Die Erfinder hatten den kleinen Roboter am 13. Februar 2015 in München ausgesetzt. Sie wollten wissen: Akzeptieren Menschen die Maschine und bauen sie eine Beziehung zu ihr auf? Denn nur dann könnten Roboter in Zukunft im menschlichen Alltag integriert werden. Spezielle Frage im Fall „Hitchbot“: Helfen Menschen Robotern – zumindest, wenn sie nicht bedrohlich wirken? Gerade mal so groß wie ein sechsjähriges Kind, mit großem Kopf, Blinkherzchen und Lächeln auf dem Display, dünnen Ärmchen aus blauen Schwimmnudeln und bunten Kinder-Gummistiefeln kam Hitchbot niedlich daher.

Tim: Der war ja sogar auf Schloss Neuschwanstein! Aber in den Reichstag durfte er nicht rein. Ganz schön blöd!

Finja: Ich habe irgendwo gelesen, dass Hitchbot eine Frauenstimme hat. Zuerst wollten die Forscher eine neutrale Stimme, die gibt’s aber nicht. Dann haben sie sich überlegt, extra eine Frauenstimme zu wählen, weil viele ja denken, dass Roboter männlich sind.

Levi: Ich habe Fotos von ihm in Köln gesehen. Der hat sogar den Karneval mitgefeiert!

Greta: Seine Erfinderin meint, Hitchbot sei eine Quasselstrippe.

Tom: Angeblich redet er die ganze Zeit über Eishockey und Backen. Und das als Roboter!

1 Lest die Informationen zu dem Hitchbot-Projekt und tauscht euch darüber aus:
- Wie findet ihr das Projekt?
- Welche Fragen zum Projekt habt ihr?
- Was habt ihr an anderen Stellen bereits über Hitchbot gelesen oder gehört?

Fordern und fördern – Die Reportage schreiben

Stellt euch vor, ihr seid dem Roboter Hitchbot auf seiner Deutschlandtour begegnet und habt ihn ein Stück mitgenommen. Schreibt eine Reportage über dieses Erlebnis für die Schülerzeitung:

1 ●●○ Sammelt sachliche Informationen für die Reportage und notiert sie in einer Mindmap.
Tipp: Verwendet Informationen von den Seiten 164–165 und denkt euch weitere Fakten aus.

- **Treffen mit Hitchbot**
  - Wer oder was ist Hitchbot?
  - Wann habt ihr ihn getroffen?
  - Wo habt ihr ihn getroffen?
  - Was habt ihr mit Hitchbot gemacht?
  - Warum habt ihr Hitchbot mitgenommen?
  - Wie habt ihr die Zeit mit Hitchbot verbracht?
  - Wo habt ihr Hitchbot wieder abgesetzt?

▷ Hilfe zu Aufgabe 1 auf Seite 167

2 ●●○ In der Reportage sollt ihr auch auf den Hintergrund des Projekts eingehen:
Formuliert mit Hilfe der Notizen im Kasten eine sachliche Aussage dazu.

Universitäten Toronto/Hamilton (Kanada) • Forschungsprojekt • Helfen Menschen Robotern?

▷ Hilfe zu Aufgabe 2 auf Seite 167

3 ●●● In der Reportage sollt ihr anschaulich und lebendig schildern, wie Hitchbot auf euch und andere Beteiligte gewirkt hat:

a Notiert stichwortartig eure Sinneswahrnehmungen bei der Begegnung mit Hitchbot: Was habt ihr gesehen, gehört, gerochen, gefühlt?
b Schreibt eure Gedanken und Fragen während der Begegnung mit dem Roboter auf.
c Notiert mögliche Aussagen von anderen Beteiligten (Familie, Freunde, Passanten) in der wörtlichen Rede.

▷ Hilfe zu Aufgabe 3 a, b, c auf Seite 167

4 ●●● a Verfasst die vollständige Reportage. Achtet auf die Zeitformen und verwendet in schildernden Abschnitten ausdrucksstarke Verben und anschauliche Adjektive.

▷ Hilfe zu Aufgabe 4 a auf Seite 167

b Ergänzt eine Überschrift, die über das Thema informiert und neugierig macht.

5 ●●● Überarbeitet eure Reportage mit Hilfe der folgenden Checkliste:

Checkliste

Eine Reportage verfassen

- **Überschrift und Einleitung:** Habt ihr das Interesse der Leser geweckt?
- **Sachinformation:** Habt ihr die Leser über alle notwendigen Fakten informiert?
- **Schilderungen:** Habt ihr eure persönlichen Eindrücke, Gedanken und Gefühle formuliert?
- Habt ihr **wörtliche Rede, ausdrucksstarke Verben** und **anschauliche Adjektive** verwendet und **passende Zeitformen** (Präsens und Zeitformen der Vergangenheit) gewählt?

●○○ Aufgabe 1 mit Hilfen

Sammelt sachliche Informationen für die Reportage und notiert sie in einer Mindmap.
Im Kasten seht ihr Vorschläge für Orte, an denen man Hitchbot treffen könnte:

am Bahnhof • an der Tankstelle • an der Bushaltestelle • auf Schloss Neuschwanstein • vor einem Kaufhaus • vor der Schule • auf einem Karnevalsumzug • an einer Autobahnraststätte

●○○ Aufgabe 2 mit Hilfen

In der Reportage sollt ihr auch auf den Hintergrund des Projekts eingehen:
Formuliert mit Hilfe folgender Notizen und Satzanfänge eine sachliche Aussage dazu:

Universitäten Toronto/Hamilton (Kanada) • Forschungsprojekt • Helfen Menschen Robotern?

- *Hitchbot wurde von Wissenschaftlern der Universitäten Toronto und Hamilton in Kanada entwickelt. Sie wollten mit diesem Forschungsprojekt herausfinden, ob ...*
- *Nachdem sie das Experiment bereits in Kanada erfolgreich durchgeführt hatten, schickten sie ihr Versuchsobjekt ...*

●○○ Aufgabe 3 a, b, c mit Hilfen

In der Reportage sollt ihr anschaulich und lebendig schildern, wie Hitchbot auf euch und andere Beteiligte gewirkt hat. Wählt aus:

Mögliche Sinneswahrnehmungen:
- *Er ist viel kleiner, als ich gedacht hätte.*
- *Er riecht ein bisschen nach Gummi.*
- *Ich höre ihn leise singen.*

Mögliche Aussagen anderer Beteiligter:
- *„Oh, der ist ja total süß!"*
- *„Der kann ja auch deutsch sprechen!"*
- *„Der sieht aber nicht stabil aus. Ein Wunder, dass er nach der Reise noch nicht kaputt ist."*

Mögliche Gefühle:
- *Ich kann es kaum glauben, als ich ihn sehe.*
- *Ich bin ganz aufgeregt!*
- *Ich bin richtig traurig, als wir uns von ihm verabschieden.*
- *Ich will ihn nicht allein dort sitzen lassen.*

Mögliche Fragen und Gedanken:
- *Hoffentlich geht er jetzt nicht kaputt!*
- *Brauchen wir für ihn einen Kindersitz?*
- *Wo kann ich Hitchbot absetzen, damit jemand ihn bald findet und mitnimmt?*
- *Was würde passieren, wenn jemand Hitchbot einfach behalten würde?*

●●○ Aufgabe 4 a mit Hilfen

Verfasst die vollständige Reportage. Achtet auf die Zeitformen und verwendet in schildernden Abschnitten ausdrucksstarke Verben und anschauliche Adjektive, z. B.:

ausdrucksstarke Verben:
entdecken • finden • auffinden • antreffen • erblicken • verblüffen • anstarren • sich trauen • berühren • anfassen • sich wundern über • staunen über

anschauliche Adjektive und Partizipien:
aufgeregt • begeistert • entzückt • lebhaft • merkwürdig • eigenartig • seltsam • verwunderlich • kurios • ungewöhnlich

9.3 Fit in ...! – Eine Reportage untersuchen

Stellt euch vor, ihr bekommt in der nächsten Klassenarbeit die folgende Aufgabe gestellt:

Aufgabe

Untersuche die folgende Reportage. Gehe dabei so vor:

1. Lies den Text mehrmals aufmerksam durch und sieh dir die Karte und das Foto genau an.
2. Fasse kurz zusammen, worum es in den Materialien geht.
3. Nenne vier Merkmale einer Reportage und gib dafür Beispiele aus dem Text an.

Sina Löschke

Die Reifeprüfung – Mit dem Hundeschlitten durch Alaska

Als Melissa Owens ihr Husky-Team für das „Iditarod Race" anmeldet, ahnt die 18-Jährige noch nicht, dass Kälte, Eis und schwächelnde Vierbeiner ihre kleinsten Sorgen sein werden. Den entscheidenden Kampf, so muss sie als Neuling beim härtesten Hundeschlitten-Rennen der Welt lernen, führt sie mit sich selbst.

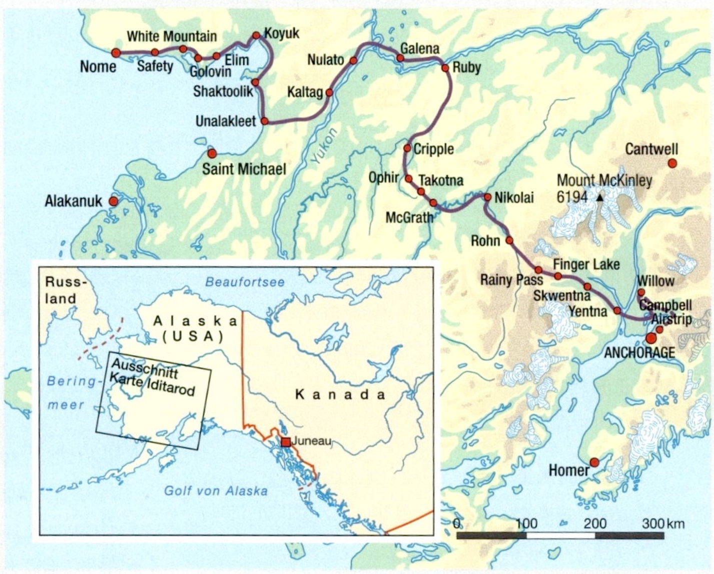

Melissa kann nicht mehr. Mit letzter Kraft klammert sich die 18-jährige US-Amerikanerin an ihren Hundeschlitten. Ihre Knie schlackern wie Wackelpudding, ihre Augenlider sinken herab, als hingen Gewichte an den Wimpern. Meist wacht sie nach zwei, drei Sekunden blitzartig wieder auf. War sie eingeschlafen? Wer auf dem Schlitten wegdöst, riskiert sein Leben – und erst recht das seiner Hunde. Dabei hat Melissa Owens sich geschworen, auf ihre Huskys aufzupassen. Sie liebt Kiwi, Piko, Yoda und die anderen 13, als wären sie ihre Kinder. Die meisten hat Melissa selbst aufgezogen. Und die Huskys laufen, obwohl auch sie nach acht Tagen längst am Ende ihrer Kräfte sind.

Melissa fallen die Augen aufs Neue zu. Diesmal aber versagt der innere Wecker. Die junge Frau sackt zusammen und lässt den Schlitten los. Der schlingert, kippt schließlich um. Zum Glück landet Melissa unverletzt im Schnee. Auch die Hunde kommen glimpflich davon. Doch der Unfall macht ihr schlagartig bewusst, warum „Iditarod" als das härteste Schlittenrennen der Welt gilt: Wer die 1688 Kilometer quer durch Alaska überstehen will, muss seine Grenzen überschreiten. Steile Berghänge, brüchiges Eis, kilometerweit keine Menschenseele. Dazu kommen eisige Schneestürme und Hunde, die nur

richtig laufen, wenn sie Lust und keinen leeren Magen haben.
Aufgeben aber kommt für Melissa zu diesem Zeitpunkt nicht in Frage. Soll alle Arbeit umsonst gewesen sein? Sechs Monate lang hat sie ihr Husky-Team auf die Tour vorbereitet. Melissa kann im Schlaf aufsagen, welcher ihrer Hunde am liebsten Hühnerfleisch frisst, welcher Rind. Sie ist mit ihnen Tausende Trainingskilometer gefahren und hat von erfahrenen Kollegen gelernt, wie man erschöpfte Vierbeiner mit Massagen wieder fit macht.
Ja, Melissa strahlt Zuversicht aus, als sie am 2. März 2008 ins Rennen geht. In welchem Tempo und zu welcher Tageszeit die Gespanne fahren, entscheiden die Musher[1] selbst. Das Regelbuch schreibt nur drei Pflichtpausen vor: zwei achtstündige Stopps an einem der Kontrollpunkte am Yukon River und in White Mountain sowie einen 24-Stunden-Halt nach freier Wahl.
Melissa verliert schon auf dem ersten Streckenabschnitt Zeit. Ihr Magen streikt vor Aufregung. Tagelang kann sie nichts essen. Auf den eng gewundenen Bergpfaden haben ihre Huskys zudem mehr Mühe, als Melissa angenommen

hatte. Das Pech schlägt aber erst richtig zu, als Melissas Schlitten auf einem Flussabschnitt in ein Eisloch rutscht. Sie knallt aufs Knie und bricht sich fast das Bein. Zähne zusammenbeißen. Weiter. Die Hälfte ist fast geschafft. Dann frisst Gail plötzlich nicht mehr. Ein schlechtes Omen[2]! Nach zehn Tagen, 20 Stunden und 21 Minuten überqueren Melissa und ihr Husky-Team die Ziellinie. Eltern, Bruder und Freunde schließen sie in die Arme: Platz 30, ein fantastisches Ergebnis! Nach einer Zielparty ist Hunden und Musher allerdings nicht zu Mute. Sie wollen nur noch eines: ausschlafen – mindestens zwei Wochen lang.

1 der Musher: Schlittenhundeführer/-in
2 das Omen: das Vorzeichen

Die Aufgabe richtig verstehen

1 Was verlangt die Aufgabe (▶ S. 168) von euch?
Notiert im Heft die folgenden Arbeitsschritte in der richtigen Reihenfolge.
Tipp: Die Lösungsbuchstaben ergeben einen Begriff aus dem Text.

- **E** Für die Merkmale einer Reportage suche ich Beispiele im Text und schreibe sie mit Zeilenangabe auf.
- **S** Ich fasse den Inhalt der Reportage kurz mit eigenen Worten zusammen.
- **M** Ich lese den Text genau und schaue mir Foto und Karte dazu an, bis ich ihren Inhalt genau kenne und in Beziehung zueinander setzen kann.
- **R** Ich verfasse meine Klassenarbeit. Dazu nutze ich meine Vorarbeiten auf dem Notizzettel.
- **U** Ich notiere mir Schlüsselwörter zu den einzelnen Abschnitten des Textes und formuliere mit ihrer Hilfe Zwischenüberschriften.
- **H** Ich mache mir noch einmal klar, welche Merkmale eine Reportage kennzeichnen, und notiere diese auf einen Notizzettel.

Planen

2 Um die Reportage zusammenzufassen, muss man Text und Karte genau verstehen.

a Formuliert W-Fragen zur Reportage im Heft (Wer? Wann? Wo? Was? Wie? Warum?).

b Notiert die Antworten und ergänzt in Klammern, wo ihr sie findet (Textabschnitt oder Karte).

3 Ihr sollt die Merkmale der Reportage an konkreten Textbeispielen nachweisen.

a Notiert die folgenden Merkmale untereinander ins Heft und vervollständigt sie:

Merkmal 1: Reportagen vermitteln sachliche Jnformationen (beantworten die W-Fragen).
Merkmal 2: Jn Reportagen werden außerdem ... geschildert.
Merkmal 3: Jn Reportagen werden ... verwendet, um sie lebendig und anschaulich zu gestalten.
Merkmal 4: Für schildernde Textstellen wird häufig die Zeitform ... verwendet.

b Sucht zu jedem Merkmal zwei Textstellen und notiert die Zeilenangaben.

Schreiben und überarbeiten

4 Verfasst mit Hilfe eurer Notizen von Aufgabe 2 die Zusammenfassung der Reportage:

Jn der Reportage „...“ geht es um ...
Jn dem Text wird die 18-jährige Melissa Owens vorgestellt, die ...
Das Rennen findet in ... statt. Während des Rennens ... Am Ende ...

5 Weist mit Hilfe eurer Notizen von Aufgabe 3 die Reportagen-Merkmale in einem zusammenhängenden Text nach. Folgende Satzanfänge könnt ihr verwenden:

- *Bereits im Textanfang wird deutlich, dass ...*
- *Die wichtigsten Jnformationen zu dem Schlittenrennen werden in den Zeilen ... gegeben.*
- *Jn einigen Textstellen wird beschrieben, was Melissa sieht/hört/fühlt. So heißt es in Zeile ...*
- *Auch die Gedanken von Melissa werden ausführlich geschildert, beispielsweise in Zeile ...*
- *Die Landschaft wird anschaulich beschrieben mit Adjektiven wie ...*
- *Die Reportage wurde in der Zeitform ... verfasst.*

6 Lest euch eure Texte vor und gebt euch mit Hilfe der Checkliste Tipps für die Überarbeitung.

Checkliste

Eine Reportage untersuchen

- Habt ihr den Text knapp **zusammengefasst** (und nicht mit vielen Worten nacherzählt)?
- Habt ihr **Antworten auf alle W-Fragen** im Text gefunden und sie wiedergegeben?
- Habt ihr auch **grafische Elemente** (die Karte) in die Zusammenfassung einbezogen?
- Habt ihr die **Merkmale einer Reportage** ausreichend nachgewiesen?
- Sind **Rechtschreibung und Zeichensetzung** in euren Antworten korrekt?

Schreibwörter ▸ S. 300

die Reportage	das Reiseziel	das Abenteuer	der Eindruck	schildern
die Grafik	die Reiseroute	das Erlebnis	die Wahrnehmung	verfassen

10 Gesehen, gekauft? – Werbung untersuchen und gestalten

1 Betrachtet die Werbeanzeige und erklärt: Wofür wird hier geworben?

2 Tauscht euch in der Klasse über Werbung aus. Berichtet:
- Wo begegnet euch Werbung?
- Welche Ziele verfolgt Werbung?
- Habt ihr euch schon einmal durch Werbung beeinflussen lassen, z. B. beim Kauf eines Produkts oder bei der Teilnahme an einer Aktion?

In diesem Kapitel ...

- lernt ihr unterschiedliche Arten von Werbung und ihre Funktionsweise kennen,
- untersucht ihr den Aufbau und die sprachliche Gestaltung von Werbeanzeigen,
- untersucht ihr Werbespots im Hinblick auf Kameraführung, Schnitt und Montage,
- dreht ihr selbst einen Werbespot für eure Schule.

10.1 „So grün ist nur Orange“ – Werbung untersuchen

Ziel und Funktionsweise von Werbung betrachten

1 a Oben seht ihr zwei Werbeplakate der Berliner Stadtreinigung. Was fällt zuerst ins Auge? Beschreibt eure ersten Eindrücke.
b Wofür wird hier geworben? Überlegt und besprecht, welches Ziel die Werbeplakate verfolgen.

2 Beschreibt den Aufbau und die Gestaltung der Plakate:
a Betrachtet die Fotos und beschreibt sie.
b Beschreibt, welche Textteile die Werbeplakate enthalten und wo diese platziert sind.
c Untersucht die Farbgestaltung der Plakate und gebt an, wie sie auf euch wirken. Wäre die Wirkung anders, wenn die Plakate beispielsweise blau oder grün wären?

3 Untersucht die Sprache auf den Werbeplakaten:
a Besprecht, was mit dem Werbeslogan „So grün ist nur Orange“ gemeint ist.
b Die Schlagzeilen auf den Plakaten sind doppeldeutig. Erklärt jeweils die beiden Bedeutungen.

4 Die Plakate oben und die nebenstehenden Postkarten entstammen der gleichen Werbekampagne.
a Betrachtet die Postkarten und gebt an, welche Gedanken oder Fragen euch dabei durch den Kopf gehen.
b Welches Ziel verfolgen die Postkarten im Unterschied zu den Plakaten oben? Ergänzt die folgende Aussage:
Während mit … die Bevölkerung zu etwas aufgefordert wird, soll mit … der Ruf (das Image) des Unternehmens „Berliner Stadtreinigung“ verbessert werden.

5 Betrachtet die nebenstehende Werbeanzeige:
a Was denkt ihr, wenn ihr die Anzeige seht? Zeichnet eine Gedankenblase ins Heft und notiert darin eure spontanen Gedanken.
b Setzt euch zu viert zusammen und lest euch eure Gedanken zur Anzeige vor. Habt ihr alle ähnlich auf die Anzeige reagiert?

6 Untersucht die Anzeige in Gruppen:
a Besprecht, welches Ziel sie verfolgt: Für welches Produkt wird hier geworben?
b Überlegt, warum für die Anzeige das Foto eines Babys verwendet wurde. Notiert stichwortartig mögliche Gründe.
c Beurteilt den Slogan „Fisch macht groß und stark“: Ist er den Werbemachern gelungen? Diskutiert und begründet eure Meinung.

7 Die Werbeanzeige des Fischhändlers funktioniert nach der AIDA-Formel.
a Klärt in der Gruppe, was *AIDA* bedeutet: Übernehmt jeder einen Buchstaben *(A, I, D* oder *A).* Lest im Informationskasten unten nach, wofür euer Buchstabe steht, und erklärt der Gruppe die Bedeutung mit eigenen Worten.
b Untersucht gemeinsam, wie in der Anzeige des Fischhändlers die Stufen *Attention, Interest* und *Desire* umgesetzt wurden.

8 Gestaltet ein Plakat für eine Mitmachkampagne in eurer Schule, z. B. für eine saubere Schule oder für einen freundlichen Umgangston.

Information **Arten und Funktionsweise von Werbung**

- Das grundsätzliche Ziel von Werbung ist, **unser Verhalten** zu beeinflussen.
- Man unterscheidet folgende **Arten von Werbung:**
  – **Imagewerbung** verfolgt das Ziel, den Ruf (engl. *image*) einer Marke oder eines Unternehmens zu verbessern. Wir sollen ein Unternehmen wichtig und nützlich finden.
  – Eine **Mitmachkampagne** fordert dazu auf, bei etwas mitzumachen, beispielsweise den Müll zu trennen, zur Wahl zu gehen oder Blut zu spenden.
  – **Produktwerbung** soll uns dazu bringen, ein bestimmtes Produkt zu kaufen.
- Werbeanzeigen funktionieren oft nach der **AIDA-Formel:**
  – **Attention** (Aufmerksamkeit): Zuerst soll die Aufmerksamkeit des Betrachters gewonnen werden, z. B. durch ein witziges Bild oder eine grelle Farbe.
  – **Interest** (Interesse): Danach soll sein Interesse geweckt werden, z. B. durch einen Text.
  – **Desire** (Wunsch, Begierde): Schließlich soll der Wunsch entstehen, das Produkt zu kaufen, z. B. indem bestimmte Vorteile des Produkts genannt werden.
  – **Action** (Handlung): Der Betrachter wird motiviert, aktiv zu werden und das Produkt bald zu kaufen, z. B. durch befristete Sonderangebote.

Aufbau und Gestaltung von Werbeanzeigen untersuchen

1 Betrachtet die beiden Werbeanzeigen und tauscht euch darüber aus:
- Für welches Produkt wird jeweils geworben?
- Was sind die Gemeinsamkeiten der Anzeigen? Welche Unterschiede gibt es?
- Welche Anzeige spricht euch spontan mehr an?

2 Untersucht zu zweit den Aufbau einer Werbeanzeige:

a Entscheidet euch für eine der beiden Anzeigen.

b Erstellt zu der von euch gewählten Anzeige eine Skizze, die den Aufbau verdeutlicht.

c Beschriftet die Skizze mit den Fachbegriffen aus dem folgenden Informationskasten.

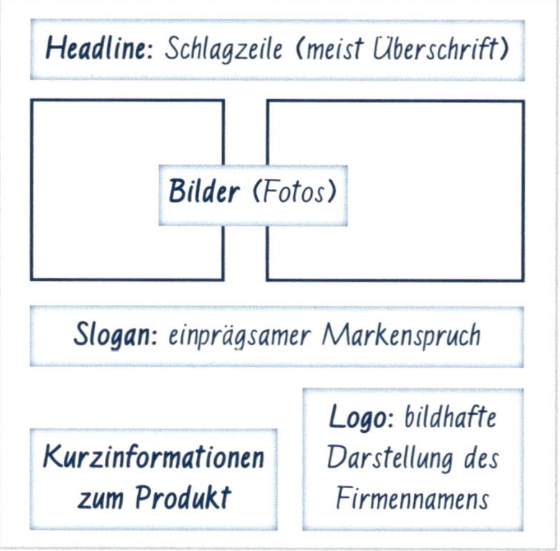

Information **Aufbau von Werbeanzeigen**

- Werbeanzeigen werden meist nur wenige Sekunden lang wahrgenommen. Deshalb müssen sie **auf das Wesentliche reduziert** und **einprägsam** sein.
- Werbeanzeigen enthalten meistens folgende **Bestandteile:**
  - eine **Headline:** Überschrift oder Schlagzeile, die den Betrachter aufmerksam machen soll,
  - **Bilder:** Foto vom Produkt oder von Dingen, die mit dem Produkt in Verbindung gebracht werden sollen,
  - **Kurzinformationen:** Sätze oder Schlagwörter, die das Produkt näher beschreiben oder Zusatzinformationen zum Produkt geben,
  - einen **Slogan:** einprägsamer Werbespruch, der fest zu einer Marke oder Firma gehört, z. B: *Just do it!* (Nike); *Come in and find out* (Douglas),
  - ein **Logo:** Darstellung des Firmennamens.

3 Untersucht die Farbgestaltung der beiden Werbeanzeigen auf Seite 174:
a Notiert zu beiden Anzeigen, welche Hauptfarben verwendet wurden.
b Ergänzt, welche Eigenschaften ihr mit den einzelnen Farben der Anzeigen verbindet. Ihr könnt aus folgenden Angaben auswählen:

heiter • lustig • fröhlich • freundlich • optimistisch • frisch • harmonisch • süß • herb • mild • leicht • gesund • erfrischend • warm • heiß • kühl • männlich • weiblich • exotisch • sportlich • natürlich • aktiv • modern • geheimnisvoll • zart • sachlich • temperamentvoll • rein • elegant

c Besprecht, warum gerade diese Farben für die beiden Anzeigen gewählt wurden.
d Mit welchen Farben würdet ihr für folgende Produkte werben? Begründet eure Aussagen.

Waschmittel • Sonnencreme • Babycreme • Deodorant • Bonbons • Bio-Joghurt • Turnschuhe

4 Werbung soll meistens eine bestimmte Gruppe in der Bevölkerung ansprechen. Alle Bestandteile der Werbeanzeige (Bilder, Textteile, Farben) werden auf die Vorlieben und den Geschmack dieser Zielgruppe abgestimmt.
a Überlegt zu zweit, für welche Menschen die Getränke-Werbeanzeigen auf Seite 174 bestimmt sind. Wählt aus und begründet eure Wahl:

A Kinder bis zum Alter von 8 Jahren
B junge Menschen zwischen 14 und 25 Jahren
C ältere Menschen ab 55 Jahren
D gesundheitsbewusste Menschen, die auf ihre Ernährung achten
E umweltbewusste Menschen, die gern Bio-Produkte kaufen
F neugierige Menschen, die gern etwas Neues ausprobieren
G eher konservative Menschen, die ihre Gewohnheiten beibehalten möchten
H körperbewusste Menschen, die gern Sport treiben
I kreative Menschen
J Menschen, die in Bonn und Umgebung wohnen

b Wählt eine Zielgruppe A bis J aus und stellt euch vor, ihr sollt für diese Zielgruppe eine Limonade vermarkten. Welche Farben und welche Bildmotive würdet ihr wählen? Notiert eure Ideen und stellt sie der Klasse vor.

5 Wählt eine Werbeanzeige aus einer Zeitschrift aus und untersucht sie:
a Notiert Stichpunkte zum Aufbau, zur Farbgestaltung und zur möglichen Zielgruppe.
b Stellt die Werbeanzeige in einem Mini-Vortrag der Klasse vor.

Information **Ausrichtung von Werbung auf Zielgruppen**

- Werbung ist meist auf eine bestimmte **Zielgruppe** ausgerichtet, z. B. auf Jugendliche, preisbewusste Kunden, sportbegeisterte Menschen oder auf die Bewohner einer Stadt.
- Die **Farbgestaltung** spielt in der Werbung eine wichtige Rolle. Sie richtet sich nach dem Produktimage oder der Zielgruppe.

Sprachliche Gestaltung von Werbung untersuchen

Have a break, have a KITKAT

Actimel activiert Abwehrkräfte

Haribo macht Kinder froh und Erwachsene ebenso

Ich liebe Dasz

Ritter Sport: Quadratisch. Praktisch. Gut.

Müllermilch: Alles Müller, oder was?

Kleidung clever kaufen bei KIK

Knoppers – das Frühstückchen

Nokia Connecting People

Bionade: GUT IN BIO. SCHLECHT IN CHEMIE.

1 a Lest die Werbeslogans. Welche kennt ihr?
b Besprecht, welche Eigenschaften ein guter Slogan für euch haben muss.

2 Untersucht, welche sprachlichen Mittel in den einzelnen Slogans verwendet werden. Verwendet dazu die Angaben im Informationskasten unten.

3 Untersucht die sprachliche Gestaltung der beiden Werbeanzeigen auf Seite 174:
a Überlegt, welche Botschaft mit dem Slogan „Anders erfrischt besser" vermittelt werden soll.
b Erklärt die Wortneuschöpfung „Quitte schön".

4 a Notiert drei Werbeslogans, die ihr kennt, auf Zettel.
b Tauscht die Werbeslogans und notiert, welche sprachlichen Mittel darin jeweils verwendet werden.

Information **Sprachliche Mittel der Werbung**

Damit Werbebotschaften in Erinnerung bleiben, ist die Sprache der Werbung auffällig und einprägsam. Typische sprachliche Mittel der Werbung sind:

- **Ausdrücke aus dem Englischen** (Anglizismen), z. B.: *Always Coca-Cola!*
- **Wortneuschöpfungen** (Neologismen), z. B.: *unkaputtbar.*
- **Umwandlung von bekannten Redewendungen,** z. B.: *Die klügere Zahnbürste gibt nach.*
- **Reime,** z. B.: *Wer Swiffer benutzt, hat clever geputzt.*
- **Vergleiche,** z. B.: *So unvergleichlich wie der Sommer.*
- **Alliterationen** (Wörter mit gleichem Anfangslaut), z. B.: *Spiel, Spaß und Spannung.*
- **Ellipsen** (Auslassung von Satzteilen, die leicht ergänzt werden können), z. B.: *Nikon Kamera. Automatisch gut. Weil von Nikon.*
- **Zweierfiguren oder Dreierfiguren** (Ausdruck aus zwei oder drei Elementen, die alle gleich aufgebaut sind), z. B.: *Mehr Konzept. Mehr Erfolg.; Bigger, better, Burger King.*
- **Imperative** (Befehlsformen der Verben), z. B.: *Zalando – Freu dich!*
- **Fragen,** z. B.: *Wohnst du noch oder lebst du schon?*

Eigene Werbeslogans entwickeln

1 a Überlegt euch ein Produkt, für das ihr einen Werbeslogan entwickeln wollt, z. B. *Kaugummi.*

b Was verbindet ihr mit diesem Produkt? Sammelt eure Ideen in einem Ideenstern, z. B.:

c Erfindet einen Namen für euer Produkt, z. B. *Kaufrisch.*

d Entwickelt einen einprägsamen Werbeslogan zu eurem Produkt. Mischt dazu passende Begriffe aus eurem Ideenstern (▸ Aufg. 1 b) und aus dem Slogan-Labor:

2 Stellt euren Slogan der Klasse vor und stimmt ab: Wer hat den besten Slogan entwickelt?

Radiowerbung bewusst hören

A „Sven, du hast dein Handy vergessen und da habe ich deinen Status gelesen. Hier spricht dein Vater. Weißt du? – Der alte Sack, der Facebook nie raffen wird. Ich hab mal über deinen Account Kinderfotos von dir hochgeladen – findest du im Album ‚Held in Blümchen-Strumpfhosen'. Äh, du bist jetzt Gründer der Gruppe ‚Sei ein Mann und weine laut', dir gefallen Katzenbabys und du spielst ‚Mein kleiner Ponyhof'. Und ich hab deinen Beziehungsstatus geändert ... konnte Steffi eh nie leiden. Sei nicht traurig, mein Großer, dafür hab ich 'ne guuute ‚Freundin' von dir geadded: deine Klassenlehrerin."
Mit Radio erreichen Sie immer die Richtigen. Radio. Geht ins Ohr. Bleibt im Kopf.

B „Hallo, Leonie, hier ist deine Mutter! Dein Vater und ich müssen zur Arbeit und du blockierst immer noch das Bad! Deshalb jetzt übers Radio: Wegen deiner Dusch- und Schminkorgien waschen wir uns seit Wochen an der Regentonne. Dein Vater rasiert sich mit Sprühsahne und dem Kartoffelschäler. Die Zähne putzen wir uns mit der Spülbürste, meine Haare kämme ich mit der Spaghettizange und ich habe wirklich keine Lust mehr, jeden Tag durch die Stadt zu fahren, damit dein Bruder im Baumarkt duschen kann! Also, mach die Badezimmertür auf!"
Mit Radio erreichen Sie immer die Richtigen. Radio. Geht ins Ohr. Bleibt im Kopf.

1 a Lest die beiden Radiospots laut vor. Probiert dabei unterschiedliche Vortragsweisen aus, z. B. *flüsternd, schreiend, ärgerlich, schüchtern, freundlich.*
b Besprecht, auf welche Weise die Radiospots gesprochen werden sollten.

2 Untersucht die beiden Radiospots genauer:
a Erklärt, wofür in beiden Spots geworben wird.
b Überlegt, wodurch in den Radiospots die Aufmerksamkeit der Hörer geweckt wird: Welche Erwartung wird aufgebaut? Worin liegt die Pointe (überraschende Wendung)?
c Bestimmt den Slogan im Spot und erklärt, welche sprachlichen Mittel darin verwendet werden.
d An welche Zielgruppen richten sich die beiden Radiospots? Begründet eure Aussage.

3 a Nennt Radiospots, die euch „im Kopf" geblieben sind. Erklärt, woran das liegt.
b Tragt gesungene Slogans oder Erkennungsmelodien (Jingles) vor, die ihr aus der Radiowerbung kennt. Welche Funktion haben diese Jingles?

4 Denkt euch ein Produkt aus und gestaltet dazu einen eigenen Radiospot.

Information **Radiowerbung**

- Radiowerbung nehmen wir ausschließlich über das Hören wahr. Zur Gestaltung von Radiospots werden verschiedene **Stimmen, Musik und Geräusche** verwendet.
- Oft werden auch kurze, einprägsame **Erkennungsmelodien** eingesetzt. Diese nennt man **Jingles.**

Auf Werbung im Internet achten

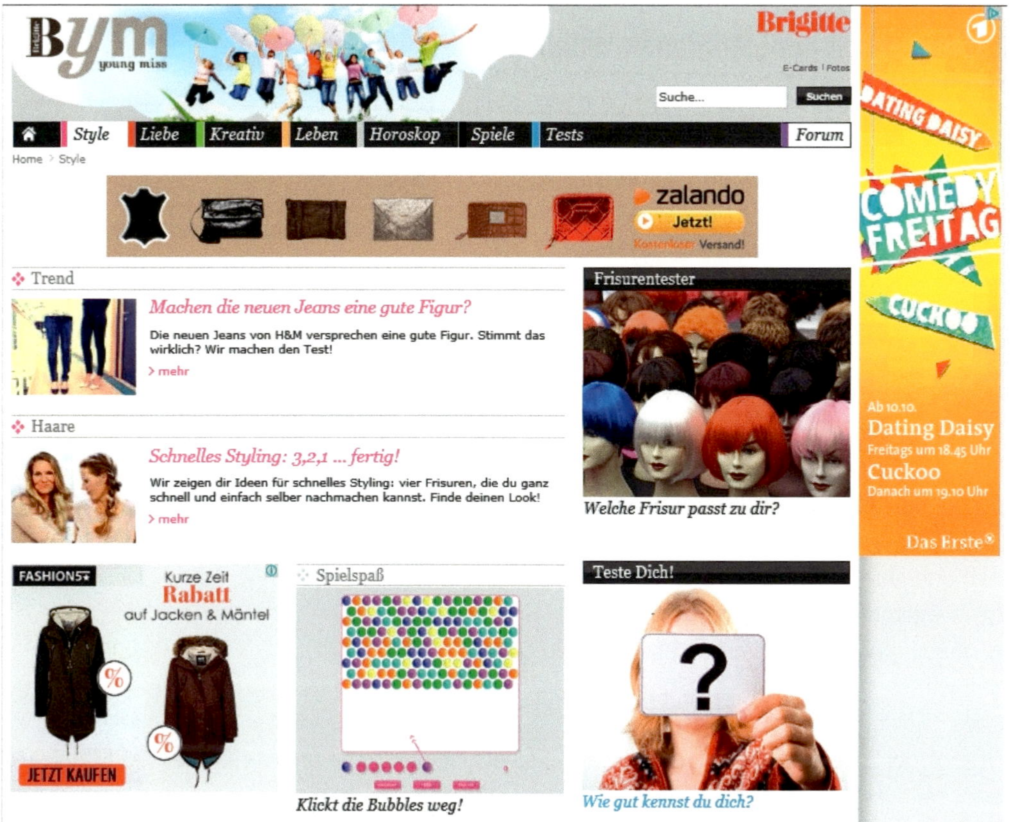

1 a Betrachtet die Internetseite „Brigitte Young Miss“: Welche Werbung ist wo platziert? Erklärt, woran ihr die Werbung erkannt habt.

b Um welche Werbeform handelt es sich bei den einzelnen Anzeigen vermutlich? Gebt das passende Fachwort aus dem Informationskasten unten an.

2 Tauscht euch darüber aus, wie ihr mit Online-Werbung umgeht: Stört euch die Werbung, überseht ihr sie oder findet ihr sie hilfreich? Wann klickt ihr sie an, wann klickt ihr sie weg?

Information **Werbung im Internet**

- Bei Werbeanzeigen auf Internetseiten unterscheidet man:
  - **statische und animierte Werbebanner:** Werbebilder in unterschiedlichen Größen, z. B. mit bewegter Grafik, auf der Internetseite selbst oder am Bildschirmrand,
  - **Videowerbung:** Banner, die kleine Filme enthalten,
  - **Layer:** größere Bilder oder Filme, die sich wie eine Folie über die Seite legen,
  - **Textanzeigen:** Textwerbung, die im Umfeld von Suchergebnissen eingeblendet wird.
- Die Anzeigen sollen möglichst oft angeklickt werden und die Nutzer auf bestimmte Seiten leiten. Sie sind meistens auf das **Nutzerverhalten** im Internet abgestimmt.

Einen Sachtext zum Thema Werbung lesen

Capri-Sonne erhält den „Goldenen Windbeutel“

Der Goldene Windbeutel 2013
(120 000 befragte Personen)

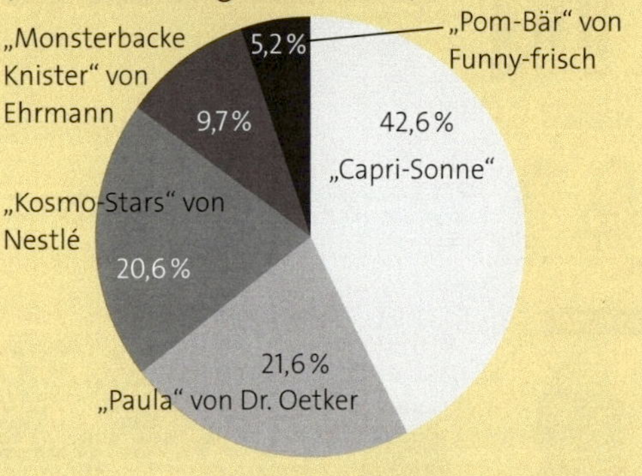

Werbung verspricht uns das Blaue vom Himmel. Stark zuckerhaltige Getränke werden mit Sport und Abenteuer in Verbindung gebracht, fettreiche Chips als „kindgerecht“ dargestellt. Gegen diese aggressive Vermarktung bei Kindern protestiert die Verbraucherschutzorganisation „Foodwatch“ mit dem Negativpreis „Goldener Windbeutel“.

Die Hersteller von Capri-Sonne werben im Fernsehen und im Internet, treten als Veranstalter und Sponsor von Abenteuercamps und Sportevents auf. Sie vergeben ein eigenes Schwimmabzeichen und stellen Capri-Sonne-Schulmaterial her. Wegen solcher Werbemaßnahmen wählten mehr als 51 000 Verbraucher das Fruchtsaftgetränk Capri-Sonne 2013 zum Gewinner des „Goldenen Windbeutels“, das sind 42,6 Prozent der fast 120 000 Teilnehmer an der Wahl der Verbraucherschutzorganisation „Foodwatch“.

Die Organisation nennt das Getränk „Wasser-Zucker-Aroma-Mixtur mit ein bisschen Fruchtsaft“. Es stehe durch seinen hohen Zuckeranteil im Widerspruch zu einer ausgewogenen Ernährung. Capri-Sonne in der Geschmacksrichtung Orange enthält laut „Foodwatch“ pro Trinkbeutel sechseinhalb Stück Würfelzucker – das sind mehr als in Fanta Orange. Damit gehöre das Getränk zu den „Dickmachern ersten Ranges“.

Neben Capri-Sonne stellte die Verbraucherorganisation noch vier weitere Produkte wegen ihres offensiven Kinder-Marketings für den Schmähpreis auf. Auf Platz zwei folgt mit 21,9 Prozent der abgegebenen Stimmen der Pudding „Paula“ von Dr. Oetker, der wegen seines „digitalen Kinderfangs“ kritisiert wird. So ködert der Puddinghersteller Kinder mit dem Internetspiel „Fleckenjagd“ und verführt sie zu Online-Karaoke des Paula-Kinder-Raps.

Die Frühstücksflocken „Kosmo-Stars“ von Nestlé landen mit 20,6 Prozent auf Rang drei. Foodwatch wirft den Herstellern vor, die Portionen unrealistisch kleinzurechnen, damit die Angabe des Zuckergehalts pro Portion geringer ausfalle. Platz vier belegt mit 9,7 Prozent der Joghurt „Monsterbacke Knister“ von Ehrmann, der stark gezuckert sei und wie Spielzeug vermarktet werde. Auf Platz fünf finden sich mit 5,2 Prozent die angeblich „kindgerechten“ Kartoffelchips „Pom-Bär“ von Funny-frisch/Intersnack.

Zum fünften Mal rief Foodwatch 2013 zur Stimmabgabe für den Negativpreis „Goldener Windbeutel“ auf. In den vorangegangenen Jahren ging es vor allem darum, ob die beworbenen Produkte halten, was sie versprechen. 2013 standen erstmals „dreiste Werbemaschen“ bei Kinderprodukten im Fokus.

1 a Lest die Überschrift des Textes (▸ S. 180) und betrachtet das Foto und das Diagramm.
b Worum könnte es in dem Text gehen? Formuliert eure Vermutung:
Ich vermute, dass der Text über ... berichtet. / Wahrscheinlich geht es in dem Text um ...

2 a Lest den Text einmal zügig durch und verschafft euch einen Überblick über den Inhalt. Hat sich eure Vermutung bestätigt?
b Formuliert das Thema des Textes:
Der Text gibt ... wieder / berichtet über / erklärt ...

3 a Lest den Text ein zweites Mal gründlich. Notiert Wörter, die ihr nicht versteht.
b Setzt euch mit einem Lernpartner zusammen und besprecht, was mit folgenden Ausdrücken im Text gemeint ist:
– „aggressive Vermarktung bei Kindern“ (▸ Z. 5 f.)
– „offensives Kinder-Marketing“ (▸ Z. 33)
– „‚dreiste Werbemaschen‘ bei Kinderprodukten“ (▸ Z. 58 f.)
c Klärt zu zweit die unbekannten Wörter, die ihr notiert habt, durch Nachdenken oder Nachschlagen.

4 Untersucht das Diagramm (▸ S. 180) und gebt den Inhalt mit eigenen Worten wieder:
Das Kreisdiagramm zeigt das Ergebnis einer Internetabstimmung über ...
Dabei wurden ... befragt. Fast die Hälfte der Befragten wählten ...
Knapp ein Viertel der Befragten stimmte für ... Ungefähr genauso viele Personen ...
Etwa zehn Prozent ... Nur etwa 5 Prozent der Befragten entschieden sich für ...

5 Besprecht zu zweit den Inhalt des Textes. Beantwortet dazu die folgenden Fragen:
– Was ist der „Goldene Windbeutel“?
– Wer verleiht den „Goldenen Windbeutel“ wofür?
– Was genau wird an den Produkten „Capri-Sonne“, „Paula“ und „Kosmo-Stars“ kritisiert?

6 a Haltet ihr die im Text beschriebenen Werbemethoden für gerechtfertigt? Oder seid ihr auch der Meinung, dass es sich hier um „dreiste Werbemaschen“ handelt? Diskutiert in der Klasse (▸ S. 34).
b Besprecht, warum Werbelügen bei Produkten für Kinder besonders wirksam sind.

7 Recherchiert im Internet nach dem aktuellen „Windbeutel“ des Jahres.

Methode **Die Fünf-Schritt-Lesemethode**

- **1. Schritt:** Lest zuerst die Überschrift und betrachtet die Abbildungen zum Text. Vermutet, worum es in dem Text gehen könnte. Überlegt, was ihr über dieses Thema bereits wisst.
- **2. Schritt:** Lest den Text einmal zügig durch und verschafft euch einen Überblick über den Inhalt. Bestimmt das Thema des Textes.
- **3. Schritt:** Lest den Text ein zweites Mal gründlich. Klärt unbekannte Wörter durch Nachdenken, Nachfragen oder Nachschlagen. Markiert oder notiert Schlüsselwörter.
- **4. Schritt:** Gliedert den Text in Sinnabschnitte und formuliert Zwischenüberschriften.
- **5. Schritt:** Fasst den Inhalt des Textes mit euren eigenen Worten zusammen.

Teste dich!

Eine Werbeanzeige untersuchen

1 Untersuche die Werbeanzeige:

a Notiere, wofür hier geworben wird, und bestimme die Art der Werbung: Handelt es sich um Imagewerbung, eine Mitmachkampagne oder Produktwerbung?

b Beschreibe den Aufbau der Anzeige. Verwende dabei folgende Fachwörter:

Headline • Bild • Kurzinformation • Logo

c Notiere, welche sprachliche Besonderheit die Headline aufweist.

d Beschreibe, welche Farben verwendet wurden und wie diese wirken.

2 Vergleiche deine Ergebnisse mit einer Lernpartnerin oder einem Lernpartner. Korrigiere oder ergänze gegebenenfalls deine Ergebnisse.

10.2 Storys in 30 Sekunden – Werbespots untersuchen

Die Wirkung filmischer Mittel verstehen

1

„Vielleicht sollten wir mal in die Berge fahren." *(ruhige Musik: Gitarre und Trommel)*

2

(schnelle, energiegeladene Musik: Trommeln und Rasseln)

3

(schnelle, energiegeladene Musik: Trommeln und Rasseln)

4

(schnelle, energiegeladene Musik: Trommeln und Rasseln)

5

(begeistertes Jauchzen der Frau; schnelle, energiegeladene Musik: Trommeln und Rasseln)

6

„Ja." *(ruhige Musik: Gitarre und Trommel)*

7

„Oder lieber ans Meer ..." *(ruhige Musik: Gitarre und Trommel)*

8

(schnelle, energiegeladene Musik: Trommeln und Rasseln)

9
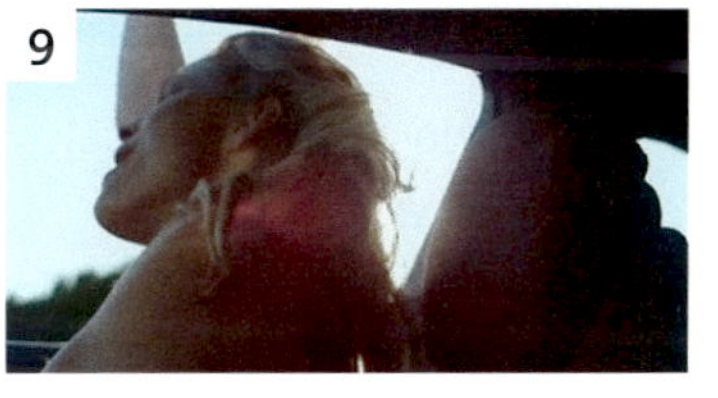
(begeistertes Jauchzen der Frau; schnelle, energiegeladene Musik: Trommeln und Rasseln)

10

(schnelle, energiegeladene Musik: Trommeln und Rasseln)

11

„Mmmmhhh ..."

12
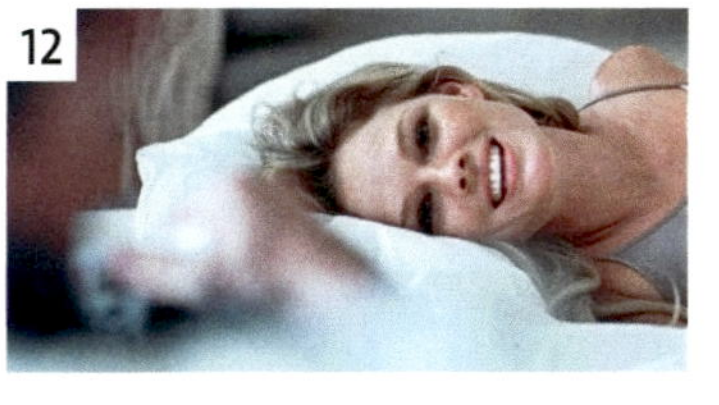
„Und in Venedig waren wir auch noch nie."

13

(langsames italienisches Opernlied)

14

(langsames italienisches Opernlied)

15

„Oh nein! Vergiss es!"

1 Die Bilder auf Seite 183 stammen aus einem 45-Sekunden-Fernseh-Werbespot.

a Erzählt mit Hilfe der Bilder und Bildunterschriften die Handlung des Spots nach:
Eine junge Frau und ein junger Mann liegen oder sitzen ... Sie schlägt ihm vor, ...
Auf den nächsten vier Bildern sieht man, was der Mann ... Er sieht vor seinem inneren Auge ...
Auf den Vorschlag der Frau antwortet er: ... Die Frau meint, man könnte ja auch ...

b Benennt die vier verschiedenen Handlungsorte, an denen der Spot spielt.
Tipp: Achtet auch auf die Musikangaben zu den Bildern.

c Begründet, welche der folgenden Aussagen die Werbebotschaft des Spots am besten beschreibt:

A Urlaub am Meer und in den Bergen ist schöner als ein Urlaub in Venedig.

B Jeder Urlaub ist lohnenswert, solange er die Möglichkeit bietet, mit dem neuen Mercedes-Modell zu fahren.

C Männer interessieren sich mehr für schöne Landschaften als für die Sehenswürdigkeiten einer Stadt.

2 Beschreibt das Lebensgefühl, das in dem Spot vermittelt wird:
Wie fühlt man sich angeblich, wenn man den neuen Mercedes fährt? Wie lebt man?

3 In der Werbung wird häufig mit Klischees gearbeitet.

a Sammelt in einer Tabelle Eigenschaften und Verhaltensweisen, die als „typisch Mann" oder als „typisch Frau" gelten:

„typisch Mann"	„typisch Frau"
abenteuerlustig, ...	*sanft, ...*

b Ergänzt in der Tabelle, welche Klischees dem Mann und der Frau in dem Werbespot zugeschrieben werden.

c Diskutiert, was ihr von diesen Klischees haltet.
Begründet eure Meinung.

4 Bei einem Werbespot, der die Zuschauer in einer halben Minute in den Bann ziehen soll, muss der Einsatz filmischer Mittel besonders gut durchdacht sein.

a Beschreibt die Einstellungsgrößen der einzelnen Filmbilder:
– Wie weit ist die Kamera von den Figuren oder dem Schauplatz entfernt?
– Worauf wird jeweils die Aufmerksamkeit gelenkt?

b Sucht die Bilder mit auffälliger Kameraperspektive heraus und beschreibt deren Wirkung.

Information **Kameraeinstellung und Kameraperspektive**

- Die **Einstellungsgröße** legt die Größe des Bildausschnitts fest. Man unterscheidet **Totale, Halbnahaufnahme** und **Großaufnahme.** Je kleiner der Bildausschnitt ist, desto näher scheint der Betrachter am Geschehen zu sein. Je nachdem, wie nah die Kamera an das Geschehen heranführt oder wie weit sie entfernt bleibt, entstehen unterschiedliche Wirkungen.
- Der **Standpunkt der Kamera** und damit verbunden ihr Blickwinkel wird als **Kameraperspektive** bezeichnet. Man unterscheidet zwischen **Vogelperspektive, Normalperspektive** und **Froschperspektive.**

Fordern und fördern – Schnitt und Montage untersuchen

1 Untersucht, wie die Handlung in dem Werbespot (► S. 183) erzählt wird:

●●● a Skizziert die 15 Filmbilder im Heft.

b Macht euch klar, welche Bilder jeweils zu einer Szene gehören:
- Kennzeichnet jeden Szenenwechsel durch einen senkrechten Strich.
- Nummeriert die einzelnen Szenen.

Tipp: Betrachtet die Bilder des Paares zu Hause als eine Gesamtszene.

▷ Hilfe zu Aufgabe 1 b auf Seite 186

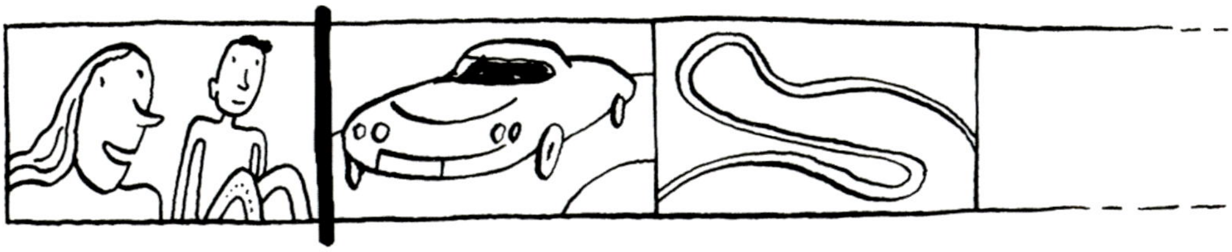

c Markiert die Szenen, die in der Gedankenwelt des Mannes spielen, blau und die Szenen, die die Wirklichkeit zeigen, gelb. ▷ Hilfe zu Aufgabe 1 c auf Seite 186

d Erklärt, warum die einzelnen Szenen in dieser Weise zusammengefügt (montiert) wurden.

▷ Hilfe zu Aufgabe 1 d auf Seite 186

2 Untersucht, welche Funktion die Musik in den verschiedenen Szenen hat:

a Prüft, welche Art von Musik in welcher Szene erklingt.

●●● b Erklärt, wie die Musik jeweils zur Stimmung und Handlung der Szene passt, z. B.:
In den Bildern 1, 6, 7 und ... halten sich die Figuren entspannt zu Hause auf. Zu dieser Stimmung passt ...

▷ Hilfe zu Aufgabe 2 b auf Seite 186

3 Erklärt, welche Funktion der Schnitt zwischen den Filmbildern 3 und 4 sowie
●●● den Bildern 6 und 7 hat. Lest dazu den Informationskasten. ▷ Hilfe zu Aufgabe 3 auf Seite 186

4 Wählt im Internet einen Werbefilm und untersucht ihn:
Achtet auf Handlung (Figuren, Orte), Aussage des Spots, Klischees, Hintergrundmusik, Anzahl der Szenen, Kameraeinstellungen und Kameraperspektive.

Information | **Schnitt und Montage in Filmen**

- Nach den Dreharbeiten mit der Kamera folgt die Bearbeitung des Filmmaterials: der **Filmschnitt** und die **Montage.** Dabei wird das Filmmaterial in einzelne Szenen zerlegt. Überflüssige Szenen werden herausgeschnitten und die einzelnen Szenen neu angeordnet.
- Je nachdem, wie die einzelnen **Filmszenen** aneinandergefügt (montiert) werden, wird die **Handlung des Films** erzählt und **dramaturgisch gestaltet.** Man kann beispielsweise:
  - Handlungen, die zeitgleich an verschiedenen Orten spielen, **gleichzeitig zeigen,** indem man zwischen den Szenen hin- und herspringt, z. B.: *Ein Einbrecher knackt einen Tresor. – Schnitt: Die Polizei nähert sich. – Schnitt: Der Einbrecher lauscht. – Schnitt: ...*
  - in einer **Rückblende** ein Ereignis aus der Vergangenheit zeigen, z. B.: *Eine erwachsene Figur erinnert sich. – Schnitt: Die Kindheit der Figur wird gezeigt.*

Aufgabe 1b mit Hilfen

Macht euch klar, welche Bilder jeweils zu einer Szene gehören:
- Kennzeichnet jeden Szenenwechsel durch einen senkrechten Strich.
  Eine neue Szene beginnt … → wenn der Ort wechselt,
  → wenn ein Zeitsprung stattfindet,
  → wenn eine neue Figur auftaucht.
- Nummeriert die einzelnen Szenen.

Aufgabe 1c mit Hilfen

Markiert die Szenen, die in der Gedankenwelt des Mannes spielen, blau und die Szenen, die die Wirklichkeit zeigen, gelb. Tipp: Die Szenen wechseln sich immer ab.

Aufgabe 1d mit Hilfen

Erklärt, warum die einzelnen Szenen in dieser Weise zusammengefügt (montiert) wurden. Berücksichtigt dabei Gesichtsausdruck und Aussagen des Mannes auf den Bildern 6, 11 und 15 und verwendet folgende Begriffe: Traumwelt, Wirklichkeit, Wechsel, Spannung, Stimmung.

Aufgabe 2b mit Hilfen

Erklärt, wie die Musik jeweils zur Stimmung und Handlung der Szene passt. Ordnet dafür den Bildbeschreibungen A, B und C die jeweils passende Erklärung zu:

A In den Bildern 1, 6, 7, 11 und 12 halten sich die Figuren entspannt zu Hause auf.

B In den Bildern 2 bis 5 und 8 bis 10 sind das Auto, großartige Landschaften sowie der jubelnde Mann als Fahrer und die begeisterte Frau zu sehen.

C In den Bildern 13 und 14 sieht man eine enge, dunkle Tiefgarage, in der das Auto steht.

- Zu diesen Bildern passt das langsame italienische Opernlied, denn so wäre es in Venedig.
- Zu dieser Stimmung passt die „ruhige Musik“. Sie vermittelt ein Wohlgefühl.
- Zu dieser Stimmung passt die „schnelle Musik“, denn die Figuren fahren wie in einem Rausch durch diese Landschaften.

Aufgabe 3 mit Hilfen

Erklärt, welche Funktion der Schnitt zwischen den Filmbildern 3 und 4 sowie den Bildern 6 und 7 hat:
- Beschreibt zunächst genau, was man auf den einzelnen Bildern sieht, z. B.:
  Auf Bild 3 sieht man in der Totale eine Straße, die in Serpentinen …
  Bild 4 zeigt das Gesicht des Mannes in Großaufnahme. Er …
- Erklärt dann die Funktion der Schnitte, z. B.:
  Durch den Schnitt zwischen Bild 3 und 4 ändert sich die Perspektive auf die Autofahrt: Erst sieht man …
  Dann wird deutlich, wie der Mann …

10.3 Projekt – Einen Werbespot drehen

1. Schritt: Ideen sammeln und einen Drehplan schreiben

1 Plant einen Werbespot als Imagewerbung (▶ S. 173) für eure Schule.

a Entscheidet,
- wie die Botschaft eurer Werbung lauten soll, z. B.: *Bei uns hilft man sich zu jeder Zeit.*
- wen genau (Zielgruppe) ihr mit eurem Film ansprechen wollt, z. B. neue Schüler, Eltern ...
- wann ihr euren Film zeigen wollt, z. B. zum Schulfest, am Tag der offenen Tür, am Infoabend.

Tipp: Vielleicht könnt ihr euren Film auch auf der Webseite eurer Schule veröffentlichen.

b Erstellt eine Mindmap: Was soll in einem Werbespot über eure Schule gezeigt werden?
Tipp: Überlegt, was für eure Zielgruppe interessant sein könnte.

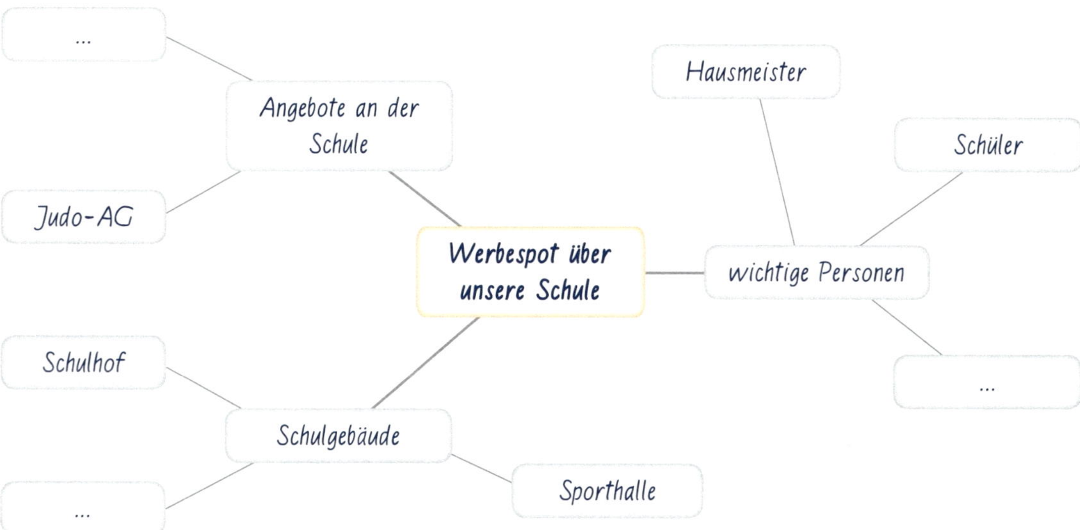

c Entscheidet, welche Ideen ihr ausführen wollt. Beschränkt euch auf das Allerwichtigste, denn euer Werbespot sollte nicht länger als fünf Minuten sein.

2 Erstellt auf einem Plakat einen Drehplan für euren Spot, z. B.:

Szene	Drehort, Inhalt	Personen	Ton (Geräusche, Musik, Texte)	Kamera (Einstellung, Perspektive)
1	*vor dem Schulgebäude: Schüler laufen fröhlich in das Gebäude hinein.*	*viele Schüler*	*Schulgong, Stimmengewirr, Lachen*	*Überblick über das Schulgebäude und Schüler zeigen (Totale)*
2	*Chemieraum: Schüler führen spannende Experimente durch.*	*7a, Frau Martin*	...	...
3	*Sporthalle:* ...	...	...	...

2. Schritt: Den Werbespot drehen

3 a Betrachtet die beiden Filmbilder.
Begründet: Welches Bild ist im Hinblick auf die Kameraeinstellung gelungen? Welches nicht?
b Prüft noch einmal in eurem Drehplan die Kameraeinstellungen.
Wie könnt ihr Gebäude, Gegenstände und Personen am besten in den Blick nehmen?

4 a Bildet Drehteams: Haltet fest, welches Team welche Szenen dreht.
b Holt euch das Einverständnis der Schuldirektion und der Personen, die ihr filmen wollt.
c Dreht die einzelnen Szenen. Probiert unterschiedliche Kameraeinstellungen aus.
- Achtet auf gute Lichtverhältnisse, filmt nicht gegen das Licht.
- Haltet die Kamera ruhig, stellt sie auf ein Stativ oder einen festen Untergrund.
- Verzichtet auf den übermäßigen Einsatz von Zooms und Schwenks.
Je näher ihr das Objekt oder die Person heranzoomt, desto mehr verwackelt das Bild.
- Achtet auf einen guten Ton. Geht bei Interviews nah an den Gesprächspartner heran.

Tipp: Dreht die Szenen am besten zwei- oder dreimal. So habt ihr später eine Auswahl.

5 Seht euch euer Filmmaterial an und prüft Bild- und Tonqualität. Notiert eure Verbesserungsvorschläge und dreht einzelne Szenen gegebenenfalls noch einmal.

3. Schritt: Schnitt und Montage

6 a Schneidet euer Filmmaterial am Computer mit Hilfe eines Schnittprogramms.
- Löscht Szenen, die überflüssig oder nicht gelungen sind.
- Probiert verschiedene Schnitte aus. Verändert z. B. die Reihenfolge der Szenen und testet verschiedene Übergänge (Blenden) zwischen den Szenen.

b Überlegt, ob ihr Szenen mit Musik unterlegen möchtet oder den Ton verändern solltet.
c Fügt in euren Werbespot einen ansprechenden Filmtitel ein.
Ihr könnt auch Zwischentitel für einzelne Szenen und das Filmende (den Abspann) erfinden.

Schreibwörter ▸ S. 300

die Headline	das Logo	die Werbebotschaft	die Mitmachwerbung	der Schnitt
der Slogan	das Image	das Produkt	die Kampagne	die Montage

11 Grammatiktraining – Wortarten, Sätze und ihre Satzglieder

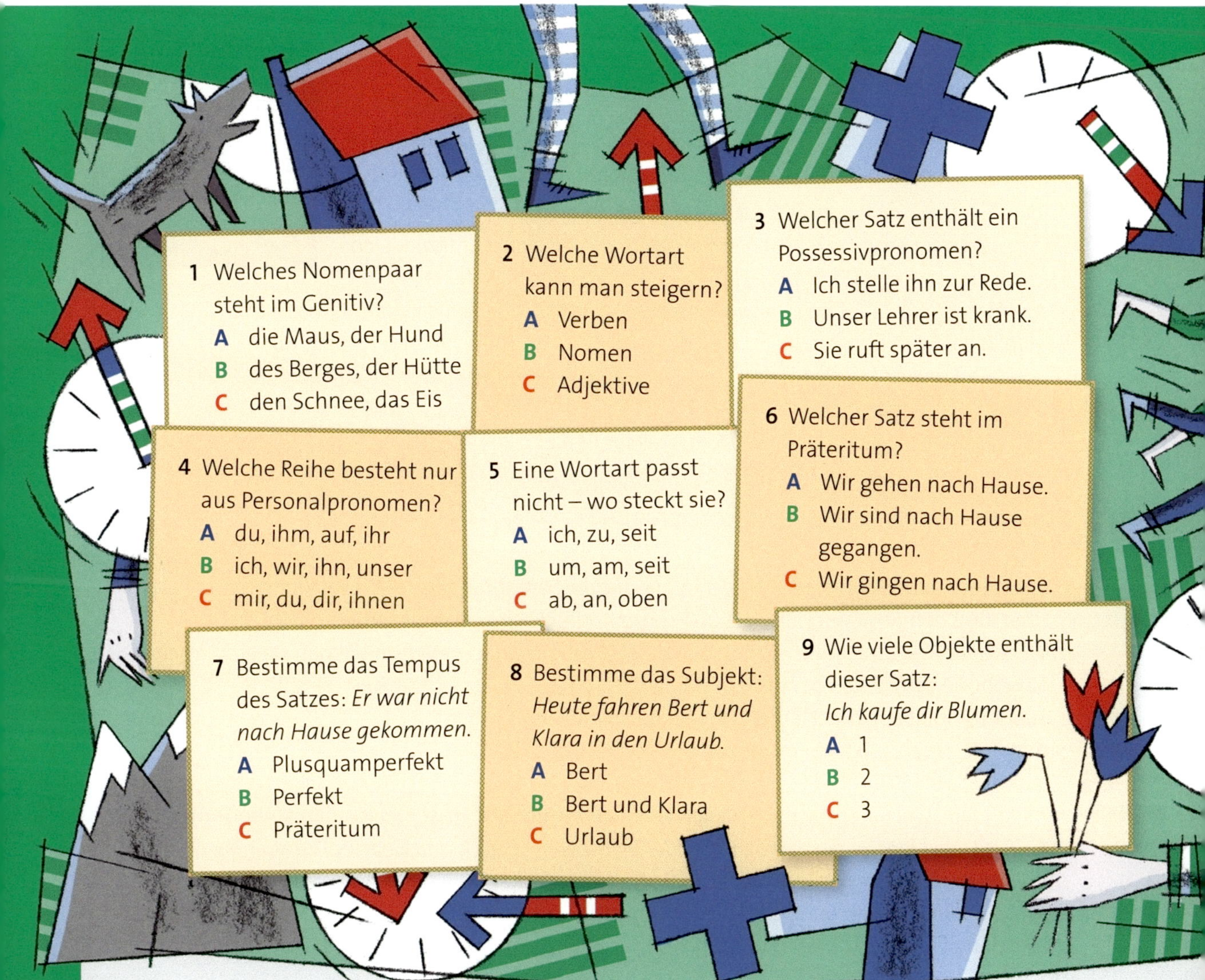

1 Welches Nomenpaar steht im Genitiv?
- **A** die Maus, der Hund
- **B** des Berges, der Hütte
- **C** den Schnee, das Eis

2 Welche Wortart kann man steigern?
- **A** Verben
- **B** Nomen
- **C** Adjektive

3 Welcher Satz enthält ein Possessivpronomen?
- **A** Ich stelle ihn zur Rede.
- **B** Unser Lehrer ist krank.
- **C** Sie ruft später an.

4 Welche Reihe besteht nur aus Personalpronomen?
- **A** du, ihm, auf, ihr
- **B** ich, wir, ihn, unser
- **C** mir, du, dir, ihnen

5 Eine Wortart passt nicht – wo steckt sie?
- **A** ich, zu, seit
- **B** um, am, seit
- **C** ab, an, oben

6 Welcher Satz steht im Präteritum?
- **A** Wir gehen nach Hause.
- **B** Wir sind nach Hause gegangen.
- **C** Wir gingen nach Hause.

7 Bestimme das Tempus des Satzes: *Er war nicht nach Hause gekommen.*
- **A** Plusquamperfekt
- **B** Perfekt
- **C** Präteritum

8 Bestimme das Subjekt: *Heute fahren Bert und Klara in den Urlaub.*
- **A** Bert
- **B** Bert und Klara
- **C** Urlaub

9 Wie viele Objekte enthält dieser Satz: *Ich kaufe dir Blumen.*
- **A** 1
- **B** 2
- **C** 3

1 a Löst die Quizaufgaben zu den Grammatikthemen der 6. Klasse.
b Vergleicht eure Ergebnisse mit einer Lernpartnerin oder einem Lernpartner.
Begründet eure Lösung, wenn ihr unterschiedliche Ergebnisse habt.
c Schlagt die richtigen Antworten auf Seite 308 nach.

In diesem Kapitel ...

- wiederholt ihr die wichtigen Wortarten und Satzglieder und lernt neue kennen,
- lernt ihr, was Passivsätze sind und wozu man sie braucht,
- untersucht ihr, wie man Wörter im Deutschen bildet,
- übt ihr, mit Haupt- und Nebensätzen abwechslungsreich zu formulieren.

11.1 Faszinierendes Feuer – Wörter erforschen

Nomen und deren Kasus erkennen

VORSICHT FEHLER!

Die Entdeckung des Feuers

Wie entdeckten die menschen das feuer? Klar ist, dass es feuer und brände schon seit beginn der erde gab. Durch blitze und vulkanausbrüche können jederzeit waldbrände entstehen. Deshalb müssen unsere urahnen das feuer als zerstörerische naturgewalt gekannt haben. Erst sehr viel später begannen sie, das feuer zu bändigen und für sich zu nutzen. Und dann, vor etwa 32 000 jahren, wurde es erfunden: das erste feuerzeug.

Die Menschen entdeckten, dass beim kräftigen Aufeinanderschlagen zweier bestimmter Steine ein Funke entsteht. Der eine Stein enthielt das Mineral Pyrit und der zweite Stein war ein Feuerstein. Mit den Funken ließ sich trockenes Reisig oder Zunder zum Glimmen bringen. „Das brennt wie Zunder", sagt man bis heute. Man meint damit einen Pilz namens Zunderschwamm, der an vielen Baumstämmen wächst und besonders gut zum Anzünden geeignet ist.

1 Habt ihr schon einmal ohne moderne Hilfsmittel Feuer gemacht? Erzählt davon.

2 **a** Im ersten Textabschnitt (▸ Z. 1–6) sind bis auf die Satzanfänge alle Wörter kleingeschrieben. Übertragt den Abschnitt ins Heft und schreibt die 15 Nomen groß. Unterstreicht sie.

b Im zweiten Textabschnitt (▸ Z. 7–11) sind drei Wörter markiert. Warum werden sie großgeschrieben, obwohl sie Tätigkeiten benennen? Begründet.

c Sucht für folgende drei Nomen-Proben Beispiele aus dem Text:
A Artikelprobe, **B** Adjektivprobe, **C** Zählprobe.

3 In folgenden zwei Sätzen kommen alle vier Kasusformen vor, in denen Nomen stehen können:
A *(Die Hitze) (das Feuer)* ermöglichte *(die Menschen) (Fleisch und Gemüse)* zu kochen.
B *(Das Kochen) (die Speisen)* machte *(die Nahrung)* bekömmlicher.

a Schreibt die Sätze ab und setzt die Nomen in der richtigen Form ein.

b Lest den Infokasten unten und bestimmt für jedes Nomen den Kasus.

Information **Nomen**

- Nomen kann man mit Hilfe von Proben erkennen:
  - **Artikelprobe:** Vor Nomen kann man einen **Artikel** setzen, z. B.: *Das Feuer ist gefährlich.* Achtung: Manche Artikel sind mit einer Präposition verschmolzen, z. B.: *am (an + dem).*
  - **Adjektivprobe:** Oft stehen **Adjektive** vor Nomen, z. B.: *der helle Funke.*
  - **Zählprobe:** Einige Nomen werden von **Zahlwörtern** begleitet, z. B.: *vor vielen Jahren.*
- In Sätzen erscheinen Nomen immer in einem **bestimmten Kasus** (in einem Fall):

Nominativ *(das Feuer)*	**Genitiv** *(des Feuers)*	**Dativ** *(dem Feuer)*	**Akkusativ** *(das Feuer)*
Wer oder was ...?	Wessen ...?	Wem ...?	Wen oder was ...?

Mit Pronomen Nomen und Wortgruppen ersetzen

Eine zündende Idee

Berühmt wurde er durch sie. Sie waren hochgefährlich. Sie waren speziell beschichtet und mussten anfangs in Schwefelsäure getaucht werden, woraufhin sie sofort entflammten.
Später entwickelte er sie weiter zu so genannten Reibhölzern. Nun musste man sie nicht mehr in Säure tauchen, um sie zu entzünden. Es genügte, diese an irgendeiner rauen Oberfläche zu reiben. Allerdings konnten sie sich selbst entzünden – etwa in ihnen.
Er hatte nun die Idee, auch sie mit speziellen Chemikalien zu beschichten. Sie entflammten dann nur, wenn sie auf ihr gerieben wurden. Noch heute funktionieren sie nach diesem Prinzip.

1 a Der Text beschreibt eine etwa 200 Jahre alte Erfindung. Welche ist gemeint?
b Erklärt, warum der Text so schwer verständlich ist.

2 a Für welche Nomen stehen die markierten Personalpronomen?
Schreibt den Text ab und ersetzt sie durch passende Nomen aus dem Kasten.
Achtet genau auf den inhaltlichen Zusammenhang.

die Hölzer • die Erfindung der Streichhölzer • seine ersten so genannten Tunkhölzer • diese Tunkhölzer • die Tunkhölzer • Rudolf Christian Boettger • Boettger • der unermüdliche Tüftler • die Reibhölzer • Hosentaschen • moderne Streichhölzer • einer speziellen Fläche

b Sucht in eurem Text im Heft weitere Pronomenarten: Unterstreicht ein Possessivpronomen und drei Demonstrativpronomen. Welche Aufgaben haben diese beiden Pronomenarten?

3 In manchen Sprachen, beispielsweise im Spanischen, ersetzt die Endung des Verbs das Personalpronomen: ***ich** trinke* – ***wir** trinken*, Spanisch: *beb**o*** – *beb**emos**.*
Untersucht Sprachen, die ihr kennt: Kann man in diesen Sprachen auf das Personalpronomen verzichten?

Information **Pronomen**

Pronomen können Nomen ersetzen oder begleiten. Man unterscheidet drei Pronomenarten:

- **Personalpronomen** *(ich, du, er, sie, es, wir, ihr, sie)* sind **Stellvertreter für Nomen,** z. B.: *Es gibt viele aktive Vulkane. ~~Viele aktive Vulkane~~ Sie liegen unter der Wasseroberfläche.* Personalpronomen treten wie Nomen in verschiedenen Fällen auf, z. B.: *ich* (Nom.), *mir* (Dativ), *mich* (Akk.). Mit Hilfe dieser Pronomen kann man in Texten **Wiederholungen vermeiden** und die Texte lesbarer und flüssiger gestalten.
- **Possessivpronomen** wie *mein, dein, sein, ihr, unser, euer* geben an, zu wem etwas gehört, z. B.: *seine Erfindung*. Sie begleiten meistens Nomen und stehen dann im gleichen Kasus.
- **Demonstrativpronomen** weisen besonders deutlich auf eine Person, eine Sache oder einen Umstand hin und werden beim Sprechen betont, z. B.: *Wer ist dieser Mann? Den kenne ich nicht.*

Präpositionen richtig verwenden

Hilfe, mein Vulkan bricht aus – ein Experiment zum Nachbauen

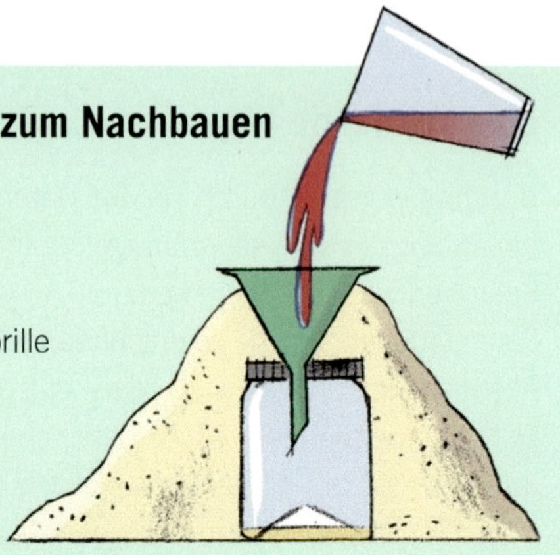

Ihr benötigt:
- ein leeres Marmeladenglas mit Schraubverschluss und Deckel
- Schraubenzieher, Hammer, Trichter aus Plastik, Schutzbrille
- Knete zum Abdichten
- fünf Esslöffel Zitronensaft und fünf Esslöffel Backpulver (Natron)
- ein Glas Wasser, gefärbt mit roter Lebensmittelfarbe

Führt den Versuch am besten ? einem Sandkasten durch:
1. Bohrt ? dem Schraubenzieher und dem Hammer ein Loch ? den Deckel des Glases. Die Trichter-Tülle muss ? das Loch passen.
2. Füllt Zitronensaft und Natron ? das Glas und schraubt den Deckel zu.
3. Steckt den Trichter ? das Loch. Dichtet den Spalt ? Loch und Trichter ? Knete ab.
4. Formt einen Berg ? Sand. Drückt das Glas ? dem Trichter ? die Spitze des Berges und baut den Vulkan darum herum. Der Trichter muss ? dem Berg herausschauen und ? des Trichters darf kein Sand sein.
5. Färbt für die „Lava" das Wasser ? der roten Lebensmittelfarbe.
6. Setzt eine Brille auf. Schüttet das rote Wasser ? den Vulkan-Trichter und tretet schnell zurück. Was passiert? Natron und Zitronensäure reagieren ? des dazukommenden Wassers miteinander. ? dieses Vorgangs entsteht Kohlensäure – und die sprudelt.

1 a Was passiert bei diesem Experiment? Erklärt das Ergebnis mit eigenen Worten.
b Ergänzt passende Präpositionen aus dem Kasten. Einige müsst ihr mehrmals verwenden.
c Erklärt, welche Funktion Präpositionen in einem Satz haben.

> mit • aus • durch • in • zwischen • wegen • während • innerhalb

2 Präpositionen fordern immer einen bestimmten Kasus: Genitiv, Dativ oder Akkusativ.
a Übertragt die Tabelle ins Heft und ordnet die eingesetzten Präpositionen aus Aufgabe 1 mit den zugehörigen Nomen in die richtige Spalte ein.

Präposition + Nomen im Dativ	Präposition + Nomen im Akkusativ	Präposition + Nomen im Genitiv
in einem Sandkasten *mit dem Schraubenzieher*	*in den Deckel* *durch das Loch*	...

b Vergleicht euer Ergebnis mit einem Lernpartner und erklärt euch gegenseitig, woran ihr den Kasus jeweils erkannt habt.
c Überlegt zu zweit, warum nach der Präposition *in* mal der Dativ und mal der Akkusativ folgt.

Wie funktioniert ein echter Vulkan?

Was genau ist eigentlich ein Vulkan? Vulkane sind Öffnungen in *(die Erdkruste)*, aus denen geschmolzenes Gestein aus *(das Innere)* der Erde entweicht. Innerhalb *(der Vulkan)* befindet sich ein Herd aus *(heißes Magma)*. Zum Ausbruch kommt es durch *(der hohen Druck)* im Erdinneren. Tritt das Magma an *(die Erdoberfläche)* aus, heißt es Lava. Die Lava kann langsam aus *(die Öffnung)* ausfließen oder infolge *(starke Explosionen)* herausgeschleudert werden. Außerhalb *(das Erdinnere)* kühlt die Lava ab und wird zu *(festes Gestein)*. Große Teile der Erdoberfläche und der Ozeanböden bestehen aus *(solches Vulkangestein)*.

3 a Schreibt den Text ab. Markiert die Präpositionen und setzt die Nomen im richtigen Kasus ein.
b Tauscht euer Heft mit einem Lernpartner. Prüft im Text eures Partners, ob die Nomen im richtigen Kasus stehen. Schaut im Informationskasten unten nach, wenn ihr unsicher seid.

4 Manche Verben stehen immer mit einer bestimmten Präposition.
a Schreibt folgende Sätze ab. Unterstreicht die Verben und ergänzt die fehlenden Präpositionen:
A Menschen in der Nähe aktiver Vulkane fürchten sich ? einem Ausbruch.
B Sie achten ständig ? jedes Anzeichen.
C Forscher bemühen sich seit Jahrhunderten ? zuverlässige Vorhersagen.
D Heute warnen Vulkanologen rechtzeitig ? einem bevorstehenden Ausbruch.
b Welchen Kasus fordern die eingesetzten Präpositionen, Dativ oder Akkusativ? Markiert die Präposition und notiert darüber jeweils den Kasus.

5 a Bildet zu folgenden Verben mit festen Präpositionen Beispielsätze:
b Unterstreicht jeweils Verb und Präposition und notiert, welcher Kasus der Präposition folgt.

träumen von • sprechen mit • suchen nach • danken für • bestehen aus • abhängen von

6 Sucht weitere Verben, die mit den Präpositionen *von, mit* und *für* stehen. Notiert Beispielsätze.

Information **Präpositionen**

- Wörter wie *auf, in, nach, vor, seit* nennt man Präpositionen. Sie geben häufig räumliche oder zeitliche **Verhältnisse** an, z. B.: *auf dem Tisch, unter dem Tisch, über dem Tisch, seit einigen Tagen, in einigen Tagen, nach einigen Tagen, vor einigen Tagen.*
- Außerdem stehen **manche Verben** immer mit einer **festen Präposition,** z. B.: *achten auf* (+ Akkusativ), *anfangen mit* (+ Dativ), *warnen vor* (+ Dativ).
- Nach einer Präposition folgt immer ein **bestimmter Kasus** (Fall):
  – Präpositionen mit **Genitiv:** *wegen, während, innerhalb, unterhalb, oberhalb, trotz, infolge,*
  – Präpositionen mit **Dativ:** *mit, nach, bei, von, zu, aus, außer, seit,*
  – Präpositionen mit **Akkusativ:** *durch, für, ohne, um, gegen.*
  – Nach den **Wechselpräpositionen** *an, auf, hinter, neben, in, über, unter, vor, zwischen* folgt bei der Frage *Wo?* der **Dativ** oder bei der Frage *Wohin?* der **Akkusativ.**

Mit Adjektiven anschaulich formulieren

1 Wie ist Feuer?

a Zeichnet zwei Flammen ins Heft und notiert Adjektive und Nomen zum Thema Feuer.

b Beschreibt, wie unterschiedlich Feuer wirken kann: Bildet passende Wortpaare aus Adjektiven und Nomen.

c Bildet mit euren Wortpaaren Sätze. Wie verändern sich die Adjektive und Nomen?
Ich sehe/fühle/höre ... Ich nähere mich ...
Die Hitze des/der ...

Buschbrand in Australien
Oft ist der Boden in Australien durch die *(unvorstellbar)* Hitze knochentrocken und bietet *(ideal)* Voraussetzungen für eine *(schnell)* Verbreitung von Feuer. *(Heftig)* Winde treiben die *(klein)* Flammenherde mit einer *(unglaublich)* Geschwindigkeit zu einem *(groß)* Brand zusammen. Augenzeugen sprechen manchmal von *(glühend)* Felsen, die wie Bomben fallen. Sogar angeblich *(feuerfest)* Häuser halten den *(riesig)* Flammenwänden oft nicht stand.

2 a Schreibt den Text ab und setzt die Adjektive in Klammern in der richtigen Form ein.

b Bestimmt den Kasus der eingesetzten Adjektive: Achtet dabei auf die Präpositionen (▸ S. 193) vor den Verbindungen von Adjektiven und Nomen oder erfragt den Kasus mit *Wer/was?, Wessen?, Wem?* oder *Wen/was?*.

c Lest den Text einmal mit und einmal ohne Adjektive. Wie unterscheidet sich die Wirkung?

In den trockenen Regionen Australiens haben sich die Pflanzen den zerstörerischen Bränden und Dürren angepasst, denn kleine Buschfeuer gehören dort zum Alltag. So schützen sich zahlreiche Bäume vor den gefährlichen Buschfeuern über ihre Rinde, und die Samenkapseln einiger Pflanzenarten öffnen sich erst bei Feuerhitze.

3 Adjektive kann man oft daran erkennen, dass man sie steigern kann, z. B.: *hell – heller – am hellsten.* Bestimmt die Adjektive in den Sätzen und notiert sie in den drei Steigerungsstufen.

Information **Adjektive**

- **Adjektive** machen Texte **anschaulich und lebendig,** da sie jemanden oder etwas **genau beschreiben,** z. B.: *die helle Glut, die gierigen Flammen.*
- Die meisten **Adjektive** kann man steigern: *heiß* (Positiv) – *heißer* (Komparativ) – *am heißesten* (Superlativ). **Ausnahmen** bilden Adjektive wie *leer* oder *tot*.
- Als **Begleiter des Nomens** hat das Adjektiv nach bestimmtem Artikel die Endung *-e* oder *-en,* z. B.: *das große Feuer, des großen Feuers, dem großen Feuer, das große Feuer.*

Mit Verben verschiedene Zeiten ausdrücken

Vergangenes ausdrücken: Das Präteritum und das Perfekt

Der Ausbruch des Vesuvs

Vor fast 2000 Jahren, am Morgen des 24. Augusts im Jahr 79 n. Chr., herrschte in der römischen Stadt Pompeji reger Betrieb, alles schien wie immer – bis gegen 10 Uhr ein gewaltiger Knall die Stadt erschütterte. Aus dem Krater des nahen Vulkans schoss eine riesige, schwarze Wolke, Fontänen aus Lava spritzten zum Himmel. Der Vesuv brach aus! „Die Menschen haben alle versucht, sich zu retten. Sie haben sich in ihren Häusern versteckt, sie sind geflohen", berichtet ein Historiker. „Aber nur wenige haben überlebt. Eine Lawine aus Lava fließt rasend schnell."

1 Was wisst ihr bereits über die Stadt Pompeji und den Vesuv? Tauscht euch aus.

2 Der Text enthält verschiedene Zeitformen: Präsens, Präteritum und Perfekt.
- a Erklärt, welche Zeitform man wofür verwendet.
- b Notiert zu jeder Zeitform zwei Beispiele und erklärt, wie sie gebildet wird.

Es *(dauern)* damals vermutlich zwei Tage, bis der Vesuv sich wieder *(beruhigen)*. Pompeji aber *(liegen)* unter einer dicken Ascheschicht und *(bleiben)* es über Jahrhunderte. Erst Ende des 16. Jahrhunderts *(entdecken)* Bauarbeiter Gänge mit Inschriften. 1750 *(beginnen)* die systematische Ausgrabung der Stadt. „Schon damals *(anziehen)* die Ausgrabungsstätte viele Menschen", berichtet ein Archäologe. „Und genau das *(entwickeln)* sich zu einem Problem. 2,5 Millionen Touristen *(anreisen)* allein im letzten Jahr. Sie *(zerstören)* bereits Teile der Stadt zum zweiten Mal."

3
- a Schreibt die Textfortsetzung ab und ergänzt die Verben in der jeweils passenden Zeitform.
- b Welche vier Verben im Text sind starke Verben? Erklärt, woran man sie erkennt.

4 Sucht die starken Verben in dem oberen Text und notiert sie untereinander.
Ergänzt zu jedem Verb den Infinitiv und die Präteritumform oder die Perfektform.

Information **Zeitformen der Vergangenheit: Das Präteritum und das Perfekt**

- Das **Präteritum** verwendet man in der Regel, wenn man **schriftlich** über etwas Vergangenes erzählt oder berichtet, das **Perfekt** für **mündliches** Erzählen oder Berichten.
- Die **Perfektform** von Verben besteht immer aus **zwei Teilen:**
  Präsensform von ***haben*** **oder** ***sein*** **+ Partizip II,** z. B.: *wir haben gelacht, wir sind gegangen.*
- Bei **starken Verben** verändert sich der Vokal im Wortstamm, wenn man eine Vergangenheitsform bildet, z. B.: *gehen – sie ging – sie ist gegangen.*

Eine Abfolge in der Vergangenheit zeigen: Das Plusquamperfekt

Sorglosigkeit vor dem großen Ausbruch

A Der Vesuv war lange ruhig. Er galt als erloschen.
B Ein Erdbeben zerstörte bereits 17 Jahre vorher Teile der Stadt Pompeji. Ein Ausbruch des Vulkans war absehbar.
C Der erste Schrecken legte sich. Die Stadtherren begannen zügig mit dem Wiederaufbau.
D Die Bewohner schlossen die Restaurierung ab. Die Stadt sah schöner aus als zuvor.
E Der Vesuv rauchte tagelang. Einzelne Bewohner warnten vor einem Ausbruch.
F Es gab jedoch keine offizielle Warnung. Niemand traf Vorkehrungen.
G Der Vesuv brach aus. Für eine Rettung war es zu spät.

1 a War man vor dem großen Ausbruch in Pompeji zu sorglos gewesen? Lest die Aussagen A bis G.
b Jede Aussage A bis G gibt zwei Informationen über die Vergangenheit. Prüft in jeder Aussage, was früher stattgefunden hat.

2 Um die Vorvergangenheit auszudrücken, braucht ihr das Plusquamperfekt.
a Beschreibt mit Hilfe der folgenden Beispiele, wie man das Plusquamperfekt bildet:

er war gewesen	*es hatte zerstört*	*sie hatten abgeschlossen*

b Legt das Heft quer und übertragt den Zeitstrahl ins Heft. Ergänzt darunter die Informationen der Aussagen A bis G in der jeweils richtigen Zeitform:

Vorvergangenheit ——— *Vergangenheit* ———→ *Gegenwart*

Vorvergangenheit	Vergangenheit
A Der Vesuv war lange ruhig gewesen.	*Er galt als erloschen.*
B Ein Erdbeben hatte bereits 17 Jahre …	*Ein Ausbruch des Vulkans war …*

c Verbindet in den Aussagen A bis G die Hauptsätze zu Satzgefügen. Verwendet dabei die Konjunktion *nachdem,* um den zeitlichen Ablauf der Ereignisse zu verdeutlichen, z. B.:
Nachdem der Vesuv lange ruhig gewesen war, galt er als erloschen.

3 Formuliert drei Aussagen zum Vulkanausbruch. Beginnt jeweils mit der Konjunktion *bevor:*
Bevor der Vulkan ausbrach, hatten … / Bevor die Einwohner … / Bevor die Stadtherren …

Information **Das Plusquamperfekt**

- Wenn etwas zeitlich **vor dem passierte,** wovon im **Präteritum** oder im **Perfekt** gesprochen wird, verwendet man das **Plusquamperfekt,** z. B.:
  Nachdem wir lange genug gewartet hatten, sahen wir den Feuerregen.
  (zeitlich frühere Handlung) (zeitlich spätere Handlung in der Vergangenheit)
- So bildet man das **Plusquamperfekt: Präteritumform von *haben* oder *sein* + Partizip II,** z. B.:
  Der Vulkan war ausgebrochen. Jemand hatte davor gewarnt.

Verben im Aktiv oder im Passiv verwenden

Pompeji – eine Stadt unter Asche

A Nachdem Pompeji verschüttet worden war, wurde die Stadt erst einmal vergessen. Erst Jahrhunderte später wurde sie wiederentdeckt. Bereits seit 1748 wird nach Überresten der Katastrophe gegraben. Ganze Straßenzüge wurden inzwischen freigelegt. Sie sind nahezu unversehrt, da die Asche wie ein Schutzfilm funktioniert hatte. Es wurden auch die versteinerten Abdrücke von Menschen gefunden, die zum Zeitpunkt ihres Todes auf dem Boden gelegen oder gehockt hatten. Heute werden die Hohlräume mit Gips ausgegossen. So werden ihre Umrisse sichtbar gemacht.

B Die Archäologen leisten in Pompeji sehr schwere Arbeit. Noch immer haben sie ein Drittel der Stadt nicht ausgegraben. Sie müssen bei ihrer Arbeit nicht nur eine sechs bis sieben Meter dicke Ascheschicht Zentimeter für Zentimeter abtragen, sondern die Ruinen auch vor Witterungseinflüssen und vor dem großen Touristenstrom schützen. Außerdem richtete ein erneutes Erdbeben 1980 weitere verheerende Schäden an. Nun hat die italienische Regierung zusätzliche Gelder bereitgestellt, um einen zweiten Untergang der Stadt zu verhindern.

1 Welche Informationen habt ihr im Text über die Ausgrabungsstätten in Pompeji erhalten? Wählt drei Informationen und gebt sie mit eigenen Worten wieder.

2 Untersucht die beiden Textabschnitte A und B genauer:
- In welchem Textabschnitt wird hervorgehoben, wer etwas tut (Aktiv)?
- In welchem Textabschnitt wird betont, was mit etwas oder jemandem geschieht (Passiv)? Nennt jeweils Beispiele.

3 Untersucht, wie die Passivformen im Textabschnitt A gebildet wurden:

a Bestimmt in den drei markierten Sätzen die Verbform und notiert sie: *wurde wiederentdeckt, …*

b Erklärt, wie man Passivformen bildet: *Passiv wird gebildet aus …*

c Sucht im Textabschnitt A weitere Passivformen und notiert sie.

4 Formuliert die markierten Sätze in Textabschnitt A in Aktivsätze um. Ergänzt dabei das Satzglied *die Archäologen*.

5 Überlegt und begründet, bei welchen Texten es sinnvoll ist, das Passiv zu verwenden:

Spielanleitung • Rezept • Reisebericht • Bauanleitung • Hausordnung • Märchen

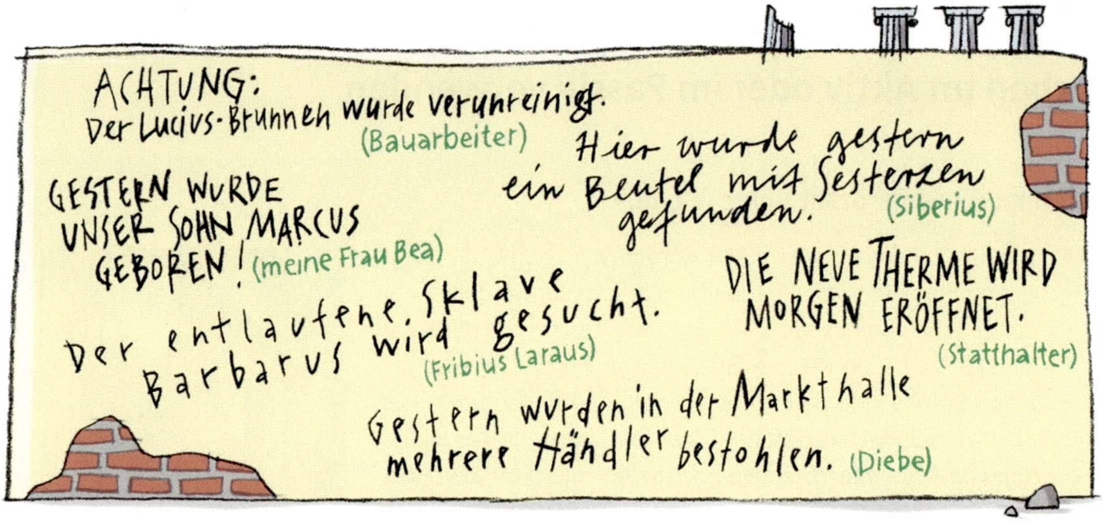

6 Bei den Ausgrabungen in Pompeji fand man an den Hauswänden zahlreiche Botschaften und Bilder, vermutlich gab es Graffiti auch schon damals.

a Lest die Botschaften oben und besprecht, in welchen die Angabe des Täters wichtig wäre.

b Ergänzt in den Botschaften die Täter. Verwendet dazu die Präposition *von* und schreibt die Sätze ins Heft, z. B.: *Achtung: Der Lucius-Brunnen wurde von Bauarbeitern verunreinigt.*

7 a Präsens oder Präteritum? Bestimmt die Zeitform der Botschaften. Markiert im Heft Sätze im Präsens gelb und im Präteritum grün.

b Wie lauten die Sätze im Aktiv? Formuliert die Sätze um. Achtet dabei auf die richtige Zeitform: *Achtung: Bauarbeiter verunreinigten den Lucius-Brunnen.*

8 Verwandelt eure Tafel in eine antike Hauswand.

a Setzt euch zu zweit zusammen und erfindet weitere Bekanntmachungen der Stadtbevölkerung in Pompeji. Formuliert die Sätze im Passiv und schreibt sie an die Tafel.

b Besprecht und verbessert die Sätze in der Klasse: Wurde das Passiv richtig gebildet?

Information **Aktiv und Passiv**

Aktiv und Passiv sind **Formen von Verben,** die ein Geschehen unterschiedlich darstellen:

- Im **Aktiv** wird betont, **wer** etwas tut oder handelt, z. B.: *Der Junge legt das Feuer.*
- Im **Passiv** steht die **Handlung** im Mittelpunkt, z. B.: *Das Feuer wird gelegt.*
- Mit dem **Passiv** kann man den **Handelnden (den Täter) verschweigen,** wenn er nicht wichtig oder unbekannt ist (z. B. in Vorschriften, Versuchen, Rezepten, Spielanleitungen). Man kann den Handelnden aber auch im Passivsatz mit *von* angeben, z. B.: *Das Feuer wird von dem Jungen gelegt.*
- So wird das Passiv gebildet: **Personalform des Hilfsverbs *werden* + Partizip II**

	Aktiv	**Passiv**
Präsens:	*ich rufe*	*ich werde gerufen*
Präteritum:	*ich rief*	*ich wurde gerufen*
Perfekt:	*ich habe gerufen*	*ich bin gerufen worden*
Plusquamperfekt:	*ich hatte gerufen*	*ich war gerufen worden*

„Mühle“ – Ein beliebtes Spiel der Antike

A Das Brettspiel „Mühle“ haben die Menschen schon in der Antike gespielt.
B In dieser Zeit bevorzugten die Spieler einen runden Spielplan.
C Heute spielt man „Mühle“ auf einem eckigen Brett.
D Die Bewohner Pompejis hatten die Spielpläne in das Straßenpflaster geritzt.
E Die heiße Lava konservierte die Zeichnungen für Jahrhunderte.

9 Formuliert die Sätze A bis E im Passiv. Geht so vor:
a Bestimmt zu jedem Satz die verwendete Zeitform.
b Informiert euch im Informationskasten (▶ S. 198), wie die Zeitform im Passiv gebildet wird.
c Notiert die Sätze im Passiv. Gebt wenn notwendig die Täter mit *von* oder *durch* an.
d Ergänzt hinter jedem Satz die verwendete Zeitform in Klammern.

Spielanleitung für das antike „Mühle“-Spiel:

Das Spiel wird von zwei Leuten mit je drei Spielsteinen gespielt. Das Spiel wird von dem kleineren Spieler gestartet. Der erste Stein wird auf einen beliebigen Schnittpunkt gesetzt. Nun wird von dem zweiten Spieler ein Stein auf einen weiteren Schnittpunkt abgelegt. Im Wechsel werden nun alle sechs Steine auf Schnittpunkte gesetzt. Wenn alle Steine abgelegt wurden, werden sie abwechselnd verschoben. Das Spiel wird von dem gewonnen, der zuerst eine diagonale Reihe mit seinen Steinen legt. Für das Spiel werden vor allem Geduld und Konzentration gebraucht.

10 a Lest die Spielanleitung. Wie wirkt sie auf euch?
b Schreibt den Text ab und verbessert ihn, indem ihr einige Sätze ins Aktiv setzt.
c Lest eure Textversionen vor und vergleicht sie: Welchen Text versteht man am besten?

11 Ein anderes Spiel aus der Antike ist das römische Orca-Spiel.
a Betrachtet das Bild und überlegt, wie das Spiel vermutlich funktioniert.
b Verfasst eine Spielanleitung. Verwendet darin Verben aus dem Kasten im Aktiv und im Passiv, um euren Text abwechslungsreich zu gestalten:
Für das römische Orca-Spiel benötigt man …
Zuerst werden unter den Spielern die Nüsse gleichmäßig verteilt. Anschließend …

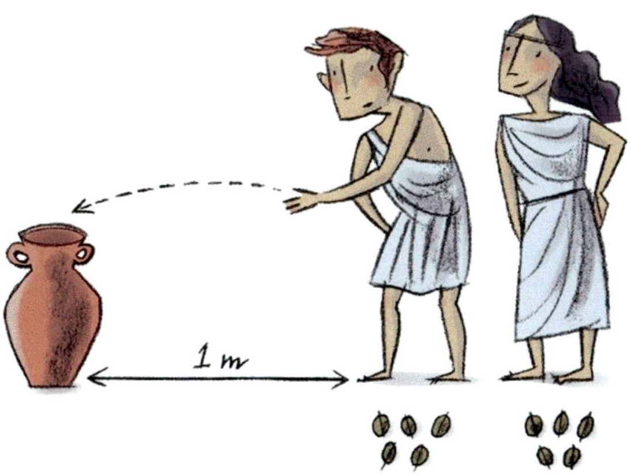

benötigen • verteilen • erhalten • stellen • aufstellen • werfen • zielen • treffen • gewinnen

12 Welches Spiel kennt ihr? Verfasst eine Spielanleitung und markiert die Passivsätze.

Mit Adverbien genaue Angaben machen

Brände im Mittelalter

Im Mittelalter konnte ein kleiner Brand sehr schlimme Folgen haben. Fast alle Häuser waren damals aus Holz gebaut und mit Stroh gedeckt. Als Rauchabzug diente meist nur eine Öffnung im Dach über der Feuerstelle. Es gab noch keine Schornsteine. Eine Vorschrift besagte, dass nach dem Abendläuten der Kirchenglocken immer sämtliche Herdfeuer in der Stadt zu löschen waren. Doch nicht alle hielten sich daran. Die Häuser in den Städten standen größtenteils Wand an Wand. Daher griff ein Feuer bald um sich und konnte sich überall ausbreiten. So kam es in der Zeit zwischen dem 12. und dem 14. Jahrhundert regelmäßig zu großen Bränden, bei denen ganze Städte Opfer der Flammen wurden. Diese Katastrophen nahm man oft als Strafe Gottes hin und dachte nicht darüber nach, wirksame Brandschutzmaßnahmen zu treffen. Solche Maßnahmen wurden erst ab dem 14. Jahrhundert allmählich eingeführt.

1 a Lest den Text und überlegt: Welche Brandschutzmaßnahmen könnten das gewesen sein?
b Die im Text markierten Wörter heißen Adverbien. Lest den Text einmal mit und einmal ohne Adverbien vor und erklärt deren Funktion.
c Übertragt die folgende Tabelle in euer Heft und ordnet die Adverbien ein:

Adverbien des Ortes	Adverbien der Zeit	Adverbien der Art und Weise	Adverbien des Grundes
…	…	*sehr*	…

? um 1300 wurden in europäischen Städten Feuerwächter eingestellt. Sie beobachteten von Kirchtürmen aus die Stadt, um bei verdächtigem Rauch ? Alarm zu schlagen. Die Feuerlöschung war ein ? schwieriges Unterfangen, da man das Wasser ? lange Wege in Löscheimern tragen musste. Wasserschläuche waren ? noch nicht erfunden. ? verlor man beim Löschen viel Zeit. ? wurden ? ganze Häuserzeilen abgerissen, um den Brand zu stoppen.

2 Schreibt den Text ab und setzt passende Adverbien aus dem Kasten ein:

sofort • erst • meistens • besonders • kurzerhand • manchmal • damals • deshalb

3 Formuliert mit den Adverbien im Kasten von Aufgabe 2 acht weitere Sätze zum Thema *Feuer.*

Information **Adverbien**

- Adverbien machen **nähere Angaben zu einem Geschehen.** Sie erklären genau, *wo, wann, wie* oder *warum* etwas geschieht, z. B.: *Ein Feuer kann überall ausbrechen. Gestern hat es bei uns fast gebrannt. Ich hatte abends vergessen, das Bügeleisen auszuschalten.*
- Adverbien sind im Gegensatz zum Adjektiv **nicht veränderbar.**

Sprachen vergleichen

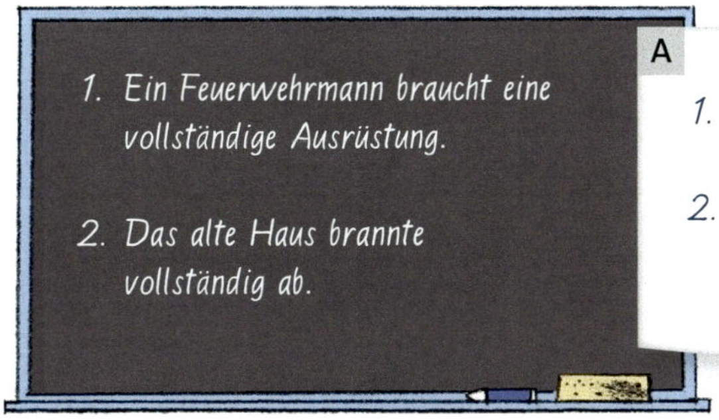

A

1. *A fire fighter needs a complete equipment.*
2. *The old house burnt down completely.*

B

1. *A fire fighter needs a complete equipment.*
2. *The old house burnt down complete.*

1 Zwei Schüler haben die beiden deutschen Sätze ins Englische übersetzt.

a An welcher Stelle unterscheidet sich die Übersetzung A von der Übersetzung B?

b Entscheidet, welche Übersetzung richtig ist. Begründet eure Antwort.

Tipp: Ihr könnt die Information am Seitenende nutzen.

3. *David ist ein schneller Denker.*
4. *David denkt schnell.*

2 a Untersucht die Sätze 3 und 4: Auf welches Wort bezieht sich jeweils das Adjektiv *schnell?*

b Übersetzt die beiden Sätze ins Englische. Verwendet die nebenstehenden Vokabeln und achtet auf die Adverb-Endung.

schnell – quick
denken – to think
der Denker – thinker

3 a In welche Sprachen wurden die Sätze 3 und 4 hier übersetzt?

A

3. *David es un pensador rápido.*
4. *David piensa rápidamente.*

B

1. *David hızlı düşünebilen birisidir.*
2. *David hızlı düşünüyor.*

b Welche Sätze ähneln dem Englischen, welche dem Deutschen? Begründet eure Antwort.

4 Übersetzt die Sätze 1 bis 4 in weitere Sprachen, die ihr kennt. Stellt sie der Klasse vor.

Information **Adverbial verwendete Adjektive**

- Adjektive können nicht nur Nomen, sondern auch Verben genauer beschreiben, z. B.:
  Er ist ein vorsichtiger Mann. *Er zündet das Feuer vorsichtig an.*
- In vielen Sprachen wird dieser adverbiale Gebrauch des Adjektivs auch äußerlich gekennzeichnet: Das Adjektiv erhält eine Adverb-Endung, z. B. im Englischen:
  He is a careful man. *He lights the fire carefully.*

Wörter bilden und verstehen

Streichholz → Holzkohle → Kohlegrill → Grillwurst → Wurstbrot → Brotdose → Dosenmilch → Milchglas → Glashaus → Hausbrand

1 a Vom Streichholz zum Hausbrand! Beschreibt, wie die Wortkette gebildet wurde.
b Setzt die Wortkette mit einer Lernpartnerin oder einem Lernpartner fort. Stoppt die Zeit: Welches Lernpaar hat nach zwei Minuten die längste Wortkette?

2 a Wählt aus der Wortkette von Aufgabe 1 fünf Wortzusammensetzungen und erklärt ihre Bedeutung „von hinten nach vorn", z. B.: *Ein Kohlegrill ist ein Grill, der mit Kohle geheizt wird.*
b Überlegt gemeinsam, zu welchem Zweck man Wortzusammensetzungen bildet.

Berufskleidung

Jeder, der beim Brandschutz arbeitet, hat eine persönliche Schutzkleidung, die mindestens aus einem Schutzhelm, einer feuerfesten Jacke und einer Spezialhose sowie aus kniehohen Stiefeln und Handschuhen bestehen muss. Bei einem Gebäudebrand besteht die Gefahr einer Rauchvergiftung. Deshalb werden bei solchen Bränden auch Schutzmasken eingesetzt.

3 a Welche zusammengesetzten Wörter enthält der Text? Nennt sie.
b Untersucht die zusammengesetzten Wörter: Übertragt folgende Tabelle ins Heft und ordnet die Wortzusammensetzungen aus dem Text ein.

Zusammengesetztes Wort	Bestimmungswort	Grundwort
die Berufskleidung	*der Beruf*	*die Kleidung*
der Brandschutz	*der Brand*	...

c Welche Funktion haben Grundwort und Bestimmungswort? Notiert eine Erklärung in die jeweilige Tabellenspalte: *Das Grundwort gibt an, .../Das Bestimmungswort erklärt ...*

Bei Bränden in Chemiefabriken verwendet man Spezialkohlefeinfilteratemschutzmasken.

4 a Was wird bei Bränden in Chemiefabriken verwendet? Erklärt die Wortzusammensetzung.
b Formuliert den Satz so um, dass die Wortzusammensetzung nicht mehr so lang und besser verständlich ist: *Bei Bränden in Chemiefabriken verwendet man Atemschutzmasken, die ...*

5 a Erklärt, wer oder was ein *Oberweserdampfschifffahrtsgesellschaftskapitänssprecher* ist.
b Erfindet weitere Berufsbezeichnungen aus „Bandwurmwörtern" und lasst andere sie erklären.

bearbeiten
die Bearbeitung
verarbeiten
-arbeit-
arbeitsam
erarbeiten
arbeitslos
der Arbeiter
die Arbeiterin

6 Untersucht die Wörter mit dem Wortstamm *-arbeit-*:

a Klärt die Bedeutung der Wörter. Bildet dafür zu jedem Wort einen Beispielsatz.

b Erklärt, wie die Wörter gebildet wurden. Wie unterscheiden sich diese Wörter von Wortzusammensetzungen?

c Übertragt den Wortstern ins Heft und ergänzt Wortzusammensetzungen, z. B.: *die Hausarbeit*.

7 Erarbeitet zu zweit Wortfamilien zu folgenden vier Wortstämmen:

-sag- | -glaub- | -denk- | -acht-

a Bildet Wortzusammensetzungen und Ableitungen. Für die Ableitungen könnt ihr folgende Vor- und Nachsilben verwenden:

be- • ver- • un- • er- • ent- • miss- • -er • -in • -ung • -keit • -ig • -sam • -haft

b Unterstreicht Wortzusammensetzungen und kreist Ableitungen ein.

8 Untersucht, wie in anderen Sprachen Wörter gebildet werden. Vergleicht die Bildung mit der Wortbildung im Deutschen, z. B.:

	Adjektive		**Nomen**		**Verben**	
Deutsch	glücklich	unglücklich	das Glück	die Weltkarte	aufmachen	weggehen
Englisch	happy	unhappy	happiness	world map	undo	go away

Information **Wortbildung: Wortzusammensetzung und Ableitung**

- Mit **Wortzusammensetzungen** (Komposita) kann man Dinge und Sachverhalte genauer beschreiben. Sie werden gebildet aus: **Bestimmungswort** *(Vulkan-)* + **Grundwort** *(-asche)*.
  – Das Grundwort gibt an, worum es sich handelt. *(Es handelt sich um Asche.)*
  – Das Bestimmungswort erklärt die Bedeutung genauer. *(Die Asche ist von einem Vulkan.)*
- Mit **Präfixen** (Vorsilben) und **Suffixen** (Nachsilben) kann man von Wörtern **Ableitungen** und damit neue Wörter bilden, z. B.: *bearbeiten, Verarbeitung, arbeitsam*.
  – **Verben** bildet man mit den Präfixen *be-, ver-, er-, ent-, zer-, miss-*,
  – **Adjektive** bildet man mit den Suffixen *-ig, -bar, -lich, -haft, -isch, -sam, -selig*,
  – **Nomen** bildet man mit den Suffixen *-er, -in, -nis, -keit, -heit, -ung, -schaft, -tum*.
- Wörter mit einheitlichem Wortstamm gehören zu einer **Wortfamilie**.

Teste dich!

Tandembogen: Wortarten bestimmen und Wörter bilden

Partner A	Partner B
1 Bestimme die Wortarten dieser Wörter: *Sie fotografierte den berühmten Vulkan.*	**Lösung zu 1:** Personalpronomen, Verb, Artikel (bestimmt), Adjektiv, Nomen
Lösung zu 2: Artikel (unbestimmt), Adjektiv, Nomen, Verb, Demonstrativpronomen, Nomen	**2** Bestimme die Wortarten dieser Wörter: *Ein bekannter Wissenschaftler untersuchte diesen Vulkan.*
3 Bestimme den Kasus der markierten Wörter: *Sie sahen den Krater des Vulkans rauchen.*	**Lösung zu 3:** Akkusativ, Genitiv
Lösung zu 4: Dativ, Akkusativ	**4** Bestimme den Kasus der markierten Wörter: *Der Wissenschaftler empfahl den Bewohnern die Flucht.*
5 Ergänze die Präposition und die richtige Endung: *Nur wenige kümmerten sich ? die notwendig ? Vorbereitungen.*	**Lösung zu 5:** *Nur wenige kümmerten sich um die notwendigen Vorbereitungen.*
Lösung zu 6: *Sie dankten ihm für den Rat.*	**6** Ergänze die Präposition und die richtige Endung: *Sie dankten ihm ? d ? Rat.*
7 Setze den Satz ins Präteritum: *Er hatte den Vulkan schon seit Jahren beobachtet.*	**Lösung zu 7:** *Er beobachtete den Vulkan schon seit Jahren.*
Lösung zu 8: *Er hatte schon viele Vulkanausbrüche gesehen.*	**8** Setze den Satz ins Plusquamperfekt: *Er sah schon viele Vulkanausbrüche.*
9 Formuliere die zwei Sätze im Aktiv: *Die Wucht des Ausbruchs war von allen unterschätzt worden.* *Die Bevölkerung war von den Behörden nicht genügend informiert worden.*	**Lösung zu 9:** *Alle hatten die Wucht des Ausbruchs unterschätzt.* *Die Behörden hatten die Bevölkerung nicht genügend informiert.*
Lösung zu 10: *In kurzer Zeit wurden die Häuser (von den Menschen) wieder aufgebaut.* *Der Wiederaufbau wurde (von der Regierung) finanziell unterstützt.*	**10** Formuliere die zwei Sätze im Passiv: *Die Menschen bauten in kurzer Zeit ihre Häuser wieder auf.* *Die Regierung unterstützte den Wiederaufbau finanziell.*

1 Testet euch gegenseitig in Partnerarbeit. Geht so vor:
- Partner A deckt mit einem Blatt Papier die rechte Hälfte des Tandembogens ab. Partner B deckt die linke Seitenhälfte ab.
- Partner A liest die Aufgabe 1 vor und löst sie, Partner B prüft die Lösung.
- Danach liest Partner B die Aufgabe 2 vor und löst sie, Partner A prüft die Lösung.

Fordern – Wörter untersuchen

Neues Leben nach dem Brand

Brände sind einerseits gefährliche Katastrophen. Andererseits können sie aber wie eine ökologische Verjüngungskur wirken, denn sie beseitigen alten und kranken Baumbestand und schaffen neuen Lebensraum. Einige Pflanzen im Süden der USA, im Mittelmeerraum oder in Australien brauchen dieses Feuer sogar zur Fortpflanzung. So benötigt der australische Grasbaum beispielsweise die Rauchgase in der Luft, damit sich seine Samenkapseln öffnen. Dann blüht er und wirft seine Samen auf den Boden. Dieser ist durch die Asche frisch gedüngt. Da das Unterholz abgebrannt ist, können sich die Grasbaumtriebe frei entfalten.

1 Wiederholt die Wortarten:
Sucht aus dem Text zu folgenden Wortarten jeweils zwei Beispiele heraus und notiert sie mit Zeilenangabe ins Heft:

Nomen • Artikel • Personalpronomen • Possessivpronomen • Demonstrativpronomen • Adjektiv • Präposition • Verb • Adverb

Ungewöhnliche Ursachen für Waldbrände

Waldbrände entstehen oft durch Waldbesucher, die beispielsweise *(1 = ein noch glimmender Zigarettenrest)* wegwerfen. Es gibt aber auch Menschen, die *(2 = ein Brand)* absichtlich legen. Ein arbeitsloser Feuerwehrmann legte beispielsweise 2003 ein Feuer, weil er *(3 = ein Job)* suchte. Anschließend half er bei der Löschung *(4 = der Brand)*. Allerdings gestand er später *(5 = sein Chef)* die Brandstiftung. Ein anderer wollte mit einem riesigen Lagerfeuer *(6 = seine Freunde)* beeindrucken und konnte das Überspringen *(7 = das Feuer)* auf die Bäume nicht verhindern. *(8 = Blitzschläge)* sind nur für wenige Brände verantwortlich.

2 Wiederholt die Kasusformen von Nomen und ihren Begleitern:

a Schreibt den Text ab und setzt die in Klammern angegebenen Nomen und ihre Begleiter in der richtigen Form ein.

b Bestimmt den Kasus der eingesetzten Wörter mit Hilfe der Fragewörter *Wer oder was?* (Nominativ), *Wessen?* (Genitiv), *Wem?* (Dativ), *Wen oder was?* (Akkusativ), z. B.:

1 Wen oder was werfen die Waldbesucher beispielsweise weg? – einen noch glimmenden Zigarettenrest → Akkusativ

2 Wen oder was legen die Menschen absichtlich? – …

Feuerbekämpfung in Australien

Früher verbrannten die Ureinwohner Australiens jedes Frühjahr das trockene Unterholz. Kleinere Feuerherde fanden so keine Nahrung und verbreiteten sich nicht so leicht.
„Dieses kluge Vorgehen wurde aber ersetzt“, berichtet ein Feuerwehrmann aus Sydney. „Wir haben lange Zeit sogar ganz kleine Feuer so schnell wie möglich gelöscht.“ Dadurch sammelte sich aber im Laufe der Zeit immer mehr trockenes Holz in den Wäldern an.
Nachdem es immer wieder größere Buschbrände gegeben hatte, kam man vor etwa 40 Jahren auf die Idee des gezielten Feuerlegens zurück. Heute brennt die Feuerwehr in Australien sogar ganze Schneisen in den Wald. Das Feuer findet dann später an diesen Stellen keine Nahrung und geht aus.

3 ●●○ Wiederholt die Zeitformen der Verben:
Schreibt zu den vier Zeitformen jeweils einen Beispielsatz heraus. Unterstreicht die Verbform.

Präsens • Präteritum • Perfekt • Plusquamperfekt

4 ●●● Übt die Bildung des Plusquamperfekts:
Verbindet folgende Satzpaare A, B und C mit Hilfe der Konjunktion *nachdem*.
Setzt dabei den Satz mit der früheren Handlung in das Plusquamperfekt.

A Das Feuer fand an dieser Stelle keine Nahrung. Es ging aus.
B Die Feuerwehr verbrannte im Herbst das Unterholz. Im Sommer darauf fand das Feuer nicht mehr genügend Nahrung.
C Sie sahen ihre Fehler ein. Sie änderten die Methode der Brandbekämpfung.

Verhindert Waldbrände!
Waldbrände könnten weitgehend verhindert werden, wenn …
- brennende Gegenstände nicht aus Fahrzeugen geworfen werden.
- ausschließlich öffentliche Grill- und Feuerplätze genutzt werden.
- das Auto nicht auf Wiesenflächen abgestellt wird, da trockenes Gras durch den heißen Katalysator entzündet werden kann.
- nur innerhalb gekennzeichneter Parkflächen geparkt wird.
- kein Glas oder Glasscherben im Wald liegen gelassen werden, da durch den Brennglaseffekt Brände verursacht werden können.

5 ●●● Wiederholt die Passiv- und Aktivform von Verben:
Formuliert die fünf Hinweise in Aktivsätze um, z. B.: *Wir können Waldbrände weitgehend verhindern, wenn wir brennende Gegenstände nicht aus Fahrzeugen werfen.*

Fördern – Wörter untersuchen

Waldbrandgefahr im Mittelmeerraum

Heute kommt es in Südeuropa immer häufiger zu Großbränden. Schuld daran sind zu einem großen Teil die Menschen. Sie bauen beispielsweise immer mehr Feriensiedlungen in den brandgefährdeten Waldbereichen im Mittelmeerraum. Das idyllische Wohnen mitten in der einsamen Natur bringt Stromleitungen, Elektrogeräte und auch unachtsame Menschen als mögliche Brandverursacher in die Wildnis.

1 Wiederholt die Wortarten:
Ordnet die markierten Wörter den folgenden Wortarten zu und notiert sie ins Heft:

Nomen • Artikel • Personalpronomen • Adjektiv • Präposition • Verb • Adverb

Feuerbekämpfung in Griechenland

Die Nachrichten berichten immer wieder von verheerenden Waldbränden in Griechenland. ? *(Wer oder was?)* trocknen das Gras, das Unterholz und die Bäume schnell aus. Schon ? *(Wer oder was?)* kann zu einem Großfeuer führen. Ist ? *(Wer oder was?)* dann in Brand geraten, sind die normalen Einsatzgeräte ? *(Wessen?)*, nämlich Feuerwehrautos mit Schläuchen, nicht mehr geeignet. Bei Wind greifen ? *(Wer oder was?)* schnell um sich und können ? *(Wen oder was?)* einschließen. Deshalb setzt ? *(Wer oder was?)* Löschflugzeuge und Hubschrauber ein. Von diesen werfen sie große Mengen Wasser und Chemikalien ab, die ? *(Wem?)* ? *(Wen oder was?)* entziehen. Es erstickt dann.

2 Wiederholt die Kasusformen von Nomen:

a Schreibt den Text ab und setzt die folgenden Nomen richtig ein:

ein Funke • der Feuerwehr • Hitze und Wind • dem Feuer • den Sauerstoff • ein Wald • die Feuerwehr • die Flammen • die Einsatzkräfte

b Bestimmt den Kasus der eingesetzten Nomen mit Hilfe der Fragewörter:
Markiert Nomen im Nominativ gelb, im Genitiv rot, im Dativ blau und im Akkusativ grün.

 ► Lösungen auf Seite 309

Waldbrände – Segen oder Fluch?

Waldbrände gab es in der Natur schon immer. Ein Beweis für die ältesten Waldbrände ist die Steinkohle an verschiedenen Stellen der Erde. Durch große Brände in Wäldern entstand Holzkohle. Diese versank über Millionen von Jahren in Sümpfen und wurde zu Steinkohle. Die Brände waren auf Grund von Blitzschlägen und Vulkanausbrüchen ausgebrochen.

Schon immer waren Waldbrände sowohl ein Segen als auch ein Fluch für die Menschen. Ein Experte erklärt: „Man muss zwischen zerstörerischen und nützlichen Waldbränden unterscheiden. Waldbrände haben oft Lebensräume von Menschen und Tieren zerstört. Aber manchmal haben sie auch neue Lebensräume geschaffen: Nachdem ein Waldstück abgebrannt war, hat man früher darauf häufig Siedlungen gebaut oder Weiden für Ziegen und Schafe angelegt."

3 ●○○ Wiederholt die Zeitformen der Verben:
Übertragt die folgende Tabelle ins Heft und ordnet die markierten Verbformen richtig ein:

Präsens	Präteritum	Perfekt	Plusquamperfekt
ist ...	*gab* ...	...	...

4 ●○○ Übt die Bildung des Plusquamperfekts:
Schreibt folgende Sätze in euer Heft und ergänzt Verben im Plusquamperfekt:

A Nachdem die Menschen das Feuer **?**, nutzten sie es auch für die Jagd. *(entdecken)*
B Nachdem sie an einer Stelle Feuer **?**, verfolgten sie die flüchtenden Tiere. *(legen)*
C Wenn ein Brand eine freie Fläche **?**, legten die Menschen darauf Felder an. *(schaffen)*

Waldbrand! Anordnungen für die Feuerwehr

Bei einem Waldbrand gelten folgende Regeln für die Feuerwehr:

(1) Die Situation wird vom Einsatzleiter überprüft.
(2) Zuerst werden alle Menschen von Feuerwehrleuten in Sicherheit gebracht.
(3) Dann werden bedrohte Tiere von Spezialkräften eingefangen.
(4) Als Drittes werden Gebäude durch Löschkommandos geschützt.
(5) Zuletzt werden wertvolle Bäume durch die Einsatzkräfte gerettet.

5 ●●○ Wiederholt die Passiv- und Aktivform von Verben:
Formuliert die fünf Passivsätze in Aktivsätze um, z. B.: *(1) Der Einsatzleiter überprüft die Situation.*

11.2 Die Luft macht's – Sätze erforschen

Satzglieder erkennen: Subjekt, Prädikat, Objekt

Die Luft bietet der Erde eine schützende Hülle

Luft ist nicht „nichts". Das merkst du, wenn ein kräftiger Windstoß dich beinahe umpustet. Luft ist ein Gemisch aus Gasen. Es umgibt die Erdkugel wie ein unsichtbarer Schleier. Wir bezeichnen diese gasförmige Hülle als „Atmosphäre". Je höher du in der Atmosphäre aufsteigst, desto weniger Luftmasse befindet sich über dir, desto „dünner" wird die Luft.

Die Atmosphäre schützt unseren Planeten wie eine wärmende Decke. Würde sie der Erde fehlen, gäbe es kein menschliches Leben. Sie enthält nicht nur den Sauerstoff zum Atmen, sondern sie schützt die Menschen auch vor den Strahlen der Sonne. Wenn wir zum Himmel schauen, scheint uns die Luft über unseren Köpfen unendlich. Aus dem All aber wirkt die Lufthülle der Erde nur wie ein dünner Schutzschild. Wäre die Erdkugel ein Apfel, hätte die Atmosphäre ungefähr den Durchmesser seiner Schale.

1 Was genau ist „die Atmosphäre"? Lest den Text und erklärt den Begriff mit eigenen Worten.

2 Bestimmt in der Überschrift die Satzglieder. Verwendet dazu die Fragewörter im Merkkasten oder die Umstellprobe (▶ S. 289).

3 a Arbeitet in Gruppen:
Gruppe A: Sucht im Text oben acht Prädikate und notiert sie. Achtet auf mehrteilige Prädikate.
Gruppe B: Sucht im Text acht Subjekte und schreibt sie auf.
Gruppe C: Bestimmt, welche der markierten Objekte im Akkusativ stehen und welche im Dativ.
b Stellt euer Gruppenergebnis vor. Erklärt, wie ihr die Satzglieder gefunden habt.

Information **Satzglieder: Subjekt, Prädikat, Objekt**

- Das **Prädikat** bildet den **Satzkern.** Es ist immer die Personalform eines Verbs, z. B.: *Der Mann folgt dem Drachen.* Prädikate können aus einem oder mehreren Teilen bestehen. Mehrteilige Prädikate bilden eine Prädikatsklammer, z. B.: *Das Kind lässt die Schnur los.* (Prädikatsklammer)
- Das **Subjekt** kann man mit Hilfe des Prädikats und der Frage *Wer oder was?* erfragen. Es steht immer im Nominativ, z. B.: *Der Mann folgt dem Drachen. Wer oder was folgt dem Drachen? → der Mann*
- Viele Sätze enthalten außer Prädikat und Subjekt auch **Objekte.** So erfragt man sie:
  - **Dativobjekt (Wem?):** *Der Mann folgt dem Drachen. Wem folgt der Mann? → dem Drachen*
  - **Akkusativobjekt (Wen oder was?):** *Das Kind lässt die Schnur los. Wen oder was lässt das Kind los? → die Schnur*
  - **Genitivobjekt (Wessen?):** *Er war sich seiner Sache sicher. Wessen war er sich sicher? → seiner Sache*

Satzgliedteile entdecken: Attribute

Experiment: Kügelchen in die Flasche blasen

Lege auf deine ? Hand eine ? Flasche und halte sie für das Experiment waagerecht. Lege ein Papierkügelchen in den vorderen Teil ? . Puste einmal ordentlich – und das ? Kügelchen landet im Bauch ? . Oder etwa nicht? Probiere es aus.

des Flaschenhalses • leichte • flache • leere • der Flasche

1 a Beschreibt, was bei diesem Experiment vermutlich passiert.
b Schreibt die Anleitung ab und setzt die Wörter aus dem Kasten richtig ein:

2 a Die eingesetzten Wörter sind Attribute. Welche Funktion haben sie?
Macht die Umstellprobe (▶ S. 289) und gebt die richtige Aussage mit Begründung an:
A Attribute sind eigenständige Satzglieder. Sie geben Informationen zu einem Geschehen.
B Attribute sind Teile von Satzgliedern. Sie beschreiben ein Satzglied genauer.
b Markiert im Heft die eingesetzten Attribute und zeichnet jeweils einen Pfeil zu dem Wort, das sie genauer erklären. Rahmt anschließend das vollständige Satzglied ein:
Lege [auf deine flache Hand] …

Erklärung: Die Flasche ist nicht leer, sondern mit Luft gefüllt. Versuchst du nun, das leichte Kügelchen im Flaschenhals in das Innere der Flasche zu pusten, dann drückst du noch mehr Luft in die volle Flasche, sodass sie „überläuft". Ein Teil der Luft muss aus der Flasche wieder heraus. Die Luft, die nun durch die Öffnung der Flasche entweicht, schiebt auch dein kleines Kügelchen aus der Flasche. Denn der Druck der entweichenden Luft auf die Rückseite des Kügelchens ist größer als der Druck deiner Puste.

3 a Lest die Erklärung und überlegt: Was würde passieren, wenn man sehr vorsichtig pustet?
b Lest den Text zweimal laut vor, einmal mit und einmal ohne die markierten Attribute.
Überlegt: Sind einige Attribute wichtiger als andere?
c Welche Arten von Attributen gibt es? Ordnet die markierten Attribute in drei Gruppen:

Adjektivattribut	Präpositionalattribut	Genitivattribut
leichte	*mit Luft*	…

Information **Satzgliedteil: Das Attribut (Beifügung)**

- Ein **Attribut** beschreibt ein Bezugswort (meist ein Nomen) näher. Es ist **Teil eines Satzglieds** und bleibt bei der Umstellprobe mit dem Bezugswort verbunden, z. B.:
  [Ein Teil der Luft] entweicht aus der Flasche. → Aus der Flasche entweicht [ein Teil der Luft].
- Man unterscheidet verschiedene Formen des Attributs: Adjektivattribut *(die kleine Kugel)*, Präpositionalattribut *(Tasse ohne Henkel)* oder Genitivattribut *(die Farbe der Flasche)*.

Satzglieder erkennen: Adverbiale Bestimmungen

Experiment: Ein Barometer bauen

Zuerst schneidest du einen Luftballon quer durch. Den oberen Teil des Ballons spannst du über ein Marmeladenglas und befestigst ihn mit einem Gummi. Dann klebst du eine Nadel mit Klebeband an das Ende eines Strohhalms. Das andere Strohhalm-Ende klebst du auf die Gummihaut. Den Kartonstreifen befestigst du mit Knetmasse auf einer Unterlage. Dadurch steht er senkrecht. Auf den Karton zeichnest du sorgfältig eine Skala mit 10 Strichen. Die Nadel am Strohhalm soll auf die Skala zeigen. Nun kannst du das Barometer aufstellen und die Veränderungen beobachten.

1 a Was zeigt ein Barometer an? Erklärt, wozu man es verwendet.

b Im Text sind adverbiale Bestimmungen markiert. Welche Information geben sie? Ordnet zu:

A Information zur Zeit

B Information zum Ort

C Information zur Art und Weise

D Information zum Grund

c Gebt für jeden Satz an, wie man nach den markierten Satzgliedern fragt.

Erklärung: Die Luftballonhaut wird ? ? ausgebeult. Diese Bewegungen ? übertragen sich ? auf den Strohhalm und damit auf die Nadel. Sie zeigt ? an, ob der Luftdruck steigt oder fällt.

zuverlässig • auf Grund des wechselnden Luftdrucks • auf dem Gummi • dann • unterschiedlich stark

2 a Schreibt die Erklärung ab und ergänzt passende adverbiale Bestimmungen aus dem Kasten.

b Markiert in den Sätzen adverbiale Bestimmungen der Zeit blau, des Ortes rot, der Art und Weise grün und des Grundes gelb.

Information **Satzglied: Adverbiale Bestimmung (Angabe zu näheren Umständen)**

- **Adverbiale Bestimmungen** sind **Satzglieder,** die zusätzliche **Informationen zu einem Geschehen** geben.
- Sie können aus **einzelnen Wörtern** bestehen oder aus **Wortgruppen,** z. B.: *Wegen der Gase führen die Schüler den Versuch im Labor durchgängig mit Schutzmasken durch.*

Adverbiale Bestimmung	Fragen	Beispiel
der Zeit	Wann? Wie lange?	*durchgängig*
des Ortes	Wo? Woher? Wohin?	*im Labor*
der Art und Weise	Wie? Woraus? Womit?	*mit Schutzmasken*
des Grundes	Warum? Warum nicht?	*wegen der Gase*

Satzreihen und Satzgefüge unterscheiden

A Luft ist eine unserer wichtigsten Lebensgrundlagen.	**2** Hauptsatz + Nebensatz ______, ______.	**C** Wir können auf Luft nicht verzichten, weil wir sie zum Atmen brauchen.
1 Hauptsatz + Hauptsatz ______, ______.	**B** Wir nehmen Luft nicht wahr, denn wir sehen sie nicht.	**3** Einfacher Satz ______.
Satzgefüge	Hauptsatz	Satzreihe

1 Betrachtet die Kästchen: Welche drei gehören jeweils zusammen?

a Ordnet die Sätze A, B, C den Satzmustern zu und wählt die richtige Bezeichnung. Begründet eure Entscheidung. **Tipp:** Achtet auf die Stellung des Verbs (Personalform).

b Formuliert für jede Satzbauart einen weiteren Beispielsatz.

A Warme Luft dehnt sich aus, ...	denn	sie Quallen jagen.
B Warme Luft steigt nach oben, ...	solange	kühle Luft nach unten sinkt.
C Atemluft wird weiß und sichtbar, ...	während	es draußen kalt ist.
D Fische können unter Wasser atmen, ...	wenn	kühle Luft zieht sich zusammen.
E Schildkröten bleiben bis zu 20 Minuten unter Wasser, ...	aber	ihre Kiemen filtern Sauerstoff aus dem Wasser.

2 **a** Sucht zu den Sätzen A bis E jeweils einen passenden Satz und eine Konjunktion. Bildet Satzreihen oder Satzgefüge und schreibt sie mit Komma ins Heft.

b Markiert Satzreihen und Satzgefüge mit unterschiedlichen Farben.

Information **Satzreihen und Satzgefüge**

- Eine **Satzreihe** ist ein Satz, der **aus zwei oder mehr Hauptsätzen** besteht. Diese werden oft durch **Hauptsatzkonjunktionen** wie *denn, aber, sondern, und, oder* verbunden und durch **Komma** voneinander abgetrennt. Nur vor *und* und *oder* darf das Komma entfallen.

Der Mensch hält 40 Tage ohne Essen aus	,	*aber er überlebt nur wenige Minuten ohne Luft.*
Hauptsatz	Komma	Hauptsatz

- Ein **Satzgefüge** ist ein Satz, der aus **Hauptsatz und Nebensatz** besteht. Diese werden durch **Nebensatzkonjunktionen** wie *weil, als, wenn, während, solange* verbunden. Zwischen Hauptsatz und Nebensatz steht immer ein **Komma,** z. B.:

Wir nehmen die Luft nicht wahr	,	*weil sie unsichtbar und geruchlos ist.*
Hauptsatz	Komma	Nebensatz

Nebensätze zu näheren Umständen: Adverbialsätze

Experiment: Eine Münze „trockenlegen"

1	Man färbt etwas Wasser mit Tinte. So wird das Ergebnis besser sichtbar.	*(weil)*
2	Man beginnt das Experiment. Man gießt etwas gefärbtes Wasser auf einen Suppenteller und legt Münze und Teelicht hinein.	*(indem)*
3	Man stülpt das Glas über die Flamme. Man hat das Teelicht angezündet.	*(nachdem)*
4	Die Flamme erlischt nach kurzer Zeit. Es ist kein Sauerstoff mehr im Glas.	*(weil)*
5	Das Wasser fließt dorthin. Der Unterdruck zieht es hin.	*(wo)*

1 Wie wird die Münze „trockengelegt"?

a Beschreibt den Versuch: Verknüpft die Satzpaare 1–5 mit den angegebenen Konjunktionen zu Satzgefügen: *1 Man färbt etwas Wasser mit Tinte, weil so das Ergebnis besser sichtbar wird.*

b Unterstreicht die Nebensätze und markiert die Konjunktionen.

2 a Überlegt zu zweit, welche Art von Information die einzelnen Nebensätze geben: Informieren sie über die Zeit, den Ort, den Grund oder die Art und Weise?

b Formuliert zu jedem Nebensatz die Frageprobe:
Erfragt mit Hilfe der Fragewörter aus dem Merkkasten unten die Information im Nebensatz.
1 Warum färbt man etwas Wasser mit Tinte? – Weil so das Ergebnis besser sichtbar wird.
2 Wie beginnt man ...? – ...

c Notiert zu jedem Satz, um welche Art von Nebensatz es sich handelt. Verwendet folgende Fachbegriffe: *Temporalsatz, Lokalsatz, Kausalsatz, Modalsatz.*

Information **Nebensatzart: Adverbialsätze (Angaben zu Zeit, Ort, Art und Weise, Grund)**

Adverbialsätze sind **Nebensätze,** die über die **Umstände eines Geschehens** informieren:

Adverbialsatzarten	Frageproben	Beispiele
Temporalsatz (Zeit)	Wann? Wie lange?	*Wir waren gespannt, als der Versuch begann.*
Lokalsatz (Ort)	Wo? Woher? Wohin?	*Wir experimentieren, wo es sicher ist.*
Kausalsatz (Grund)	Warum?	*Der Ballon füllt sich, weil warme Luft sich ausdehnt.*
Modalsatz (Art und Weise)	Wie? Wozu? Womit? Woraus?	*Er beginnt den Versuch, indem er das Wasser erwärmt.*

Gründe angeben – Kausalsätze

Erklärung: Warum fließt das Wasser wie von Geisterhand in das Glas?

1 Die Luft im Glas dehnt sich aus, da sie durch die Kerze erwärmt wird.
2 Weil die Luft nun nicht mehr ins Glas passt, entweicht sie am unteren Glasrand.
3 Das kannst du sogar sehen, weil Luftbläschen aufsteigen.
4 Die Luft im Glas kühlt sich aber schnell wieder ab, da die Flamme keine Wärme mehr abgibt.
5 Weil sich abkühlende Luft zusammenzieht, entsteht ein Unterdruck im Glas.
6 Weil der Luftdruck außerhalb des Glases größer ist, wird das Wasser in das Glas gedrückt.
7 Das kann man gut beobachten, weil das Wasser blau gefärbt ist.

1 Lest die Erklärung zum Experiment von Seite 213. Deckt anschließend die Sätze ab und beschreibt einem Lernpartner anhand der nebenstehenden Skizze, was in dem Glas passiert.

2 Die Nebensätze in der Erklärung sind alle Kausalsätze.
a Bestimmt in den Satzgefügen 1 bis 7 jeweils den Nebensatz und die einleitende Konjunktion.
b Erfragt die Information im Nebensatz mit dem Fragewort *Warum:*
1 Warum dehnt die Luft im Glas sich aus? → Da sie ...
2 Warum entweicht ...? → Weil ...

3 a Lest noch einmal die Erklärung oben. Beschreibt, wie der Text auf euch wirkt.
b Formuliert die Sätze 1, 3, 5, 7 um: Ersetzt die Kausalsätze durch adverbiale Bestimmungen:
1 Die Luft im Glas dehnt sich aus, da sie durch die Kerze erwärmt wird.
→ Die Luft im Glas dehnt sich auf Grund der Erwärmung durch die Kerze aus.
3 Das kannst du sogar sehen, weil Luftbläschen aufsteigen.
→ Das kannst du sogar an den aufsteigenden ...
c Lest die Erklärung mit den umformulierten Sätzen vor. Welche Textversion gefällt euch besser? Begründet eure Aussage.

4 Informiert euch, was das lateinische Wort *causa* bedeutet. Erklärt euren Mitschülern, warum der Name gut zu dieser Art von Adverbialsätzen passt.

Information **Kausalsätze – Adverbialsätze des Grundes**

- Mit **Kausalsätzen** kann man den **Grund** oder die **Ursache** einer Handlung oder eines Zustandes angeben. Man verwendet dazu häufig die **Konjunktionen** *da* und *weil*, z. B.: *Luftblasen entstehen, weil die Luft entweicht.*
- **Kausalsätze** können **adverbiale Bestimmungen** ersetzen, z. B.: *Luftblasen entstehen wegen der entweichenden Luft.* (Adverbialbestimmung des Grundes)

Die Art und Weise erklären – Modalsätze

1 Wie kann man sich bei Experimenten im Labor schützen?

a Betrachtet die Abbildung und ergänzt im Heft die Satzgefüge A bis E. Verwendet folgende Verben:

aufsetzen • tragen • anziehen • überziehen

A Die Verunreinigung der Kleidung wird vermieden, indem man ...

B Augenverletzungen beugt man vor, indem ...

C Man schützt sich vor Lärm, indem ...

D Der Hautkontakt mit Chemikalien wird vermieden, indem ...

E Die Füße werden vor herabfallenden Gegenständen geschützt, indem ...

Schutzkleidung im Labor:

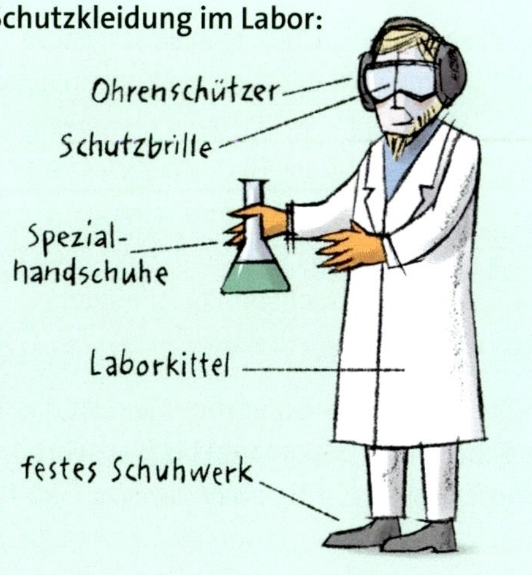

b Unterstreicht die Nebensätze im Heft und kreist die einleitende Konjunktion ein.

c Erfragt abwechselnd die Information im Nebensatz mit dem Fragewort *Wie:*
A Wie wird die Verunreinigung der Kleidung vermieden? → Indem ...

Laboranten schützen sich im Labor ...

A durch das Tragen spezieller Schutzkleidung.
B durch die Vermeidung von Nahrungsmitteln und Kosmetika in den Laborräumen.
C durch den Verzicht auf Alleinarbeit bei gefährlichen Arbeiten.
D durch die Kennzeichnung gefährlicher Stoffe entsprechend den Vorschriften.
E durch die regelmäßige gründliche Reinigung ihres Arbeitsplatzes.
F durch die Meldung von Hautreizungen und Gesundheitsstörungen.
G durch die Warnung aller Anwesenden vor gefährlichen Arbeiten.
H durch die vorschriftsgemäße Lagerung gefährlicher Stoffe.

2 Formuliert Modalsätze: Ersetzt die adverbialen Bestimmungen der Art und Weise (A bis H) durch Nebensätze mit *indem,* z. B.: *A Laboranten schützen sich im Labor, indem sie spezielle Schutzkleidung tragen.*

3 Wie schützen sich Feuerwehrleute? Formuliert drei Aussagen mit Modalsätzen und adverbialen Bestimmungen der Art und Weise. Stellt sie der Klasse vor.

Information **Modalsätze – Adverbialsätze der Art und Weise**

- Mit **Modalsätzen** kann man angeben, auf welche **Art und Weise** etwas geschieht. Man verwendet dazu Konjunktionen wie *indem,* z. B.: *Er schützt sich, indem er spezielle Kleidung trägt.*
- **Modalsätze** können **adverbiale Bestimmungen** ersetzen, z. B.: *Er schützt sich durch das Tragen spezieller Kleidung.* (Adverbialbestimmung der Art und Weise)

Die zeitliche Reihenfolge verdeutlichen – Temporalsätze

Experiment: Ein Taschentuch versenken

1 Man taucht das Glas kopfüber in einen Eimer Wasser. Man stopft ein Taschentuch hinein. *(bevor)*

2 Man taucht das Glas unter Wasser. Man hält das Glas ganz gerade. *(während)*

3 Man zieht das Glas senkrecht nach oben aus dem Wasser. Man untersucht das Taschentuch. *(nachdem)*

1
- a Stellt euch das Experiment vor: Ist das Taschentuch am Ende nass oder trocken?
- b Schreibt die Satzpaare 1 bis 3 ab. Verbindet dabei jeweils die Hauptsätze mit Hilfe der Konjunktion in Klammern, z. B.: *Bevor man das Glas kopfüber ..., stopft man ...*
- c Erfragt die Information im Nebensatz mit dem Fragewort *Wann:*
  1 Wann stopft man ein Taschentuch hinein? → Bevor man ...
- d Überprüft, ob das Ereignis im Nebensatz vor, gleichzeitig oder nach dem Ereignis im Hauptsatz abläuft.

Experiment: Einen Luftballon manipulieren

Du brauchst eine Flasche, eine Schüssel mit heißem Wasser und eine Schüssel mit kaltem Wasser sowie einen Luftballon. Lege alles bereit, ? du mit dem Experiment beginnst. ? du die Flasche in das heiße Wasser stellst, stülpst du den Luftballon über den Flaschenhals. ? das heiße Wasser die Flasche erwärmt, füllt sich der Luftballon mit Luft. ? du diese Beobachtung notiert hast, stellst du die Flasche in das kalte Wasser. Der Luftballon ...

2
- a Was passiert mit dem Luftballon, wenn die Flasche abkühlt? Beschreibt eure Vermutungen.
- b Schreibt den Text ab und ergänzt folgende Konjunktionen: *während, bevor, nachdem.* Achtet auf die zeitliche Reihenfolge.

Information **Temporalsätze – Adverbialsätze der Zeit**

- Mit **Temporalsätzen** kann man die zeitliche Reihenfolge deutlich machen. Man verwendet dazu Konjunktionen wie *während, bevor, nachdem, als.*
- Dabei unterscheidet man zwischen **Vorzeitigkeit, Gleichzeitigkeit** und **Nachzeitigkeit:**
  Ich zeige den Versuch, ...

... nachdem alles vorbereitet ist.	*... während die Musik läuft.*	*... bevor ich nach Hause gehe.*
Vorzeitigkeit	**Gleichzeitigkeit**	**Nachzeitigkeit**
Das Ereignis im Temporalsatz liegt **vor** dem Ereignis im Hauptsatz.	Das Ereignis im Temporalsatz verläuft **gleichzeitig** mit dem Ereignis im Hauptsatz.	Das Ereignis im Temporalsatz liegt **nach** dem Ereignis im Hauptsatz.

In Adverbialsätzen die passende Konjunktion verwenden

A Clara geht Dienstag ins Kino,	weil • als •	sie Mittwoch einen Test schreibt.
B Jakob begrüßt sie freundlich,	obwohl •	der Kinofilm beginnt.
C Sie halten Händchen,	während •	ihre Tüte Popcorn umkippt.
D Clara erschreckt sich,	bis • sodass •	die Chipstüte knallartig aufgeht.
E Sie ist glücklich,	bevor • damit	ihre Hose voller Krümel ist.

1 a Schreibt zu zweit eine kleine Geschichte: Verbindet die Hauptsätze (A bis E) und die Nebensätze mit passenden Konjunktionen und notiert sie.
Tipp: In jedem Satz sind verschiedene Konjunktionen möglich.
b Setzt euch mit einem anderen Lernpaar zusammen und lest euch eure Geschichten gegenseitig vor: Wie unterscheiden sie sich durch unterschiedliche Konjunktionen?

Trickserei mit Luft

Ob Chipstüten, Müslikartons oder Teebeutelboxen – Lebensmittelverpackungen können eine echte Trickkiste sein, ? sie viel mehr Inhalt versprechen, als sie tatsächlich enthalten.
Laut Verbraucherzentralen befindet sich in sehr vielen Verpackungen mehr Luft als Ware. Das ist ein Problem, ? auf diese Weise die Umwelt unnötig belastet wird, ? den Verbrauchern größere Mengen versprochen werden.
Hersteller füllen Verpackungen wie Chipstüten prall mit Luft, ? man den Inhalt nicht ertasten kann. In Teebeutelverpackungen stecken oft nur 25 Beutel in einem Karton, ? deutlich mehr Beutel Platz hätten. Die Verbraucherzentralen fordern klare Regeln, ? Verbraucher nicht weiter von diesen „Luftnummern" getäuscht werden. Man könnte dem Treiben ein Ende bereiten, ? man nur durchsichtige Verpackungen erlaubt. Das hat jedoch noch niemand ernsthaft gefordert.

2 a Mit welchen Verpackungen wurdet ihr schon ausgetrickst? Nennt Beispiele.
b Schreibt den Text ab und ergänzt passende Konjunktionen aus den Verpackungen.
c Ordnet zu: Welche Verpackung enthält Konjunktionen für …
A Kausalsätze, **B** Modalsätze, **C** Temporalsätze?

3 Welche Konjunktionen aus den Verpackungen sind übrig? Verschwendet sie nicht: Bildet zu jeder Konjunktion ein Satzgefüge.

Information **Konjunktionen in Adverbialsätzen**

- **Nebensatzkonjunktionen** verbinden im Satzgefüge **Hauptsatz und Adverbialsatz.**
- Dabei drücken sie ein bestimmtes **Verhältnis** zwischen den Sätzen aus, z. B.:
  Clara geht nach Hause, weil/obwohl/ehe/wenn/zumal sie müde ist.

Mit Nebensätzen Wörter genauer erklären: Relativsätze

Experiment: Eine Münze bewegen

A 1 In dem folgenden Versuch geht es um einen lustigen Trick.
Ihr könnt ihn euren Freunden vorführen.
2 Stellt dazu eine Schale bereit. Sie ist mit warmem Wasser gefüllt.
3 Ihr braucht auch eine Flasche. Sie muss eine kleine, runde Öffnung haben.
4 Sucht eine Münze heraus. Die Münze muss etwas größer als die Flaschenöffnung sein.

B 1 In dem folgenden Versuch geht es um einen lustigen Trick, den ihr euren Freunden vorführen könnt.
2 Stellt dazu eine Schale bereit, die mit warmem Wasser gefüllt ist.
3 Ihr braucht auch …

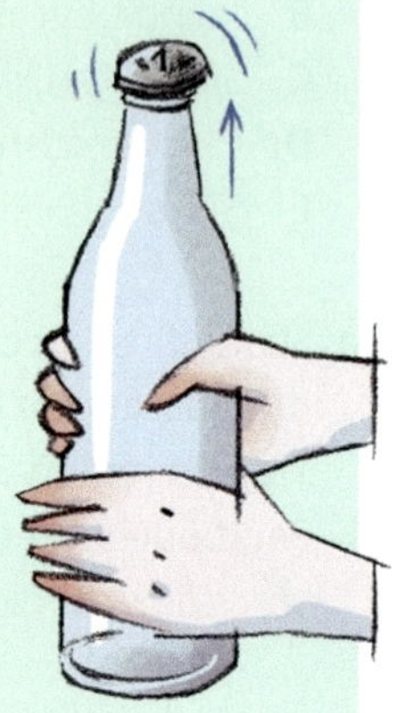

1 a Lest die beiden Textanfänge A und B laut vor. Welche Version gefällt euch besser?
b Untersucht und erklärt, wie in Textanfang B die Sätze miteinander verknüpft wurden.
c Setzt Textanfang B fort: Verknüpft dazu die Satzpaare 3 und 4 aus Textanfang A zu Satzgefügen mit Relativpronomen.

5 Stellt die *vorher für einige Minuten im Kühlschrank gekühlte* Flasche vor euch hin.
6 Legt die *an der Unterseite mit Wasser befeuchtete* Münze auf die Flaschenöffnung.
7 Schaut nun eure *vor euch sitzenden* Zuschauer an und sprecht einen Zauberspruch.
8 Legt eure *in der Schüssel angewärmten* Hände um den Flaschenbauch und bittet um Ruhe.
9 Eure Zuschauer werden sicher sehr erstaunt sein über die *nach kurzer Zeit geheimnisvoll klappernde* Münze.

2 a Lest die Fortsetzung der Vorgangsbeschreibung und erklärt: Warum klappert die Münze?
b Formt die kursiv gesetzten Formulierungen in Relativsätze um und setzt die nötigen Kommas:
5 Stellt die Flasche, [die] ihr vorher für einige Minuten im Kühlschrank gekühlt habt, vor euch hin.
c Markiert die Relativpronomen. Unterstreicht die Wörter, auf die sie sich beziehen.

Information **Nebensatzart: Relativsätze**

- **Relativsätze** sind **Nebensätze,** die ein Bezugswort im Hauptsatz näher erklären.
- Sie werden mit einem **Relativpronomen** *(der, die, das; welcher, welche, welches)* eingeleitet und durch ein **Komma** vom Hauptsatz abgetrennt. Das Relativpronomen bezieht sich auf das Bezugswort im Hauptsatz, z. B.:
Das kalte Glas erwärmt sich durch deine Hände, [die] die Flasche halten.
- Relativsätze stehen meistens **nach dem Hauptsatz.** Ein Relativsatz kann aber auch in einen Hauptsatz **eingeschoben** werden. Dann setzt man vor und nach dem Relativsatz ein Komma, z. B.: *Die Luft, [die] sich in der Flasche erwärmt, dehnt sich aus.*

Mit Nebensätzen Subjekt oder Objekt ersetzen

Die Erfindung des Heißluftballons

A Es ist faszinierend, wie viele interessante Eigenschaften Luft hat.
Ein Mann beobachtete im 18. Jahrhundert interessiert, dass heiße Luft nach oben steigt.
Dieser Mann, Joseph Montgolfier, erfand wenig später mit seinem Bruder Etienne den Heißluftballon.

B Die vielen interessanten Eigenschaften von Luft sind faszinierend.
Ein Mann beobachtete im 18. Jahrhundert interessiert das Aufsteigen heißer Luft nach oben.
Dieser Mann, Joseph Montgolfier, erfand wenig später mit seinem Bruder Etienne den Heißluftballon.

1 a Wie funktioniert ein Heißluftballon? Erklärt das Prinzip.
b Lest die beiden Textanfänge A und B laut vor. Welche Version versteht ihr besser?
c Untersucht die markierten Nebensätze in Textanfang A:
Welcher ist ein Subjektsatz, welcher ein Objektsatz?
Tipp: Erfragt die Nebensätze mit *Wer oder was?* (Subjektfrage) und *Wen oder was?* (Objektfrage).

Angeblich hatte Joseph Montgolfier die zündende Idee. Er beobachtete *das Flattern eines am Kamin hängenden Rockes*. Ihm wurde bald *die Verantwortlichkeit der heißen Kaminluft* bewusst. Eifrig machte er sich mit seinem Bruder an die Arbeit. Am 4. Juni 1783 war es endlich so weit: Die Brüder entzündeten unter einer Ballonhülle zehn Ballen Stroh und Wolle. *Das zehnminütige Schweben des Ballons in 1000 m Höhe* begeisterte alle Zuschauer.

Montgolfiers Luftballon, 1783.

2 Texte sind oft leichter verständlich, wenn man Nebensätze verwendet.
a Bestimmt die kursiv gesetzten Satzglieder im Text: Welche sind Subjekte, welche Objekte?
b Überarbeitet den Text: Formuliert die kursiv gesetzten Satzglieder in Subjektsätze und Objektsätze um. Verwendet dafür folgende Satzanfänge und achtet auf die Kommasetzung:

Er beobachtete, wie ... • Ihm wurde bald bewusst, dass ... • Alle Zuschauer begeisterte, wie ...

Information **Nebensatzart: Subjektsätze und Objektsätze**

Nebensätze können die **Rolle eines Satzglieds** übernehmen (Gliedsätze):
- Ein **Subjektsatz** übernimmt die **Rolle des Subjekts,** z. B.:
Es überrascht, dass das Ergebnis erfolgreich war. – Das erfolgreiche Ergebnis überrascht.
- Ein **Objektsatz** übernimmt die **Rolle des Objekts,** z. B.:
Mia erklärt, wie der Versuch funktioniert. – Mia erklärt die Funktionsweise des Versuchs.
- Diese Gliedsätze kann man wie **Subjekte oder Objekte erfragen,** z. B.:
Subjektsatz: *Wer oder was überrascht? → dass das Ergebnis erfolgreich war*
Objektsatz: *Wen oder was erklärt Mia? → wie der Versuch funktioniert*

Teste dich!

Tandembogen: Satzreihen bilden und Nebensatzarten unterscheiden

Partner A	Partner B
1 Verbinde die Hauptsätze zu einer Satzreihe: *Im Winter steigt man ins kalte Auto. Wenig später kann man nicht mehr rausschauen.*	**Lösung zu 1:** *Im Winter steigt man ins kalte Auto und wenig später kann man nicht mehr rausschauen.*
Lösung zu 2: *Beim Tischtennisspielen zerbeult manchmal der Ball und man kann nicht mehr weiterspielen.*	**2** Verbinde die Hauptsätze zu einer Satzreihe: *Beim Tischtennisspielen zerbeult manchmal der Ball. Man kann nicht mehr weiterspielen.*
3 Bestimme die Art des Nebensatzes: *Man sieht nichts, weil die warme Atemluft der Mitfahrenden die Scheiben beschlägt.*	**Lösung zu 3:** *Kausalsatz*
Lösung zu 4: *Kausalsatz*	**4** Bestimme die Art des Nebensatzes: *Das ist ärgerlich, da so ein Ball teuer ist.*
5 Ist der Nebensatz Subjekt- oder Objektsatz? *Die Ursache dafür ist, dass warme Atemluft auf eine kalte Scheibe trifft und kondensiert.*	**Lösung zu 5:** *Wer oder was ist die Ursache dafür?* → *Subjektsatz*
Lösung zu 6: *Wen oder was wissen nicht viele?* → *Objektsatz*	**6** Ist der Nebensatz Subjekt- oder Objektsatz? *Nicht viele wissen, wie man den Tischtennisball wieder reparieren kann.*
7 Formuliere ein Satzgefüge mit Relativsatz: *Kalte Luft kann die Feuchtigkeit der Atemluft schlechter aufnehmen. Sie schlägt sich auf den Scheiben nieder.*	**Lösung zu 7:** *Kalte Luft kann die Feuchtigkeit der Atemluft schlechter aufnehmen, die sich auf den Scheiben niederschlägt.*
Lösung zu 8: *Man muss den Ball in kochendes Wasser legen, das die Luft im Ball erhitzt.*	**8** Formuliere ein Satzgefüge mit Relativsatz: *Man muss den Ball in kochendes Wasser legen. Das Wasser erhitzt die Luft im Ball.*
9 Ergänze eine passende Konjunktion: *Man muss die Lüftung einschalten, ? die Atemluft abgesaugt werden kann.*	**Lösung zu 9:** *Man muss die Lüftung einschalten, damit die Atemluft abgesaugt werden kann.*
Lösung zu 10: *Die Beule im Ball springt heraus, weil sich die Luft im Ball durch die Hitze ausgedehnt hat.*	**10** Ergänze eine passende Konjunktion: *Die Beule im Ball springt heraus, ? sich die Luft im Ball durch die Hitze ausgedehnt hat.*

1 Testet euch gegenseitig in Partnerarbeit. Geht so vor:
- Partner A deckt die rechte Hälfte des Tandembogens ab, Partner B die linke.
- Partner A liest die Aufgabe 1 vor und löst sie, Partner B prüft die Lösung.
- Danach liest Partner B die Aufgabe 2 vor und löst sie, Partner A prüft die Lösung.

Fordern – Sätze erforschen

Experiment: Ein Ei in eine Flasche legen

Zuerst steckst du einen Trichter in eine Flasche und schüttest vorsichtig kochendes Wasser hinein. Schließe die Flasche anschließend und schüttele sie mit Hilfe der Topflappen. Dann öffnest du die Flasche wieder und gießt das heiße Wasser aus. Nutze vorsichtshalber wieder die Topflappen.

Entferne die Schale eines gekochten Eies und schmiere es mit Öl ein. Nun kannst du deinen Freunden folgenden Trick zeigen: Lege das Ei mit der Spitze nach unten auf die Flaschenöffnung. Nach einer Weile zwängt es sich von allein durch den schmalen Flaschenhals in die Flasche und plumpst auf den Flaschenboden.

1 Wiederholt die Satzglieder:

a Schreibt die Satzgliedarten im Kasten untereinander ins Heft. Ergänzt, wenn möglich, daneben, wie man das Satzglied erfragt, z. B.: *Subjekt (Wer oder was?)*.

Subjekt • Prädikat • Dativobjekt • Akkusativobjekt • Satzglied mit Attribut • adverbiale Bestimmung der Zeit • adverbiale Bestimmung des Ortes • adverbiale Bestimmung der Art und Weise • adverbiale Bestimmung des Grundes

b Sucht aus dem Text zu jedem Satzglied ein Beispiel heraus und notiert es mit Zeilenangabe.

Experiment: Ein Marmeladenglas öffnen

A Ihr kennt das: Ein Marmeladenglas lässt sich nicht öffnen, weil der verflixte Deckel festsitzt.
B Ihr könnt das Marmeladenglas überlisten, indem ihr heißes Wasser auf den Deckel gießt.
C Seid vorsichtig beim Öffnen des Deckels, da dieser sehr heiß werden kann.
D Könnt ihr das erklären, nachdem ihr so viele Versuche zum Thema Luft kennen gelernt habt?
E Frische Marmelade kommt direkt vom Herd, wo sie in einem Topf gekocht wurde.
F Wenn die Marmelade abgefüllt und der Deckel verschlossen wird, ist sie kochend heiß.
G Während die Marmelade abkühlt, kühlt auch die Luft im Glas ab und zieht sich zusammen.
H Da ein Unterdruck im Glas entsteht, wird der Deckel angesaugt.
I Weil das heiße Wasser den Deckel anwärmt, dehnt sich die Luft wieder aus.
J Indem die Luft gegen den Deckel drückt, hilft sie dir beim Öffnen.

2 Wiederholt die Adverbialsätze:

a Schreibt die Satzgefüge A bis J ins Heft und unterstreicht in jedem den Adverbialsatz.

b Kausalsatz, Modalsatz, Temporalsatz oder Lokalsatz?
Bestimmt zu jedem Satzgefüge die Adverbialsatzart und notiert sie: *A = Kausalsatz.*

Strandsegler – Boote an Land

Zum Strandsegeln werden *vom Wind angetriebene* Fahrzeuge benutzt. Ein Strandsegler ähnelt einem Boot *mit drei Rädern und einem Segel*. Das Fahrzeug wird von einem *sitzenden oder liegenden* Fahrer gesteuert. Die *bis zu 130 km/h fahrenden* Segelwagen müssen natürlich auch eine Bremse haben. Beliebte Rennstrecken sind die *von Ebbe und Flut geglätteten*, harten Nordseestrände. *Unter 18 Jahre alte* Fahrer benötigen für Wettkämpfe die Erlaubnis ihrer Eltern. *Aufeinander zufahrende* Segelwagen müssen beide nach rechts ausweichen. Der *von rechts kommende* Wagen hat Vorfahrt. Der Wagen *ohne Vorfahrt* muss anhalten oder ausweichen.

3 Übt die Bildung von Relativsätzen:

●●● **a** Formt die kursiv gesetzten Formulierungen in Relativsätze um und setzt die nötigen Kommas:
Zum Strandsegeln werden Fahrzeuge benutzt, die vom Wind angetrieben werden.

b Kreist in den Nebensätzen die Relativpronomen ein und unterstreicht die Bezugswörter im Hauptsatz.

Warum fliegen Heißluftballons?

Die Montgolfier-Brüder nahmen an, dass ihr Ballon wegen eines bestimmten Gases fliegt. Sie glaubten, dass das Gas bei der Verbrennung von festem Material freigesetzt wird. Daher mischten sie ihren Versuchen sogar nasse Wolle bei. Sie wollten testen, ob die Menge des Rauches entscheidend ist. Heute ist bekannt, dass die Erklärung viel einfacher ist. Allein die erwärmte Luft bringt den Ballon zum Steigen.

4 Wiederholt Subjektsätze und Objektsätze:

●●● **a** Sucht im Text einen Subjektsatz und drei Objektsätze und schreibt sie ins Heft.

b Notiert zu jedem Subjekt- oder Objektsatz, wie ihr ihn erfragen könnt.

5 **a** Formuliert weitere Satzgefüge mit Subjektsätzen oder Objektsätzen zum Thema *Luft*.
Verwendet dazu folgende Satzanfänge:

– Ich bezweifle, dass ...	– Mir ist bekannt, dass ...	– Ich überlege, warum ...
– Mir ist unklar, wie ...	– Ich frage mich, ob ...	– Es erscheint unmöglich, dass ...
– Es stimmt, dass ...	– Man kann beobachten, wie ...	– Es überrascht mich, dass ...

b Unterstreicht die Subjektsätze grün und die Objektsätze blau.

Fördern – Sätze erforschen

Drachen – nützliche Luftgeräte

A Die Menschen haben schon immer den Wind genutzt.

B Chinesen und Japaner bauten bereits vor 3000 Jahren Drachen.

C Diese Luftgeräte konnten schon damals problemlos große Lasten tragen.

D Beispielsweise transportierten sie Soldaten zur Erkundung feindlicher Heere.

E Auch amerikanische Ingenieure vertrauten der Zugkraft großer Drachen beim Bau einer Brücke über die Niagara-Fälle.

F Riesige Drachen können auf Meeren sogar das Gewicht großer Frachter oder Kreuzfahrtschiffe ziehen.

1 Wiederholt die Satzglieder:

a Schreibt die folgenden Satzgliedarten untereinander ins Heft und ergänzt die passenden Fragewörter. **Tipp:** Zum Prädikat gibt es kein Fragewort.

Subjekt • Prädikat • Dativobjekt • Akkusativobjekt • Satzglied mit Attribut • adverbiale Bestimmung der Zeit • adverbiale Bestimmung des Ortes • adverbiale Bestimmung der Art und Weise	Wann? • Wer oder was? • Wen oder was? • Wie? • Wem? • Wo?

b Ordnet die markierten Satzglieder in den Sätzen A bis F den Satzgliedarten zu.

Lenkdrachen – faszinierend, aber gefährlich

A Beliebt sind Lenkdrachen, weil sie leicht und wendig sind.

B Bevor sie benutzt werden, sollte man sich allerdings gut über die richtige Bedienung informieren.

C Lenkdrachen dürfen beispielsweise nicht über den Köpfen von Menschen kreisen, wo sie zur tödlichen Gefahr werden können.

D Man lenkt die Drachen, indem man an den Leinen unterschiedlich stark zieht.

2 Wiederholt die Adverbialsätze:

a Schreibt die Satzgefüge A bis D ins Heft und unterstreicht jeweils den Adverbialsatz.

b Kausalsatz, Modalsatz, Temporalsatz oder Lokalsatz?
Bestimmt zu jedem Satzgefüge die Adverbialsatzart und notiert sie: *A = Kausalsatz.*

Experiment: Luft und Feuer beobachten

A Nehmt drei Gläser, …	in dem das Teelicht zuerst erlischt.
B Setzt in jedes Glas ein Teelicht, …	welches vorher angezündet wurde.
C Schließt die Gläser gleichzeitig mit einem Deckel, …	die unterschiedlich groß sind.
D Notiert das Glas, …	der zum Glas passt.

3 ●○○ Übt die Bildung von Relativsätzen:

a Ordnet den Hauptsätzen A bis D die Relativsätze richtig zu und schreibt sie ins Heft.

b Kreist die Relativpronomen ein und unterstreicht die Wörter, auf die sie sich beziehen:

A Nehmt drei Gläser, die unterschiedlich groß sind.

Erklärung: Warum verlöschen die Flammen, ? zur gleichen Zeit angezündet wurden, unterschiedlich schnell?

Ein Teelicht, ? brennt, verbraucht Sauerstoff. Wenn der Sauerstoff knapp wird, wird die Flamme, ? anfangs hell leuchtet, schwächer und erlischt schließlich. Da in dem kleinsten Glas am wenigsten Sauerstoff ist, erlischt die Flamme, ? sich in diesem Glas befindet, zuerst. Zuletzt geht das Teelicht aus, ? im größten Glas ist.

4 ●○○ Schreibt die Erklärung ab und setzt die fehlenden Relativpronomen ein.

Wie man Flammen ersticken kann

A Man kann Feuer mit einer *über die Flammen geworfenen* Decke ersticken.
B *In Feuerlöschern enthaltener* Schaum erstickt ebenfalls die Flammen.
C Das gelingt aber nur bei *noch relativ kleinen* Bränden.
D Ein anderer, *oft genannter* Tipp lautet: Durchzug vermeiden.
E *Offen stehende* Fenster und Türen verstärken ein Feuer.

5 ●●○ Formt die kursiv gesetzten Formulierungen in Relativsätze um und setzt die nötigen Kommas. Verwendet folgende Satzanfänge:

A Man kann Feuer mit einer Decke, die über die Flammen geworfen wird, …
B Schaum, der in …
C Das gelingt aber nur bei Bränden, die …
D Ein anderer Tipp, der …
E Fenster und Türen, …

11.3 Fit in ...! – Einen Text überarbeiten

Stellt euch vor, ihr bekommt in der nächsten Klassenarbeit die folgende Aufgabe gestellt:

Aufgabe

Ein Schüler hat dem Schülerzeitungsteam folgenden Text zum Thema *Das Feuer und seine Bedeutung* zugeschickt. Die Zeitungsredaktion sendet den Text mit Hinweisen zur Überarbeitung zurück.

1 Überarbeite den Text anhand der Hinweise.

2 Ergänze eine passende Überschrift.

Während der Olympischen Spiele in der Antike waren Kampfhandlungen untersagt. Alle Waffen mussten ruhen.	Verbinde die Sätze zu einer Satzreihe.
Als Symbol für den Frieden brannte eine große Fackel zu Ehren der Göttin Hestia. Sie galt als die Göttin des Feuers.	Verbinde zu einem Satzgefüge: Forme den zweiten Satz zu einem Relativsatz um.
Auch heute noch verwendet man dieses Symbol. Eine Fackel wird im griechischen Olympia entzündet.	Verbinde zu einem Satzgefüge. Verwende eine passende Konjunktion.
Jm so genannten Fackellauf wird von den Fackelträgern das Feuer aus Olympia zum Hauptstadion der Olympischen Spiele gebracht – egal wo auf der Welt die Spiele stattfinden.	Nutze Aktiv statt Passiv.
So weit wie möglich bewältigen die Fackelträger die Reise des kostbaren Feuers zu Fuß.	Setze den Satz ins Passiv.
Müssen die Träger zwischendurch in ein Flugzeug steigen, wird die Fackel durch das Verpacken in eine besondere Hülle geschützt.	Formuliere die unterstrichene Adverbialbestimmung in einen Modalsatz um.
Weil oft gewaltige Strecken zurückgelegt werden müssen, startet der Fackellauf lange vor Beginn der Spiele.	Formuliere den Kausalsatz in eine kausale Adverbialbestimmung um.
Jm Stadion entzündete dann ein Sportler das große Feuer im Olympiastadion. Es brannte bis zum Schluss der Spiele und wurde erst während der Abschlussfeier gelöscht.	Verwende das Präsens.
„Als ich bei den letzten Olympischen Spielen die große Ehre erhalte, das Feuer zu entzünden, ist das für mich der Höhepunkt der Spiele – obwohl es eigentlich erst den Anfang markiert“, erzählt ein Sportler der Presse.	Verwende in der wörtlichen Rede das Präteritum.

Die Aufgabe richtig verstehen

1 Habt ihr verstanden, was ihr bei der Überarbeitung machen sollt?
Ordnet die folgenden Angaben den vier farbigen Abschnitten zu:

A Verbformen im Aktiv oder Passiv bilden
B Sätze auf unterschiedliche Weise verbinden
C die Zeitform der Verben verändern
D aus adverbialen Bestimmungen Adverbialsätze machen und umgekehrt

Den Text Absatz für Absatz überarbeiten

2 **Den grünen Abschnitt bearbeiten:**
a Verbindet im ersten Abschnitt die beiden Hauptsätze miteinander. Wählt dazu eine passende Hauptsatzkonjunktion und achtet auf die Kommasetzung: *denn, aber, sondern, und, oder.*
b Verwendet für die Satzverknüpfung im zweiten Abschnitt ein Relativpronomen: *der, die, das.*
c Wählt für den dritten Abschnitt eine passende Nebensatzkonjunktion aus: *nachdem, als, weil, indem, wenn.*

3 **Den blauen Abschnitt bearbeiten:**
a Bestimmt in den Sätzen die Verbformen und notiert sie auf einen Zettel.
b Bildet die geforderte Verbform und stellt die Sätze wie im folgenden Beispiel um:
Die Zuschauer loben die Eröffnungsfeier. – Die Eröffnungsfeier wird (von den Zuschauern) gelobt.

4 **Den gelben Abschnitt bearbeiten:**
a Formuliert einen Modalsatz: Verwendet dazu das Verb *verpacken* und eine passende Konjunktion.
b Bestimmt den Kausalsatz und formuliert ihn um in eine Adverbialbestimmung.
Beginnt mit der Präposition *wegen.*

5 **Den grauen Abschnitt bearbeiten**
a Wiederholt die Zeitformen: Welche Verbform steht im Präsens, welche im Präteritum?
entzünden – er entzündet – er entzündete – er hat entzündet – er hatte entzündet
b Schreibt die Verben aus den Sätzen heraus und setzt sie in die geforderte Zeitform.
Beachtet: Die Verben *brennen, erhalten* und *sein* sind starke Verben.

6 **Abschluss: Eine Überschrift formulieren**
Lest noch einmal den überarbeiteten Text und ergänzt eine passende Überschrift.

Eine gute Überschrift ist so lang wie nötig, aber so kurz wie möglich. Sie gibt das Hauptthema an und macht gleichzeitig neugierig!

Die Überarbeitung prüfen

7 a Legt euren Stift hin und entspannt euch einen Moment.
b Lest anschließend den überarbeiteten Text noch einmal Wort für Wort durch und prüft:
– Habt ihr alle Wörter richtig abgeschrieben? Prüft längere Wörter Silbe für Silbe.
– Habt ihr Satzanfänge großgeschrieben und alle Kommas und anderen Satzzeichen gesetzt?

12 Rechtschreibstrategien wiederholen – Rechtschreibung erforschen

1 Das Bild zeigt einen Jungen auf dem Weg zur Schule.
Beschreibt das Bild und stellt Vermutungen über seinen Schulweg an.

DAS LESEN UND DAS SCHREIBEN SIND IM ZEITALTER DER MODERNEN MEDIEN UNVERZICHTBAR.
OHNE DIESE FÄHIGKEITEN HABEN KINDER KEINE ZUKUNFTSCHANCEN.

2 a Stimmt ihr der Aussage im Kasten zu? Begründet eure Meinung.
b Diktiert euch die zwei Sätze gegenseitig und schreibt sie ins Heft.
c An welchen Stellen wart ihr unsicher bei der Rechtschreibung? Tauscht euch aus.

In diesem Kapitel ...

- informiert ihr euch über abenteuerliche Schulwege und Kinderrechte in der Welt,
- wendet ihr wichtige Rechtschreibstrategien und -regeln an,
- übt ihr, Kommas und Zeichen der wörtlichen Rede richtig zu setzen,
- korrigiert und analysiert ihr Fehler.

12.1 Schulwege – Rechtschreibstrategien und Regeln anwenden

Strategie: Schwingen – Wörter in Silben sprechen

die Schulwege • die Schuluniformen • die Unterrichtsprojekte • die Zusammenarbeit • die Arbeitsmaterialien • der Pausenhof • die Schulmensa • das Treppenhaus

1 Die meisten Wörter kann man richtig schreiben, wenn man sie deutlich in Silben spricht.
a Arbeitet zu zweit: Sprecht die Wörter im Kasten abwechselnd in Silben.
b Erschließt die Bedeutung der Wörter von hinten nach vorn, z. B.:
Die Schulwege sind die Wege, die Kinder zur Schule gehen müssen.

2 a Diktiert euch gegenseitig die Wörter aus dem Kasten.
b Tauscht eure Hefte und kontrolliert Silbe für Silbe die Wörter eures Lernpartners. Zeichnet dabei unter jedes Wort die Silbenbögen.

Strategie: Verlängern – Einsilber und unklare Auslaute

rund • kennt • lesen • setzt • die Ruhe • backt • zeigt • der Grund • die Wege • der Zeh • nennt • überzeugt • erlaubt • die Schulter • der Eindruck • das Reh • geben • glatt • hell • Geh!

3 a Schwingt die Wörter. Bestimmt die fünf Wörter, die man so schreibt, wie man sie spricht.
b Benennt bei allen anderen Wörtern die unklaren Stellen.
c Übertragt die folgende Tabelle ins Heft und ordnet die Wörter ein.
Markiert die unklaren Stellen und ergänzt jeweils ein Verlängerungswort als Beweis.

Nomen	Adjektive	Verben
der Grund – die Gründe	*rund – runder als*	*kennt – wir kennen*

Methode **Wörter verlängern**

- Beim **Schwingen** kann man in der Regel jeden Buchstaben deutlich hören, z. B.: *die We ge.*
- Bei **Einsilbern** und auch bei einigen Zweisilbern kann man **Buchstaben am Wortende (Auslaute)** nicht immer sicher zuordnen. Dann **fügt man an das Wort eine Silbe an:**
  – Bei **Nomen** bildet man die Pluralform, z. B.: *der Grund* – denn: *die Gründe.*
  – **Adjektive** steigert man, z. B.: *hell* – denn: *heller als.*
  – **Verben** setzt man in die Wir-Form, z. B.: *kennt* – denn: *wir kennen.*

Strategie: Zerlegen – Zusammengesetzte Wörter

die Landkarte • die Kamelkarawane • das Schritttempo • der Schulbesuch • die Schreibschrift • die Nomadenkinder • das Mittagessen • der Nordstern • stündlich • feindlich • freundlich • schädlich • beweglich • lebhaft • grundlos • vermeidbar

1 a Prüft die Wörter im Kasten: Welche enthalten unklare Stellen?
b Übertragt die folgende Tabelle ins Heft. Ordnet die Wörter mit unklaren Stellen richtig ein und zerlegt sie wie in den zwei Beispielen:

Zusammengesetzte Wörter	Wörter mit Bausteinen (Nachsilben)
die Land|karte – denn: die Länder	*stündlich – denn: die Stunde*

c Ergänzt jeweils ein Verlängerungswort als Beweis für die Schreibung.

Bildung mit Hindernissen

Für deutsche Kinder ist es selbstverständlich, zur Schule zu gehen, denn es besteht Schulpflicht. Das Grundrecht auf Bildung steht eigentlich jedem Kind zu, aber weltweit haben ungefähr 132 Millionen Kinder große Schwierigkeiten, eine Schule zu besuchen.
Nomaden folgen mit ihren Tieren der Regenzeit durch weite Landstriche. Ihre Kinder haben keinen festen Wohnsitz, von dem aus sie eine Schule erreichen können. Manchmal übernimmt dann das Radio die Bildung der Kinder. In anderen Fällen sind die Familien so arm, dass sie das Schulgeld nicht bezahlen können.

Und wieder andere Familien brauchen schon früh die Arbeitskraft ihrer Kinder, um überleben zu können.
Bei allen Problemen gibt es aber Kinder, die unbedingt in die Schule gehen wollen, weil sie von einem besseren Leben träumen. Manche nehmen dafür täglich einen langen und gefährlichen Weg zur Schule auf sich.

2 Lest den Text und nennt drei Gründe, warum weltweit viele Kinder nicht zur Schule gehen.

3 Untersucht die Rechtschreibung schwieriger Wörter im Text:
Schreibt zu den folgenden Strategien jeweils vier Beispielwörter ins Heft: , , .

Methode **Wörter zerlegen, Bausteine abtrennen**

- Die unklaren Laute in **zusammengesetzten Wörtern** findet man, indem man die Wörter **zerlegt,** z. B.: *die Hand|arbeit* – denn: *die Hände*.
- Auch wenn man **Bausteine** (Nachsilben) **abtrennt,** kann man Verlängerungsstellen finden, z. B.: *glaubhaft* – denn: *glauben, endlos* – denn: *das Ende*.

Strategie: Ableiten – Wörter mit *ä* und *äu*

A lenken • senken • denken • nennen • die Beute • heute • die Schleuse

B schälen • lächeln • wärmen • schwärmen • die Räume • die Träume • die Zäune

1 a Benennt in den Wörtern jeweils die Stelle, an der man Buchstaben verwechseln kann.
b Übertragt die folgende Tabelle ins Heft und ordnet die Wörter aus Kasten B ein. Begründet die Schreibweise jeweils durch ein Beweiswort.

Wörter mit *ä*	Wörter mit *äu*
schälen – denn: die Schale	*die Räume – denn: ...*

c Prüft die folgenden zwei Aussagen und notiert die richtige unter die Tabelle:
A Ableiten heißt, verwandte Wörter mit *a* oder *au* zu suchen.
B Ableiten heißt, die Schreibung mit *e* oder *eu* zu beweisen.

Methode **Wörter mit *ä* und *äu* ableiten**

Ableiten heißt: **verwandte Wörter** suchen. Der Vokal *e* und der Zwielaut *eu* sind leicht mit *ä* und *äu* zu verwechseln, denn man spricht sie gleich aus.
- Normalerweise schreibt man *e* oder *eu*, z. B.: *bellen, denken, heute, Leute.*
- Wenn es verwandte Wörter mit *a* oder *au* gibt, dann schreibt man *ä* oder *äu*, z. B.: *Mäuse.*

Merken – Wenn keine Strategie hilft

A ahnen • gehen • wehen • dehnen • die Sahne • die Zahlen • lehren

B bezahlen • die Ahnung • dehnbar • die Lehrer • sahnig

2 a Lest die Wörter in Kasten A deutlich in Silben. Notiert die Wörter untereinander, in denen ihr das *h* nicht hörbar machen könnt.
b Ordnet den Wörtern im Heft jeweils ein weiteres Wort ihrer Wortfamilie aus Kasten B zu.

3 a Prüft, welche Wörter man verlängern kann:
b Schreibt die nicht verlängerbaren Wörter ins Heft und markiert jeweils die unklare Stelle.

wenn • denn • dann • als • bald • ob • und • wild • das Obst • herab • kaputt • sodass

Methode **Merkwörter erkennen**

Wörter, die man mit den Strategien nicht erklären kann, muss man sich merken:
- **Wörter mit *h*,** in denen man das *h* nicht hörbar machen kann, z. B.: *dehnen, Uhren,*
- **Einsilber und kurze Wörter,** die man nicht verlängern kann, z. B.: *bald, ob, sodass.*

Fremdwörter richtig schreiben

Unterrichtsfächer weltweit

Kinder, die in die Schule gehen, haben fast überall auf der Welt ähnliche Unterrichtsfächer. Dazu gehören die jeweils eigene Sprache, Mathematik, Biologie, Physik oder auch Chemie. Allerdings unterscheiden sich die Schulen in ihren zusätzlichen Angeboten. In Deutschland stehen meistens noch Kunst, Sport und Musik auf dem Stundenplan. In anderen Ländern ist das Angebot umfangreicher. Wer zum Beispiel zum Austausch an eine Schule in den USA geht, kann Fächer wie Roboterprogrammierung, Theatergeschichte, Biotechnologie, Astrophysik, Philosophie, Ökologie, Webdesign oder Musiktheorie wählen. Auch das Sportangebot ist vielfältiger als bei uns: Leichtathletik, Mountainbiken, Wrestling, Rugby, Snowboarden, Triathlon und sogar Cheerleading kann man erlernen. Mit solchen Fächern kann man seine Freunde in Deutschland beim Skypen durchaus beeindrucken.

1 Lest den Text und tauscht euch aus:
Welches Unterrichtsfach hättet ihr gern in eurem Stundenplan?

2 a Nennt Beispiele für Fremdwörter in dem Text. Woran habt ihr sie erkannt?
b Legt euer Heft quer und übertragt die folgende Tabelle zu Fremdwörtern.
Ergänzt dabei den Tabellenkopf und notiert in jede Spalte weitere Beispiele aus dem Text.

? statt *t*	? statt *f*	Wörter aus der ? Sprache
Mathematik	*Physik*	*Webdesign*

3 Für Fremdwörter, die häufig verwendet werden, gibt es oft auch eine deutsche Schreibweise.
a Schlagt die folgenden Fremdwörter in einem Wörterbuch nach.
Für welche Wörter gibt es zwei Schreibweisen? Notiert beide ins Heft.

Delphin • Geographie • Spaghetti • Portemonnaie • Theater • Thron • Panther

b Ordnet den Fremdwörtern im Heft die folgenden Bedeutungen zu:
Geldbörse, Nudelsorte, Erdkunde, Raubtier, Säugetier im Meer, Herrschersitz, Schauspielhaus.

Information **Schreibung von Fremdwörtern**

- Fremdwörter sind zu unterschiedlichen Zeiten aus anderen Sprachen in die deutsche Sprache gekommen. Dabei wurden die **Aussprache** und die **Schreibweise** meistens aus der Herkunftssprache übernommen.
- Typische Buchstabenverbindungen bei Fremdwörtern sind:

***th* statt *t*:**	***ph* statt *f*:**	**Englische Schreibweise:**
Theater, Theorie	*Physik, Phase*	*Computer*

Doppelkonsonanten – Achtet auf die erste Silbe

Als  bezeichnet man Fischeier, (Rogen – Roggen)

der  ist eine Getreidesorte.

 bewohnt man,  trägt man. (Hüte – Hütten)

 duften,  riechen eher streng. (Rosen – Rosse)

Eine  hat man nicht gern im Haus, (Rate – Ratte)

eine  muss man bezahlen.

1 a Setzt die Wörter in Klammern richtig ein und schreibt die Sätze ins Heft.
b Markiert die eingesetzten Wörter und untersucht jeweils die erste Silbe: Ordnet die Wörter in folgende Tabelle ein und ergänzt die Aussage zum Vokal.

Erste Silbe offen (Vokal am Silbenende)	**Erste Silbe geschlossen** (Konsonant am Ende)
Ro gen	...
Man spricht den Vokal ...	*Man spricht den Vokal ...*

c Schreibt die folgende Regel richtig ins Heft:
Man schreibt Doppelkonsonanten nur, wenn die ? (erste/zweite) Silbe in ? (einsilbigen/zweisilbigen) Wörtern ? (offen/geschlossen) ist. Man spricht den Vokal ? (lang/kurz).

2 a Untersucht die Wörter im Kasten: Sind die ersten Silben alle offen oder geschlossen?
b Untersucht jeweils die Silbengrenze der Wörter: Übertragt dazu die folgende Tabelle ins Heft und ordnet die Wörter richtig ein.

werfen • fangen • schimpfen • klopfen • fassen • kommen • nennen • sollen • wollen • dürfen • zappeln • hüpfen

Wörter mit verschiedenen Konsonanten an der Silbengrenze	**Wörter mit Doppelkonsonant an der Silbengrenze**
werfen	...

c Schreibt den zweiten Teil der Regel richtig ins Heft:
Wenn die erste Silbe offen ist, verdoppelt man den Konsonanten ? (immer/nie).
Wenn die erste Silbe geschlossen ist, stehen an der Silbengrenze ? (immer/nie) zwei Konsonanten.
Sie sind ? (immer gleich/entweder verschieden oder gleich).

Aljoscha in Sibirien

In Sibirien müssen sich die Menschen im Winter gegen extreme Kälte schützen. Man kann sich in dieser Jahreszeit nicht lange draußen aufhalten, ohne zu erfrieren.

In Aljoschas Familie beginnt der Tag damit, dass seine Mutter Eisblöcke aus dem Fluss in einem Topf auf dem Herd auftaut, damit Aljoscha sich waschen kann. In der Wohnung gibt es kein fließendes Wasser, denn die Rohre würden bei der Kälte platzen. Aber Aljoscha muss auch im sibirischen Winter in die Schule. Nur wenn die Temperaturen unter minus 54 °C fallen, gibt es kältefrei und er kann in seinem warmen Bett bleiben.

Aljoscha und seine Freunde haben im Winter den kältesten Schulweg der Welt. Ein Bus sammelt die Kinder ein, die außerhalb des Dorfes wohnen. Aber der Bus kommt nicht immer gleich gut voran, und deswegen kann er auch keinen genauen Fahrplan einhalten. So stehen die Kinder an der Straße und warten. Wer den Bus verpasst, muss umkehren oder zur Schule laufen.

Die Kinder wappnen sich gegen die eiskalte Wartezeit mit Kleidung nach dem Zwiebelprinzip: Sie tragen mehrere Schichten Kleidung, dicke Jacken, Pelzmützen, mehrere Paar Handschuhe und Fellstiefel.

3 Wie gehen die Menschen in Sibirien mit der Kälte um?
Zeigt an zwei Beispielen, wie sie den Alltag bestimmt und wie sich Aljoscha darauf einstellt.

4 Untersucht die Rechtschreibung von Wörtern aus dem Text:

a Übertragt die Tabelle ins Heft und schreibt in jede Spalte vier zweisilbige Beispielwörter.

Erste Silbe offen	Erste Silbe geschlossen Zwei verschiedene Konsonanten an der Silbengrenze	 Doppelkonsonant an der Silbengrenze
gegen	*Kälte*	…

b Verlängert die im Text markierten Wörter und ordnet sie in die Tabelle ein.

5 Bildet mit folgenden Wortpaaren Sätze wie in Aufgabe 1 (▶ S. 232) und schreibt sie ins Heft:
die Dame – die Dämme; die Qualen – die Quallen; die Wale – die Wälle; die Haken – die Hacken.

Information **Schreibung von Doppelkonsonanten, *ck* und *tz***

- Doppelkonsonanten schreibt man nur, wenn die **erste Silbe geschlossen** ist, z. B.: *hal len.* Stehen an der Silbengrenze zwei verschiedene Konsonanten, verdoppelt man nicht.
- Statt *kk* schreibt man in deutschen Wörtern *ck*, statt *zz* schreibt man *tz*, z. B.: *Bäcker, Katze.*
- Diese Regeln gelten für **zweisilbige Wörter.** Deshalb muss man Einsilber verlängern und Zusammensetzungen zerlegen.

i oder *ie?* – Achtet auf die erste Silbe

die Rinder • die Ziegen • die Diebe • die Fliegen • die Briefe • die Hilfe • die Stimme • bringen • biegen • grinsen • wiegen • hindern • sitzen • bitten • lieben • siegen

1 a Sprecht die Wörter im Kasten und achtet auf die erste Silbe.
b Übertragt die folgende Tabelle ins Heft und ordnet die Wörter richtig ein:

Erste Silbe offen	**Erste Silbe geschlossen** Zwei verschiedene Konsonanten an der Silbengrenze	Doppelkonsonant an der Silbengrenze
die Ziegen	*die Rinder*	...

c Untersucht die Wörter in der Tabelle und schreibt die Regel richtig ins Heft:
Man schreibt ie in ? (einsilbigen/zweisilbigen) Wörtern, wenn die erste Silbe ? (offen/geschlossen) ist.

2 Erklärt die Schreibweise der Wörter im Kasten, indem ihr sie verlängert.
Ordnet die Verlängerungswörter in die Tabelle von Aufgabe 1 ein.

das Schild • das Tier • der Wind • der Krieg • das Bild • das Lied • das Kind • das Bier • dient • winkt • trinkt • siegt • filmt • schiebt • blickt • kriegt • vermisst

3 a Zerlegt die Wörter und entscheidet, ob sie mit *i* oder *ie* geschrieben werden.
b Schreibt die Wörter richtig untereinander ins Heft und ergänzt daneben jeweils ein Beweiswort.

die W ? ndmühle • die Z ? rpflanze • die S ? gprämie • b ? gsam • schl ? ßlich • l ? blich • s ? nnlos

4 Wörter, die mit *ie* geschrieben werden, behalten die Schreibweise in ihrer Wortfamilie bei.
a Ordnet die nebenstehenden Wörter im Heft nach Wortfamilien.
b Ergänzt zu jeder Wortfamilie das zweisilbige Beweiswort für die Schreibweise.

der Friedensvertrag • der Zielbahnhof • die Friedenstaube • der Zielpunkt • die Ziellinie • friedlich • zielsicher • friedliebend • das Reiseziel • ziellos

5 a Notiert die Wörter aus der Wortschlange mit Artikel ins Heft. Markiert das *i* in offenen Silben.
b Formuliert im Heft eine Erklärung für die Schreibweise ohne *ie:*
Man schreibt diese Wörter mit i (nicht mit ie), weil ...

Ensiankiki in Ostafrika

Ensiankiki ist eine Massai. Die Massai sind ein Nomadenvolk in Ostafr?ka. Früher zogen sie mit ihren R?nderherden durch die Hochebenen von Ken?a und Tansan?a, immer auf der Suche nach frischem Futter für ihre Herden. Heute sind v?le Massai sesshaft geworden und leben in kleinen Dörfern, die von schützenden Dornbüschen umgeben sind. Nur wenn das Weidegras knapp wird, müssen sie umherz?hen.

Ensiankiki wohnt mit ihrer Mutter und ihren s?ben Geschw?stern in einer Hütte mit nur einem Raum. Sie und ihre Brüder haben untersch?dliche Aufgaben. Die Jungen hüten die T?re und kümmern sich um die kleinen Kälber. Auf d?se Weise erlernen sie den Umgang mit dem Vieh, denn als Männer werden sie später für die Rinder verantwortlich sein. Die Frauen im Dorf sorgen für die Familien. Ensiankiki muss mit ihren 12 Jahren bereits Brennholz sammeln, Essen kochen und bei Reparaturen an den Hütten helfen. Am meisten l?bt sie es aber, mit ihrer Mutter Halsbänder oder anderen Schmuck zu basteln. Den verkaufen sie dann an Touristen.

Für sie und die anderen K?nder im Dorf ist es sehr schw?rig, in die Schule zu gehen. Der Schulweg ist weit, und w?lde Raubt?re machen ihn ziemlich gefährlich. Außerdem wird ihre H?lfe zu Hause gebraucht. In Ensiankikis Familie besucht nur ihr ältester Bruder die Schule. Dort lernt er neben der Stammessprache die offiziellen Sprachen Suahel? und Englisch. Er träumt davon, das Viehhüten aufzugeben und in die Stadt zu z?hen, um mehr Geld zu verd?nen.

6 Welche Aufgaben haben Mädchen und Jungen in Massai-Dörfern? Tauscht euch darüber aus.

7 In dem Text fehlen in einigen Wörtern *i* oder *ie*.

a Legt im Heft die folgende Tabelle an und tragt die Wörter mit fehlenden Buchstaben richtig ein. Ergänzt ein Beweiswort bei Wörtern, die ihr verlängern oder zerlegen müsst.

Wörter mit *i*	Wörter mit *ie*
Ostafrika	…

b Vergleicht euer Ergebnis mit einer Lernpartnerin oder einem Lernpartner.

8 Sucht im Text Merkwörter mit *ie* und stellt sie der Klasse vor.

Information **Wörter mit *i* oder *ie***

Die meisten Wörter mit *i*-Laut schreibt man mit *i*.
- Man schreibt immer ***i***, wenn die **erste Silbe geschlossen** ist, z. B.: *die Kin der*.
- Man schreibt nur ***ie***, wenn die **erste Silbe offen** ist, z. B.: *die Tie re*.
- Diese Regel gilt nur für **zweisilbige deutsche Wörter,** nicht für Fremdwörter wie *Rosine*.

s, *ß* oder *ss*? – *s*-Laute unterscheiden

Nest • Guss • Pass • Gras • Riss • Last • Fest • Fass • Mast • Los •
rast • bremst • passt • küsst • reist • misst • fasst • lässt • fest • nass • krass

1 Sprecht die einsilbigen Wörter im Kasten. Welche Aussage ist richtig?
A Die *s*-Laute kann man bei der Aussprache deutlich unterscheiden.
B Die *s*-Laute werden verschieden geschrieben, aber gleich gesprochen.

2 Übertragt die Tabelle ins Heft. Verlängert die Wörter aus Aufgabe 1 und ordnet sie richtig ein:

Erste Silbe offen	**Erste Silbe geschlossen** Zwei verschiedene Konsonanten an der Silbengrenze	Doppelkonsonant an der Silbengrenze
die Gräser	*die Nester*	*die Güsse*

reißen • preisen • grasen • gießen • grüßen • heißen • lesen • weiße • draußen • außen

3 **a** Legt im Heft zwei Spalten an und ordnet die Wörter aus dem Kasten ein:

Wörter mit *s*	**Wörter mit *ß***
…	*reißen*

b Untersucht die Wörter und schreibt die zutreffenden Angaben unter die Spalten:
erste Silbe offen / erste Silbe geschlossen / zischend gesprochener s-Laut / summend gesprochener s-Laut

vergaß • Riss • gießt • Guss • vergisst • verlässt • frisst • Biss • fraß • reißt • fließt •
Fluss • riss • weiß • wisst • zerriss • Wissen • floss • zerreißt • wusste • beißt • goss •
biss • verließ • schloss • Maß • schließt • misst • maß

4 In manchen Wortfamilien wird der *s*-Laut unterschiedlich geschrieben.
a Ordnet die Wörter im Kasten nach zehn Wortfamilien.
b Begründet die unterschiedliche Schreibweise der Wörter jeweils mit einem Verlängerungswort.

die Hau ? tür • der Rei ? verschlu ? • das Flie ? band • das Me ? ergebnis • der Schlo ? garten • das Ma ? band • die Zerrei ? probe • gru ? los • ma ? los • fa ? bar

5 *s*, *ß* oder *ss*? Zerlegt und verlängert die Wörter und schreibt sie richtig ins Heft.

Ajit im Himalaja-Gebirge

Ajit lebt mit seiner Familie in einem Dorf im Himalaja in 4000 Metern Höhe. Sein Leben ist äu?erst hart. Jeden Morgen mu? er zeitig aufstehen und drau?en auf dem Feld arbeiten. Danach macht er sich auf den vielleicht abenteuerlichsten Schulweg der Welt:

Zunächst wandern Ajit und seine Mitschüler aus dem Dorf ganz allein über steile Wege ins Tal. Dort mü?en sie dann einen rei?enden Flu? überqueren, der ihr Dorf von der gro?en Stadt trennt, in der die Schule ist. Weil es keine Brücke gibt, bleibt den Kindern nur ein rostiges Drahtseil, das über den Flu? gespannt ist. Unter dem Seil hängt ein Korb, in den die jüngsten Schüler zuerst klettern dürfen. Die Grö?eren wie Ajit ziehen den Korb dann mit blo?en Händen am Seil zum anderen Flu?ufer. Dabei stehen sie mit fast nackten Fü?en auf dem Korb und mü?en genau aufpa?en: Ein Sturz in die Fluten wäre tödlich.

Auf der anderen Seite des Flu?es folgen weitere Hinderni?e, zum Beispiel der Highway. Die Kinder warten dort und hoffen, dass jemand sie im Auto mit in die Stadt nimmt.

Ajit träumt davon, eines Tages sein Dorf zu verla?en und einen guten Beruf zu erlernen. Er und seine Freunde wi?en, dass ein be?eres Leben nur mit Schulbildung möglich ist.

6 Welche Hindernisse muss Ajit auf seinem Schulweg überwinden? Gebt sie mit eigenen Worten wieder.

7 In dem Text fehlen in einigen Wörtern die Buchstaben für die *s*-Laute.

a Legt im Heft die folgende Tabelle an und tragt die Wörter mit fehlenden Buchstaben richtig ein. Ergänzt ein Beweiswort bei Wörtern, die ihr verlängern oder zerlegen müsst.

Wörter mit *ß*	Wörter mit *ss*
…	…

b Vergleicht euer Ergebnis mit einer Lernpartnerin oder einem Lernpartner.

8 Wählt drei Wörter aus der Tabelle von Aufgabe 7 und bildet dazu Wortfamilien.

Information **Wörter mit *s*-Laut**

- Man schreibt ***s***, wenn die **erste Silbe offen** ist und man den *s*-Laut **summend** spricht, z. B.: *die Reise, lesen.*
- Man schreibt ***ß***, wenn die **erste Silbe offen** ist und man den *s*-Laut **zischend** spricht, z. B.: *die Füße, reißen.*
- Man schreibt ***ss***, wenn die **erste Silbe geschlossen** ist, z. B.: *die Flüsse, lassen.*
- Um diese Regeln für den *s*-Laut anzuwenden, braucht man eine **zweisilbige Wortform.**

Nomen und Nominalisierungen großschreiben

Weltweit müssen viele Kinder täglich gefährliche Schulwege zurücklegen.
Das Gefährliche an den Wegen sind in einigen Ländern auch wilde Tiere.
Mit speziellen Computerprogrammen könnten die Kinder überall auch ohne eine Schule lernen.
Einige Forscher untersuchen, ob digitales Lernen für manche Kinder in abgelegenen Gegenden eine Lösung sein kann.

1 a Lest die Sätze und bestimmt die Begleiter der Nomen.
b Gebt an, welche Nomen nominalisierte Verben oder Adjektive sind. Woran habt ihr sie erkannt?

Tablet statt Schule?

Wonchi ist ein abgelegenes Dorf in Äthiopien, in dem einige Familien mit ihren Tieren LEBEN. Die WICHTIGSTE Aufgabe der Kinder dort ist das HÜTEN der Tiere. Der Weg zur Schule ist 12 km weit und sehr gefährlich. Deshalb LASSEN die Eltern ihre Kinder nicht zur Schule gehen.
Vor einigen Jahren wurde in Wonchi ein Experiment durchgeführt: Geht das LERNEN auch ohne Schule? Jeder weiß, dass das LESEN und das SCHREIBEN die Schlüssel zum LERNEN sind, denn wer lesen und schreiben kann, kann sich fast alles selbst BEIBRINGEN.
Die Kinder in Wonchi, die wie ihre Eltern weder lesen noch schreiben konnten, ERHIELTEN Tablets mit Lernprogrammen. Und siehe da: Nach wenigen Monaten konnten viele von ihnen durch regelmäßiges SPIELEN mit den Lernprogrammen bereits lesen. Für einige Forscher war das nichts ÜBERRASCHENDES. Sie meinten dazu, dass man Kindern das SPRECHEN und das LAUFEN ja auch nicht beibringen muss.
Die Erfahrungen mit den Tablets könnten das Leben von Kindern in armen oder dünn besiedelten Regionen komplett VERÄNDERN. Und nicht wenige HALTEN das selbstständige LERNEN am Computer für sinnvoller als das ARBEITEN in ÜBERFÜLLTEN Schulklassen.

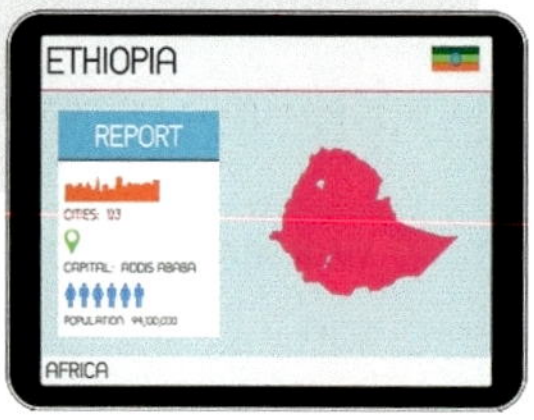

2 Besprecht, welche Chancen das selbstständige Lernen am Computer Kindern in abgelegenen Gegenden bietet.

3 Welche der in Großbuchstaben geschriebenen Verben und Adjektive sind Nominalisierungen?
a Schreibt den Text in der richtigen Groß- und Kleinschreibung ins Heft.
b Unterstreicht alle Nominalisierungen mit ihren Begleitern.

Methode **Nomen und Nominalisierungen erkennen**

- **Nomen** schreibt man groß. Wenn Verben und Adjektive wie Nomen gebraucht werden, schreibt man sie ebenfalls groß.
- Man erkennt Nomen und Nominalisierungen mit Hilfe der **Nomenproben:**
  - **Artikelprobe,** z. B.: *Das Lernen macht den Kindern Spaß.*
  - **Adjektivprobe,** z. B.: *Oft macht langes Laufen die Kinder müde.*
  - **Zählprobe,** z. B.: *Wer lernt, tut etwas Gutes für sich.*

Tageszeiten und Wochentage richtig schreiben

Sidis Alltag in Westafrika

Der 10-jährige Sidi wohnt mit seiner Familie in Guinea, einem Land in Westafrika. So erzählt er von seinem Alltag: „Ab heute beginnt die Saatzeit und ich pflüge viel. Wir Schulkinder haben uns zu einer Gruppe zusammengeschlossen. Wir bekommen täglich 400 Francs Lohn (ungefähr 30 Cent), wenn wir für andere Bauern arbeiten. Für den Förster haben wir gestern Hügelbeete angelegt, seine Frau will dort heute Nachmittag Erdnüsse pflanzen. Und vorgestern haben wir für den Sohn des Dorfchefs Reis gepflanzt. Von dem Geld, das wir verdienen, wollen wir auch für unser Schulfest am Freitag einkaufen: eine Ziege, Reis und Salz.

In der Regenzeit gehen wir frühmorgens vor Sonnenaufgang zu den Reisfeldern und verscheuchen die Vögel, denn sie fressen sonst die gesamte Ernte. Wenn man keine Angst hat, kann man schon in der Nacht aufbrechen.

In der Trockenzeit können wir tun, wozu wir Lust haben. Wir gehen zu allen Festen, die in diesen drei Monaten stattfinden. Trommler spielen dort, und manchmal tanzen wir vom frühen Morgen bis zum späten Abend. Schule ist eine schwierige Sache. Wenn mein Vater die Arbeit nicht allein schafft, muss ich ihm vormittags bei der Feldarbeit helfen. Aber ich gehe lieber zur Schule. Bevor der Unterricht morgens anfängt, spielen wir Fußball oder jagen Kaninchen. Am liebsten würde ich auch noch den ganzen Nachmittag mit meinen Freunden spielen, aber da muss ich zu Hause helfen. Meine Hausaufgaben mache ich immer abends vor dem Schlafen."

1 Was erstaunt euch an Sidis Alltag? Tauscht euch aus.

2 Sucht im Text Angaben zu Tageszeiten und Wochentagen und sortiert sie in einer Tabelle:

Großgeschriebene Zeitangaben (Nomen)	**Kleingeschriebene Zeitangaben** (Adverbien)	**Kombinierte Zeitangaben** (Adverb + Nomen)
…	*heute*	…

3 Schreibt einen kurzen Text über euren Alltag. Verwendet dabei die folgenden Zeitangaben:

am Morgen • am Nachmittag • am Abend • morgens • mittags • jeden Abend • am Sonntag

Information **Schreibung von Tageszeiten und Wochentagen**

- Tageszeiten und Wochentage werden **großgeschrieben,** wenn sie **Nomen** sind. Man erkennt sie meistens an den typischen Nomenbegleitern, z. B.: *am (an dem) Morgen.*
- Tageszeiten und Wochentage werden **kleingeschrieben,** wenn sie **Adverbien** sind, z. B.: *heute, gestern, morgen, abends, montags, freitags.* Sie haben keinen Begleiter und man kann auch keine Nomenproben durchführen.
- Kombiniert man Adverbien und Nomen, so wird ihre Schreibweise beibehalten, z. B.: *heute Morgen, gestern Abend.*

Zusammenschreibung – Achtet auf die Wortarten

+/–

1 a Betrachtet die Schilder auf dem Bild und überlegt, wieso die Schüler und der Lehrer verwirrt sind.
b Korrigiert die Angaben auf den Schildern im Heft. Ordnet sie dabei in folgende Tabelle ein:

Zusammensetzungen von Nomen	Zusammensetzungen mit Adjektiv
der Butterkuchen	…

2 Bildet aus den folgenden Wörtern weitere Zusammensetzungen und ordnet sie in die Tabelle von Aufgabe 1 ein:

der Tee • der Beutel • die Tomate • die Aprikose • die Nacht • das Gras • der Schnee • der Kern • hell • blass • dunkel • tief • rot • gelb • grün • braun • blau • schwarz • weiß

3 Man kann *loslaufen, hinlaufen, weglaufen, mitlaufen.*
a Schreibt die vier Verben ins Heft und ordnet ihnen die folgenden Bedeutungen zu:
sich von etwas entfernen, beginnen zu laufen, in einer Gruppe laufen, zu einem Ziel laufen.
b Bildet mit folgenden Wörtern weitere Zusammensetzungen und formuliert dazu Beispielsätze:

da • ab • aus • an • weg • mit • zurück • her • heran • herum • hin • hinaus • hinzu

gehen • bleiben • kommen • rennen • laufen • nehmen • fahren • denken • fliegen

Information **Zusammenschreibung**

Zusammen schreibt man:
- Verbindungen von **Nomen und Nomen,** z. B.: *der Apfelsaft.*
- Verbindungen von **Nomen/Adjektiven und Adjektiven,** z. B.: *himmelblau, hellblau.*
- Verbindungen von **unveränderlichen Wörtern und Verben,** z. B.: *hingehen, umfahren.*
- **Tipp:** Wenn man bei Verben das erste Wort nicht verlängern kann, schreibt man zusammen.

Getrenntschreibung – Achtet auf die Wortarten

+/-

Schulwege in Deutschland

Während Kinder in vielen Ländern der Erde kilometerweit zur Schule laufen müssen und dabei den größten Gefahren ausgesetzt sind, kann man Schulen in Deutschland fast immer bequem erreichen. Hier müssen Kinder höchstens 3,5 km zu Fuß gehen oder Fahrrad fahren. Für weitere Wege können sie öffentliche Verkehrsmittel oder Schulbusse benutzen. Auf dem Rückweg können sie unterwegs vielleicht ein Eis essen, einkaufen gehen oder mit Freunden Spaß haben.

Das bedeutet aber nicht, dass Schulwege in Deutschland ungefährlich sind. Hier ist der dichte Verkehr die größte Gefahr. Immer wieder kommt es zu Unfällen, weil Autofahrer zu schnell fahren und die Schüler unaufmerksam sind oder auf dem Fahrrad keinen Helm tragen.

1 Welche Gefahren gibt es auf eurem Schulweg? Berichtet davon.

2 Legt euer Heft quer, übertragt die Tabelle und ordnet die markierten Verbindungen richtig ein:

Nomen + Verb	Verb + Verb	Adjektiv + Verb	Verbindung mit *sein*
...	*laufen müssen*	...	...

3 Nominalisierte Verbindungen aus Nomen und Verb schreibt man zusammen.

Kuchen backen • Rad fahren • Eis essen • Fußball spielen • Ski laufen • Gitarre spielen

a Bildet aus den Nomen-Verb-Verbindungen im Kasten Nominalisierungen, z. B.: *das Kuchenbacken.*

b Formuliert im Heft Sätze wie im folgenden Beispiel. Achtet dabei auf die Getrennt- und Zusammenschreibung:
Ich backe Kuchen am liebsten mit einem Freund. Das Kuchenbacken macht zu zweit mehr Spaß als allein.

4 Schreibt die folgenden Sätze richtig ins Heft:

DASLANGSAMEWOLKENTREIBENLÄSSTMICHVONDENSOMMERFERIENTRÄUMEN,INDENEN ICHRADFAHRE,EISESSEUNDSPAZIERENGEHE.WIRWERDENAUCHWIEDERIMPARKBASKETBALL SPIELEN.DASBASKETBALLSPIELENBEIUNSIMHOFISTLEIDERVERBOTEN.

Information **Getrenntschreibung**

Getrennt schreibt man in der Regel:

- Verbindungen von **Nomen und Verben,** z. B.: *Aufgaben machen, Rad fahren.*
- Verbindungen von **Verben und Verben,** z. B.: *einkaufen gehen, spazieren gehen.*
- Verbindungen von **Adjektiven und Verben,** z. B.: *schnell laufen.*
- alle **Verbindungen mit *sein*,** z. B.: *da sein, weg sein, aus sein, gefährlich sein.*
- Werden Verbindungen mit Verben **nominalisiert,** schreibt man sie zusammen, z. B.: *das Radfahren, das Helmtragen.*

Teste dich!

Schule in der Kiste

Kinder müssen manchmal Katastrophen wie Kriege, Vulkanausbrüche oder Überschwemmungen miterleben. In solchen Ausnahmefällen ist es wichtig, dass Kinder trotz aller Zerstörungen schnell wieder Unterricht erhalten – auch wenn der nur in einer Zeltschule oder unter Bäumen stattfindet. Für diesen Zweck hat die Organisation UNICEF die „Schule in der Kiste“ gepackt. Die Metallkiste enthält Schiefertafeln, Kreide, Schulhefte, Radiergummis, Spitzer, Bleistifte, Lineale und Scheren für etwa 40 Kinder. Zusätzlich gibt es eine aufblasbare Weltkugel, ein Radio mit Kurbelbetrieb und eine Uhr. Mit Hilfe von Tafelfarbe und Pinsel können die Lehrer den Deckel der Kiste auch als Tafel verwenden.

1 Prüfe dein Strategiewissen:
Ordne im Heft die im Text markierten Wörter den folgenden Strategiezeichen zu:

VORSICHT
FEHLER!

Schulprobleme

A Weltweit gehen immer noch sehr viele Kinder nicht zur Schule. Das liegt daran, dass es in abgelegenen dörfern oft nur Angebote gibt, die weit entfernt sind. Entweder müssen die Kinder am morgen gefährliche Schulwege bewältigen, oder sie müssen Montags bis Freitags ein Internat besuchen. Dafür fehlt den Familien aber meistens das geld.

B Manche Kinder brechen die Schule schon ziemlich frü ab. Diese Kinder können dann nicht richtik lesen und schreiben. Wenn sie vor der Schule bereits auf dem Felt arbeiten und danach einen langen Wek zur Schule laufen, kommen sie schon müde in der Schule an und können sich nicht konzentrieren. Dann haben sie in der Schule keinen Erfolk und geben auf.

C Dorfschulen sind häufig nicht gut ausgestattet. Mit nur einem Lehrer und einem Raum kann die Schule nur zwei Klasen für alle Kinder einrichten, oder der Unterricht mus drausen im Freien stattfinden. Deshalb wiederholt sich der Unterrichtsstoff, und manche Kinder langweilen sich. Wer mehr wisen will, kann nur auf einer weit entfernten Schule in der grosen Stadt weiterlernen.

2 a Suche in den Schülertexten jeweils die fünf Fehler und schreibe die Texte richtig in dein Heft.
b Ordne den drei Texten die folgenden Fehlerschwerpunkte zu:
(1) Verlängerungsfehler, (2) Schreibung von s-Lauten, (3) Groß- und Kleinschreibung.

3 Vergleiche deine Ergebnisse zu den Aufgaben 1 und 2 mit einer Lernpartnerin oder einem Lernpartner.

Fordern – Strategie- und Regelwissen anwenden

VORSICHT FEHLER!

Ungewöhnliche Schulen: Hallig-Schulen

Zum deutschen Wattenmeer gehören zehn Halligen. Das sind kleine, nicht geschüzte Inseln vor der Nortseeküste. Die Halligen haben keine Deiche, und bei Sturmflut stet manchmal das ganze Lant unter Waser. Halligbewohner kennen es, dass sie nur mit dem Schif und manchmal gar nicht verreisen können. Ein Kint, das auf einer Hallig lept, kann auf dem Festlant zur Schule gehen und in einem Internat wohnen. Auf größeren Halligen gipt es aber Schulen, die bis zum Hauptschulabschlus führen. In solchen Hallig-Schulen hat eine Klasse manchmal nur einen Schüler, und die Schüler aller Klassen werden zusamen in einem Raum unterrichtet. Dabei bekomt jeder Schüler seinen eigenen Arbeitsplan, und bei Problemen hilft der Lehrer.

1 Ein Schüler hat sich über Schulen auf Halligen informiert und dazu einen Text verfasst. Dabei hat er Wörter markiert, bei denen er unsicher war.

a Übertragt die folgende Tabelle in euer Heft. Korrigiert die markierten Wörter und ordnet sie der Strategie zu, die dem Schüler helfen kann.

Schwingen	Verlängern	Zerlegen

b Bestimmt den Fehlerschwerpunkt und notiert, welche Seiten im Buch der Schüler wiederholen sollte.

VORSICHT FEHLER!

Ungewöhnliche Schulen: Internetschulen

Es gibt Schülerinnen und Schüler, die ernsthafte Probleme haben und sich nicht (T/t)rauen, in eine normale Schule zu gehen. Solchen Schülern bieten Internetschulen eine (C/c)hance. Sie bereiten Schüler auf Abschluss ? prüfungen vor. Das (B/b)esondere ist, dass die Schüler dafür das Haus nicht verlassen ? müssen. Das (L/l)ernen erfolgt am Computer. Unterrichtet wird über Skype, Videochat und Facebook. Lehrer mailen oder verschicken das Unterrichtsmaterial per Post. Das selbstständige (B/b)earbeiten der Aufgaben und das (E/e)inteilen der Zeit sind für manche Internetschüler nicht einfach, aber bei vielen (S/s)chwierigkeiten können die Lehrer über Skype weiter ? helfen. Manchmal (L/l)ernen auch Schüler an Internetschulen, deren Eltern den Wohnort häufig wechseln. Diese Schüler vermissen dabei aber meistens das (T/t)reffen von Freunden und das (A/a)rbeiten im (T/t)eam.

2 Groß oder klein, getrennt oder zusammen? Eine Schülerin war sich in ihrem Text nicht sicher.

a Prüft die markierten Stellen und schreibt den Text richtig auf.

b Unterstreicht bei allen Nomen und Nominalisierungen die Begleiter.

●○○ Fördern – Strategie- und Regelwissen anwenden

Schulversuch: Roboter als Lehrerin

Als eines Morgens in einer Grundschule in Tokio (Japan) die Tür aufging, spazierte statt der Lehrerin ein Roboter herein. Auf dem Stundenplan stand Technikunterricht, da passte es gut, dass ein vollautomatischer Apparat den Unterricht übernahm. Wahrscheinlich weil die Kinder eher an Lehrerinnen gewöhnt sind, war auch dieser Roboter weiblich und hatte ein freundliches Puppengesicht. Er konnte auf die Kinder reagieren und schimpfen, wenn sie zu laut wurden. Die Gesichtsausdrücke wurden durch 18 Motoren unter einer Gummihaut erzeugt. Aber wer weiß, wie viele Muskeln der Mensch im Gesicht hat, der versteht sofort, warum die Klasse das Robotergesicht unheimlich fand. Zwar können Roboter ihr Gesicht verändern, aber da sie keine Gefühle empfinden, können sie die auch nicht richtig ausdrücken. Die Kinder fanden es lustig, den Roboter nach dem Unterricht anzufassen, aber einen Lehrer ohne Mitgefühl wollten die meisten nicht haben.

1 ●○○ Begründet die Schreibweise der markierten Wörter: Welche muss man nur schwingen, welche verlängern?

a Legt zwei Spalten mit den Strategiezeichen (Schwingen) und (Verlängern) an und ordnet die Wörter richtig ein.

b Ergänzt in der (Verlängern)-Spalte die Verlängerungswörter.

Ungewöhnliche Schulen: Fußballinternate

In Kaiserau gibt es das einzige Fußballinternat für Mädchen in Deutschland. Hier sollen das (F/f)ußballspielen und der Schulunterricht besser abgestimmt werden. Fußballerinnen, die bei internationalen (T/t)urnieren mitspielen, müssen zu oft in der Schule (F/f)ehlen.

In dem Sportinternat gibt es genaue Wochenpläne. Die Mädchen besuchen (V/v)ormittags eine normale Schule in der (N/n)ähe, (M/m)ittags gibt es das (E/e)ssen in der Mensa, am (N/n)achmittag müssen sie dann ihre Hausaufgaben machen und bis zum späten (A/a)bend (T/t)rainieren. Damit auch kontrolliert werden kann, wie intensiv sie arbeiten, werden alle (I/i)nformationen auf Chipkarten gespeichert. Da gibt es kein (M/m)ogeln. Nur den (S/s)amstag können die Mädchen mit ihren Familien verbringen, (S/s)onntags finden fast immer die Pflichtspiele der Vereine statt.

2 ●○○ Groß oder klein? Eine Schülerin war sich in ihrem Text über Fußballinternate nicht sicher.

a Prüft die markierten Stellen und schreibt den Text richtig auf.

b Unterstreicht bei allen Nomen und Nominalisierungen die Begleiter.

12.2 Kinder haben Rechte – Zeichensetzung

Was Satzzeichen leisten

VORSICHT FEHLER!

Kinderrechte

1 Kinder haben Rechte die besonders geschützt werden müssen damit sie überall auf der Welt gut leben können.
2 Sie dürfen nicht diskriminiert werden sollen gesund aufwachsen zur Schule gehen und in ihrer Entwicklung gefördert werden.
3 Heute dürfen sie in ihren Angelegenheiten mitreden aber bis Anfang des 20. Jahrhunderts hatte man Kinder als Eigentum ihrer Eltern gesehen.
4 Dann aber erkannte man dass Kinder besondere Rechte zu ihrem Schutz brauchen.
5 Damit diese Rechte für alle Kinder auf der Welt gleich sind wurde 1989 die UN-Konvention über die Rechte des Kindes verabschiedet.
6 Ein Politiker erklärt dazu Dieses internationale Übereinkommen richtet sich nach vier Grundprinzipien: Verhinderung von Diskriminierung Beachtung des Kinderwohls das Recht auf Leben und das Recht auf Mitsprache von Kindern in ihren Angelegenheiten.
7 Die Kinderrechtskonvention wurde von fast allen Ländern der Welt unterzeichnet.
8 Nach mehr als 20 Jahren sind die Kinderrechte zwar weltweit akzeptiert aber wie sollen Kinder ihre Rechte einfordern?
9 Ein wichtiger Schritt ist jetzt getan denn Kinder dürfen sich direkt bei den Vereinten Nationen beschweren und ihre Rechte individuell einklagen.
10 Das geht zwar nicht so einfach aber es gibt den Kinderrechten dieselbe Bedeutung wie allen anderen Menschenrechten.

1 a Lest euch die Sätze abwechselnd gegenseitig vor.
b Welcher Aussage stimmt ihr zu, A oder B? Tauscht euch zu zweit darüber aus:
A „Ich konnte die Sätze auch ohne Kommas und Satzzeichen gut lesen."
B „Ich fand die Sätze schwer lesbar. Mit Kommas und Satzzeichen wäre es einfacher gewesen."

2 Wie lauten die vier Prinzipien der Kinderrechte? Besprecht zu zweit, was sie bedeuten.

3 a Schreibt die zehn Sätze ins Heft. Überlegt zu zweit, wo welche Satzzeichen stehen müssen.
b Schreibt hinter die Sätze, in denen ihr Zeichen gesetzt habt, den Buchstaben der zutreffenden Regel:
A Zeichensetzung bei wörtlicher Rede
B Kommasetzung in Aufzählungen
C Kommasetzung in Satzreihen
D Kommasetzung in Satzgefügen

4 a Setzt euch mit einem anderen Lernpaar zusammen. Vergleicht und begründet eure Zeichensetzung in den zehn Sätzen.
b Stellt fest, bei welchen Regeln ihr Schwierigkeiten hattet.

Zeichensetzung bei der wörtlichen Rede

Wie lange bin ich Kind, ab wann bin ich erwachsen?

Zwei Schülergruppen diskutieren im Unterricht:

A

VORSICHT FEHLER!

Was meint ihr, bis wann ist man eigentlich ein Kind fragt Julia.
Tom antwortet Das ist doch überall auf der Welt anders.
Ja meint auch Hakan stell dir vor, du würdest in Afrika leben, dann müsstest du als Kind schon Aufgaben von Erwachsenen übernehmen.
Lena ist anderer Meinung Das kommt doch ganz darauf an, wo du in Afrika lebst. Bei reichen Eltern in der Stadt wäre der Unterschied zu unserem Leben nicht so groß.
Bei uns war es früher auch anders, meint Tom. Hier hat es früher auch Kinderarbeit gegeben.
Stimmt, mein Urgroßvater hat mir neulich erzählt, dass er mit 13 Jahren bereits in einem Bergwerk gearbeitet hat erzählt Julia.

B

„Mich würde interessieren, ob es unter Kinderarbeit fällt, wenn meine Eltern mir das Tischdecken aufs Auge drücken", grinst Ole. „Das hättest du wohl gerne, du Faulpelz!", lacht Sina.
„Ich habe mal gelesen, dass Kinder, die Aufgaben für ihre Familie übernehmen, auch früher erwachsen werden", meint Max.
„Bei uns ist das ja eher so, dass wir alle später erwachsen werden, oder wie seht ihr das?", fragt Sina.
„Erwachsen ist man in Deutschland offiziell mit dem 18. Geburtstag", erklärt Leonie, „aber ab wann man sich erwachsen fühlt und verhält, hängt wohl nicht von diesem Tag ab."

1 Wie würdet ihr die Frage in der Überschrift beantworten? Tauscht euch aus.

2 In Text A fehlen die Zeichen bei der wörtlichen Rede.
- a Lest den Infokasten unten, deckt ihn ab und erklärt euch gegenseitig, welche Zeichen man vor, zwischen oder nach der wörtlichen Rede setzen muss.
- b Schreibt die Sätze mit der richtigen Zeichensetzung ins Heft.
- c Tauscht die Hefte und kontrolliert die Zeichensetzung bei eurem Lernpartner.

3 In Text B haben alle Sätze einen eingeschobenen oder nachgestellten Begleitsatz. Überarbeitet den Text so, dass alle Begleitsätze vorangestellt sind.

Information **Zeichensetzung bei der wörtlichen Rede**

- Die **wörtliche Rede** steht in **Anführungszeichen,** z. B.: *„Wann sind wir erwachsen?"*
- Der **Redebegleitsatz** gibt an, wer etwas wie sagt.
  - Steht er **vor** der wörtlichen Rede, folgt ein Doppelpunkt, z. B.: *Lisa meint: „Ab 18!"*
  - **Zwischen** der wörtlichen Rede wird er durch zwei Kommas abgetrennt, z. B.: *„In manchen Ländern", erklärt Tom, „ist man aber erst mit 21 erwachsen."*
  - **Nach** der wörtlichen Rede wird er durch ein Komma abgetrennt: *„Das stimmt", sagt Max.*

Kommasetzung bei Aufzählungen und in Satzreihen

Kinderrechte gelten nicht nur in den reichen Ländern wie Deutschland, Frankreich, England, sondern auch in allen anderen Ländern der Erde.
Die Vereinten Nationen wollen die Kinderrechte bekannt machen, sie wollen den Kindern weltweit zu ihrem Recht verhelfen, aber sie sind auf die Mithilfe der Regierungen angewiesen.

1 a Erklärt euch gegenseitig die Kommasetzung in den beiden Sätzen.
b Vergleicht eure Erklärungen mit den Informationen im Infokasten unten.

VORSICHT FEHLER!

Meena, das südostasiatische Comic-Mädchen

A Mädchen und Jungen sind vom Gesetz her gleichberechtigt aber überall in der Welt muss noch an der Umsetzung dieses Rechts gearbeitet werden.
Meena ist eine beliebte Comicfigur in Südostasien. Sie stammt aus Bangladesch aber auch in Indien Pakistan Nepal Bhutan Kambodscha Laos Sri Lanka Thailand und Vietnam ist sie beliebt. Mit ihren Eltern ihren beiden Brüdern ihrer Großmutter und ihrem Papagei lebt sie in einem Dorf. Sie trägt Ohrringe einen langen Haarzopf ein Hemd mit kurzen Ärmeln einen Rock und Badelatschen. Damit sieht sie aus wie Millionen andere Mädchen aber sie verhält sich nicht so.

B Meena lebt Kindern Jugendlichen und Erwachsenen die Gleichberechtigung von Frauen vor. In den Comic-Geschichten tritt sie selbstbewusst auf sie lässt sich nichts gefallen und sie tauscht die Rolle mit ihrem Bruder Raju. Der muss im Haushalt helfen die Hühner füttern und die Kuh melken. Meena dagegen geht in die Schule findet die frühe Verheiratung von Mädchen unmöglich und will studieren. Der Erfolg der Figur in Bangladesch macht Hoffnung.

2 Nennt das Kinderrecht, für das die Figur Meena sich einsetzt.

3 a Wählt einen Textabschnitt A oder B, schreibt ihn ab und setzt die fehlenden Kommas.
b Unterstreicht in euren Sätzen in unterschiedlichen Farben:
Aufzählungen von Wörtern, Aufzählungen von Wortgruppen und Satzreihen.
c Tauscht euer Heft mit einem Lernpartner, der den anderen Abschnitt bearbeitet hat.
Prüft gegenseitig die Kommasetzung in euren Texten und begründet eure Korrekturen.

4 Sucht in Text B den Satz, in dem ein zusätzliches Komma vor *und* stehen kann.

Information **Kommasetzung bei Aufzählungen und in Satzreihen**

- Bei **Aufzählungen** von **gleichberechtigten Aussagen** setzt man **Kommas.**
  Das gilt für aufgezählte Wörter, Wortgruppen oder Hauptsätze (Satzreihen).
- Wenn die Aufzählungen durch ***und*** **oder** ***oder*** verbunden sind, **entfällt das Komma.**
  Nur zwischen Hauptsätzen darf es stehen, z. B.: *Kaya ist musikalisch(,) und Sina liebt Sport.*
- Die Konjunktionen *aber, jedoch, sondern* und *doch* bauen einen **Gegensatz** auf, hier muss das **Komma** stehen, z. B.: *Sie darf heiraten, aber nicht studieren.*

Kommasetzung in Satzgefügen

VORSICHT FEHLER!

Jugendparlamente

A In vielen deutschen Städten gibt es Jugendparlamente die aber nicht jeder kennt. In diesen arbeiten 12- bis 18-Jährige damit die Interessen von Jugendlichen in ihrer Stadt vertreten werden. Das Jugendparlament hat drei Handlungsmöglichkeiten: Es kann dafür sorgen dass wichtige Themen der Jugendlichen diskutiert werden. Es kann Lösungen für Probleme die viele Jugendliche in der Stadt betreffen erarbeiten und sie der Politik vorschlagen. Und wenn es eine Idee für ein Projekt entwickelt hat darf es dieses in eigener Verantwortung durchführen.

B Ein Mitmachprojekt des Jugendparlaments in Gütersloh ist die Aktion „Gütersloh engagiert". Es handelt sich um ein soziales Projekt, dabei arbeitet das Jugendparlament eng mit anderen Gruppen der Stadt zusammen. Gemeinsam legen sie einen Tag fest, an diesem Tag gehen die Schüler nicht in die Schule. Stattdessen arbeiten sie bei Privatpersonen oder in Firmen. Für ihre Arbeit bekommen sie einen bestimmten Lohn, und der wird auf ein zentrales Konto überwiesen. Das Geld aller Schüler einer Schule wird zusammengerechnet. Anschließend wird die Hälfte der erarbeiteten Summe der Schule gegeben. Dort beschließt die Schülervertretung die Verwendung des Geldes, es kommt den Schülern der Schule zugute. Über das restliche Geld bestimmt das Jugendparlament. Es unterstützt Projekte für Jugendliche in der Stadt wie den Bau einer Skater-Anlage, denn dafür hat die Stadt zu wenig Geld.

1 Gibt es in eurem Ort ein Jugendparlament? Nennt Themen, die dort diskutiert werden sollten.

2 In Text A fehlen die Kommas.
- **a** Lest den Infokasten unten. Erklärt euch gegenseitig, woran man Nebensätze erkennt.
- **b** Schreibt den Textabschnitt A ins Heft ab und setzt die fehlenden Kommas.
- **c** Unterstreicht in euren Sätzen in unterschiedlichen Farben: vorangestellte Nebensätze, nachgestellte Nebensätze, eingeschobene Nebensätze.
- **d** Vergleicht euer Ergebnis mit einem Lernpartner und begründet eure Kommasetzung.

3
- **a** Schreibt Textabschnitt B in euer Heft und unterstreicht alle Satzreihen.
- **b** Formuliert die Satzreihen in Satzgefüge um und setzt Kommas. Verwendet folgende Verbindungswörter: *bei dem, an dem, der, sodass, weil.*

4 Bildet zwei Satzgefüge mit: **A** vorangestelltem Nebensatz, **B** eingeschobenem Nebensatz.

Information **Kommasetzung in Satzgefügen**

- **Satzgefüge** bestehen aus einem **Hauptsatz** und einem oder mehreren **Nebensätzen.**
- Man erkennt **Nebensätze** daran, dass sie durch eine Konjunktion oder ein Relativpronomen eingeleitet werden und die **Personalform des Verbs hinten** steht.
- Der **Nebensatz** kann **vor oder nach dem Hauptsatz** stehen **oder eingefügt** sein.
- Zwischen Hauptsatz und Nebensatz steht immer ein **Komma.**

Kommasetzung vor Nebensätzen mit *dass* und *das*

1 a Fügt folgende Hauptsätze und Nebensätze sinnvoll zusammen und schreibt sie ins Heft:

A Ich finde es wichtig, ...	... dass Kinder ihre Rechte einfordern können.
B Sie bedeuten, ...	... dass es die Kinderrechte gibt.
C Ich hoffe, ...	... dass die Kinderrechte weltweit besser umgesetzt werden.

b Markiert das Komma und unterstreicht in den Hauptsätzen jeweils das Verb, auf das sich die Konjunktion *dass* und der Nebensatz beziehen.

2 a Ordnet den folgenden Kinderrechten A bis H die richtigen Bedeutungen 1 bis 8 zu:

Die wichtigsten Kinderrechte	... und ihre Bedeutung
A Das Recht auf Gleichbehandlung	1 Jedes Kind hat das Recht, mit seinen Eltern zu leben, auch wenn diese nicht zusammenwohnen.
B Das Recht auf Gesundheit	2 Jedes Kind hat das Recht zu spielen und sich zu erholen.
C Das Recht auf Ausbildung	3 Kein Kind darf wegen seiner Rasse, seines Geschlechtes, seiner Sprache usw. benachteiligt werden.
D Das Recht auf Spiel und Freizeit	4 Kein Kind darf bei der Erziehung geschlagen werden.
E Das Recht auf freie Meinungsäußerung, Information und Gehör	5 Jedes Kind soll Hilfe erhalten, wenn es krank ist.
F Das Recht auf gewaltfreie Erziehung	6 Jedes Kind hat das Recht, zur Schule zu gehen.
G Das Recht auf Schutz vor Ausbeutung	7 Jedes Kind muss vor schädlicher Arbeit geschützt werden und angemessenen Lohn erhalten.
H Das Recht auf elterliche Fürsorge	8 Jedes Kind soll bei allen Dingen, die es direkt betreffen, gefragt werden. Alle Kinder haben das Recht, über ihre Rechte informiert zu werden.

b Welche drei Kinderrechte haltet ihr für die wichtigsten? Begründet eure Aussagen.

3 a Verbindet die Kinderrechte A bis H mit ihren Bedeutungen. Verwendet dabei *dass* und Verben aus dem Kasten, z. B.:
Das Recht auf Gleichbehandlung bedeutet, dass kein Kind ...

b Schreibt die Satzgefüge ins Heft. Prüft, ob ihr vor allen Nebensätzen das Komma gesetzt habt.

> bedeuten • heißen • meinen • beinhalten • aussagen • garantieren • festschreiben

4 Formuliert mit Hilfe der folgenden Satzanfänge fünf Satzgefüge mit der Konjunktion *dass:*
Ich denke ... / Ich meine ... / Ich kritisiere ... / Ich fordere ... / Ich verstehe ...

Information **Die Konjunktion *dass* im Nebensatz**

- Im Nebensatz steht die Konjunktion *dass* am Anfang und die Personalform des Verbs am Ende.
- *Dass* bezieht sich auf das **Verb des Hauptsatzes,** z. B.: *Ich weiß, dass du Recht hast.*

A Der Artikel 32 der Kinderrechtskonvention erkennt an, dass Kinder vor wirtschaftlicher Arbeit und Ausbeutung geschützt werden müssen.
B Dies bedeutet nicht, dass Kinder in ihren Familien nicht helfen dürfen.
C Aber ein Kind, das arbeitet, darf nicht Gefahren für seine Gesundheit ausgesetzt sein.

5 a Übertragt die Sätze A, B und C ins Heft.
Unterstreicht die Konjunktion *dass* blau und das Relativpronomen *das* grün.
b Was bedeuten die drei Aussagen A, B und C?
Besprecht sie mit einem Partner und formuliert sie mit eigenen Worten.
c Untersucht die Sätze und überlegt zu zweit, wann man *dass* und wann man *das* im Nebensatz verwendet.

Kinderarbeit

A Es ist auch heute noch in vielen Ländern üblich, dass Kinder den ganzen Tag wie Erwachsene arbeiten müssen. Dabei kommt es oft sogar vor, dass skrupellose Arbeitgeber Kinder aus ihren Familien holen und für sich arbeiten lassen. Beispielsweise beschäftigen sie Kinder in Steinbrüchen mit Steineklopfen, das eine unglaublich anstrengende Arbeit ist, aber gute Gewinne bringt. Das Geld, das die Kinder für ihre Arbeit bekommen, ist meistens nur ein Hungerlohn. Trotzdem benötigen es die Familien zum Überleben.

B In Indien gibt es ein Gesetz, ? die Beschäftigung von Kindern unter 14 Jahren in Fabriken verbietet. Leider interessiert es viele Arbeitgeber nicht, ? ihr Verhalten verboten ist. Nur so ist zu erklären, ? 12,5 Millionen indische Kinder zwischen fünf und 14 Jahren täglich arbeiten. Das Risiko, ? die Arbeitgeber dabei eingehen, ist gering, denn die Strafen sind niedrig. Es ist auch üblich, ? sich Betriebe mit geringen Summen freikaufen. Die eigentliche Ursache für die Kinderarbeit besteht darin, ? viele Familien sehr arm und verschuldet sind. Dies führt dazu, ? sie ihre Kinder als Schuldsklaven weggeben, um die Schulden zu begleichen.

6 a Schreibt den Textabschnitt A ab.
Unterstreicht in den Sätzen die Konjunktion *dass* blau und das Relativpronomen *das* grün.
b Auf welche Verben und auf welche Nomen beziehen sich die Konjunktion *dass* und das Relativpronomen *das* jeweils? Markiert die Verben blau und die Nomen grün.

7 Schreibt den Textabschnitt B ab und setzt *dass* oder *das* richtig ein.
Markiert das Wort, das euch bei der Entscheidung geholfen hat.

Methode **Nebensätze mit *dass* und *das* unterscheiden**

- Die **Konjunktion *dass*** bezieht sich auf das Verb des vorangegangenen Satzes, z. B.:
Jeder weiß heute, dass Kinder mit Schulbildung bessere Chancen für die Zukunft haben.
- Das **Relativpronomen *das*** leitet Relativsätze ein, die sich auf ein sächliches Nomen beziehen, z. B.: *Ein Kind, das die Schule besucht, hat bessere Zukunftschancen.*
Probe: Man kann das Relativpronomen *das* auch durch *welches* ersetzen.

Teste dich!

A Wenn man Wörter oder Wortgruppen aufzählt, werden sie durch ein Komma getrennt oder durch *und* oder *oder* verbunden.

B Mehrere Hauptsätze werden durch ein Komma getrennt. Vor *und* darf ein Komma stehen, muss aber nicht.

C Vor *und* und *oder* steht in Sätzen immer ein Komma.

D Vor Konjunktionen, die auf einen Gegensatz verweisen, steht immer ein Komma.

E Wörter und Wortgruppen werden nicht durch ein Komma getrennt, wenn sie durch *aber* verbunden werden.

F Hauptsatz und Nebensatz werden durch ein Komma voneinander getrennt.

G Das Relativpronomen *das* leitet einen Nebensatz ein, der sich auf ein sächliches Nomen im Satz vorher bezieht.

H Die Konjunktion *dass* leitet einen Nebensatz ein, der sich auf das Verb im Satz vorher bezieht.

I Nach einem vorangestellten Redebegleitsatz steht ein Doppelpunkt, der die wörtliche Rede ankündigt.

J Ein nachgestellter Begleitsatz wird durch ein Komma von der wörtlichen Rede getrennt.

1 a Prüfe die Aussagen zur Kommasetzung. Schreibe alle richtigen ins Heft ab.

b Ordne jeder richtigen Aussage einen der folgenden Beispielsätze zu. Schreibe den Satz ins Heft und setze die notwendigen Kommas und Zeichen:

VORSICHT FEHLER!

1 Viele Kinder in ärmeren Ländern sammeln täglich Lebensmittelreste Papier Metall und andere verwertbare Dinge.
2 An manchen Orten kommen sofort Kinder angelaufen wenn ein Müllwagen Müll auf eine Deponie bringt.
3 Auf Mülldeponien arbeitende Kinder binden sich Magnete an Stäbe denn so finden sie Metall.
4 Manche Kinder sammeln brauchbare Teile aus dem Elektroschrott aber die sind oft giftig und gefährden die Gesundheit.
5 Es ist unverantwortlich dass Kinder giftigen Sondermüll sortieren.
6 Aber ein Kind das Hunger hat überlegt nicht lange.
7 Diese Arbeit muss man verbieten sagen Experten.
8 Die Kinder würden sagen Wir brauchen die Arbeit zum Überleben.

c Vergleiche deine Ergebnisse mit einer Lernpartnerin oder einem Lernpartner.

●●● Fordern – Kommas richtig setzen

VORSICHT
FEHLER!

Welche Pflichten haben Eltern?

Im Normalfall erwartet der Staat dass deine Eltern dich beaufsichtigen und für dich sorgen. Dabei müssen sie aber die Gesetze zum Schutz der Jugend einhalten diese sind dem Elternrecht übergeordnet. Wenn du Schaden anrichtest jemanden verletzt oder dir selbst etwas zustößt kontrolliert der Staat auch deine Eltern. Ab dem Alter von acht Jahren müssen die Eltern für Schäden haften die ihre Kinder anrichten.

1 ●●●
a Schreibt den Text ins Heft ab und setzt die fehlenden Kommas.
b Begründet die Kommasetzung:
Unterstreicht in unterschiedlichen Farben Aufzählungen, Satzreihen und Satzgefüge.

Ab welchem Alter kann man bestraft werden?

Ab welchem Alter können Kinder in Deutschland bestraft werden? Vielleicht beruhigt es dich zu wissen ? dir bis 13 Jahre keine Strafe droht. Das heißt aber nicht ? eine Tat gar keine Folgen hat. Möglich sind erzieherische Maßnahmen durch das Jugendamt ? dich beispielsweise zu Anti-Gewalt-Kursen verpflichten kann. Ab 14 Jahren kann man dich für deine Taten selbst verantwortlich machen. Die Voraussetzung dafür ist ? du zum Tatzeitpunkt in der Lage warst zu verstehen ? du Unrecht begehst. Mit 18 bist du in Deutschland volljährig. Das bedeutet ? du dann für dein Handeln selbst verantwortlich bist.

2 ●●● Schreibt den Text ab. Setzt *das* oder *dass* richtig ein und ergänzt die Kommas.

Wie lange dürfen Jugendliche ohne Eltern unterwegs sein?

Wann musst du am Abend zu Hause sein? Das können deine Eltern festlegen. Dazu gibt es kein Gesetz. Sie haben die Aufsichtspflicht. Daran müssen sie denken.

In eine Disco darfst du nur mit einem Erziehungsberechtigten. Das gilt bis du 16 bist. Ab 17 darfst du dich bis 24 Uhr allein in einer Disco aufhalten. Ausnahmen gibt es bei Veranstaltungen für Jugendliche von Gemeinden oder Vereinen. Dann ist allen unter 16 die Anwesenheit bis 22 Uhr erlaubt. Für die 16- und 17-Jährigen ist um 24 Uhr Schluss.

Ab 14 Jahren darfst du ohne deine Eltern auf Reisen gehen. Du musst die schriftliche Erlaubnis deiner Eltern dazu haben.

3 ●●● Der Text besteht nur aus Hauptsätzen.
a Überarbeitet den Text: Verbindet Sätze zu Satzreihen oder Satzgefügen und setzt Kommas.
b Markiert die Konjunktionen, die ihr verwendet habt.

●○○ Fördern – Kommas richtig setzen

Dürfen Eltern über die Freunde ihrer Kinder bestimmen?

Das Gesetz erlaubt deinen Eltern mitzubestimmen, mit wem du dich triffst. Sie dürfen dir den Umgang mit einem Freund aber nicht einfach so verbieten, sondern sie müssen dafür Gründe haben. Sie dürfen Treffen nur verhindern, wenn du durch eine Person gefährdet bist. Deine Freunde dürfen beispielsweise nicht die Schule schwänzen, Drogen nehmen, kriminell sein und einen schlechten Einfluss auf dich haben. In einem solchen Fall dürfen Eltern dich am Umgang mit ihnen hindern, dazu können sie sogar die Polizei einschalten. Aber Eltern müssen dir auch ein eigenverantwortliches Leben ermöglichen. Dazu gehört, dass du deine Freunde selbstständig wählen kannst, solange sie dir nicht schaden.

1 ●○○
a Schreibt den Text ins Heft ab und kreist die Kommas ein.
b Begründet die Kommasetzung:
Unterstreicht in unterschiedlichen Farben Aufzählungen, Satzreihen und Satzgefüge.

Ab wann darf man Alkohol trinken?

A Das Jugendschutzgesetz erlaubt: Ab 14 Jahren darfst du Getränke mit einem geringen Alkoholgehalt trinken.
B Das Gesetz gibt vor: Ladenbesitzer und Gaststätten dürfen Jugendlichen unter 16 Jahren keine alkoholischen Getränke verkaufen.
C Das Jugendschutzgesetz bestimmt: Getränke mit hohem Alkoholgehalt dürfen erst ab 18 Jahren gekauft und getrunken werden.

2 ●○○ Formuliert aus den Sätzen drei Satzgefüge mit *dass*. Schreibt sie ins Heft und setzt Kommas.

Ab wann sind Piercing und Tätowieren erlaubt?

A Piercen und Tätowieren gelten laut Gesetz als mutwillige Körperverletzung. Sie bleiben meistens straffrei. *(aber)*
B Es gibt keine Altersgrenze für Tätowierungen und Piercings. Die Europäische Vereinigung für professionelle Piercings lehnt Eingriffe bei Jugendlichen unter 14 Jahren ab. *(doch)*
C Bei älteren Jugendlichen fordert sie die Zustimmung beider Elternteile. Jugendliche können die Folgen der Eingriffe in unterschiedlichem Alter einschätzen. *(weil)*
D Es muss sichergestellt werden: Die Eltern erfahren beim Vorgespräch alles Wichtige über die Risiken, die Pflege und die Nachsorge. *(dass)*

3 ●●○ Verbindet die Sätze mit Hilfe der Konjunktionen in Klammern. Setzt die Kommas.

12.3 Fit in ...! – Rechtschreibung

An Fehlerschwerpunkten arbeiten

Kiran in einer indischen Großstadt

Ein Kinderzimmer gibt es im Haus von Kiran nicht. Wenn man das Mädchen fragt, ob es sich ein eigenes Zimmer wünscht, überlegt es lange und sagt: „Ich weiß es nicht." Wo Kiran lebt, ist es nicht üblich, dass Kinder eigene Zimmer haben. Bislang hat das Haus, an dem ihr Vater baut, zwei kleine Räume. Zu viert ruhen sie in einem Zimmer auf dem Boden: Vater, Mutter, Kiran und ihr jüngerer Bruder. Der Raum ist nachts das Schlafzimmer, tagsüber ist er die Küche. Das kann man an dem Öfchen in der Ecke sehen. Und ein Arbeitszimmer ist er auch noch, weil in der anderen Ecke die Nähmaschine steht, an der Kirans Mutter den ganzen Tag lang sitzt.

Kiran wohnt in einem Neubauviertel der indischen Metropole Delhi, in der 18 Millionen Menschen leben. Nur ein staubiger, holpriger Weg führt in diese Gegend, sie ist eine gewaltige Baustelle. An allen Ecken wird gehämmert und gemauert und weit und breit ist kein Grün zu sehen.

Kirans Vater besitzt ein Taxi. Tag und Nacht arbeitet er, damit die Kinder auf die private Schule gehen können. Kiran ist gerade 14 Jahre alt geworden und steht jeden Morgen um vier Uhr auf. Dann wickelt sie ihre Bettsachen zusammen und tapst hinüber ins Wohnzimmer, wo sie im Licht der Glühbirne ihre Schulsachen auspackt und ihre Aufgaben für den Tag fertig macht. […] Sie ist ehrgeizig und möchte in allen Fächern gut sein. In die Schule hat sie es zu Fuß nicht weit, um 8 Uhr beginnt der Unterricht und dauert bis 14 Uhr. Von 17 bis 19 Uhr lernt sie noch einmal mit einer Tutorin, damit sie den Stoff auch versteht. Viel Zeit zum Spielen bleibt da nicht. Wenn sie doch einmal Freizeit hat, spielt sie am liebsten mit ihren Freundinnen im Hof Seilspringen. […] Was sie einmal werden will? Künstlerin vielleicht oder Ärztin oder Ingenieurin. Auf jeden Fall will der Vater, dass sie so lange auf die Schule geht wie möglich. Das ist in Indien nicht üblich, denn Mädchen werden meist jung verheiratet. Sie haben keine Chance auf eigene Träume. Aber Kiran hat einen Vater, der sagt: „Die Mittelklasse wächst, und wenn Kiran die Schule bewältigt, könnte sie später auch dazu gehören. Die große Stadt ist ein hartes Pflaster, aber sie öffnet auch viele Wege."

1 a Wie läuft ein typischer Tag in Kirans Leben ab? Beschreibt ihn mit eigenen Worten.
b Erklärt, was der letzte Satz des Vaters (Zeile 44–47) für Kiran bedeutet.

2 Arbeitet gezielt an eurer Rechtschreibung. Geht so vor:
a Lasst euch einen Abschnitt aus dem Text „Kiran in einer indischen Großstadt" diktieren.
b Korrigiert euren Diktattext und markiert die Fehler.
c Ordnet eure Fehler den Strategien zu. Nutzt den Bogen zur Fehleranalyse (▸ S. 255).

3 Bei welcher Strategie habt ihr die meisten Fehler gemacht?
Arbeitet an den folgenden Stationen (▸ S. 256–258) zu euren Fehlerschwerpunkten.

Eine Fehleranalyse durchführen

Strategie	Fehlertyp	Beispielwörter aus dem Text S. 254	Anzahl	Geht zu
	Doppelkonsonanten	Kinderzi**mm**er, Mu**tt**er, ka**nn**, E**ck**e, Mi**ll**ionen, Bauste**ll**e, a**ll**en, gehä**m**-**m**ert, kö**nn**en, wi**ck**elt, Be**tt**sachen, zusa**mm**en, Unte**rr**icht, Sto**ff**, ö**ff**net		Station 1, Seite 256
	Wörter mit *ie*	v**ie**rt, Neubauv**ie**rtel, v**ie**r, Sp**ie**len, l**ie**bsten, v**ie**le		Station 2, Seite 256
	Wörter mit *ß*	wei**ß**, Fu**ß**, gro**ß**e		Station 2, Seite 256
	Großschreibung, Nominalisierung	kein Grün, zum Spielen, Seilspringen		Station 3, Seite 257
	Zusammen-schreibung, Getrenntschreibung	Seilspringen, fertig macht, gut sein		Seite 240–241
	wörtliche Rede	Z. 4: „Ich weiß es nicht." Z. 44–47: „Die Mittelklasse ...		Seite 246
	Aufzählung von Wörtern oder Wortgruppen	Z. 8 f.: Vater, Mutter ... Z. 17: nur ein staubiger ... Z. 38 f.: Künstlerin vielleicht ...		Station 5, Seite 258
	Satzreihen	Z. 9–11: Der Raum ist ... Z. 17 f.: Nur ein staubiger ... Z. 19 f.: An allen Ecken ... Z. 30–32: In die Schule ... Z. 40–42: Das ist in Indien ... Z. 46 f.: Die große Stadt ist ...		Station 5, Seite 258
	Satzgefüge	Z. 2–4: Wenn man ... Z. 4–6: Wo Kiran lebt ... Z. 6 f.: Bislang hat das Haus ... Z. 12–14: Und ein Arbeitszimmer ... Z. 15–17: Kiran wohnt ... Z. 21–23: Tag und Nacht ... Z. 25–29: Dann wickelt sie ... Z. 32–34: Von 17 bis 19 Uhr ... Z. 35–37: Wenn sie doch einmal ... Z. 39 f.: Auf jeden Fall will ...		Station 6, Seite 258
	dass/das	Z. 5: nicht üblich, dass Z. 39: will, dass		Station 4, Seite 257

Station 1: Doppelkonsonanten – Erste Silbe geschlossen oder offen?

Obdachlose Kinder

Südafrika ist nicht nur ein Land des Tourismus, so ? dern *(n)* auch ein Land mit vielen obdachlosen Kindern. Aber nicht alle Kinder, die man auf der Straße antri ? t *(f)*, leben dauerha ? t *(f)* dort. Es gibt auch Kinder, die in den Ferien und in der Freizeit das Einko ? en *(m)* ihrer Familie aufbe ? ern *(s)* wo ? en *(l)* oder mü ? en *(s)*. Sie lehnen den Begri ? *(f)* Straßenkind für sich ab, weil sie nicht i ? er *(m)* auf der Straße leben. Im Gegensa ? *(z/tz)* dazu sind echte Straßenkinder auf sich a ? ein *(l)* geste ? t *(l)*.

In Südafrika sind 80 bis 90 Prozent der Straßenkinder mä ? lich *(n)*. Ihr durchschni ? liches *(t)* Alter liegt bei etwa 16 Jahren. Doch leben auch jüngere Kinder unter freiem Hi ? el *(m)*, manchmal sogar Mü ? er *(t)* zusa ? en *(m)* mit ihren Säuglingen.

1 Entscheidet, ob der in Klammern angegebene Konsonant verdoppelt wird. Arbeitet im Heft.

2 Übertragt folgende Tabelle ins Heft. Notiert in jede Spalte fünf Beispielwörter aus dem Text.

Erste Silbe offen	Erste Silbe geschlossen	
	zwei gleiche Konsonanten	zwei verschiedene Konsonanten

Station 2: *ie* und *ß* – Achtet auf die erste Silbe

Stra ? enkinder

In Südafrika lebt eine gro ? e Anzahl von Kindern auf der Stra ? e. Die geschätzten Zahlen gehen von 30 000 bis 1,5 Millionen. Die Minenarbeit in den Städten rei ? t die Familien auseinander. Die Männer la ? en oft ihre Frauen zurück, und die zurückgebliebenen Frauen mü ? en ihre Kinder durchbringen. Wenn es keine Gro ? eltern gibt, die helfen können, landen die Kinder oft auf der Stra ? e. Auch der Tod der Eltern kann der Grund dafür sein, dass Kinder drau ? en leben. Oft werden die Kinder von den Familien verla ? en und versto ? en. Die Lehrer wi ? en meistens nicht, wie sie den Kindern helfen können.

1 Setzt ein: *ß* oder *ss*? Schreibt den Text richtig ins Heft.

2 Entscheidet: *i* oder *ie*? Übertragt die Tabelle ins Heft und begründet die Schreibweise.

die D ? be der Z ? gel	s ? bt kl ? ngt	der W ? ldd ? b
w ? ldern sch ? ben	br ? ngt z ? ht	die Z ? lgerade
sch ? ldern m ? ldern	s ? ngt s ? gt	die Z ? hharmonika
die W ? ge die Z ? trone	w ? ld l ? b	der Br ? fbeschwerer
die Masch ? ne	der Kr ? g das S ? b	fr ? dlich

Station 3: Großschreibung

VORSICHT FEHLER!

Womit straßenkinder ihr geld verdienen

Straßenkinder versuchen in der regel, ihren unterhalt durch betteln, autowaschen, schuheputzen, sammeln von wiederverwertbarem müll und andere tätigkeiten zu verdienen und so ihr überleben zu sichern. Gelingt das nicht, besteht die gefahr, in die kriminalität abzurutschen. Die jüngeren kinder, die auf der straße leben müssen, haben bessere chancen, geld zu erbetteln. Ältere straßenkinder bekommen dagegen immer weniger zusammen. Sie werden auch deswegen weniger unterstützt, weil man verhindern will, dass der strom von kindern, die aus der familie auf die straße flüchten, immer größer wird.

1 a Bestimmt im Text alle Nomen. Notiert sie mit ihren Begleitern richtig ins Heft.
b Bestimmt im Text die fünf nominalisierten Verben. Schreibt sie mit einem Begleiter auf.

nichts • etwas • viel • alles

schön • interessant • riskant • gefährlich • legal

beim • zum • vom • durch das

betteln • überleben • helfen • unterstützen • verschenken

2 Formt die Adjektive und die Verben rechts zu Nomen um. Bildet im Heft je fünf Sätze, z. B.:
Mir konnte nichts Schöneres passieren.

Station 4: *dass* oder *das*?

denken, dass ...
meinen, dass ...
glauben, ... hoffen, ...
der Meinung sein, ...
wollen, ...
sicherstellen, ...

Kinderrechte müssen geschützt werden.
Ein Schulbesuch muss für alle Kinder der Welt möglich sein.
Kinderarbeit muss verhindert werden.
Produkte aus Kinderarbeit dürften nicht gehandelt werden.
Nur mit Bildung haben die Kinder die Chance auf eine Zukunft.

1 a Bildet mit Hilfe der Angaben Satzgefüge mit *dass*. Schreibt sie ins Heft.
b Unterstreicht im Heft die Nebensätze, z. B.: *Jch denke, dass die Kinderrechte geschützt werden müssen.*

Ein Mädchen, das ...
Das Abkommen, ...
Das Recht auf Lesen und Schreiben, ...

die Kinder schützen soll,
keine Unterstützung hat,
durchgesetzt werden soll,

muss kontrolliert werden.
kann keine Schule besuchen.
scheitert oft an der Armut der Eltern.

2 a Bildet im Heft aus den vorgegebenen Bausteinen sinnvolle Relativsätze.
b Unterstreicht jeweils das Nomen, auf das sich *das* bezieht, z. B.: *Ein Mädchen, das keine ...*

Station 5: Kommasetzung bei Aufzählungen und in Satzreihen

VORSICHT FEHLER!

Scharfes aus Afrika
Man braucht für Kiliwili:
2 unreife Bananen 1 Esslöffel Cayenne-Pfeffer oder Paprikapulver 2–3 Esslöffel Maisöl 1 Holzbrettchen 1 Küchenmesser 1 Pfannenheber 1 Bratpfanne 1 kleine Schüssel und Küchenkrepp.
So geht es: Bananen schälen in mundgerechte Stücke schneiden Pfeffer in eine Schüssel geben Bananenstücke darin wenden.

1 Schreibt den Rezeptanfang ins Heft. Setzt die Kommas.

Erhitze das Öl in einer Bratpfanne. Brate die Bananenstücke bei mittlerer Hitze. Lass sie braun und knusprig werden. Nimm die Bananenstücke mit dem Pfannenwender aus der Pfanne. Lege sie beim Abtropfen auf Krepppapier. Lass es dir gut schmecken. Verschluck dich nicht. Die Bananen sind scharf.

2 Die Fortsetzung besteht nur aus Hauptsätzen. Verbindet sie im Heft mit *und, aber, denn* zu Satzreihen. Setzt die Kommas, wenn nötig.

Station 6: Kommasetzung in Satzgefügen

VORSICHT FEHLER!

In vielen Dorfgemeinschaften wird gemeinsam gekocht weil das Energie spart.
Wenn Familien essen wollen beteiligen sie sich auch am gemeinsamen Kochen.
Während sie kochen tauschen sie Neuigkeiten aus.

1 a Schreibt die Satzgefüge ins Heft. Setzt in jedem Satz das Komma.
b Unterstreicht den Nebensatz und kreist die Konjunktion ein.

Mangopfannkuchen aus Mali

Mangopfannkuchen kann man leicht zubereiten ...
Sie schmecken himmlisch ...
Man verrührt eine Tasse Mehl, eine Tasse Milch und zwei Eier ...
Man schneidet die Mango in Stücke ...
Man kann in einer Pfanne kleine Teigfladen mit Mangostücken backen ...

... nachdem man sie vorher geschält hat.
... wenn man Pfannkuchen für zwei Personen backen möchte.
... wenn die Früchte reif genug sind.
... sobald man alles verrührt hat.
... falls man die Zutaten zur Verfügung hat.

2 a Ordnet den Hauptsätzen die passenden Nebensätze zu.
b Schreibt die Satzgefüge ins Heft und setzt die Kommas.

13 Teamwork! – Gemeinsam recherchieren und präsentieren

1 Ein gutes Team! Was versteht ihr darunter? Tauscht euch aus.

2 Berichtet von euren Erfahrungen mit Gruppenarbeit:
- Bei welchen Aufgaben oder Projekten habt ihr schon in Gruppen gearbeitet?
- Wie seid ihr dabei vorgegangen?

3 Wie gelingt Gruppenarbeit gut? Formuliert Tipps.

In diesem Kapitel ...

- lernt ihr, wie ihr erfolgreich in Gruppen arbeitet,
- recherchiert ihr gezielt im Internet und wertet Informationen gemeinsam aus,
- übt ihr, einen Vortrag anschaulich mit Hilfe eines Handouts und digitaler Folien zu präsentieren,
- verfasst ihr Aufrufe und überarbeitet sie in einer Schreibkonferenz.

13.1 Umweltschutz – Zu einem Thema recherchieren und einen Vortrag vorbereiten

Einen Vortrag in der Gruppe erarbeiten

1 Im Bild seht ihr sechs Stationen einer Gruppenarbeit, bei der ein Vortrag erarbeitet wird.

a Ordnet die Stationen in eine sinnvolle Reihenfolge und schreibt sie untereinander ins Heft.

b Überlegt gemeinsam:
- An welchen Stationen arbeitet ihr am besten in der Gruppe?
- An welchen Stationen arbeitet ihr besser in Einzel- oder Partnerarbeit?

2 Berichtet von Aufgaben oder Projekten, bei denen ihr in Gruppen gearbeitet habt: Was lief dabei gut? Was war schwierig?

Ein Thema für einen Vortrag festlegen

Gorillas in Gefahr – Was hat mein Handy damit zu tun?

Pro Jahr werden etwa 25 Millionen neue Handys verkauft. Alte Mobiltelefone, die dann nicht mehr benötigt werden, landen häufig im Hausmüll. Handys enthalten jedoch wertvolle Rohstoffe wie Gold, Silber, Kupfer oder Aluminium, die man wiederverwerten kann. Für Handys, die niemand mehr braucht, gibt es deshalb Sammelstellen.

Auch im Zoo Krefeld werden solche Handys gesammelt. Wenn man bei der Sammelaktion mitmacht, leistet man gleich einen doppelten Beitrag zum Schutz von Gorillas:

Zum einen führt der Abbau von Rohstoffen für die Handyproduktion nämlich zur Zerstörung des tropischen Regenwalds. Und der Regenwald ist der natürliche Lebensraum der Menschenaffen. Wenn Rohstoffe wiederverwendet werden, wird weniger Regenwald vernichtet.

Weiterhin kommt der Erlös, den der Zoo Krefeld für die gespendeten Handys von den Recyclingfirmen erhält, einem Schutzprojekt für Berggorillas zugute. Dieses Projekt unterstützt der Zoo Krefeld schon seit vielen Jahren. Mit den Geldern werden Wildhüter ausgebildet und es wird neue Ausrüstung angeschafft.

1 Lest den Text und erklärt, was der Zoo Krefeld zum Schutz von Gorillas tut.

2 Was könnt ihr in eurer Schule zum Schutz der Umwelt tun?
- **a** Welche Aktionen zum Umweltschutz kennt ihr? Berichtet davon.
- **b** Überlegt gemeinsam, wie ihr im Alltag die Umwelt schützen könnt.

3 In Vorträgen sollt ihr euch gegenseitig über verschiedene Umweltthemen informieren und deutlich machen, was jeder im Alltag zum Umweltschutz beitragen kann.
- **a** Sammelt Ideen zum Thema: Notiert in einem Ideenstern Stichpunkte oder Fragen, z. B.:

- **b** Entscheidet, welche Themen euch interessieren:
  Notiert alle Vorschläge an der Tafel. Dann vergibt jeder drei Punkte.
  Zu den Themen mit den meisten Punkten werden anschließend Vorträge erarbeitet.

Eine Gruppe bilden und Aufgaben verteilen

1 Betrachtet die drei Bilder und überlegt: Was sagen sie über Gruppenarbeit aus? Formuliert zu jedem Bild eine Aussage: *Bei Gruppenarbeit ...*

2 Es gibt verschiedene Möglichkeiten, Gruppen zu bilden.

a Lest die Vorschläge zur Gruppenbildung und diskutiert Vorteile und Nachteile der Methoden:

A Jeder nennt zwei Themen, die ihn interessieren. Bildet danach gleich große Interessengruppen.

B Nummeriert die Themen und schreibt sie jeweils auf vier Lose. Zieht die Lose und bildet danach Zufallsgruppen.

C Wählt Mitschülerinnen und Mitschüler, mit denen ihr gern arbeiten würdet. Setzt euch zusammen und stimmt ab, welches Thema ihr bearbeiten möchtet.

b Entscheidet euch in der Klasse für eine Methode und bildet Gruppen für die Vorträge zum Thema Umweltschutz (▸ S. 261).

3 Gruppenarbeit funktioniert nur mit gemeinsamen Regeln!

a Einigt euch in eurer Gruppe auf fünf wichtige Regeln, an die ihr euch halten wollt.

b Schreibt eure Regeln auf ein Plakat, z. B.:
Wir arbeiten alle mit. / Wir lassen jeden ausreden. / ...

4 Lest den folgenden Methodenkasten und besprecht, wer in eurer Gruppe wofür verantwortlich sein soll.

Methode **Verantwortung in der Gruppe übernehmen**

- Bei Gruppenarbeit ist wichtig, dass **alle Gruppenmitglieder** mitarbeiten, Verantwortung übernehmen und sich für ein gutes Ergebnis einsetzen.
- Bestimmt vor der Gruppenarbeit, wer wofür verantwortlich sein soll:
  - **Aufgaben-Manager/-in:** Er/Sie achtet darauf, dass alle in der Gruppe arbeiten.
  - **Zeit-Manager/-in:** Er/Sie achtet auf die Einhaltung der Zeitvorgaben.
  - **Bote/Botin:** Er/Sie nimmt bei Fragen Kontakt mit dem Lehrer oder anderen Gruppen auf.
  - **Schreiber/-in:** Er/Sie notiert Ideen der Gruppe.
  - **Sprecher/-in:** Er/Sie stellt den anderen Gruppen die Ergebnisse vor.

Einen Arbeitsplan erstellen

Thema: Handys recyceln für den Umweltschutz	Ziel: Informationen für die Mitschüler, Vortrag am 21. 2.		
Aufgaben	**Wer?**	**Wo?**	**Wann?**
1. *Informationen recherchieren:* – *Woraus werden Handys gemacht?* – *Welche Umweltprobleme ergeben sich daraus?* – *Was kann jeder von uns tun?*	*alle, jeder für sich*	*Internet, Bibliothek*	*bis nächsten Dienstag (28.1.)*
2. *Informationen auswerten*	*alle, jeder für sich*	*Arbeitsstunde*	*bis 4. 2.*
3. *Vortrag ausarbeiten*	*alle (Gruppenarbeit)*	*im Unterricht*	*...*
4. *Handout verfassen und kopieren*	*Max und Lukas*	*zu Hause*	*bis 13. 2.*
5. *Präsentationsfolien erstellen*	*Lina und Sarah*	*Arbeitsstunde*	*bis 13. 2.*
6. *Vortrag einüben*	*alle (Gruppenarbeit)*	*bei Lukas zu Hause*	*am 19. 2.*

1 Beschreibt den Arbeitsplan:
- Welche Dinge werden in einem Arbeitsplan festgelegt?
- Was wird bei den einzelnen Aufgaben jeweils genau getan?

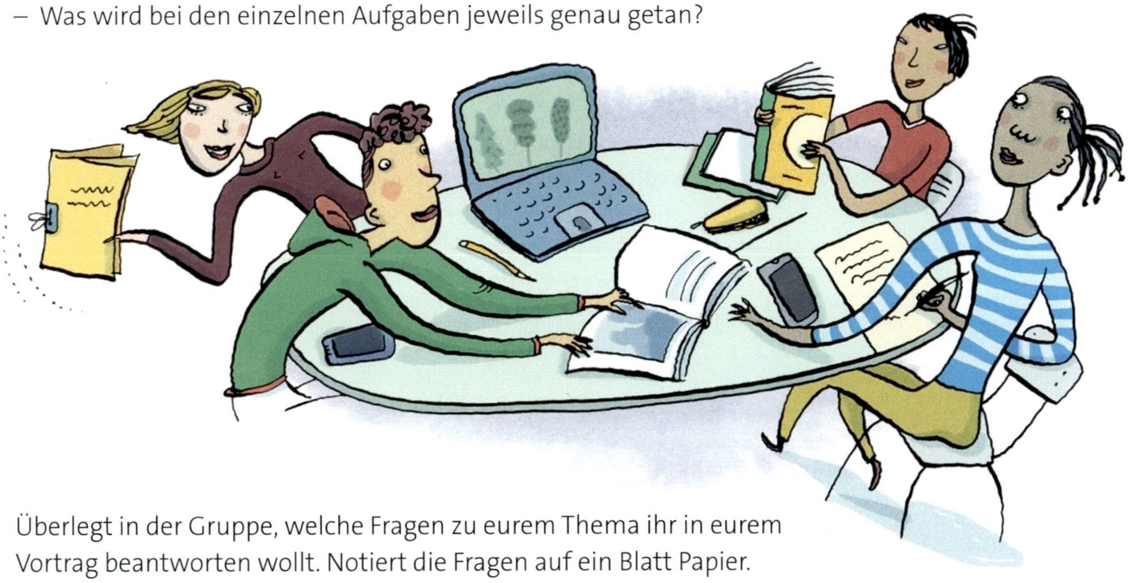

2 Überlegt in der Gruppe, welche Fragen zu eurem Thema ihr in eurem Vortrag beantworten wollt. Notiert die Fragen auf ein Blatt Papier.

3 Besprecht in der Gruppe, wie ihr bei der Erarbeitung eures Vortrags vorgehen wollt. Macht euch Notizen:
- Wo könnt ihr nach Informationen zu euren Fragen (▸ Aufgabe 2) suchen?
- Welche Schritte sind bei der Erarbeitung eures Vortrags notwendig?
- Wer übernimmt welche Aufgaben?

4 Erstellt einen Arbeitsplan für eure Gruppe wie im Beispiel oben.

Im Internet recherchieren

1 Die Suchmaschine Ecosia gilt als „umweltbewusste“ Suchmaschine.

a Beschreibt die abgebildete Ecosia-Internetseite. Verwendet dabei folgende Begriffe:

Reiter • Suchfeld • Treffer • Titel der Seite (Link) • Internetadresse (URL) • Textauszug

b Gebt mit eigenen Worten wieder, welche Informationen unter den Links gegeben werden.

2 **a** Tauscht euch in der Gruppe darüber aus, welche Suchmaschinen ihr kennt und wie ihr bei der Informationssuche im Internet vorgeht. Gebt euch gegenseitig Tipps.

b Recherchiert im Internet nach Informationen zu eurem Vortragsthema. Beachtet die Schritte im Methodenkasten unten.

3 Gebt dieselben Suchbegriffe in verschiedene Suchmaschinen ein. Vergleicht die Treffer.

Methode **Im Internet recherchieren**

Schritt 1: Eine Suchmaschine auswählen
- Nutzt für eure Recherche im Internet Suchmaschinen für Kinder und Jugendliche, z. B.: www.blinde-kuh.de, www.fragfinn.de oder www.helles-koepfchen.de.

Schritt 2: Genaue Suchbegriffe eingeben
- Formuliert möglichst genaue Suchbegriffe, z. B.: *Regenwald* statt *Umwelt*.
- Gebt mehrere Suchbegriffe gleichzeitig ein, um die Treffer einzugrenzen, z. B.: *Handy Regenwald Gorillas*.

Schritt 3: Suchergebnisse beurteilen
- Prüft die Suchergebnisse, bevor ihr die einzelnen Webseiten öffnet: Lest den Titel der Webseite und den Textauszug. Öffnet den Link nur, wenn er gesuchte Informationen enthält.
- Überfliegt den Inhalt der aufgerufenen Internetseite. Entscheidet, ob der Inhalt passt.

Material auswerten und den Vortrag vorbereiten

A Rohstoffschatz Handy

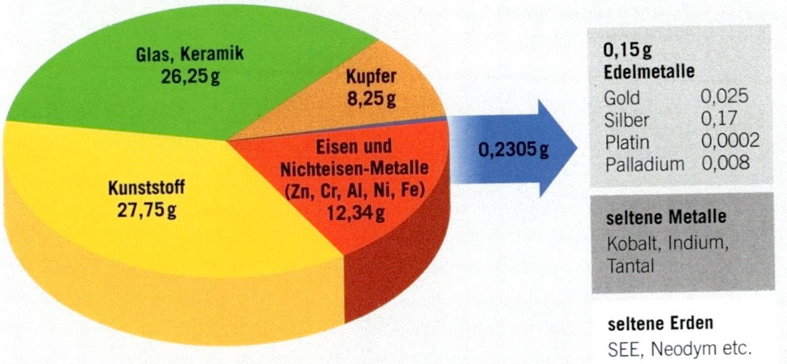

Wichtige Information! Diagramm unbedingt beim Vortrag zeigen!

Quelle: http://www.handy-clever-entsorgen.de/hintergrundinformation/pic/rohstoff_handy.jpg (12.6.15)

B In den rund 85 Millionen „Schubladenhandys" in Deutschland stecken rund 745 Tonnen Kupfer, 325 Tonnen Kobalt, 22 Tonnen Silber, 2 Tonnen Gold und 700 Kilogramm Palladium im Gesamtwert von rund 136 Millionen Euro.

- Diese Zahlen beim Vortrag nennen?
- Was ist Palladium? Klären!

Quelle: http://www.handy-clever-entsorgen.de/hintergrundinformation/index.htm

C In unseren Handys steckt das Metall Tantal, damit die Elektronik der Handys funktioniert. Tantal wird aus dem Gestein Coltan gewonnen. Weil Coltan nur in bestimmten Regionen der Welt vorkommt, handelt es sich um einen besonders wertvollen Bodenschatz. Die größte Menge an Coltan findet man im Regenwald in Afrika, genauer gesagt in der Republik Kongo. Um an das wertvolle Coltan zu kommen, wird Regenwald gerodet, damit Minen und Zufahrtsstraßen angelegt werden können. Dadurch wird der Lebensraum der Gorillas Schritt für Schritt zerstört. Heute gelten Gorillas als vom Aussterben bedroht.

Weiter recherchieren: Wo liegt die Rep. Kongo?

Afrika-Karte für Vortrag besorgen!

Quelle: http://www.regenwald-schuetzen.org/kids/aktionen/gruppenaktionen/sammelt-handys.html (12.6.15)

1 Überfliegt die Materialien zum Thema „Handys recyceln für den Umweltschutz". Welche Frage zum Thema wird darin beantwortet?

2 Untersucht das Diagramm (▶ Material A, S. 265) genauer:
- **a** Lest die Überschrift und alle Angaben genau und vergleicht sie.
- **b** Formuliert die Informationen aus dem Diagramm in Sätzen:
  Ein Handy besteht aus .../Den größten Anteil haben .../Einen geringeren Anteil hat .../ ... ist/sind nur in kleinen Mengen enthalten./Zu den Metallen gehören ...

3
- **a** Lest Material B (▶ S. 265) und notiert dazu eine Überschrift.
- **b** Schreibt zu den Informationen Stichworte für den Vortrag:
  - *etwa 85 Millionen „Schubladenhandys" in Deutschland*
  - *enthalten: ...*
  - *Gesamtwert: ...*

4 Welcher Zusammenhang wird in Material C (▶ S. 265) beschrieben?
- **a** Notiert zu Material C eine Überschrift.
- **b** Stellt die Zusammenhänge in einem Flussdiagramm dar:

Handy → enthält Tantal → aus Coltan gewonnen → Abbau im Regenwald Kongo → ...

5 Erklärt, wie Schüler die Materialien A, B und C bearbeitet haben.

6 Bearbeitet euer Material für euren Vortrag (▶ S. 263, Aufgabe 2) und wertet es aus.
Nutzt dabei die folgenden Methoden:

- → Schlüsselbegriffe markieren
- → Überschriften zu Sinnabschnitten formulieren
- → Fragen notieren
- → Bemerkungen notieren
- → Textquellen notieren
- → Flussdiagramm zeichnen
- → Informationen mit eigenen Worten zusammenfassen
- → Skizzen zeichnen

7 Stellt euch in der Gruppe eure Materialien vor und ordnet die Informationen in einer Mindmap (▶ S. 298).

8
- **a** Lest den folgenden Infokasten und plant in der Gruppe, wie ihr euren Vortrag aufbaut.
- **b** Arbeitet euren Vortrag aus: Notiert alle Informationen auf einzelne Karteikarten und nummeriert die Karten für den Vortrag in einer sinnvollen Reihenfolge.

Information **Aufbau eines Vortrags**

- In der **Einleitung** führt man in das **Thema** ein, stellt die **Gliederung** des Vortrags vor und weckt **Interesse** am Thema, z. B. durch die Anknüpfung an den Schulalltag.
- Der **Hauptteil** ist der **Kern des Vortrags.** In ihm werden in einzelnen **Unterpunkten** alle wichtigen Informationen zum Thema vorgestellt. Zu jedem Unterpunkt des Vortrags gibt es eine Überschrift, z. B.: *1. Problem Althandys, 2. Rohstoffverbrauch eines Handys ...*
- Zum **Schluss** werden die **Ergebnisse zusammengefasst.**
  Man kann auch seine **eigene Meinung** zum Thema äußern oder einen **Aufruf** formulieren.

13.2 Hergehört und hergesehen! – Anschaulich vortragen

Ein Handout verfassen

Vortragende: Ben Bartolt, Joelle Laux, Miriam Schmied, Ebru San
Fach: Deutsch
Datum: 24.05.

Handy und Umweltschutz

1. **Rohstoffverbrauch zur Handyherstellung**
   - 75,3 kg Rohstoffe für 80 g schweres Handy
   - Verbrauch von Edelmetallen für alle Handys in Deutschland: 25 Tonnen Silber, 2,5 Tonnen Gold und fast eine Tonne Palladium
2. **Auswirkungen auf die Umwelt**
   - Abholzung von Regenwäldern
   - Zerstörung von Lebensräumen geschützter Tiere
3. **Maßnahmen gegen den Raubbau**
   - Handys lange verwenden, auf Neukauf verzichten
   - alte Handys sammeln und recyceln
4. **Was wir als Schüler tun können**
   - Eltern über Sammelstellen informieren
   - Aufruf zu einer Sammelaktion verfassen

Quellen:
http://www.die-rohstoff-expedition.de/startseite.html
http://www.umweltbundesamt.de/themen/vergessene-schaetze-in-der-schublade

1 Zu einem guten Vortrag gehört auch ein Handout, das zu Beginn an alle Zuhörer verteilt wird. Betrachtet das Handout oben und besprecht:
- Welche Informationen stehen auf einem Handout?
- Wie werden die Informationen formuliert und wie sollte ein Handout gestaltet sein?
- Welchen Nutzen hat ein Handout?

2 Verfasst ein Handout zu eurem Vortrag und kopiert es für alle Zuhörerinnen und Zuhörer.

Methode | **Ein Handout verfassen**

- Ein Handout gibt den **Aufbau** und die **wichtigen Informationen** eines Vortrags **knapp und übersichtlich** wieder.
- Nennt auf dem Handout:
  - die **Namen** der Vortragenden, das **Datum,** das **Fach** und das **Thema** des Vortrags,
  - die **Unterpunkte** des Vortrags und **Stichworte** zu wichtigen Informationen,
  - die **Quellenangaben** zu den verwendeten Materialien.

Digitale Folien für eine Präsentation erstellen

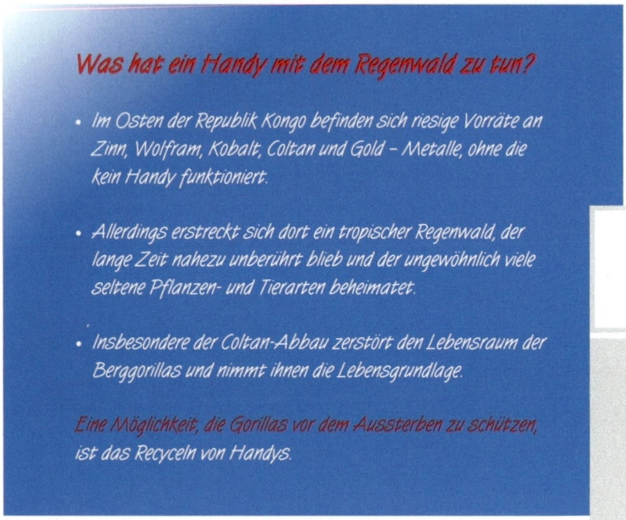

1 Präsentationsfolien können einen Vortrag unterstützen.
- **a** Betrachtet die zwei Folien. Welche findet ihr für einen Vortrag besser geeignet? Begründet.
- **b** Habt ihr schon einmal Texte oder solche Folien am Computer gestaltet? Berichtet von euren Erfahrungen.

2 Untersucht in eurer Gruppe die beiden Folien:
Beurteilt, was auf der linken Folie verbessert werden muss. Achtet auf die folgenden Punkte:

Textmenge • Schriftgröße • Schriftart • Schriftfarbe • Farbhintergrund

3
- **a** Lest die Folien zum Thema „Präsentationsfolien erstellen" (► S. 269).
- **b** Haltet mit Hilfe der Folien einen Mini-Vortrag in eurer Gruppe: Jeder spricht zu einer Folie.

4 Erstellt in Gruppen eine Bildschirmpräsentation für euren Vortrag (► S. 263).

Methode **Eine Folienpräsentation erstellen**

- Mit **Präsentationsprogrammen** wie Impress oder PowerPoint könnt ihr Folien zur Unterstützung eures Vortrags am Computer erstellen.
- Stellt auf den **Folienfenstern** das **Thema** des Vortrags vor, fügt wichtige **Informationen in Stichworten** hinzu und zeigt **anschauliche Grafiken, Bilder oder Tabellen.**

Präsentationsfolien erstellen –

Worauf muss man achten?

- **Folieninhalt**
- **Folienlayout**
- **Vortrag mit Präsentationsfolien**

Folieninhalt –
Nur das Wichtige!

- nur wichtige Informationen in Stichworten
- eine Folie pro Unterthema
- 5-4-6-Regel:
  – 5 Folien jeweils zu einem Unterthema
  – 4 Unterpunkte pro Folie
  – etwa 6 Wörter pro Unterpunkt

Folienlayout –
Gut lesbar und übersichtlich!

- **Hintergrund:** möglichst einfarbig und nicht ablenkend
- **Schriftfarbe:** auf passenden Kontrast zum Hintergrund achten
- **Schriftart:** klar und schnörkellos, ausreichende Schriftgröße
- **Tabellen, Bilder, Grafiken:** deutlich erkennbar

Vortrag mit Präsentationsfolien –
Nach vorn schauen!

- Folien nicht ablesen
- Zum Publikum schauen, nicht zu Folien umdrehen
- **Tipp:** Folien ausdrucken, Notizen ergänzen, damit vortragen

Vielen Dank für eure Aufmerksamkeit!

Den Vortrag halten und bewerten

A

B

1 Betrachtet die Vortragenden auf den Fotos. Was machen sie richtig, was machen sie falsch?

2 Übt den Ablauf eures eigenen Vortrags:
- Wer trägt welchen Teil vor? Bestimmt die Reihenfolge.
- Wie viel Zeit hat jeder? Legt die Redezeit für jeden Vortragenden fest.
- Wer ist verantwortlich für die Folienpräsentation? Testet die benötigte Technik.
- Spielt euren Vortrag mehrmals durch und macht euch gegenseitig Verbesserungsvorschläge.

3 Tragt euren Vortrag der Klasse vor. Teilt zu Beginn des Vortrags die Handouts aus.

4 **a** Schreibt als Zuhörer die wichtigen Informationen des Vortrags stichwortartig mit.
b Vergleicht eure Notizen und tauscht euch zu zweit über den Inhalt des Vortrags aus:

Ich fand interessant, ... • Ich habe nicht verstanden, ... • Ich möchte gern noch wissen, ...

5 **a** Bewertet die Vorträge eurer Mitschülerinnen und Mitschüler mit Hilfe des Beobachtungsbogens:

Einen Vortrag bewerten	☺	😐	☹
– Wurde zu Beginn ein kurzer Überblick über den Vortrag gegeben?	...	...	...
– Wurde im Vortrag auf alle wichtigen Informationen eingegangen?	...	...	...
– Wurde laut und deutlich gesprochen?	...	...	...
– Hatten die Vortragenden Blickkontakt zu den Zuhörern?	...	...	...
– Wurde die Redezeit eingehalten?	...	...	...
– Waren die Folien gut lesbar und eine sinnvolle Ergänzung des Vortrags?	...	...	...

b Gebt euch mit Hilfe des Beobachtungsbogens eine Rückmeldung zum Vortrag:

Mir hat besonders gefallen, dass ... • Besonders gelungen war ... •
Ich gebe der Gruppe den Tipp, ... • Ihr könntet den Vortrag noch verbessern, indem ihr ...

6 Beurteilt eure Arbeit in den Gruppen: Was hat gut funktioniert? Was könntet ihr beim nächsten Mal besser machen? Bleibt bei eurer Kritik fair und sachlich.

13.3 Schreibkonferenz – Einen Aufruf verfassen und überarbeiten

A **Hey zusammen!**
Wir wissen doch alle, was gut für den Umweltschutz ist: Alte Handys recyceln oder verschenken, Batterien und Papier sammeln, Aluminium zurückgeben ...
Es wird viel geredet über den Umweltschutz und echt wenig getan. Im Alltag passiert zu wenig. Das nervt!!! Wenn ihr das auch blöd findet, macht bei unserer Aktion „Sammeln für den Umweltschutz" mit. Kann man auch anders nennen.
Also, seid nicht faul und macht mit! Wer Infos braucht, meldet sich bei uns.
Mika und Meret von der Umwelt-AG

B **Neues entsteht dadurch, dass man es tut!**

Ärgerst du dich nicht auch über den vielen Müll in der Schule?
Wirfst du oft Brauchbares weg?
Willst du auch etwas für den Umweltschutz tun, anstatt nur darüber zu reden?
Dann bist du bei uns richtig!

Mach bei uns mit:
Auf dem Schulhof werden Sammeltonnen aufgestellt für Handys, Batterien und Aluminium. Außerdem gibt es jeden ersten Freitag im Monat eine Tauschbörse. Jeder bringt mit, was er nicht mehr braucht und verschenken oder tauschen will.

Das kannst du tun:
Mitmachen bei unserer Umwelt-AG!
Sammeln und tauschen statt wegwerfen!
Für unser Vorhaben in deiner Klasse werben!

Komm am Donnerstag um 13 Uhr in den SV-Raum und lerne uns kennen!
Die Umwelt-AG trifft sich dort jede Woche.
Wir freuen uns auf dich!

Kim (8 c) und Liam (9 a)
E-Mail: umwelt_ag@xy.de

1 Die Aufrufe A und B sollen als Plakate in der Schule ausgehängt werden.
a Besprecht, an wen sich die Plakate richten und wozu sie aufrufen.
b Vergleicht die Aufrufe. Untersucht dafür Inhalt, Sprache, Aufbau und Gestaltung.
c Notiert Tipps, wie man einen guten Aufruf schreibt, z. B.: *1. Formuliert eine Überschrift.*

2 Überarbeitet in Partnerarbeit Aufruf A:
- Formuliert eine passende Überschrift, z. B.: *Werdet aktiv für den Umweltschutz!*
- Wählt abwechslungsreiche und treffende Wörter.
- Ergänzt genaue Angaben zu den Verfassern, dem Treffpunkt und den Terminen.

3 Setzt euch mit einem weiteren Lernpaar zusammen und besprecht die überarbeiteten Aufrufe in einer Schreibkonferenz. Übertragt dazu die Checkliste auf ein Blatt Papier im Querformat und notiert alle Vorschläge:

Checkliste

Einen Aufruf verfassen	Lob, Kritik	Vorschläge
Inhalt		
▪ Ziel des Aufrufs wird deutlich		
▪ Informationen sind klar formuliert		
Sprache		
▪ höfliche Formulierungen, keine Wiederholungen		
▪ Imperativ-Formen		
▪ korrekte Rechtschreibung und Zeichensetzung		
Aufbau und Gestaltung		
▪ sinnvolle Gliederung		
▪ ansprechende Gestaltung		

4 Verfasst einen Aufruf zu einer Aktion für den Umweltschutz:

a Überlegt, was ihr an eurer Schule für die Umwelt tun könnt, z. B. Müll trennen, Strom sparen.
Tipp: Fehlt euch eine Idee? Dann recherchiert im Internet mit den Suchbegriffen *Umweltschutz, Umweltwettbewerb, Schule.*

b Formuliert den Aufruf. Beachtet dabei die Hinweise in der Checkliste von Aufgabe 3.

5 a Bildet Gruppen und besprecht eure Aufrufe (▶ Aufgabe 4) in Schreibkonferenzen. Geht dabei vor wie im Methodenkasten unten.

b Überarbeitet eure Aufrufe anschließend und gestaltet sie.

Methode **Einen Text in einer Schreibkonferenz überarbeiten**

In einer Schreibkonferenz stellt ihr eure Texte vor, korrigiert Fehler und gebt euch gegenseitig Tipps für die Überarbeitung.

1. Setzt euch in kleinen Gruppen zusammen.
2. Einer liest seinen Text vor, die anderen hören aufmerksam zu.
3. Gebt dem Verfasser eine Rückmeldung, was euch besonders gut gefallen hat.
4. Besprecht den Text anschließend Satz für Satz in der Gruppe und notiert Verbesserungsvorschläge. Achtet dabei auch auf die Rechtschreibung und Zeichensetzung.
5. Zum Schluss überarbeitet der Verfasser seinen Text mit Hilfe der Notizen.

Schreibwörter ▶ S. 300

der Umweltschutz	die Aktion	die Präsentation	das Handout	recyceln
die Rohstoffe	die Herstellung	die Internetrecherche	der Vortrag	recherchieren

Orientierungswissen

Sprechen und Zuhören

Gesprächsregeln und Gesprächsverhalten

▶ S. 28

- **Gesprächsregeln** dienen dazu, dass man sich besser versteht und jeder zu Wort kommt.
  Die wichtigsten Gesprächsregeln sind:
  – Wir äußern uns nur zu dem Thema, um das es geht.
  – Wir melden uns zu Wort und reden nicht einfach los.
  – Wir hören anderen aufmerksam zu und lassen sie ausreden.
  – Wir beleidigen uns nicht.
  – Wir befolgen die Hinweise der Gesprächsleiterin oder des Gesprächsleiters.
- Zu einem guten Gespräch gehören außerdem das **Nachfragen,** wenn man etwas nicht verstanden hat, und das **Vermeiden von „Killerphrasen“,** die den Gesprächspartner verletzen oder unter Druck setzen, z. B.: *Du kapierst ja gar nichts! Jedes Kind weiß doch, dass ...*

Die eigene Meinung begründen und Einwände entkräften

▶ S. 28–34

Beim **Argumentieren** versucht man, seine Meinung überzeugend zu begründen:
Man formuliert die Meinung, stützt sie durch Argumente und veranschaulicht oder verstärkt die Argumente jeweils mit einem Beispiel:

- **Meinung:** *Bei einem Foulspiel sollte man sich beim Gegenspieler entschuldigen, ...*
- **Argument:** *weil der Gegenspieler als Partner respektiert werden muss.*
- **Beispiel:** *Beim letzten Spiel hat mir der Stürmer nach dem Foul kurz die Hand gereicht.*

Einen Kompromiss formulieren

In einem Streitgespräch sollte man versuchen, einen **Kompromiss** zu finden.
Beim Kompromiss verzichten beide Seiten auf einen Teil ihrer Forderungen und finden eine gemeinsame Lösung. Mit folgenden Formulierungen kann man einen Kompromiss einleiten:
Wir könnten uns doch so einigen: ... / Ich schlage folgenden Kompromiss vor: ...

Einwände entkräften

Wenn man andere überzeugen will, muss man genau hinhören, welche **Einwände** sie nennen.
Auf Einwände, die eurer Meinung widersprechen, solltet ihr **eingehen** und sie **entkräften:**

- Wiederholt den Einwand des Gesprächspartners: *Natürlich ist es verständlich, dass ...*
- Entkräftet dann den Einwand: *Aber man muss auch bedenken, ... / Wichtiger ist jedoch ...*

Schreiben

Die eigene Meinung schriftlich begründen

▶ S. 38–42

Eine schriftliche Argumentation (z. B. Forumsbeitrag, Leserbrief) sollte folgendermaßen aufgebaut sein:

▪ **Einleitung:** Formuliert eure Meinung.	– *Ich bin dafür/dagegen, dass ...* – *Ich vertrete die Auffassung, dass ...*
▪ **Hauptteil:**	
– Erklärt und begründet eure Meinung mit Argumenten und Beispielen.	– *Ein Argument für meine Meinung ist, dass ...* – *Außerdem sollte man bedenken, dass ...* – *Dafür spricht weiterhin, dass ...*
– Bezieht euch auch auf andere Meinungsäußerungen oder Kommentare.	– *Man sollte auch berücksichtigen, dass ...* – *Ich selbst habe die Erfahrung gemacht, dass ...* – *Beispielsweise ...*
– Entkräftet Einwände gegen eure Meinung.	– *Sicherlich kann man einwenden, dass ... Dennoch ...* – *Es ist richtig, dass ... Allerdings darf nicht übersehen werden, ...*
▪ **Schluss:**	
– Fasst zum Schluss noch einmal euren Standpunkt zusammen.	– *Aus diesen Gründen bin ich für/gegen ...* – *Ich würde mir wünschen, dass ...*
– Formuliert einen Vorschlag oder Wunsch für die Zukunft oder ladet Leser ein, eure Meinung zu kommentieren und Fragen zu stellen.	– *Ich könnte mir vorstellen, dass ...* – *Was meint ihr, ...?/Was meinen Sie, ...?*

Einen Bericht verfassen

▶ S. 44–47

In einem Bericht wird **sachlich, knapp und genau** über ein vergangenes Ereignis informiert.

Aufbau eines Berichts

- Der Ablauf des Geschehens wird **vollständig** in der **richtigen zeitlichen Abfolge** dargestellt.
- Es werden nur die **wichtigen Fakten** berichtet. Auf die Wiedergabe von Meinungen, Gedanken und Gefühlen wird verzichtet.
- In der Regel beantwortet ein Bericht folgende **W-Fragen:**
  - **Einleitung: Was** geschah? **Wann** geschah es? **Wo** geschah es? **Wer** war beteiligt?
  - **Hauptteil: Wie** passierte etwas oder wie lief das Geschehen ab? **Warum?**
  - **Schluss: Welche Folgen** hatte das Ereignis?

Sprache

- Schriftliche Berichte werden meistens im **Präteritum** (und Plusquamperfekt) (▶ S. 287) formuliert.
- Die Sprache im Bericht ist **sachlich.** Umgangssprachliche Ausdrücke werden vermieden.
- Auf persönliche Aussagen zu Meinungen und Gefühlen wird verzichtet.
- Wörtliche Rede gehört in der Regel nicht in einen Bericht.

Tipp: Überlegt, zu welchem **Zweck** ihr den Bericht schreibt. Wenn ihr beispielsweise einen Unfallbericht für die Polizei schreibt, beschränkt ihr euch auf die wesentlichen Informationen.

Einen Informationstext verfassen

▶ S. 49–60

Ein Informationstext informiert **sachlich und gut verständlich** über **Gegenstände, Personen oder Sachverhalte.**

Aufbau eines Informationstextes

- Zu Beginn eines Informationstextes wird **das Thema** genannt.
- Danach werden in einer sinnvollen Reihenfolge **Informationen zu wichtigen W-Fragen** gegeben: Wer? Was? Wann? Wo? Wie? Warum?
- Zum Abschluss werden die **Informationen zusammengefasst,** ein **Fazit** gezogen oder ein **Ausblick** formuliert.

Sprache

- Die Sprache eines Informationstextes ist **sachlich** und **an die Leser angepasst.** Die Leser können direkt angesprochen werden.
- **Fachwörter,** die die Leser vermutlich nicht kennen, sollten erklärt werden.
- Ein Informationstext steht im Unterschied zu einem Bericht in der Regel im **Präsens** (▶ S. 287).

Eine Person beschreiben

▶ S. 62–63

- **Einleitung:** Macht zu Beginn **allgemeine Angaben** zur Person (z. B. Geschlecht, Alter, Herkunft).
- **Hauptteil:** Beschreibt das **Aussehen** der **Person im Detail** in einer **geordneten Reihenfolge,** beispielsweise vom Kopf zu den Füßen (Haare/Frisur, Gesicht, Körperbau, Kleidung, besondere Kennzeichen).
- **Schluss:** Beschreibt die **Wirkung** der Person auf euch.
- Formuliert die Personenbeschreibung im **Präsens** (▶ S. 287).
- Benutzt **aussagekräftige Adjektive,** z. B.: *tiefschwarz, hellblond.*
- Verwendet nicht nur die Verben *haben* und *sein.* Achtet auf eine **abwechslungsreiche Wortwahl,** z. B.: *tragen, aussehen, besitzen, aufweisen, auffallen, wirken.*
- Vermeidet persönliche Wertungen wie *schön, süß, lieb* oder *hässlich.*

Ein Bild beschreiben

▶ S. 64–65

- **Einleitung:** Nennt **Titel, Künstler, Maltechnik** und den **Bildinhalt.**
- **Hauptteil:** Beschreibt zunächst das **Hauptmotiv** und geht dann auf die **Einzelheiten** ein. Beschreibt in einer **sinnvollen Reihenfolge** von der linken zur rechten Bildhälfte, von oben nach unten oder von vorn (Vordergrund) über die Mitte nach hinten (Hintergrund). Macht auch Angaben zur **Farbgestaltung.**
- **Schluss:** Beschreibt, welche **Stimmung** das Bild vermittelt und wie es auf euch wirkt.
- Formuliert **sachlich** im **Präsens** (▶ S. 287).

Einen Vorgang beschreiben

▶ S. 66–67

- **Einleitung:** Nennt die notwendigen **Materialien oder Bestandteile.**
- **Hauptteil:** Beschreibt Schritt für Schritt den **Ablauf** des Vorgangs.
- **Schluss:** Gebt **weitere Hinweise oder Erklärungen** zum Vorgang.
- Verdeutlicht die **Reihenfolge** der Schritte mit Wörtern wie *zuerst, anschließend, nun.*
- Formuliert **sachlich und genau** im **Präsens.** Wechselt zwischen **Aktiv- und Passivformen** (▶ S. 288).

Eine Situation oder Stimmung schildern

▶ S. 159–160

Wenn man eine Situation oder Stimmung schildert, versucht man, **mit Worten ein anschauliches und lebendiges Bild** zu malen, z. B. von bestimmten Reiseerlebnissen.
Dabei werden **Sinneswahrnehmungen** (was man sieht, hört, riecht, schmeckt, fühlt) sowie Gedanken und Gefühle der Beteiligten genau beschrieben.

- Für Schilderungen verwendet man **ausdrucksstarke Verben** und **anschauliche Adjektive.**
- Häufig werden auch **sprachliche Bilder** (▶ S. 279), beispielsweise Vergleiche mit *wie,* eingesetzt.
- Äußerungen von Beteiligten über ihre Eindrücke, Gedanken und Gefühle kann man in **direkter Rede** (▶ S. 292) wiedergeben.
- Zum Schildern wird meistens das **Präsens** (▶ S. 287) verwendet.

Eine Inhaltsangabe zu einem literarischen Text schreiben

▶ S. 109–116

In einer Inhaltsangabe fasst man den Inhalt eines Textes **knapp und sachlich** zusammen.

Aufbau einer Inhaltsangabe

- In der **Einleitung** werden die Textsorte (z. B. Kalendergeschichte, Fabel, Märchen), der Titel, das Erscheinungsjahr, der Name der Autorin / des Autors und das Thema genannt.
- Im **Hauptteil** stellt man die wichtigen Handlungsschritte in der richtigen Reihenfolge kurz dar.
- Im **Schlussteil** wird die Textabsicht oder die Lehre der Geschichte formuliert.

Sprache

- Inhaltsangaben formuliert man **sachlich** und möglichst **mit eigenen Worten** im **Präsens** (▶ S. 287).
- Man vermeidet ausschmückende oder wertende Ausdrücke.
- Äußerungen von Figuren gibt man in der **indirekten Rede** (nicht wörtlich) wieder, z. B.:
  „Was geht es dich an?", fragte er den Freund. → *Er fragte den Freund, was es ihn angehe.*
  Das Verb steht in der indirekten Rede im **Konjunktiv I: Verbstamm + *e* + Personalendung,** z. B.:
  ich solle, du sollest, er solle, wir sollen, ihr sollet, sie sollen.

Einen Aufruf verfassen

▶ S. 271–272

In einem Aufruf werden Leser dazu aufgefordert, etwas zu tun oder etwas zu unterlassen.

- Gebt in einer **Überschrift** an, worum es geht.
- Informiert kurz über die **Hintergründe** und formuliert deutlich das **Ziel** des Aufrufs.
- Verwendet **höfliche Formulierungen** und **Verben im Imperativ** (▶ S. 288), z. B.: *Helft mit!*

Lesen – Umgang mit Texten und Medien

Epik: Erzählende Texte (Roman, Jugendbuch)

▶ S. 70–76, 79–96

Zu **erzählenden Texten** (Epik) gehören beispielsweise Märchen, Fabeln, Sagen, Lügengeschichten, Kalendergeschichten, aber auch Romane bzw. Jugendromane.
Folgende Elemente sind für erzählende Texte kennzeichnend:

Erzählperspektive

▶ S. 81

In Geschichten kann aus unterschiedlichen Perspektiven (Sichtweisen) erzählt werden:

- Der **Ich-Erzähler** ist selbst als handelnde Figur in das Geschehen eingebunden.
  Er schildert die Ereignisse aus einer persönlichen Sicht. Dabei verwendet er die Ich-Form, z. B.: *Aus der Ferne sah ich Camp Green Lake vor mir auftauchen.*
- Der **allwissende (auktoriale) Erzähler** ist Vermittler der Geschichte.
  Er hat einen Überblick über das gesamte Geschehen und kann Handlungen kommentieren, in die Figurenwelt eingreifen oder beobachtend berichten.
  Dabei verwendet er die Er- oder Sie-Form, z. B.: *Jetzt fragt sich der Leser vermutlich: Aus welchem Grund sollte irgendjemand auf die Idee verfallen, nach Camp Green Lake zu kommen? Die Antwort ist: Die meisten Bewohner hatten gar keine andere Wahl.*
  Achtung: Der allwissende Erzähler ist nicht mit der Persönlichkeit des Autors identisch.

Figuren

▶ S. 72–76, 82–83, 87

- Die **Personen, Tiere oder Fantasiewesen,** die in einer Geschichte handeln, nennt man **Figuren.**
  Sie haben ein bestimmtes **Aussehen,** bestimmte **Eigenschaften, Gefühle, Gedanken und Absichten.**
- In vielen Geschichten gibt es eine **Hauptfigur,** über die der Leser besonders viel erfährt.

Eine literarische Figur charakterisieren

Um eine Geschichte zu verstehen, sollte man ein klares Bild von den einzelnen Figuren haben.

- In einer **Figurencharakteristik** beschreibt man eine Figur in ihrer Eigenart näher.
- Dabei geht man auf folgende Punkte ein: **Lebensumstände, Aussehen, Verhalten, Eigenschaften, Verhältnis** zu anderen Figuren und die **Entwicklung der Figur.**
- Charakteristiken verfasst man im **Präsens** (▶ S. 287).

Schauplatz und Atmosphäre

▶ S. 81

Die **Handlung** in einer Geschichte oder in einem Roman spielt an bestimmten **Schauplätzen (Orten).** Diese verraten häufig etwas über die **Atmosphäre,** also die **Stimmung** in der Geschichte oder dem Roman.
Eine heiße, trockene Wüste kann beispielsweise eine bedrückende Atmosphäre hervorrufen.
Das Vorkommen gefährlicher Tiere wie Schlangen und Skorpione kann Ängste wecken.

Zu erzählenden Texten schreiben

Die Handlung einer Erzählung zusammenfassen

▶ S. 86

- In einer Zusammenfassung nennt man die **Schauplätze (Orte)** und die **Figuren** und geht auch kurz auf die **Atmosphäre** in der Erzählung ein.
- Die einzelnen **Handlungsschritte** werden kurz **mit eigenen Worten** wiedergegeben. Dabei muss man auf die **Reihenfolge** des Geschehens achten.
- Zusammenfassungen werden **sachlich** und im **Präsens** (▶ S. 287) formuliert.

Einen inneren Monolog verfassen

▶ S. 91, 95–96

Ein innerer Monolog ist ein **stummes Selbstgespräch einer Figur** in einer bestimmten Situation. Wenn ihr die Gedanken der Figur als inneren Monolog aufschreibt, könnt ihr sie und ihre Situation besser verstehen.

- Versetzt euch in die Figur hinein: Fühlt mit ihr und denkt ihre möglichen Gedanken.
- Verwendet für innere Monologe ...
  - die **Ich-Form** und das **Präsens** (▶ S. 287), z. B.: *Ich muss mir dringend etwas überlegen.*
  - **Ausrufe und Fragen,** z. B.: *Das darf doch nicht wahr sein! Warum hilft uns niemand?*
  - **Wiederholungen** als Verstärkung, z. B.: *Es schmeckt köstlich, köstlich, köstlich!*
  - **Gedankensprünge,** z. B.: *Ob sie mich wohl ... nein, das kann ich mir nicht vorstellen.*
  - **Umgangssprache,** z. B.: *Er ist ein echt gemeiner Hund!*
- Achtet darauf, dass die Sprache, die ihr wählt, zur **Figur** und zur **Textvorlage** passt.

Einen Tagebucheintrag verfassen

▶ S. 93

In dem Tagebucheintrag einer literarischen Figur gibt man aus der Sicht und mit den Worten der Figur wieder, was diese **erlebt hat.**

- Man beschreibt die **Gedanken und Gefühle** der Figur zum **Geschehen** oder zu **anderen Figuren.**
- Dabei verwendet man **Ausrufe, Fragen, Wiederholungen, umgangssprachliche Ausdrücke.** Die gewählte Sprache muss zu der Figur passen.
- Man schreibt in der **Ich-Form.**

Kalendergeschichten

▶ S. 98–104

Kalendergeschichten sind **kurze Geschichten,** die **unterhalten und belehren** sollen. Ihr Name beruht darauf, dass sie früher (im 17. bis 19. Jh.) in Jahreskalendern veröffentlicht wurden.

- Inhalt der Geschichten sind **ungewöhnliche oder lustige Geschehnisse** im Leben meist einfacher Menschen (z. B. Erlebnisse von Dienern mit ihren Herren).
- Die Geschichten enthalten meist eine **überraschende Wendung (Pointe).**
- Sie sollen die Leser **zum Nachdenken anregen,** denn sie zeigen, welche Stärken und welche Schwächen Menschen haben können.
- Oft wird auch eine **Lehre** formuliert. Diese zeigt, wie man die Geschichte auf das eigene Leben beziehen kann.

Lyrik: Gedichte

Die äußere Gedichtform – Der Vers, die Strophe, der Reim

▶ S. 118–121

- Bei einem Gedicht nennt man eine einzelne Zeile **Vers.**
- Mehrere Verse zusammen ergeben eine **Strophe.**
- Viele Gedichte haben **Reime.** Wörter reimen sich, wenn der letzte betonte Vokal und die folgenden Buchstaben gleich klingen, z. B.: *Winterhose – Butterdose.*
  Man unterscheidet folgende Reimformen:

Paarreim:		**Kreuzreim:**		**umarmender Reim:**	
gut	a	platscht	a	Land	a
Mut	a	fein	b	Sonne	b
Haus	b	klatscht	a	Wonne	b
Maus	b	dein	b	Rand	a

Das Metrum (Versmaß)

▶ S. 136

Wenn sich in einem Gedicht aus dem Wechsel von unbetonten (X) und betonten (X́) Silben ein regelmäßiges Muster ergibt, nennt man dies das Versmaß (Metrum). Man unterscheidet:

- **Jambus** (X X́): unbetont – betont *(Sie-schwíe-gen-láng-die-Són-ne-glómm)*
- **Trochäus** (X́ X): betont – unbetont *(Hát-der-ál-te-Hé-xen-méis-ter)*
- **Daktylus** (X́ X X): betont – unbetont – unbetont *(Pfíngs-ten-das-líeb-li-che-Fést-war-ge-kóm-men)*
- **Anapäst** (X X X́): unbetont – unbetont – betont *(Wie-mein-Glǘck-ist-mein-Líed)*

Bildhafte Sprache

▶ S. 124

Sprachliche Bilder gestalten den Inhalt von Gedichten besonders anschaulich.
Man unterscheidet verschiedene Formen sprachlicher Bilder:

- Bei einer **Metapher** wird ein Wort nicht wörtlich, sondern in einer übertragenen (bildlichen) Bedeutung verwendet, z. B.: *Nussschale* für ein kleines Boot, *Suppe* für Nebel.
- Bei einer **Personifikation** tun Dinge etwas wie Menschen, z. B.: *die Sonne lacht.*
- Bei einem **Vergleich** werden zwei Vorstellungen durch *wie* verbunden, z. B.: *schwarz wie die Nacht, stark wie ein Löwe, weinen wie ein Kind.*

Balladen

▶ S. 118–121

Balladen sind meist **längere Gedichte** über ungewöhnliche oder spannende **Ereignisse.**

- Balladen stellen **eine Mischform aus Gedicht, Erzählung und Theaterstück** dar:
  - Wie Gedichte bestehen sie meistens aus **Strophen und Versen,** die sich **reimen.**
  - Wie in einer Erzählung erzählt ein **Erzähler** eine **spannende Handlung,** die sich bis zum Höhepunkt steigert und zum Schluss aufgelöst wird.
  - Wie in einem Theaterstück (Drama) steht im Mittelpunkt der Handlung ein **Konflikt.**
- Viele Balladen enthalten auch **Dialoge (wörtliche Rede).**

Sachtexte

▶ S. 180–181

- Sachtexte sind beispielsweise Berichte, Reportagen, Personen-, Gegenstands- und Vorgangsbeschreibungen.
- Sie unterscheiden sich von literarischen Texten (z. B. einer Kalendergeschichte oder einem Gedicht) dadurch, dass sie sich vorwiegend mit **wirklichen (realen) Ereignissen** und **Vorgängen** beschäftigen und **sachlich informieren.**

Die Fünf-Schritt-Lesemethode

▶ S. 181

- **1. Schritt:** Lest zuerst die **Überschrift** und betrachtet die **Abbildungen zum Text.** Vermutet, worum es in dem Text gehen könnte. Überlegt, was ihr über dieses Thema bereits wisst.
- **2. Schritt:** Lest den Text einmal zügig durch und verschafft euch einen **Überblick** über den Inhalt. Bestimmt das **Thema** des Textes.
- **3. Schritt:** Lest den Text ein zweites Mal gründlich. Klärt **unbekannte Wörter** durch Nachdenken, Nachfragen oder Nachschlagen. Markiert oder notiert **Schlüsselwörter.**
- **4. Schritt:** Gliedert den Text in **Sinnabschnitte** und formuliert **Zwischenüberschriften.**
- **5. Schritt: Fasst** den Inhalt des Textes mit euren eigenen Worten **zusammen:**
  In dem Sachtext „…" von … aus dem Buch / aus der Zeitschrift … geht es um … Man erfährt in dem Text …

Reportagen

▶ S. 156–160

Anders als ein sachlicher Bericht soll eine Reportage nicht nur **informieren,** sondern auch **unterhalten.** Die Leser sollen sich das Ereignis möglichst anschaulich und lebendig vorstellen können.

- Oft sind die **Verfasser** der Reportagen persönlich bei dem Ereignis dabei gewesen.
- Reportagen enthalten meistens **berichtende und schildernde Textstellen:**
  - **Berichtende Stellen** geben **sachliche Informationen** (Antworten auf die W-Fragen).
  - In **schildernden Stellen** werden **Sinneswahrnehmungen** (was man sieht, hört, riecht, schmeckt, fühlt) sowie **Gedanken und Gefühle** der Beteiligten genau beschrieben.
    Folgende **Stilmittel** werden dazu verwendet:
    - Formulierungen mit **ausdrucksstarken Verben** und **anschaulichen Adjektiven,**
    - **sprachliche Bilder,** beispielsweise Vergleiche mit *wie,*
    - Wiedergabe von **wörtlicher Rede.**
- Reportagen werden in Zeitungen und Zeitschriften veröffentlicht. Auch im Fernsehen gibt es das Format *Reportage.*

Grafiken (Diagramme, Karten, Tabellen)

▶ S. 161–162

Grafiken können Diagramme (Balken-, Kreis-, Säulendiagramm), Karten oder Tabellen sein. Mit ihrer Hilfe werden **Informationen übersichtlich veranschaulicht.** So entschlüsselt ihr sie:

- Formuliert zuerst, **worum es in der Grafik geht.**
  Nutzt dazu die **Überschrift** der Grafik und die **Legende.** In der Legende werden Zeichen erklärt oder verwendeten Farben bestimmte Begriffe oder Maßeinheiten zugeordnet.

- Vergleicht die **Zahlenangaben.** Achtet dabei auf besonders hohe oder niedrige, ähnliche oder abweichende Zahlenwerte.
- Zieht zum Schluss ein **Fazit** mit dem wichtigsten Ergebnis, z. B.: *Das Schaubild zeigt, dass ... / Aus dem Schaubild geht hervor, dass ...*

Dramatik: Theaterstücke

► S. 140–152

Merkmale von Theaterstücken

► S. 142–145, 148

- Menschen und Gestalten, die in einem Theaterstück vorkommen, nennt man **Figuren.**
- In Theaterstücken haben oft zwei oder mehr Figuren unterschiedliche Ziele und Interessen. Den Gegensatz dieser Ziele und Interessen, aus dem Streit entsteht, nennt man **Konflikt.** Durch den Konflikt entsteht die **Spannung** in einem Theaterstück.
- Die Handlung wird durch Dialoge und Monologe der Figuren dargestellt:
  - Bei einem **Dialog** (griechisch: *dio* = zwei; *logos* = die Rede) führen zwei oder mehr Figuren ein Gespräch.
  - Bei einem **Monolog** (griechisch: *monos* = allein; *logos* = die Rede) spricht eine Figur allein mit sich selbst.
- **Regieanweisungen** in Bühnentexten geben den Schauspielern Hinweise darauf, wie sie in ihrer Rolle sprechen und wie sie sich auf der Bühne bewegen und verhalten sollen.

Ein Theaterstück spielen

► S. 142–143, 150–153

- Wenn Schauspieler eine Figur in einem Theaterstück darstellen, spielen sie eine **Rolle.**
- Informationen zum Aussehen und zu den Charaktereigenschaften der Figuren kann man auf **Rollenkarten** festhalten.
- Neben den Dialogen und Monologen setzen die Schauspieler auch Mimik und Gestik ein, um die Handlung darzustellen.
  - Mit **Mimik** ist der Gesichtsausdruck eines Schauspielers gemeint.
  - Mit **Gestik** bezeichnet man die Körperhaltung und alle Bewegungen des Schauspielers.
- **Requisiten** sind bewegliche Gegenstände, die zur Ausstattung der Szene dienen.
- **Improvisieren** bedeutet, eine Szene spontan ohne Textvorgabe zu spielen.

Hörspiele

► S. 133

Bei einem Hörspiel muss **alles,** was die Zuhörer erfahren sollen, **hörbar gemacht werden.** Die Zuhörer sehen keine Figuren wie bei einem Theaterstück und lesen auch nichts mit.

- Was die **Figuren** sehen, denken und fühlen, erfährt man durch deren **Gespräche (Dialoge)** und **Selbstgespräche (Monologe).** Manchmal führt auch ein **Erzähler** durch das Geschehen.
- Das **Hintergrundgeschehen und die Stimmungen** werden insbesondere durch **Geräusche** (z. B.: Donner, Glockenschlagen, Ausrufe oder Stimmengewirr) und **Musik** dargestellt.

Werbung

▶ S. 172–179

Arten von Werbung

▶ S. 172–173

- Das grundsätzliche Ziel von Werbung ist, unser **Verhalten zu beeinflussen.**
- Man unterscheidet folgende **Arten von Werbung:**
  - **Imagewerbung** verfolgt das Ziel, den Ruf (engl. *image*) einer Marke oder eines Unternehmens zu verbessern. Wir sollen ein Unternehmen wichtig und nützlich finden.
  - Eine **Mitmachkampagne** fordert dazu auf, bei etwas mitzumachen, beispielsweise den Müll zu trennen, zur Wahl zu gehen oder Blut zu spenden.
  - **Produktwerbung** soll uns dazu bringen, ein bestimmtes Produkt zu kaufen.

Funktionsweise von Werbung (AIDA-Formel)

▶ S. 173

- Werbeanzeigen funktionieren oft nach der **AIDA**-Formel:
  - **A**ttention (Aufmerksamkeit): Zuerst soll die Aufmerksamkeit des Betrachters gewonnen werden, z. B. durch ein witziges Bild oder eine grelle Farbe.
  - **I**nterest (Interesse): Danach soll sein Interesse geweckt werden, z. B. durch einen Text.
  - **D**esire (Wunsch, Begierde): Schließlich soll beim Betrachter der Wunsch entstehen, das Produkt zu kaufen, z. B. indem bestimmte Vorteile des Produkts genannt werden.
  - **A**ction (Handlung): Der Betrachter wird motiviert, aktiv zu werden und das Produkt bald zu kaufen, z. B. durch befristete Sonderangebote.

Aufbau von Werbeanzeigen

▶ S. 174

- Werbeanzeigen werden meist nur wenige Sekunden lang wahrgenommen. Deshalb müssen sie **auf das Wesentliche reduziert** und **einprägsam** sein.
- Werbeanzeigen enthalten meistens folgende Bestandteile:
  - **eine Headline:** Überschrift oder Schlagzeile, die den Betrachter aufmerksam machen soll,
  - **Bilder:** Fotos vom Produkt oder von Dingen, die mit dem Produkt in Verbindung gebracht werden sollen,
  - **Kurzinformationen:** Sätze oder Schlagwörter, die das Produkt näher beschreiben oder Zusatzinformationen zum Produkt geben,
  - **einen Slogan:** einprägsamer Werbespruch, der fest zu einer Marke oder Firma gehört, z. B: *Just do it!* (Nike); *Come in and find out* (Douglas),
  - **ein Logo:** Darstellung des Firmennamens.

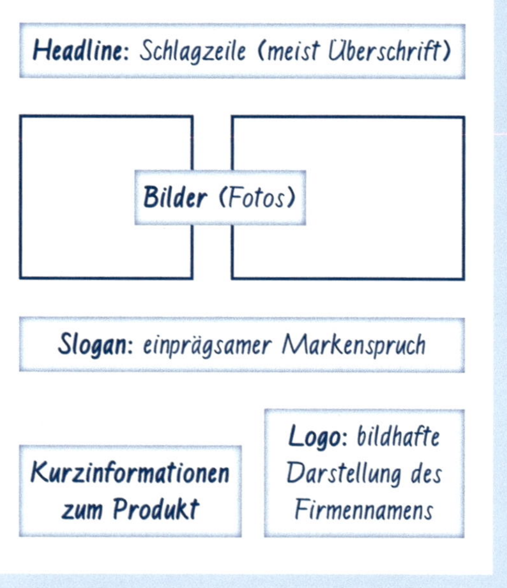

Ausrichtung von Werbung auf Zielgruppen

▶ S. 175

- Werbung ist meist auf eine bestimmte **Zielgruppe** ausgerichtet, z. B. auf Jugendliche, preisbewusste Kunden, sportbegeisterte Menschen oder auf die Bewohner einer Stadt.
- Die **Farbgestaltung** spielt in der Werbung eine wichtige Rolle. Sie richtet sich nach dem Produktimage oder der Zielgruppe.
  Die Farbe Hellblau steht beispielsweise für Babys, aber auch für Reinheit und Sauberkeit. Grün steht für Natürlichkeit und Schwarz für Stärke, Exklusivität oder das Geheimnisvolle.

Sprachliche Mittel der Werbung

▶ S. 176

Damit Werbebotschaften in Erinnerung bleiben, ist die **Sprache der Werbung** auffällig und einprägsam. Typische **sprachliche Mittel** der Werbung sind:

- Ausdrücke aus dem Englischen (Anglizismen), z. B.: *Always Coca-Cola!*
- Wortneuschöpfungen (Neologismen), z. B.: *unkaputtbar.*
- Umwandlung von bekannten Redewendungen, z. B.: *Die klügere Zahnbürste gibt nach.*
- Reime, z. B.: *Wer Swiffer benutzt, hat clever geputzt.*
- Vergleiche, z. B.: *So unvergleichlich wie der Sommer.*
- Alliterationen (Wörter mit gleichem Anfangslaut), z. B.: *Spiel, Spaß und Spannung.*
- Ellipsen (Auslassung von Satzteilen, die leicht ergänzt werden können), z. B.: *Nikon Kamera. Automatisch gut. Weil von Nikon.*
- Zweierfiguren oder Dreierfiguren (Ausdruck aus zwei oder drei Elementen, die alle gleich aufgebaut sind), z. B.: *Mehr Konzept. Mehr Erfolg.; Bigger, better, Burger King.*
- Imperative (Befehlsformen der Verben, ▶ S. 288), z. B.: *Zalando – Freu dich!*
- Fragen, z. B.: *Wohnst du noch oder lebst du schon?*

Radiowerbung

▶ S. 178

- Radiowerbung nehmen wir ausschließlich über das Hören wahr. Zur Gestaltung von Radiospots werden verschiedene **Stimmen, Musik und Geräusche** verwendet.
- Oft werden auch kurze, einprägsame **Erkennungsmelodien** eingesetzt. Diese nennt man **Jingles.**

Werbung im Internet

▶ S. 179

- Bei Werbeanzeigen auf Internetseiten unterscheidet man:
  - **statische oder animierte Werbebanner:** Werbebilder in unterschiedlichen Größen, z. B. mit bewegter Grafik, auf der Internetseite selbst oder am Bildschirmrand,
  - **Videowerbung:** Banner, die kleine Filme enthalten,
  - **Layer:** größere Bilder oder Filme, die sich wie eine Folie über die Seite legen,
  - **Textanzeigen:** Textwerbung, die im Umfeld von Suchergebnissen eingeblendet wird.
- Die Anzeigen sollen möglichst oft angeklickt werden und die Nutzer auf bestimmte Seiten leiten. Sie sind meistens auf das **Nutzerverhalten** im Internet abgestimmt.

Werbespots (Film, Fernsehen)

▶ S. 183–186

Kameraeinstellung und Kameraperspektive

▶ S. 184

In Werbespots werden folgende filmische Mittel eingesetzt, um bestimmte Wirkungen zu erzielen:

- Die **Einstellungsgröße** legt die Größe des Bildausschnitts fest. Man unterscheidet:

Totale
Die Figuren werden in ihrer Umgebung gezeigt. Man erhält einen Überblick über den gesamten Schauplatz.

Halbnahaufnahme
Gegenstände werden aus mittlerer Nähe gezeigt, Figuren ab der Hüfte aufwärts. Man erkennt die unmittelbare Umgebung.

Großaufnahme
Man sieht den Kopf der Figur. Ihr Gesichtsausdruck (Mimik) vermittelt ihre Stimmung.

  Je kleiner der **Bildausschnitt** ist, desto näher scheint der Betrachter am Geschehen zu sein. Je nachdem, wie nah die Kamera an das Geschehen heranführt oder wie weit sie entfernt bleibt, entstehen unterschiedliche **Wirkungen.**
- Der Standpunkt der Kamera und damit verbunden ihr **Blickwinkel** wird als **Kameraperspektive** bezeichnet. Man unterscheidet zwischen **Vogelperspektive, Normalperspektive** und **Froschperspektive.**

Schnitt und Montage in Filmen

▶ S. 185

Nach den Dreharbeiten mit der Kamera folgt die Bearbeitung des Filmmaterials: der Filmschnitt und die Montage.

- Beim **Schnitt** wird das Filmmaterial in einzelne Szenen zerlegt. Überflüssige Szenen werden herausgeschnitten.
- Bei der anschließenden **Montage** werden die einzelnen Szenen neu angeordnet. Je nachdem, wie die einzelnen Filmszenen aneinandergefügt (montiert) werden, wird die Handlung des Films erzählt und dramaturgisch gestaltet. Man kann beispielsweise:
  - Handlungen, die zeitgleich an verschiedenen Orten spielen, gleichzeitig zeigen, indem man zwischen den Szenen hin- und herspringt, z. B.: *Ein Einbrecher knackt einen Tresor. – Schnitt: Die Polizei nähert sich. – Schnitt: Der Einbrecher lauscht. – Schnitt: ...*
  - in einer Rückblende ein Ereignis aus der Vergangenheit zeigen, z. B.: *Eine erwachsene Figur erinnert sich. – Schnitt: Die Kindheit der Figur wird gezeigt.*

Nachdenken über Sprache

Wortarten

Nomen (Hauptwörter)

▶ S. 190

Mit **Nomen** werden **Dinge, Lebewesen, Gedanken und Ideen** bezeichnet.

- Nomen werden **großgeschrieben.**
- Man kann sie mit Hilfe von **Proben** erkennen:
  - **Artikelprobe:** Vor Nomen kann man einen Artikel setzen, z. B.: *Das Feuer ist gefährlich.* Achtung: Manche Artikel sind mit einer Präposition verschmolzen, z. B.: *am (an + dem).*
  - **Adjektivprobe:** Oft stehen Adjektive vor Nomen, z. B.: *der helle Funke.*
  - **Zählprobe:** Einige Nomen werden von Zahlwörtern begleitet, z. B.: *viele Jahre.*
- In Sätzen erscheinen Nomen immer in einem bestimmten Kasus (in einem Fall):

Nominativ Wer oder was ...?	**Genitiv** Wessen ...?	**Dativ** Wem ...?	**Akkusativ** Wen oder was ...?
der Vulkan	*des Vulkans*	*dem Vulkan*	*den Vulkan*
das Feuer	*des Feuers*	*dem Feuer*	*das Feuer*
die Sonne	*der Sonne*	*der Sonne*	*die Sonne*

Pronomen (Fürwörter)

▶ S. 191

Pronomen können **Nomen ersetzen oder begleiten.** Man unterscheidet folgende **Pronomenarten:**

- **Personalpronomen** *(ich, du, er, sie, es, wir, ihr, sie)* sind Stellvertreter für Nomen, z. B.:
  Es gibt viele aktive Vulkane. ~~Viele aktive Vulkane~~ Sie liegen unter der Wasseroberfläche.
  Mit Hilfe dieser Pronomen kann man Wiederholungen vermeiden und Texte lesbarer und flüssiger gestalten.
  Personalpronomen treten wie Nomen in verschiedenen Fällen auf:

Nominativ	*ich*	*du*	*er/sie/es*	*wir*	*ihr*	*sie*
Dativ	*mir*	*dir*	*ihm/ihr/ihm*	*uns*	*euch*	*ihnen*
Akkusativ	*mich*	*dich*	*ihn/sie/es*	*uns*	*euch*	*sie*

- **Possessivpronomen** wie *mein, dein, sein, ihr, unser, euer* geben an, zu wem etwas gehört, z. B.: *seine Erfindung, ihr Sieg.*
  Sie begleiten meistens Nomen und stehen dann im gleichen Kasus, z. B.:
  mein Gewinn (Nom.), *meines Gewinnes* (Gen.), *meinem Gewinn* (Dat.), *meinen Gewinn* (Akk.).
- **Demonstrativpronomen** weisen besonders deutlich auf eine Person, eine Sache oder einen Umstand hin und werden beim Sprechen betont, z. B.:
  Wer ist dieser Mann? Den/Diesen kenne ich nicht.

Präpositionen (Verhältniswörter)

▶ S. 192–193

- Wörter wie *auf, in, nach, vor, seit* nennt man Präpositionen. Sie geben häufig **räumliche oder zeitliche Verhältnisse** an, z. B.: *auf dem Tisch, unter dem Tisch, seit drei Tagen, in drei Tagen.*
- Außerdem stehen manche **Verben** immer zusammen **mit bestimmten Präpositionen,** z. B.: *achten auf* (+ Akkusativ), *anfangen mit* (+ Dativ), *warnen vor* (+ Dativ).
- Nach einer Präposition folgt immer ein bestimmter Kasus (Fall):
  - **Präpositionen mit Genitiv:** *wegen, während, innerhalb, unterhalb, oberhalb, trotz, infolge,*
  - **Präpositionen mit Dativ:** *mit, nach, bei, von, zu, aus, außer, seit,*
  - **Präpositionen mit Akkusativ:** *durch, für, ohne, um, gegen.*
  - Nach den **Wechselpräpositionen** *an, auf, hinter, neben, in, über, unter, vor, zwischen* folgt bei der Frage *Wo?* der Dativ oder bei der Frage *Wohin?* der Akkusativ.

Adjektive (Eigenschaftswörter)

▶ S. 194

- Adjektive machen Texte **anschaulich und lebendig,** da sie jemanden oder etwas genau **beschreiben,** z. B.: die *helle Glut, die gierigen Flammen.*
- Die meisten Adjektive kann man steigern, z. B.: *heiß* (Positiv) – *heißer* (Komparativ) – *am heißesten* (Superlativ).
- Als Begleiter des Nomens hat das Adjektiv nach bestimmtem Artikel die Endung *-e* oder *-en:*

Nominativ Wer oder was ...?	**Genitiv** Wessen ...?	**Dativ** Wem ...?	**Akkusativ** Wen oder was ...?
der große Vulkan	*des großen Vulkans*	*dem großen Vulkan*	*den großen Vulkan*
das heiße Feuer	*des heißen Feuers*	*dem heißen Feuer*	*das heiße Feuer*
die helle Sonne	*der hellen Sonne*	*der hellen Sonne*	*die helle Sonne*

Adverbial verwendete Adjektive

▶ S. 201

- Adjektive können nicht nur Nomen genauer beschreiben, sondern auch Verben ergänzen, z. B.: *Er ist ein <u>vorsichtiger</u> Mann. – Er zündet das Feuer <u>vorsichtig</u> an.*
- In vielen Sprachen wird dieser adverbiale Gebrauch des Adjektivs auch äußerlich gekennzeichnet: Das Adjektiv erhält eine Adverb-Endung, z. B. im Englischen: *He is a <u>careful</u> man. He lights the fire <u>carefully</u>.*

Verben (Tätigkeitswörter)

▶ S. 195–199

- Verben geben an, **was jemand tut** (z. B. *lachen*) oder **was geschieht** (z. B. *regnen*).
- Der **Infinitiv** (die Grundform) eines Verbs endet immer auf *-(e)n.*
- Wenn ein Verb in einem Satz verwendet wird, bildet man die **Personalform des Verbs.** Das nennt man konjugieren, z. B.: *ich lache, du lachst, er lacht, wir lachen, ihr lacht, sie lachen.*
- Verben kann man in verschiedenen **Zeitformen** (Tempora) verwenden, z. B. in der Gegenwartsform (Präsens), in Vergangenheitsformen (Präteritum, Perfekt, Plusquamperfekt) oder in der Zukunftsform (Futur).

Zeitform der Gegenwart: Präsens

- Das Präsens wird meist verwendet, wenn man sagen will, dass etwas **jetzt geschieht,** z. B.: *Er schreibt gerade einen Brief.*
- Es wird auch benutzt, um **Gewohnheiten** oder **Dauerzustände** zu beschreiben oder **Aussagen** zu treffen, **die immer gelten,** z. B.: *Suppe isst man mit dem Löffel.*

Zeitformen der Vergangenheit: Präteritum, Perfekt, Plusquamperfekt

▶ S. 195–196

Präteritum (einfache Vergangenheitsform)
- Das Präteritum verwendet man in der Regel, wenn man **schriftlich** über etwas Vergangenes erzählt oder berichtet.
- Bei **schwachen Verben** erkennt man die **Präteritumform** am ***t*** zwischen Wortstamm und Personalendung: *lachen – ich lachte, er lachte, wir lachten.*
- Bei **starken Verben** verändert sich der Vokal im Wortstamm, wenn man die Präteritumform bildet, z. B.: *singen – ich sang, er sang, wir sangen.*

Perfekt (zusammengesetzte Vergangenheitsform)
- Das Perfekt verwendet man in der Regel für **mündliches** Erzählen oder Berichten.
- Die **Perfektform** von Verben besteht immer aus zwei Teilen:
  Präsensform von *haben* oder *sein* + Partizip II, z. B.: *wir haben gelacht, wir sind gegangen.*
- Bei **starken Verben** verändert sich der Vokal im Wortstamm, wenn man das Partizip II bildet, z. B.: *gehen – gegangen, singen – gesungen.*

Plusquamperfekt (Vorvergangenheit)
- Wenn etwas **zeitlich vor dem** passierte, wovon im Präteritum oder im Perfekt gesprochen wird, verwendet man das Plusquamperfekt, z. B.:
  Nachdem wir lange genug gewartet hatten, (zeitlich frühere Handlung) *sahen wir den Feuerregen.* (zeitlich spätere Handlung in der Vergangenheit)
- So bildet man das Plusquamperfekt:
  Präteritumform von *haben* oder *sein* + Partizip II, z. B.:
  Der Vulkan war ausgebrochen. Jemand hatte davor gewarnt.
- Bei **starken Verben** verändert sich der Vokal im Wortstamm, wenn man das Partizip II bildet, z. B.: *ausbrechen – ausgebrochen.*

Zeitformen der Zukunft: Präsens und Futur I

- Mit der Zeitform **Futur I** drückt man **Zukünftiges** aus, z. B.: *Ich werde den Mond besuchen.*
- Das Futur I wird gebildet aus der **Präsensform von *werden* + Infinitiv (Grundform),** z. B.: *ich werde besuchen.*
- Man kann auch im **Präsens** über die Zukunft sprechen. Dann verwendet man oft zusätzlich **Zeitangaben** wie *zukünftig, bald* oder *nächste Woche,* z. B.: *Bald besuche ich dich.*

Aktiv und Passiv

▶ S. 197–199

Aktiv und Passiv sind **Formen von Verben,** die ein Geschehen unterschiedlich darstellen:

- Im **Aktiv** wird betont, wer etwas tut oder handelt, z. B.: *Der Junge legt das Feuer.*
- Im **Passiv** steht die Handlung im Mittelpunkt, z. B.: *Das Feuer wird gelegt.*
- So wird das Passiv gebildet: **Personalform des Hilfsverbs *werden* + Partizip II:**

	Aktiv	**Passiv**
Präsens:	*ich rufe*	*ich werde gerufen*
Präteritum:	*ich rief*	*ich wurde gerufen*
Perfekt:	*ich habe gerufen*	*ich bin gerufen worden*
Plusquamperfekt:	*ich hatte gerufen*	*ich war gerufen worden*

- Mit dem **Passiv** kann man den **Handelnden (den Täter) verschweigen,** wenn er nicht wichtig oder unbekannt ist (z. B. in Vorschriften, Versuchen, Rezepten, Spielanleitungen).
  Man kann den Handelnden aber auch im Passivsatz mit *von* oder *durch* angeben, z. B.:
  Das Feuer wird von dem Jungen gelegt.

Imperativ (Befehlsform)

▶ S. 16–17

- Wenn man eine Person zu etwas auffordert, verwendet man ein Verb im **Imperativ Singular.**
  Bildung: **Verbstamm,** z. B.: *Komm! Lauf!*
  Manchmal wird die Endung *-e* angehängt oder es ändert sich der Stammvokal, z. B.: *Rede! Hilf! Gib!*
- Wenn man mehrere Personen zu etwas auffordert, verwendet man den **Imperativ Plural.**
  Bildung: **Verbstamm + (e)t,** z. B.: *Kommt! Lauft! Redet! Helft! Gebt! Nehmt!*
- Bei der **höflichen Anrede** verwendet man die **Höflichkeitsform des Imperativs,** z. B.:
  Kommen Sie bitte! Laufen Sie bitte! Reden Sie bitte! Helfen Sie bitte! Geben Sie bitte!

Adverbien (Umstandswörter)

▶ S. 200

- Adverbien machen **nähere Angaben zu einem Geschehen.**
  Sie erklären genau, *wo, wann, wie* oder *warum* etwas geschieht, z. B.:
  Ein Feuer kann überall ausbrechen. Gestern hat es bei uns fast gebrannt.
- Adverbien sind im Gegensatz zum Adjektiv **nicht veränderbar.** Sie haben keine Kasus-Endungen, und man kann sie nicht steigern.

Konjunktionen (Bindewörter, Verknüpfungswörter)

▶ S. 212, 217

- Konjunktionen **verbinden Sätze oder Teile von Sätzen.**
- **Hauptsatzkonjunktionen** wie *und, oder, aber, denn, sondern* verbinden Hauptsätze zu Satzreihen, z. B.:
  Ich lese gern und ich treffe gern meine Freunde.
- **Nebensatzkonjunktionen** wie *weil, da, obwohl, als, nachdem, dass* verbinden Hauptsätze mit Nebensätzen zu Satzgefügen, z. B.: *Ich lese gern, weil ich dabei neue Welten entdecken kann.*

Wortbildung: Wortzusammensetzungen und Ableitungen ▶ S. 202–203

Wortzusammensetzungen

- Mit Wortzusammensetzungen (Komposita) kann man Dinge und Sachverhalte genauer beschreiben. Sie werden gebildet aus: **Bestimmungswort** *(Vulkan-)* **+ Grundwort** *(-asche).*
  - Das **Grundwort** gibt an, worum es sich handelt. *(Es handelt sich um Asche.)*
  - Das **Bestimmungswort** erklärt die Bedeutung genauer. *(Die Asche ist von einem Vulkan.)*

Ableitungen

- Mit **Präfixen (Vorsilben)** und **Suffixen (Nachsilben)** kann man von Wörtern Ableitungen und damit neue Wörter bilden, z. B.: *bearbeiten, Verarbeitung, arbeitsam.*
  - **Verben** bildet man mit den Präfixen *be-, ver-, er-, ent-, zer-, miss-,*
  - **Adjektive** bildet man mit den Suffixen *-ig, -bar, -lich, -haft, -isch, -sam, -selig,*
  - **Nomen** bildet man mit den Suffixen *-er, -in, -nis, -keit, -heit, -ung, -schaft, -tum.*
- Wörter mit einheitlichem **Wortstamm** gehören zu einer **Wortfamilie,** z. B.: *arbeiten, bearbeiten, verarbeiten, erarbeiten, arbeitsam, die Arbeit, der Arbeiter, die Arbeiterin, die Verarbeitung, die Arbeiterschaft, die Arbeitskleidung, die Hausarbeit.*

Satzglieder

Satzglieder bestimmen (Umstellprobe) ▶ S. 209

- **Einzelne Wörter** kann man nach ihrer **Wortart** (Nomen, Verb, Adjektiv, Pronomen usw.) bestimmen und voneinander unterscheiden.
- **Satzglieder** sind die **Bausteine in einem Satz.** Oft besteht ein Satzglied **aus mehreren Wörtern.**
- Satzglieder kann man mit der **Umstellprobe** ermitteln:
  Die Wörter, die bei der Umstellprobe zusammenbleiben, bilden ein Satzglied, z. B.:
  [Die beiden Kinder] [kaufen] [einen Drachen.] – *[Einen Drachen] [kaufen] [die beiden Kinder.]*
- Mit der Umstellprobe kann man auch den Satzbau in Texten abwechslungsreicher gestalten.

Satzglieder: Subjekt, Prädikat, Objekt ▶ S. 209

- Das **Prädikat** bildet den **Satzkern.** Es ist immer die **Personalform eines Verbs,** z. B.:
  Der Mann [folgt] dem Drachen.
  Prädikate können aus einem oder mehreren Teilen bestehen.
  Mehrteilige Prädikate bilden eine **Prädikatsklammer,** z. B.: *Das Kind [lässt] die Schnur [los.]*
- Das **Subjekt** kann man mit Hilfe des Prädikats und der Frage *Wer oder was?* erfragen. Es steht immer im Nominativ, z. B.:
  [Der Mann] folgt dem Drachen. Wer oder was folgt dem Drachen? → [der Mann]
- Viele Sätze enthalten außer Prädikat und Subjekt auch **Objekte.** So erfragt man sie:
  - **Dativobjekt** (Wem?): *Der Mann folgt [dem Drachen.] Wem folgt der Mann? → [dem Drachen]*
  - **Akkusativobjekt** (Wen oder was?):
    Das Kind lässt [die Schnur] los. Wen oder was lässt das Kind los? → [die Schnur]
  - **Genitivobjekt** (Wessen?): *Er war sich [seiner Sache] sicher. Wessen war er sich sicher? → [seiner Sache]*

Satzglied: Adverbiale Bestimmung (Angabe zu näheren Umständen)

▶ S. 211

- **Adverbiale Bestimmungen** sind Satzglieder, die **zusätzliche Informationen** zu einem Geschehen geben.
- Sie können aus einzelnen Wörtern bestehen oder aus Wortgruppen, z. B.: *Wegen der Gase führen die Schüler den Versuch im Labor durchgängig mit Schutzmasken durch.*

Adverbiale Bestimmung	Fragen	Beispiel
der Zeit	Wann? Wie lange?	*durchgängig*
des Ortes	Wo? Woher? Wohin?	*im Labor*
der Art und Weise	Wie? Woraus? Womit?	*mit Schutzmasken*
des Grundes	Warum? Warum nicht?	*wegen der Gase*

Satzgliedteil: Attribut (Beifügung)

▶ S. 210

- Ein Attribut beschreibt ein **Bezugswort** (meist ein Nomen) näher.
  Es ist **Teil eines Satzglieds** und bleibt bei der Umstellprobe (▶ S. 289) mit dem Bezugswort verbunden:
  [Ein Teil der Luft] entweicht aus der Flasche. → Aus der Flasche entweicht [ein Teil der Luft].
- Man unterscheidet verschiedene Formen des Attributs:
  - **Adjektivattribut** *(die kleine Kugel)*,
  - **Präpositionalattribut** *(Tasse ohne Henkel)*,
  - **Genitivattribut** *(die Farbe der Flasche)*.

Sätze

Satzreihen und Satzgefüge

▶ S. 212

- Eine **Satzreihe** ist ein Satz, der **aus zwei oder mehr Hauptsätzen** besteht.
  Diese werden oft durch **Hauptsatzkonjunktionen** wie *denn, aber, sondern, und, oder* verbunden und durch **Komma** voneinander abgetrennt. Nur vor *und* und *oder* darf das Komma entfallen, z. B.:
  Der Mensch hält 40 Tage ohne Essen aus, aber er überlebt nur wenige Minuten ohne Luft.
  Hauptsatz **Komma** Hauptsatz
- Ein **Satzgefüge** ist ein Satz, der **aus Hauptsatz und Nebensatz** besteht.
  Diese werden oft durch **Nebensatzkonjunktionen** wie *weil, als, wenn, während, solange* verbunden. Im **Nebensatz** steht die **Verbform immer am Satzende.** Zwischen Hauptsatz und Nebensatz steht immer ein **Komma,** z. B.: *Wir nehmen die Luft nicht wahr, weil sie unsichtbar und geruchlos ist.*
  Hauptsatz **Komma** Nebensatz

Nebensatzart: Subjektsätze und Objektsätze

▶ S. 219

Nebensätze können die **Rolle eines Satzglieds** übernehmen (Gliedsätze):

- Ein **Subjektsatz** übernimmt die Rolle des Subjekts, z. B.:
  Es überrascht, [dass das Ergebnis erfolgreich war.] – [Das erfolgreiche Ergebnis] überrascht.

- Ein **Objektsatz** übernimmt die Rolle des Objekts, z. B.:
  Mia erklärt, wie der Versuch funktioniert. – *Mia erklärt die Funktionsweise des Versuchs.*
- Diese Gliedsätze kann man wie ein Subjekt oder ein Objekt erfragen, z. B.:
  Subjektsatz: *Wer oder was überrascht? → dass das Ergebnis erfolgreich war*
  Objektsatz: *Wen oder was erklärt Mia? → wie der Versuch funktioniert*

Nebensatzart: Relativsätze

▶ S. 218, 249

- Relativsätze sind Nebensätze, die ein **Bezugswort im Hauptsatz näher erklären.**
- Sie werden mit einem **Relativpronomen** *(der, die, das, welcher, welche, welches)* eingeleitet und durch ein **Komma** vom Hauptsatz abgetrennt. Das Relativpronomen bezieht sich auf das Wort im Hauptsatz, z. B.: *Das kalte Glas erwärmt sich durch deine Hände, die die Flasche halten.*
- Relativsätze stehen meistens nach dem Hauptsatz. Ein Relativsatz kann aber auch in einen Hauptsatz eingeschoben werden. Dann setzt man vor und nach dem Relativsatz ein Komma, z. B.: *Die Luft, die sich in der Flasche erwärmt, dehnt sich aus.*

Nebensatzart: Adverbialsätze

▶ S. 213–217

Adverbialsätze sind Nebensätze, die über die **Umstände eines Geschehens** (Zeit, Ort, Art und Weise, Grund) informieren.

Kausalsätze – Adverbialsätze des Grundes (Warum?)

▶ S. 214

- Mit Kausalsätzen kann man den **Grund oder die Ursache** einer Handlung oder eines Zustandes angeben. Man verwendet dazu häufig die Konjunktionen *da* und *weil*, z. B.:
  Luftblasen entstehen, weil die Luft entweicht.
- Kausalsätze können adverbiale Bestimmungen ersetzen, z. B.:
  Luftblasen entstehen wegen der entweichenden Luft. (Adverbialbestimmung des Grundes)

Modalsätze – Adverbialsätze der Art und Weise (Wie?)

▶ S. 215

- Mit Modalsätzen kann man angeben, auf welche **Art und Weise** etwas geschieht.
  Man verwendet dazu Konjunktionen wie *indem*, z. B.: *Er schützt sich, indem er spezielle Kleidung trägt.*
- Modalsätze können adverbiale Bestimmungen ersetzen, z. B.: *Er schützt sich durch das Tragen spezieller Kleidung.* (Adverbialbestimmung der Art und Weise)

Temporalsätze – Adverbialsätze der Zeit (Wann? Wie oft? Wie lange?)

▶ S. 216

- Mit Temporalsätzen kann man beispielsweise die **zeitliche Reihenfolge** deutlich machen.
  Man verwendet dazu Konjunktionen wie *während, bevor, nachdem, als.*
- Dabei unterscheidet man zwischen Vorzeitigkeit, Gleichzeitigkeit und Nachzeitigkeit:
  Ich zeige den Versuch, … nachdem alles vorbereitet ist. / … während die Musik läuft. / … bevor ich nach Hause gehe.

Zeichensetzung

Was Satzzeichen leisten

▶ S. 245

Satzzeichen helfen beim **Leseverständnis.** Sie zeigen, um welche Art von Aussage es sich handelt und welche Textteile zusammengehören.

- **Punkte** beenden einen abgeschlossenen Satz.
- **Ausrufe- und Fragezeichen** zeigen an, dass der Leser hier zu etwas aufgefordert oder etwas gefragt wird. Sie geben auch einen Hinweis darauf, wie der Satz betont wird.
- **Kommas** trennen Aufzählungen und Hauptsätze, die inhaltlich zusammengehören, sowie Nebensätze von Hauptsätzen.
- **Anführungszeichen** zeigen an, dass an der Stelle die Aussage (wörtliche Rede) von jemandem direkt wiedergegeben wird.

Kommasetzung bei Aufzählungen und in Satzreihen

▶ S. 247

- Bei **Aufzählungen von gleichberechtigten Aussagen** setzt man Kommas. Das gilt für aufgezählte Wörter, Wortgruppen oder Hauptsätze (Satzreihen).
- Wenn die Aufzählungen durch *und* oder *oder* verbunden sind, entfällt das Komma. Nur zwischen Hauptsätzen darf es stehen, z. B.: *Kaya ist musikalisch(,) und Sina liebt Sport.*
- Die Konjunktionen *aber, jedoch, sondern* und *doch* bauen einen **Gegensatz** auf, hier muss das Komma stehen, z. B.: *Sie darf heiraten, aber nicht studieren.*

Kommasetzung in Satzgefügen

▶ S. 248–250

- **Satzgefüge** bestehen aus einem **Hauptsatz** und einem oder mehreren **Nebensätzen.**
- Die Nebensätze erkennt man daran, dass sie häufig durch eine Konjunktion oder ein Relativpronomen eingeleitet werden und die Personalform des Verbs immer hinten steht.
- Nebensätze können vor oder nach dem Hauptsatz stehen oder in den Hauptsatz eingefügt sein.
- Zwischen Hauptsatz und Nebensatz steht immer ein Komma.

Zeichensetzung bei der wörtlichen Rede

▶ S. 246

- Die wörtliche Rede steht in **Anführungszeichen,** z. B.: *„Wann sind wir erwachsen?“*
- Der **Redebegleitsatz** gibt an, wer etwas wie sagt.
  - Steht er **vor** der wörtlichen Rede, folgt ein **Doppelpunkt,** z. B.: *Lisa meint**:** „Ab 18!“*
  - **Zwischen** der wörtlichen Rede wird er durch **zwei Kommas** abgetrennt, z. B.: *„In manchen Ländern“**,** erklärt Tom**,** „ist man aber erst mit 21 erwachsen.“*
  - **Nach** der wörtlichen Rede wird er durch **ein Komma** abgetrennt: *„Das stimmt“**,** sagt Max.*

Sprachebenen

Eine Person – verschiedene Rollen

▶ S. 16

- **Rollen** sind nicht angeboren, sondern man übernimmt sie unter dem **Einfluss der Umwelt.**
- Jeder spielt **unterschiedliche Rollen** je nach Situation, z. B. ist man in der Schule Schülerin oder Schüler, im Elternhaus Tochter oder Sohn, im Sportverein Teamchefin oder Teamchef.
- Ändert sich die **Situation,** kann sich die Rolle von einem Moment auf den anderen ändern.
- Wie man sich in der Rolle verhält, hängt meistens davon ab, was die anderen erwarten (Verhaltensweise, Sprechweise, Kleidungsstil). Man spricht von **Rollenerwartungen.**

Privat und öffentlich sprechen

▶ S. 16–17

Je nach **Rolle, Situation und Gesprächspartner** verändert sich der Sprachgebrauch:

- **Mit Freunden oder Familienmitgliedern** spricht man meistens offen und direkt.
  Dabei **verkürzt** man manchmal Wörter oder Sätze, z. B.: *Haste mal 'nen Kaugummi?*
  Bei Bitten und Aufforderungen verwendet man den **Imperativ** (▶ S. 288), z. B.: *Gib mal her!*
- Bei **Gesprächen in der Öffentlichkeit,** besonders mit Fremden, verwendet man eine **korrekte, höfliche Sprache** mit **höflicher Anrede** (Sie-Form) und **Floskeln** wie *Entschuldigung.*
  Bitten und Aufforderungen formuliert man oft im **Konjunktiv II,** z. B.:
  Entschuldigung, <u>könnten</u> Sie mir bitte die Kaugummis <u>geben</u>?

Standardsprache und Jugendsprache

▶ S. 20–21

In einer Sprache kann man in der Regel verschiedene **Sprachebenen** unterscheiden:

- Die **Standardsprache** (Hochsprache, Schriftsprache) wird beispielsweise im Schulunterricht, in Gesprächen mit Fremden und in den Fernsehnachrichten gesprochen.
- Die **Jugendsprache** setzt sich bewusst von der Sprache der Erwachsenen ab:
  Es werden andere Wörter und Wendungen als in der Standardsprache verwendet.
- Nicht alle Jugendlichen nutzen stets dieselben jugendsprachlichen Ausdrücke.
  Man kann aber bestimmte **Merkmale der Jugendsprache** feststellen:
  – Viele Wörter stammen **aus dem Englischen** (Anglizismen), z. B.: *cool, chillen.*
  – Oft wird mit Hilfe von **Wortverstärkern** übertrieben, z. B.: *Das ist voll gemein.*
  – Es kommt zu **Wortneubildungen** (Neologismen), z. B.: *Achselmoped = Deoroller.*
- In **E-Mails, SMS oder Chats** werden neben der Jugendsprache für die schnelle Kommunikation auch **Abkürzungen und Zeichen** verwendet, z. B.: *cu* für engl. *see you.*

Synonyme und Antonyme

▶ S. 20

- **Synonyme** nennt man Wörter mit (fast) **gleicher Bedeutung,** z. B.: *sagen, reden, quatschen.*
- **Antonyme** sind Wörter mit **gegensätzlicher Bedeutung,** z. B.: *groß – klein, lang – kurz.*

Rechtschreibstrategien und Rechtschreibregeln

Wörter schwingen

▶ S. 228

- Beim Schwingen kann man in der Regel jeden **Buchstaben deutlich hören,** z. B.: *die We ge.*
- **Vor dem Schreiben:** Sprecht die Wörter deutlich in Silben. Zeichnet Silbenbögen in die Luft.
- **Beim Schreiben:** Sprecht die Silben leise mit. Sprecht nicht schneller, als ihr schreibt.
- **Nach dem Schreiben:** Prüft, ob ihr richtig geschrieben habt:
  Zeichnet dazu **Silbenbögen** unter jede Silbe und sprecht dabei leise mit.

Offene und geschlossene Silben

- Aus Lauten bildet man Silben. Das Zentrum einer Silbe ist der Vokal (auch Umlaut, Zwielaut).
- Enden Silben mit einem Vokal, nennt man sie **offen.** Man spricht den Vokal lang, z. B.: *le sen.*
- Enden Silben mit einem Konsonanten, nennt man sie **geschlossen.** Man spricht den Vokal kurz, z. B.: *mer ken.*

Wörter verlängern

▶ S. 228

- Bei Einsilbern und auch bei einigen Zweisilbern kann man Buchstaben am Wortende (Auslaute) nicht immer sicher zuordnen. Dann **fügt** man an das Wort **eine Silbe an:**
  - Bei **Nomen** bildet man die Pluralform, z. B.: *der Grund* – denn: *die Grün de.*
  - **Adjektive** steigert man, z. B.: *hell* – denn: *hel ler als.*
  - **Verben** setzt man in die Wir-Form, z. B.: *kennt* – denn: *wir ken nen.*

Wörter zerlegen, Bausteine abtrennen

▶ S. 229

- Die **unklaren Laute** in **zusammengesetzten Wörtern** findet man, indem man die Wörter **zerlegt,** z. B.: *die Hand | arbeit* – denn: *die Hän de.*
- Auch wenn man **Bausteine (Nachsilben) abtrennt,** kann man **Verlängerungsstellen** finden, z. B.: *glaubhaft* – denn: *glau ben, endlos* – denn: *das En de.*

Wörter mit *ä* und *äu* ableiten

▶ S. 230

Ableiten heißt: **verwandte Wörter** suchen. Der Vokal *e* und der Zwielaut *eu* sind leicht mit *ä* und *äu* zu verwechseln, denn man spricht sie gleich aus.

- Normalerweise schreibt man *e* oder *eu,* z. B.: *bellen, denken, heute, Leute.*
- Wenn es verwandte Wörter mit *a* oder *au* gibt, dann schreibt man *ä* oder *äu,* z. B.: *Hände,* denn: *die Hand; Mäuse,* denn: *die Maus.*

Merkwörter erkennen Ⓜ

▶ S. 230

Wörter, die man mit den Strategien nicht erklären kann, muss man sich merken:

- **Wörter mit *h*,** in denen man das *h* nicht hörbar machen kann, z. B.: *dehnen, Uhren,*
- **Einsilber und kurze Wörter,** die man nicht verlängern kann, z. B.: *bald, ob, sodass.*

Schreibung von Fremdwörtern Ⓜ

▶ S. 231

- Fremdwörter sind zu unterschiedlichen Zeiten aus anderen Sprachen in die deutsche Sprache gekommen. Dabei wurden die Aussprache und die Schreibweise meistens aus der Herkunftssprache übernommen.
- **Typische Buchstabenverbindungen** bei Fremdwörtern sind:

***th* statt *t*:**	***ph* statt *f*:**	**Englische Schreibweise:**
Theater, Theorie	*Physik, Phase*	*Computer*

Schreibung von Doppelkonsonanten, *ck* und *tz*

▶ S. 232–233

- Doppelkonsonanten schreibt man nur, wenn die **erste Silbe geschlossen** ist, z. B.: *hal len.* Stehen an der Silbengrenze zwei verschiedene Konsonanten, verdoppelt man nicht.
- Statt *kk* schreibt man in deutschen Wörtern *ck*, statt *zz* schreibt man *tz*, z. B.: *Bäcker, Katze.*
- Diese Regeln gelten für **zweisilbige Wörter.** Deshalb muss man Einsilber verlängern und Zusammensetzungen zerlegen.

Wörter mit *i* oder *ie*

▶ S. 234–235

Die meisten Wörter mit *i*-Laut schreibt man mit *i*.

- Man schreibt immer ***i*,** wenn die **erste Silbe geschlossen** ist, z. B.: *die Kin der.*
- Man schreibt nur ***ie*,** wenn die **erste Silbe offen** ist, z. B.: *die Tie re.*
- Diese Regel gilt nur für **zweisilbige deutsche Wörter,** nicht für Fremdwörter wie *Rosine.*

Wörter mit *s*-Laut *(s, ß, ss)*

▶ S. 236–237

- Man schreibt ***s*,** wenn die **erste Silbe offen** ist und man den *s*-Laut **summend** spricht, z. B.: *die Rei se, le sen.*
- Man schreibt ***ß*,** wenn die **erste Silbe offen** ist und man den *s*-Laut **zischend** spricht, z. B.: *die Fü ße, rei ßen.*
- Man schreibt ***ss*,** wenn die **erste Silbe geschlossen** ist, z. B.: *die Flüs se, las sen.*
- Um diese Regeln für den *s*-Laut anzuwenden, braucht man **eine zweisilbige Wortform.**

Nomen und Nominalisierungen erkennen und großschreiben ► S. 238

- **Nomen** schreibt man **groß.**
- Wenn Verben und Adjektive wie Nomen gebraucht werden, schreibt man sie ebenfalls groß.
- Man erkennt **Nomen und Nominalisierungen** mit Hilfe der **Nomenproben:**
  - **Artikelprobe,** z. B.: *Das Lernen macht den Kindern Spaß.*
  - **Adjektivprobe,** z. B.: *Oft macht langes Laufen die kleinen Kinder müde.*
  - **Zählprobe,** z. B.: *Wer lernt, tut etwas Gutes für sich.*

Schreibung von Tageszeiten und Wochentagen ► S. 239

- Tageszeiten und Wochentage werden **großgeschrieben,** wenn sie **Nomen** sind.
  Man erkennt sie meistens an den typischen Nomenbegleitern, z. B.: *am (an dem) Morgen.*
- Tageszeiten und Wochentage werden **kleingeschrieben,** wenn sie **Adverbien** sind, z. B.:
  heute, gestern, morgen, abends, montags, freitags.
  Sie haben keinen Begleiter und man kann auch keine Nomenproben durchführen.
- Kombiniert man Adverbien und Nomen, so wird ihre Schreibweise beibehalten, z. B.:
  heute Morgen, gestern Abend.

Zusammenschreibung ► S. 240

Zusammen schreibt man:

- Verbindungen von **Nomen und Nomen,** z. B.: *der Apfelsaft.*
- Verbindungen von **Nomen/Adjektiven und Adjektiven,** z. B.: *himmelblau, hellblau.*
- Verbindungen von **unveränderlichen Wörtern und Verben,** z. B.: *hingehen, umfahren.*

Tipp: Wenn man bei Verben das erste Wort nicht verlängern kann, schreibt man zusammen.

Getrenntschreibung ► S. 241

Getrennt schreibt man in der Regel:

- Verbindungen von **Nomen und Verben,** z. B.: *Aufgaben machen, Rad fahren.*
- Verbindungen von **Verben und Verben,** z. B.: *einkaufen gehen, spazieren gehen.*
- Verbindungen von **Adjektiven und Verben,** z. B.: *schnell fahren.*
- alle **Verbindungen mit *sein*,** z. B.: *da sein, weg sein, aus sein, gefährlich sein.*
- Werden Verbindungen mit Verben **nominalisiert,** schreibt man sie zusammen, z. B.:
  das Radfahren, das Helmtragen.

Arbeitstechniken und Methoden

In Gruppen arbeiten

► S. 260–266

Einen Vortrag erarbeiten: Stationen der Gruppenarbeit

► S. 260

1 Thema festlegen:
- Sammelt Ideen, wie euer Thema lauten könnte.
- Einigt euch auf ein Thema oder eine Fragestellung und legt euren Schwerpunkt fest.
- Formuliert Fragen, die ihr in eurem Vortrag beantworten möchtet.

2 Planen:
- Überlegt gemeinsam, welche Arbeitsschritte notwendig sind.
- Verteilt alle Aufgaben, die erledigt werden müssen.
- Erstellt einen Terminplan, in dem ihr festlegt, wer bis wann welche Aufgaben erledigen soll.

3 Aufgaben durchführen:
- Recherchiert Informationen zu eurem Thema (Texte, Grafiken, Bilder) und ordnet sie.
- Wertet alle Materialien aus und fasst die Informationen zusammen (z. B. in einer Mindmap).
- Legt fest, in welcher Reihenfolge ihr die Informationen präsentieren wollt. Bereitet den Vortrag vor.

4 Ergebnisse überarbeiten:
- Prüft gemeinsam den ausgearbeiteten Vortrag und überarbeitet ihn.
- Führt, wenn notwendig, weitere Recherchen durch.

5 Ergebnisse präsentieren:
- Übt den Vortrag ein. Besprecht, wer beim Vortrag wofür verantwortlich ist, und achtet auf die Zeit.
- Haltet den Vortrag. Veranschaulicht wichtige Informationen auf einem Handout oder auf Folien.
- Beantwortet anschließend die Fragen der Zuhörerinnen und Zuhörer zu eurem Vortrag.

6 Die Gruppenarbeit bewerten:
- Setzt euch nach eurem Vortrag noch einmal zusammen und besprecht:
  Was hat gut geklappt? Was könnt ihr beim nächsten Mal besser machen?

Verantwortung in der Gruppe übernehmen

► S. 262

- Bei Gruppenarbeit ist wichtig, dass alle Gruppenmitglieder mitarbeiten, Verantwortung übernehmen und sich für ein gutes Ergebnis einsetzen.
- Bestimmt vor der Gruppenarbeit, wer wofür verantwortlich sein soll:
  - **Aufgaben-Manager/-in:** Er/sie achtet darauf, dass alle in der Gruppe arbeiten.
  - **Zeit-Manager/-in:** Er/sie achtet auf die Einhaltung der Zeitvorgaben.
  - **Bote/Botin:** Er/sie nimmt bei Fragen Kontakt mit dem Lehrer oder anderen Gruppen auf.
  - **Schreiber/-in:** Er/sie notiert Ideen der Gruppe.
  - **Sprecher/-in:** Er/sie stellt den anderen Gruppen die Ergebnisse vor.

Informationen beschaffen und ordnen

► S. 264–266

Im Internet recherchieren

► S. 264

- **Schritt 1: Eine Suchmaschine auswählen**
  Nutzt für eure Recherche im Internet Suchmaschinen für Kinder und Jugendliche, z. B.: *www.blinde-kuh.de, www.fragfinn.de* oder *www. helles-koepfchen.de.*
- **Schritt 2: Genaue Suchbegriffe eingeben**
  - Formuliert möglichst genaue Suchbegriffe, z. B.: *Regenwald* statt *Umwelt.*
  - Gebt mehrere Suchbegriffe gleichzeitig ein, um die Treffer einzugrenzen, z. B.: *Handy Regenwald Gorillas.*
- **Schritt 3: Suchergebnisse beurteilen**
  - Prüft die Suchergebnisse, bevor ihr die einzelnen Webseiten öffnet: Lest den Titel der Webseite und den Textauszug. Öffnet den Link nur, wenn er die gesuchte Information enthält.
  - Überfliegt die aufgerufene Internetseite. Entscheidet, ob der Inhalt zu eurem Thema passt.

Informationen in einer Mindmap ordnen

► S. 51

In einer **Mindmap** können Informationen aus einem Text übersichtlich geordnet werden.

- Schreibt das **Thema des Textes** in die Mitte eines großen Blattes Papier.
  Ihr könnt auch euer Heft quer legen. Umrahmt das Thema.
- Notiert die **Unterthemen** der einzelnen Textabschnitte rund um das Thema in der Mitte.
  Verbindet Thema und Unterthemen durch dicke Äste.
- Notiert zu den einzelnen Unterthemen stichwortartig die **wichtigen Informationen.**
  Verbindet Unterthemen und die einzelnen Informationen durch dünnere Äste.

Ein Portfolio zusammenstellen

► S. 68

Ein Portfolio ist eine **Sammelmappe** mit Materialien zu einem Thema. So legt ihr es an:

- Gestaltet ein zum Thema passendes **Deckblatt.**
- Führt in einem **Inhaltsverzeichnis** alle Materialien auf.
- Sammelt in der Mappe selbst geschriebene **Texte** rund um das Thema sowie recherchierte **Materialien,** die ausgedruckt, kopiert oder ausgeschnitten wurden (z. B. Texte, Bilder, Landkarten aus Zeitungen, Zeitschriften oder aus dem Internet).

Einen Vortrag halten und bewerten

► S. 265, 270

Aufbau eines Vortrags

► S. 266

- In der **Einleitung** führt man in das Thema ein, stellt die Gliederung des Vortrags vor und weckt Interesse am Thema, z. B. durch die Anknüpfung an den Schulalltag.
- Der **Hauptteil** ist der Kern des Vortrags. In ihm werden in einzelnen Unterpunkten alle wichtigen Informationen zum Thema vorgestellt. Zu jedem Unterpunkt des Vortrags gibt es eine Überschrift, z. B.: *1. Problem Althandys, 2. Rohstoffverbrauch eines Handys ...*
- Zum **Schluss** werden die Ergebnisse zusammengefasst.
  Man kann auch seine eigene Meinung zum Thema äußern oder einen Aufruf formulieren.

Einen Vortrag bewerten ▶ S. 270

- Wurde zu Beginn ein kurzer **Überblick** über den Vortrag gegeben?
- Wurde im Vortrag auf **alle wichtigen Informationen** eingegangen?
- Wurde **laut und deutlich** gesprochen?
- Hatten die Vortragenden **Blickkontakt** zu den Zuhörern?
- Wurde die **Redezeit** eingehalten?
- Waren die **Folien** gut lesbar und eine sinnvolle Ergänzung des Vortrags?
- Wurden zum Schluss **Fragen der Zuhörer** ausreichend beantwortet?

Arbeitsergebnisse veranschaulichen ▶ S. 267–269

Ein Handout verfassen ▶ S. 267

- Ein Handout gibt den **Aufbau** und die **wichtigen Informationen** eines Vortrags **knapp und übersichtlich** wieder.
- Nennt auf dem Handout:
  - die **Namen** der Vortragenden, das **Datum,** das **Fach** und das **Thema** des Vortrags,
  - die **Unterpunkte** des Vortrags und **Stichworte** zu wichtigen Informationen,
  - die **Quellenangaben** zu den verwendeten Materialien.

Eine Folienpräsentation erstellen ▶ S. 268–269

- Mit Präsentationsprogrammen wie Impress oder PowerPoint könnt ihr **Folien zur Unterstützung eures Vortrags** erstellen.
- Stellt auf den Folienfenstern das **Thema des Vortrags** vor, fügt **wichtige Informationen** in Stichworten hinzu und zeigt **anschauliche Grafiken, Bilder oder Tabellen.**
- Beachtet bei der Gestaltung der Folien folgende Hinweise:

  Folieninhalt:
  - Präsentiert die wichtigen Informationen stichwortartig.
  - Legt eine Folie pro Unterthema an.
  - Beachtet die 5-4-6-Regel:
    Legt nicht mehr als 5 Folien an, zu jedem Unterthema eine. Formuliert je Unterthema höchstens 4 Unterpunkte, verwendet je Unterpunkt höchstens 6 Wörter.

  Folienlayout:
  - Gestaltet die Folien gut lesbar und übersichtlich.
  - Der Hintergrund der Folien sollte möglichst einfarbig sein und nicht ablenken.
  - Achtet bei der Wahl der Schriftfarbe auf einen passenden Kontrast zum Hintergrund.
  - Wählt eine klare, schnörkellose Schriftart und denkt an eine ausreichende Schriftgröße.
  - Achtet darauf, dass Tabellen, Bilder und Grafiken deutlich erkennbar sind.

  Vortrag mit Präsentationsfolien:
  - Schaut beim Vortrag nach vorn zum Publikum, nicht auf die Folien an der Wand.
    Tipp: Druckt die Folien vor dem Vortrag aus, ergänzt Notizen und tragt damit vor.
  - Lest die Folien nicht ab, sondern formuliert aus den Stichworten vollständige Sätze.

Einen Jugendroman vorstellen ► S. 89

- Gebt **Informationen zu Autor/-in, Titel und Buch** (Textsorte, Verlag, Erscheinungsjahr, Seitenzahl, Preis, Auszeichnungen).
- Nennt das **Thema** und fasst **die Handlung** mit den **wichtigsten Figuren** zusammen.
  Tipp: Verratet nicht, wie der Roman ausgeht. Macht eure Zuhörer neugierig auf das Buch.
- Lest eure **Lieblingsstelle** aus dem Buch vor.
  Tipp: Die Stelle sollte nicht länger als eine Seite sein. Übt den Lesevortrag.
- Begründet eure **Meinung zu dem Roman:** Was gefällt euch an dem Buch, was weniger?
- Zeigt **Bilder oder Gegenstände,** die zu dem Buch passen.
- Achtet beim Vortrag auf die **Zeit.** Er sollte nicht länger als 15 Minuten dauern.

Einen Text in einer Schreibkonferenz überarbeiten ► S. 272

In einer Schreibkonferenz stellt ihr eure Texte vor, korrigiert Fehler und gebt euch gegenseitig Tipps für die Überarbeitung.

1 Setzt euch in kleinen Gruppen zusammen.
2 Einer liest seinen Text vor, die anderen hören aufmerksam zu.
3 Gebt dem Verfasser eine Rückmeldung, was euch besonders gut gefallen hat.
4 Besprecht den Text anschließend Satz für Satz in der Gruppe und notiert Verbesserungsvorschläge. Achtet dabei auch auf die Rechtschreibung und Zeichensetzung.
5 Zum Schluss überarbeitet der Verfasser seinen Text mit Hilfe der Notizen.

Mit den Schreibwörtern üben ► S. 26, 42, 60, 78, 96, 116, 154, 170, 188, 272

Im „Deutschbuch" findet ihr am Ende der meisten Kapitel Schreibwörter.
So könnt ihr die Schreibung dieser Wörter einüben:

- Faltet ein Blatt der Länge nach zweimal, sodass vier Spalten entstehen.
- Schreibt die Wörter, die ihr üben möchtet, untereinander in die 1. Spalte.
- Prägt euch drei Wörter ein, klappt die 1. Spalte um und schreibt die Wörter in die 3. Spalte.
- Deckt auf und vergleicht die Wörter: Richtig geschriebene Wörter könnt ihr abhaken.
  Falsch geschriebene Wörter müsst ihr durchstreichen und richtig in die 2. Spalte schreiben.
- Übt, die Wörter aus Spalte 2 richtig zu schreiben. Tragt sie in die Spalte 4 ein. Überlegt dabei, mit welcher Rechtschreibstrategie (► S. 294) man die Schreibweise des jeweiligen Wortes erklären kann.

Textartenverzeichnis

Autoren- und Quellenverzeichnis

Ahrens, Thomas (*1952);
Ludwig, Volker (*1937)
140 Rosinen im Kopf
aus: Verlag Autorenagentur, Berlin 2009

Auer, Martin (*1951)
107 Herr Balaban und seine Tochter Selda 123 (1)
108 Herr Balaban und seine Tochter Selda 183 (2)
aus: Herr Balaban und seine Tochter Selda. 222 Geschichten. Beltz & Gelberg, Weinheim/Basel 2002, S. 86 f. (1), ebd. S. 132 (2)

Beijia, Huang (*1955)
72 Seidenraupen für Jin Ling: Das Schulmädchen Jin Ling (1)
74 Seidenraupen für Jin Ling: Die Eltern (2)
aus: Seidenraupen für Jin Ling. Hrsg. und übersetzt von Barbara Wang, Hwang Yi-Chun. NordSüdAG, Zürich 2008, S. 5–8 (1), ebd. S. 12–14 (2)

Birken, Herbert (1914–2007)
100 Achmed, der Narr
aus: Geschichten finden für Theatergruppen. Verlag Grafenstein, München 1987

Brandes, Wilhelm (1854–1928)
125 Paddy Fingal
aus: Balladen. Cotta'sche Buchhandlung, Stuttgart und Berlin 1908, S. 45–47

Brecht, Bertolt (1898–1956)
105 Der hilflose Knabe
aus: Gesammelte Werke, Bd. 12, Prosa 2. Suhrkamp, Frankfurt/M. 1967, S. 297 f.

Fontane, Theodor (1819–1898)
128 John Maynard
aus: Sämtliche Werke. Bd. 6. Hrsg. von Walter Keitel. Hanser Verlag, München 1964, S. 287

Goethe, Johann Wolfgang (1749–1832)
122 Johanna Sebus (1)
127 Erlkönig (2)
134 Der Zauberlehrling (3)
aus: Gedichte. Hrsg. von Erich Trunz. C. H. Beck, München 1982, S. 248 (1), ebd. S. 154 (2) sowie ebd. S. 272 (3)

Hebel, Johann Peter (1760–1826)
99 Das Mittagessen im Hof (1)
102 Kannitverstan (2)
106 Der kluge Richter (3)
109 Der silberne Löffel (4)
115 Der Barbierjunge von Segringen (5)
aus: Werke 1. Erzählungen des Rheinländischen Hausfreundes. Hrsg. von Benno von Wiese. Insel Verlag, Frankfurt/M. 1968, S. 23 f. (1), ebd. S. 51–53 (2), ebd. S. 40 f. (3), ebd. S. 210–212 (4), ebd. S. 60 f. (5)

Mous, Mirjam (*1963)
14 Boy 7
aus: Boy 7. Arena Verlag, Würzburg 2011, S. 7 f. sowie 24 f.

Sachar, Louis (*1954)
80 Löcher. Die Geheimnisse von Green Lake
aus: Löcher. Die Geheimnisse von Green Lake. Übersetzt von Birgitt Kollmann. Beltz & Gelberg, Weinheim/Basel 1999, S. 7–15, 24–27, 80–83, 125–127, 174–177, 220–223, 255–258, 259–262

Schiller, Friedrich (1759–1805)
118 Der Handschuh
aus: Gedichte Prosa. Hrsg. von Benno von Wiese. Kiepenheuer & Witsch, Köln 1959, S. 149

Yi, Pu (1906–1967)
70 Ich war Kaiser von China
aus: Ich war Kaiser von China. Hrsg. und übersetzt von Richard von Schirach und Mulan Lehner. dtv, München 2004, S. 35–37

Unbekannte/ungenannte Autorinnen und Autoren

253 Ab wann darf man Alkohol trinken?
253 Ab wann sind Piercing und Tätowieren erlaubt?
252 Ab welchem Alter kann man bestraft werden?
allesamt nach: http://www.deine-rechte.de/html/das-darf-ich-deine-rechte.html [23.01.2015]
156 Bayerischer Wald: Wo ist denn jetzt die Wildnis?
aus: Gianna Cadeggianini: Bayerischer Wald. Wo ist denn jetzt die Wildnis? DIE ZEIT, 34/2014
54 Bemannte Missionen zur ISS seit 2000
nach: http://de.wikipedia.org/wiki/Liste_bemannter_Missionen_zur_Internationalen_Raumstation [30.03.2015]
180 Capri-Sonne erhält den „Goldenen Windbeutel"
nach: Die dreisteste Werbelüge 2013. Capri-Sonne erhält den „Goldenen Windbeutel". http://www.rp-online.de/leben/gesundheit/news/capri-sonne-erhaelt-den-goldenen-windbeutel-aid-1.3401340 [22.05.2015]
50 Der Weg ins All
nach: http://www.dlr.de/next/desktopdefault.aspx/tabid-6283/10728_read-24198/ [30.03.2015]
190 Die Entdeckung des Feuers
nach: http://www.geo.de/GEOlino/mensch/die-entdeckung-des-feuers-70889.html?p=2 [09.06.2015]
52 Die ISS – eine internationale Forschungsstation im Weltraum
nach: DLR info Raumfahrt, Heft 2, 2013. www.dlr.de./next [30.03.2015]
168 Die Reifeprüfung – Mit dem Hundeschlitten durch Alaska
aus: Sina Löschke: Sport. Was die Welt bewegt. GEOlino extra Nr. 15, 2008, S. 46 ff.
253 Dürfen Eltern über die Freunde ihrer Kinder bestimmen?
nach: http://www.deine-rechte.de/html/das-darf-ich-deine-rechte.html [23.01.2015]
53 Ein Tag im Leben eines Astronauten
nach: Norbert Lossau: Ein Tag im Leben des Astronauten Alexander Gerst. http://www.welt.de/130138664 [30.03.2015]
165 Er ist am Ziel
aus: Kölner Stadtanzeiger v. 22. Februar 2015
163 Es regnet. Schon den zweiten Tag
aus: Dirk von Nayhauß: Mit Esel und Kind: Störrisch über Stock und Stein. http://4-seasons.de/magazinartikel/mit-esel-und-kind-stoerrisch-ueber-stock-und-stein [09.06.2015]
59 Forschen in der Antarktis – Neumayer-Station III
nach: http://www.awi.de/de/infrastruktur/stationen/neumayer_station/architektur/ [30.03.2015]
98 Giufa lässt die Kleider speisen
aus: Schwank aus Italien. Fischer-Verlag, Frankfurt/M. 1979
261 Gorillas in Gefahr
nach: http://www.zookrefeld.de/bereiche/zooartenschutz/handysammlung.html [28.02.2015]
178 Hallo, Leonie, hier ist ... (Funkspot Dusche)
aus: http://www.radiozentrale.de/aktuell/kampagne-pro-radio/radio-geht-ins-ohr-bleibt-im-kopf/funkspot-texte/ [22.05.2015]
45 Hitze, Gewitter, Tote: Extrem-Wetter wütet in Deutschland
nach: http://www.focus.de/panorama/welt/extremwetter-wochenende-hitze-und-unwetter-fordern-todesopfer-in-nrw_id_4004504.html [30.03.2015]
265 In den rund 85 Millionen „Schubladenhandys" in Deutschland ...
nach: http://www.handy-clever-entsorgen.de/hintergrundinformation/index.htm [08.06.2015]
58 Interview mit einer Forscherin der Neumayer-Station
nach: Antarktis: Nachrichten von der Neumayer-Station III. http://www.geo.de/GEOlino/natur/antarktis-nachrichten-von-der-neumayer-station-iii-61041.html?p=2 [30.03.2015]

265 In unseren Handys steckt ...
nach: http://www.regenwald-schuetzen.org/kids/aktionen/gruppenaktionen/sammelt-handys.html [08.06.2015]

254 Kiran in einer indischen Großstadt
nach: Arne Perras: Kiran, 14, Delhi. Süddeutsche Zeitung vom 29./30. März 2014

31 Kommentare zu Fairplay
nach: https://www.planet-schule.de/fileadmin/dam_media/wdr/entscheide-dich/img/respekt/AB6_Fair_Play.pdf [08.06.2015]

247 Meena, das südostasiatische Comic-Mädchen
nach: Sabine Christiansen und Janosch: Gibt es hitzefrei in Afrika? cbj, München 2008, S. 177 ff.

265 Rohstoffschatz Handy
nach: http://www.handy-clever-entsorgen.de/hintergrundinformation/pic/rohstoff_handy.jpg [08.06.2015]

242 Schule in der Kiste
nach: https://www.unicef.de/action/unicef/spendenshop/8610/12214/show [23.01.2015]

244 Schulversuch: Roboter als Lehrerin
nach: Lena Ullrich: Roboter: Lehrerin unter Strom (Japan). http://www.geo.de/GEOlino/technik/roboter-lehrerin-unter-strom-60623.html [23.01.2015]

239 Sidis Alltag in Westafrika
nach: Regina Riepe, Gudrun Honke: Sag mir, wie ist Afrika? – didaktisches Material für die Grundschule. Peter Hammer Verlag, Wuppertal 2005, S. 18

178 Sven, du hast ... (Funkspot Vaterfreuden)
aus: http://www.radiozentrale.de/aktuell/kampagne-pro-radio/radio-geht-ins-ohr-bleibt-im-kopf/funkspot-texte/ [22.05.2015]

239 Tablet statt Schule?
nach: Fiona Ehlers: Das Wunder von Wonchi. DER SPIEGEL 52/2012

159 Tirol: Hinab, hei-jo
aus: Alexandra Frank: Hinab, hei-jo. DIE ZEIT, 36/2014

113 Was drei Viehhändlern ...
aus: Schottische Märchen. Hrsg. von Christiane Agricola. Insel Verlag, Frankfurt/M./Leipzig 1991

252 Welche Pflichten haben Eltern?
nach: http://www.deine-rechte.de/html/das-darf-ich-deine-rechte.html [23.01.2015]

161 Weltumseglung: Segeltörn der 16-jährigen Laura Dekker
für dieses Schulbuch neu verfasst, nach: Internetblog: http://zeilmeisje-lauradekker.blogspot.com/p/lauras-webblog-deutsche-ubersetzung.html [31.08.2012]

252 Wie lange dürfen Jugendliche ohne Eltern unterwegs sein?
nach: http://www.deine-rechte.de/html/das-darf-ich-deine-rechte.html [23.01.2015]

Bildquellenverzeichnis

S. 13: © Tiplyashina Evgeniya / Fotolia.com; **S. 16, 28, 132, 137, 138, 165, 188, 270:** © Thomas Schulz, Teupitz; **S. 17:** © Christine Langer-Pueschel / Shutterstock.com; **S. 27:** © Mike Orlov / Shutterstock.com; **S. 32:** © Maxisport/Fotolia.com; **S. 36:** © GREGOROWIUS, STEFAN / action press; **S. 40:** © igorigorevich/Fotolia.com; **S. 43:** © Digital Nights Imaging / TOPICMedia Service; **S. 44:** © Margoe Edwards / Shutterstock.com; **S. 46:** © action press / Drew Buckley / Rex; **S. 48:** © by-studio/Fotolia.com; **S. 49, 50:** © 3dsculptor/Fotolia.com; **S. 52:** © Naeblys/Shutterstock.com; **S. 53:** © action press / NASA; **S. 58:** © Shchipkova Elena / Fotolia.com; **S. 59:** © picture-alliance/dpa; **S. 61:** © Sean Pavone / Fotolia.com; **S. 62 links:** © Konstantin Sutyagin / Fotolia.com; **rechts:** © Hung Chung Chih / Shutterstock.com; **S. 63:** © Hung Chung Chih / Shutterstock.com; **S. 64:** Agentur Bridgeman © BRIDGEMANART.COM; **S. 68 links:** © tenglao/Fotolia.com; **rechts:** © trashthelens/Fotolia.com; **S. 69:** © Justin Guariglia 2010 / Redux / laif; **S. 70:** © picture alliance / CPA Media Co.; **S. 77:** © imagebroker.net / TOPICMedia Service; **S. 102:** © Marzolino/Shutterstock.com; **S. 105:** © Interfoto/Granger, NYC; **S. 130 links:** © mauritius images / Alamy; **rechts oben:** © zimmytws/Shutterstock.com; **rechts unten:** © Glow Images / Glow images RF; **S. 131:** © Bruce MacQueen / Shutterstock.com; **S. 139, 140, 145, 153:** © David Baltzer / bildbühne.de; **S. 147:** © imago, Szene mit Christian Giese als Herr Hannemann in „Rosinen im Kopf", Grips Theater Berlin 2009; **S. 150:** © michaeljung/Shutterstock.com; **S. 152:** © Sergey Nivens /Fotolia.com; **S. 155:** © Andreas Hub / laif; **S. 156 links:** © Karin Jähne / Fotolia.com; **rechts:** © XK/Fotolia.com; **S. 157, 161** (Weltkarte), **164 unten:** Carlos Borrell Eiköter, Berlin; **S. 159:** © Bernd Schmidt / Fotolia.com; **S. 161:** © picture alliance / dpa; **S. 163:** © UMB-O/Fotolia.com; **S. 164 oben:** © picture alliance / ZB; **S. 168:** Volkhard Binder, Berlin; **S. 169:** © Marcel Jancovic / Fotolia.com; **S. 171:** Deutsches Rotes Kreuz; **S. 172:** Mit freundlicher Genehmigung der BSR Berliner Stadtreinigung, © Berliner Stadtreinigung (2010); **S. 173:** © Künnemann & Sohn, Kiel; **S. 174:** Mit freundlicher Genehmigung der BIONADE GmbH, © Bionade GmbH; **S. 179:** Brigitte, young miss, Gruner + Jahr, Hamburg, www.bym.de; **S. 180:** © picture alliance / dpa; **S. 182:** © Brot für die Welt – Evangelischer Entwickungsdienst; **S. 183:** Daimler AG; **S. 190:** © yuratosno/Fotolia.com; **S. 193:** © Catmando/Fotolia.com; **S. 195 oben:** © Ana Martinez de Mingo / Shutterstock.com; **unten:** © lisa_h/Fotolia.com; **S. 197 oben:** © Guzel Studio / Fotolia.com; **unten:** © BlackMac/Fotolia.com; **S. 202:** © storm/Fotolia.com; **S. 205 oben:** © THPStock/Shutterstock.com; **unten:** © gilitukha/Fotolia.com; **S. 206 oben:** © Rafael Ben-Ari / Fotolia.com; **unten:** © Migel/Shutterstock.com; **S. 207 oben:** © Ververidis Vasilis / Shutterstock.com; **unten:** © action press / VISUAL AGENTUR; **S. 208 oben:** © Dmytro Gilitukha / Fotolia.com; **unten:** © toa555/Fotolia.com; **S. 209:** © ixpert/Shutterstock.com; **S. 219:** © Nicku/Shutterstock.com; **S. 222 oben:** © Christian Musat / Shutterstock.com; **unten:** © Neyak/Fotolia.com; **S. 223 oben:** © picture-alliance/dpa; **unten:** © Lucky Dragon /Fotolia.com; **S. 225:** © Elena Abduramanova / Shutterstock.com; **S. 227:** © Mikkel Ostergaard / VISUM; **S. 229:** © mauritius images / Alamy; **S. 231:** © william87/Fotolia.com; **S. 233:** © aynur_sh/Fotolia.com; **S. 235:** © F1online digitale Bildagentur; **S. 237:** © imago; **S. 238:** © Paul Stringer / Shutterstock.com; **S. 239:** © Blend Images / Shutterstock.com; **S. 242:** © action press / DERNER; **S. 243 oben:** © Jörg Franzen / Fotolia.com; **unten:** © Photographee.eu/Fotolia.com; **S. 244 oben:** © picture alliance / ASSOCIATED; **unten:** © Amy Myers / Fotolia.com; **S. 245:** © Rawpixel/Shutterstock.com; **S. 250:** © Diana Kosaric / Fotolia.com; **S. 251:** © africa924/Shutterstock.com; **S. 254:** © Pablo Rogat / Shutterstock.com; **S. 259:** © Glow Images / Aflo Sport; **S. 261:** © erwinf/Fotolia.com; **S. 262 links und mittig:** © fotomek/Fotolia.com; **rechts:** © Mirko Raatz / Fotolia.com; **S. 264:** www.ecosia.org [21.02.2015]; **S. 269 unten:** © Syda Productions / Fotolia.com

Sachregister

Lösungen

Lösungen zu den Quizaufgaben Seite 189: 1 B, 2 C, 3 B, 4 C, 5 A, 6 C, 7 A, 8 B, 9 B

Lösungen zu den Seiten 205–206: Fordern – Wörter untersuchen

1 *Beispiele:*
Nomen: Brände (Z. 1), Katastrophen (Z. 1–2); **Artikel:** eine (Z. 2), der (Z. 6); **Personalpronomen:** sie (Z. 2), er (Z. 11); **Possessivpronomen:** seine (Z. 10), seine (Z. 11); **Demonstrativpronomen:** dieses (Z. 7), dieser (Z. 12); **Adjektiv:** gefährliche (Z. 1), ökologische (Z. 3); **Präposition:** im (= in dem) (Z. 6), in (Z. 7), zur (= zu der) (Z. 8), auf (Z. 11); **Verb:** sind (Z. 1), können wirken (Z. 2–3); **Adverb:** einerseits (Z. 1), sogar (Z. 7), beispielsweise (Z. 9), dann (Z. 11)

2 a *Die richtigen Formen lauten:*
1 einen noch glimmenden Zigarettenrest **2** einen Brand **3** einen Job **4** des Brandes **5** seinem Chef **6** seine Freunde **7** des Feuers **8** Blitzschläge

b **1** Wen oder was werfen die Waldbesucher beispielsweise weg? – einen noch glimmenden Zigarettenrest → Akkusativ
2 Wen oder was legen die Menschen absichtlich? – einen Brand → Akkusativ
3 Wen oder was suchte er? – einen Job → Akkusativ
4 Bei wessen Löschung half er anschließend? – bei der Löschung des Brandes → Genitiv
5 Wem gestand er später die Brandstiftung? – seinem Chef → Dativ
6 Wen oder was wollte ein anderer beeindrucken? – seine Freunde → Akkusativ
7 Wessen Überspringen auf die Bäume konnte ein anderer nicht verhindern? – das Überspringen des Feuers → Genitiv
8 Wer oder was ist nur für wenige Brände verantwortlich? – Blitzschläge → Nominativ

3 *Beispiellösungen:*
Präsens: Heute brennt die Feuerwehr in Australien sogar ganze Schneisen in den Wald.
Präteritum: Früher verbrannten die Ureinwohner Australiens jedes Frühjahr das trockene Unterholz.
Perfekt: Wir haben lange Zeit sogar ganz kleine Feuer so schnell wie möglich gelöscht.
Plusquamperfekt: Nachdem es immer wieder größere Buschbrände gegeben hatte

4 **A** Nachdem das Feuer an dieser Stelle keine Nahrung gefunden hatte, ging es aus.
B Nachdem die Feuerwehr im Herbst das Unterholz verbrannt hatte, fand das Feuer im Sommer darauf nicht mehr genügend Nahrung.
C Nachdem sie ihre Fehler eingesehen hatten, änderten sie die Methode der Brandbekämpfung.

5
- Wir können Waldbrände weitgehend verhindern, wenn wir brennende Gegenstände nicht aus Fahrzeugen werfen.
- Wir können Waldbrände weitgehend verhindern, wenn wir ausschließlich öffentliche Grill- und Feuerplätze nutzen.
- Wir können Waldbrände weitgehend verhindern, wenn wir das Auto nicht auf Wiesenflächen abstellen, da der heiße Katalysator trockenes Gras entzünden kann.
- Wir können Waldbrände weitgehend verhindern, wenn wir nur innerhalb gekennzeichneter Parkflächen parken.
- Wir können Waldbrände weitgehend verhindern, wenn wir kein Glas oder Glasscherben im Wald liegen lassen, da der Brennglaseffekt Brände verursachen kann.

Lösungen zu den Seiten 207–208: Fördern – Wörter untersuchen

1 heute – Adverb; Großbränden – Nomen; die – Artikel; sie – Personalpronomen; in – Präposition; einsamen – Adjektiv; bringt – Verb

2 a, b Die Nachrichten berichten immer wieder von verheerenden Waldbränden in Griechenland. Hitze und Wind trocknen das Gras, das Unterholz und die Bäume schnell aus. Schon ein Funke kann zu einem Großfeuer führen. Ist ein Wald dann in Brand geraten, sind die normalen Einsatzgeräte der Feuerwehr, nämlich Feuerwehrautos mit Schläuchen, nicht mehr geeignet. Bei Wind greifen die Flammen schnell um sich und können die Einsatzkräfte einschließen. Deshalb setzt die Feuerwehr Löschflugzeuge und Hubschrauber ein. Von diesen werfen sie große Mengen Wasser und Chemikalien ab, die dem Feuer den Sauerstoff entziehen. Es erstickt dann.

3

Präsens	Präteritum	Perfekt	Plusquamperfekt
ist, erklärt	gab, entstand, versank, waren	haben zerstört, haben geschaffen, hat gebaut	waren ausgebrochen, abgebrannt war

4 **A** Nachdem die Menschen das Feuer entdeckt hatten, nutzten sie es auch für die Jagd.
B Nachdem sie an einer Stelle Feuer gelegt hatten, verfolgten sie die flüchtenden Tiere.
C Wenn ein Brand eine freie Fläche geschaffen hatte, legten die Menschen darauf Felder an.

5 **1** Der Einsatzleiter überprüft die Situation.
2 Zuerst bringen die Feuerwehrleute alle Menschen in Sicherheit.
3 Dann fangen Spezialkräfte bedrohte Tiere ein.
4 Als Drittes schützen Löschkommandos Gebäude.
5 Zuletzt retten die Einsatzkräfte wertvolle Bäume.

Lösungen zu den Seiten 221–222: Fordern – Sätze erforschen

1 a, b **Subjekt** (Wer oder was?) – du (Z. 1); **Prädikat** – steckst (Z. 1); **Dativobjekt** (Wem?) – deinen Freunden (Z. 7); **Akkusativobjekt** (Wen oder was?) – einen Trichter (Z. 1); **Satzglied mit Attribut** – kochendes Wasser (Z. 2); **Adverbiale Bestimmung der Zeit** (Wann oder wie lange?) – zuerst (Z. 1); **adverbiale Bestimmung des Ortes** (Wo, woher oder wohin?) – in eine Flasche (Z. 1); **adverbiale Bestimmung der Art und Weise** (Wie?) – vorsichtig (Z. 1); **adverbiale Bestimmung des Grundes** (Warum?) – vorsichtshalber (Z. 5)

2 a **A** Ihr kennt das: Ein Marmeladenglas lässt sich nicht öffnen, weil der verflixte Deckel festsitzt.
B Ihr könnt das Marmeladenglas überlisten, indem ihr heißes Wasser auf den Deckel gießt.
C Seid vorsichtig beim Öffnen des Deckels, da dieser sehr heiß werden kann.
D Könnt ihr das erklären, nachdem ihr so viele Versuche zum Thema Luft kennen gelernt habt?
E Frische Marmelade kommt direkt vom Herd, wo sie in einem Topf gekocht wurde.
F Wenn die Marmelade abgefüllt und der Deckel verschlossen wird, ist sie kochend heiß.
G Während die Marmelade abkühlt, kühlt auch die Luft im Glas ab und zieht sich zusammen.
H Da ein Unterdruck im Glas entsteht, wird der Deckel angesaugt.
I Weil das heiße Wasser den Deckel anwärmt, dehnt sich die Luft wieder aus.
J Indem die Luft gegen den Deckel drückt, hilft sie dir beim Öffnen.

b **A** Kausalsatz **B** Modalsatz **C** Kausalsatz **D** Temporalsatz **E** Lokalsatz **F** Temporalsatz **G** Temporalsatz **H** Kausalsatz **I** Kausalsatz **J** Modalsatz

3 a, b Zum Strandsegeln werden Fahrzeuge benutzt, die vom Wind angetrieben werden.
Ein Strandsegler ähnelt einem Boot, das drei Räder und ein Segel hat.
Das Fahrzeug wird von einem Fahrer, der sitzt oder liegt, gesteuert.
Die Segelwagen, die bis zu 130 km/h fahren, müssen natürlich auch eine Bremse haben.
Beliebte Rennstrecken sind die harten Nordseestrände, die von Ebbe und Flut geglättet sind.
Fahrer, die unter 18 Jahre alt sind, benötigen für Wettkämpfe die Erlaubnis ihrer Eltern.
Segelwagen, die aufeinander zufahren, müssen beide nach rechts ausweichen.
Der Wagen, der von rechts kommt, hat Vorfahrt.
Der Wagen, der keine Vorfahrt hat, muss anhalten oder ausweichen.

4 a, b **Subjektsatz:**
- dass die Erklärung viel einfacher ist (Wer oder was ist heute bekannt?)

Objektsätze:
- dass ihr Ballon wegen eines bestimmten Gases fliegt (Wen oder was nahmen die Montgolfier-Brüder an?)
- dass das Gas bei der Verbrennung von festem Material freigesetzt wird (Wen oder was glaubten sie?)
- ob die Menge des Rauches entscheidend ist (Wen oder was wollten sie testen?)

5 a, b *Beispiellösungen:*
- Ich bezweifle, dass Luft schwerer ist als Wasser. (Objektsatz)
- Mir ist unklar, wie viel Wasser es auf der Welt gibt. (Subjektsatz)
- Es stimmt, dass viele Lebensmittelverpackungen zu viel Luft enthalten. (Subjektsatz)
- Mir ist bekannt, dass Luft in Verpackungen Verbraucher täuscht. (Subjektsatz)
- Ich frage mich, ob Hersteller die Verbraucher mit Absicht täuschen. (Objektsatz)
- Man kann beobachten, wie der Ballon steigt. (Objektsatz)
- Ich überlege, warum es keinen bewohnbaren Planeten ohne Luft gibt. (Objektsatz)
- Es erscheint unmöglich, dass Menschen ohne Luft leben. (Subjektsatz)
- Es überrascht mich, dass Fische manchmal an der Wasseroberfläche atmen. (Subjektsatz)

Lösungen zu den Seiten 223–224: Fördern – Sätze erforschen

1 a, b **Subjekt** (Wer oder was?) – Chinesen und Japaner; **Prädikat** – transportierten; **Dativobjekt** (Wem?) – der Zugkraft (großer Drachen); **Akkusativobjekt** (Wen oder was?) – den Wind; **Satzglied mit Attribut** – das Gewicht großer Frachter oder Kreuzfahrtschiffe; **adverbiale Bestimmung der Zeit** (Wann?) – bereits vor 3000 Jahren; **adverbiale Bestimmung des Ortes** (Wo?) – auf den Meeren; **adverbiale Bestimmung der Art und Weise** (Wie?) – problemlos

2 a **A** Beliebt sind Lenkdrachen, weil sie leicht und wendig sind.
B Bevor sie benutzt werden, sollte man sich allerdings gut über die richtige Bedienung informieren.
C Lenkdrachen dürfen beispielsweise nicht über den Köpfen von Menschen kreisen, wo sie zur tödlichen Gefahr werden können.
D Man lenkt die Drachen, indem man an den Leinen unterschiedlich stark zieht.
b **A** Kausalsatz **B** Temporalsatz **C** Lokalsatz **D** Modalsatz

3 a, b **A** Nehmt drei Gläser, die unterschiedlich groß sind.
B Setzt in jedes Glas ein Teelicht, welches vorher angezündet wurde.
C Schließt die Gläser gleichzeitig mit einem Deckel, der zum Glas passt.
D Notiert das Glas, in dem das Teelicht zuerst erlischt.

4 Erklärung: Warum verlöschen die Flammen, **die** zur gleichen Zeit angezündet wurden, unterschiedlich schnell?
Ein Teelicht, **das** brennt, verbraucht Sauerstoff. Wenn der Sauerstoff knapp wird, wird die Flamme, **die** anfangs hell leuchtet, schwächer und erlischt schließlich. Da in dem kleinsten Glas am wenigsten Sauerstoff ist, erlischt die Flamme, **die** sich in diesem Glas befindet, zuerst. Zuletzt geht das Teelicht aus, **das** im größten Glas ist.

5 **A** Man kann Feuer mit einer Decke, die über die Flammen geworfen wird, ersticken.
B Schaum, der in Feuerlöschern enthalten ist, erstickt ebenfalls die Flammen.
C Das gelingt aber nur bei Bränden, die noch relativ klein sind.
D Ein anderer Tipp, der oft genannt wird, lautet: Durchzug vermeiden.
E Fenster und Türen, die offen stehen, verstärken ein Feuer.

Lösungen zu Seite 243: Fordern – Strategie- und Regelwissen anwenden

1 a

Schwingen	**Verlängern**	**Zerlegen**
Wa**ss**er, zusa**mm**en	ste**h**t – stehen, Lan**d** – Länder, Schi**ff** – Schiffe, Kin**d** – Kinder, le**b**t – leben, gi**b**t – geben, beko**mm**t – bekommen	geschü**tz**t – schützen, Nor**d**seeküste – Norden, Festlan**d** – Länder, Hauptschulabschlu**ss** – Abschlüsse

b Fehlerschwerpunkt: Einsilber und unklare Auslaute, siehe S. 228

2 a, b trauen; eine Chance; Abschlussprüfungen; Das Besondere; verlassen müssen; Das Lernen; Das selbstständige Bearbeiten; das Einteilen; vielen Schwierigkeiten; weiterhelfen; lernen; das Treffen; das Arbeiten im Team

Lösungen zu Seite 244: Fördern – Strategie- und Regelwissen anwenden

1 a, b

Schwingen	**Verlängern**
Roboter, Stundenplan, Apparat, Kinder, Puppengesicht, Motoren, Gummihaut, Muskeln, Klasse, Robotergesicht, empfinden, ausdrücken, anzufassen	stan**d** – standen, erzeu**g**t – erzeugen, verste**h**t – verstehen, fan**d** – fanden, lusti**g** – lustiger

2 a, b das Fußballspielen; internationalen Turnieren; fehlen; vormittags; in der Nähe, mittags; das Essen; am Nachmittag; zum späten Abend; trainieren; alle Informationen; kein Mogeln; den Samstag; sonntags

Lösungen zu Seite 252: Fordern – Kommas richtig setzen

1 a, b Welche Pflichten haben Eltern?
Im Normalfall erwartet der Staat, dass deine Eltern dich beaufsichtigen und für dich sorgen. Dabei müssen sie aber die Gesetze zum Schutz der Jugend einhalten, diese sind dem Elternrecht übergeordnet. Wenn du Schaden anrichtest, jemanden verletzt oder dir selbst etwas zustößt, kontrolliert der Staat auch deine Eltern. Ab dem Alter von acht Jahren müssen die Eltern für Schäden haften, die ihre Kinder anrichten.

2 Ab welchem Alter kann man bestraft werden?
Ab welchem Alter können Kinder in Deutschland bestraft werden? Vielleicht beruhigt es dich zu wissen, dass dir bis 13 Jahre keine Strafe droht. Das heißt aber nicht, dass eine Tat gar keine Folgen hat. Möglich sind erzieherische Maßnahmen durch das Jugendamt, das dich beispielsweise zu Anti-Gewalt-Kursen verpflichten kann. Ab 14 Jahren kann man dich für deine Taten selbst verantwortlich machen. Die Voraussetzung dafür ist, dass du zum Tatzeitpunkt in der Lage warst zu verstehen, dass du Unrecht begehst. Mit 18 bist du in Deutschland volljährig. Das bedeutet, dass du dann für dein Handeln selbst verantwortlich bist.

3 **a, b** *Beispiellösung:*
Wie lange dürfen Jugendliche ohne Eltern unterwegs sein?
Wann du am Abend zu Hause sein musst, können deine Eltern festlegen, weil es dazu kein Gesetz gibt. Sie haben die Aufsichtspflicht und daran müssen sie denken.
Bevor du 16 bist, darfst du nur mit einem Erziehungsberechtigten in eine Disco. Wenn du 17 bist, darfst du dich bis 24 Uhr allein in einer Disco aufhalten, obwohl es Ausnahmen für Jugendliche bei Veranstaltungen von Gemeinden oder Vereinen gibt. Dann ist allen unter 16 die Anwesenheit bis 22 Uhr erlaubt, während für die 16- und 17-Jährigen um 24 Uhr Schluss ist.
Ab 14 Jahren darfst du ohne deine Eltern auf Reisen gehen, aber du musst die schriftliche Erlaubnis deiner Eltern dazu haben.

Lösungen zu Seite 253: Fördern – Kommas richtig setzen

1 **a, b** Dürfen Eltern über die Freunde ihrer Kinder bestimmen?
Das Gesetz erlaubt deinen Eltern mitzubestimmen, mit wem du dich triffst. Sie dürfen dir den Umgang mit einem Freund aber nicht einfach so verbieten, sondern sie müssen dafür Gründe haben. Sie dürfen Treffen nur verhindern, wenn du durch eine Person gefährdet bist. Deine Freunde dürfen beispielsweise nicht die Schule schwänzen, Drogen nehmen, kriminell sein und einen schlechten Einfluss auf dich haben. In einem solchen Fall dürfen Eltern dich am Umgang mit ihnen hindern, dazu können sie sogar die Polizei einschalten. Aber Eltern müssen dir auch ein eigenverantwortliches Leben ermöglichen. Dazu gehört, dass du deine Freunde selbstständig wählen kannst, solange sie dir nicht schaden.

2
A Das Jugendschutzgesetz erlaubt, dass Jugendliche ab 14 Jahren Getränke mit einem geringen Alkoholgehalt trinken dürfen.
B Das Gesetz gibt vor, dass Ladenbesitzer und Gaststätten Jugendlichen unter 16 Jahren keine alkoholischen Getränke verkaufen dürfen.
C Das Jugendschutzgesetz bestimmt, dass Getränke mit hohem Alkoholgehalt erst ab 18 Jahren gekauft und getrunken werden dürfen.

3
A Piercen und Tätowieren gelten laut Gesetz als mutwillige Körperverletzung, aber sie bleiben meistens straffrei.
B Es gibt keine Altersgrenze für Tätowierungen und Piercings, doch die Europäische Vereinigung für professionelle Piercings lehnt Eingriffe bei Jugendlichen unter 14 Jahren ab.
C Bei älteren Jugendlichen fordert sie die Zustimmung beider Elternteile, weil Jugendliche die Folgen der Eingriffe in unterschiedlichem Alter einschätzen können.
D Es muss sichergestellt werden, dass die Eltern beim Vorgespräch alles Wichtige über die Risiken, die Pflege und die Nachsorge erfahren.

Knifflige Verben im Überblick

Infinitiv	Präsens	Präteritum	Perfekt
befehlen	du befiehlst	er befahl	er hat befohlen
beginnen	du beginnst	sie begann	sie hat begonnen
beißen	du beißt	er biss	er hat gebissen
bieten	du bietest	er bot	er hat geboten
bitten	du bittest	sie bat	sie hat gebeten
blasen	du bläst	er blies	er hat geblasen
bleiben	du bleibst	sie blieb	sie ist geblieben
brechen	du brichst	sie brach	sie hat gebrochen
brennen	es brennt	es brannte	es hat gebrannt
bringen	du bringst	sie brachte	sie hat gebracht
dürfen	du darfst	er durfte	er hat gedurft
einladen	du lädst ein	sie lud ein	sie hat eingeladen
erschrecken	du erschrickst	er erschrak	er ist erschrocken
essen	du isst	er aß	er hat gegessen
fahren	du fährst	sie fuhr	sie ist gefahren
fallen	du fällst	er fiel	er ist gefallen
fangen	du fängst	sie fing	sie hat gefangen
fliehen	du fliehst	er floh	er ist geflohen
fließen	es fließt	es floss	es ist geflossen
frieren	du frierst	er fror	er hat gefroren
gelingen	es gelingt	es gelang	es ist gelungen
genießen	du genießt	sie genoss	sie hat genossen
geschehen	es geschieht	es geschah	es ist geschehen
greifen	du greifst	sie griff	sie hat gegriffen
halten	du hältst	sie hielt	sie hat gehalten
heben	du hebst	er hob	er hat gehoben
heißen	du heißt	sie hieß	sie hat geheißen
helfen	du hilfst	er half	er hat geholfen
kennen	du kennst	sie kannte	sie hat gekannt
kommen	du kommst	sie kam	sie ist gekommen
können	du kannst	er konnte	er hat gekonnt
lassen	du lässt	sie ließ	sie hat gelassen
laufen	du läufst	er lief	er ist gelaufen
leiden	du leidest	sie litt	sie hat gelitten
lesen	du liest	er las	er hat gelesen